MARIOLOGISCHE STUDIEN
Band XV
Maria – Die Frau im Heilsplan Gottes

MARIOLOGISCHE STUDIEN
Band XV
Maria – Die Frau im Heilsplan Gottes

herausgegeben von
Anton Ziegenaus

VERLAG FRIEDRICH PUSTET
REGENSBURG

Gerhard Ludwig Müller

Maria – Die Frau im Heilsplan Gottes

VERLAG FRIEDRICH PUSTET
REGENSBURG

Die Deutsche Bibliothek – CIP-Einheitsaufnahme
Ein Titeldatensatz für diese Publikation ist bei
Der Deutschen Bibliothek erhältlich.

ISBN 3-7917-1803-7
© 2002 by Verlag Friedrich Pustet, Regensburg
Umschlag: Peter Loeffler, Regensburg
Gesamtherstellung: Friedrich Pustet, Regensburg
Printed in Germany 2002

EMINENTISSIMO DOMINO
JOSEPH RATZINGER

SACRAE THEOLOGIAE DOCTORI
SANCTAE ROMANAE ECCLESIAE CARDINALI
PRO DOCTRINA FIDEI CONGREGATIONIS
PRAEFECTO

AETATIS ANNOS LXXV EXPLENTI
REVERENTIA AC CARITATE
DICATUM

INHALTSVERZEICHNIS

VORWORT

Im 8. Kapitel, mit dem die Dogmatische Konstitution über die Kirche „Lumen gentium" abschließt, hat das II. Vatikanische Konzil die traditionsreiche Lehre der Kirche von Maria, der „Mutter des Herrn" (Lk 1,43) entfaltet „im Rahmen der Lehre von der Kirche, in der der göttliche Erlöser das Heil wirkt". Ohne eine allumfassende Lehre im Sinne einer theologischen Gesamtkomposition vorlegen zu wollen, hat sich das Konzil dennoch die Aufgabe gestellt, „sowohl die Aufgabe Marias im Geheimnis des fleischgewordenen Wortes und seines Mystischen Leibes wie auch die Pflichten der erlösten Menschen gegenüber der Gottesgebärerin, der Mutter Christi und der Menschen, vor allem der Gläubigen (zu) beleuchten" (LG 54).

Wenn die „selige jungfräuliche Gottesmutter Maria" also zum Geheimnis Christi und der Kirche gehört und als Mutter der Menschen und besonders der Christus-Gläubigen das Geheimnis des Menschen im Licht Christi (GS 10; 22) miterstrahlen läßt, dann gehören Marien-Lehre und Marien-Verehrung zum Christsein und tragen zu einem gelingenden Menschsein vor Gott wesentlich bei.

Im diametralen Gegensatz zum Geist des Konzils steht die Verdrängung der Mariologie aus dem Lehrbetrieb theologischer Fakultäten, so als ob es sich um eine quantité négligeable handeln würde. Gegenüber der Stellung der Mariologie in meiner „Katholischen Dogmatik" (Freiburg-Basel-Wien 42001) war gelegentlich die Frage erhoben worden, warum dieser Traktat denn an zentraler Stelle stehe und nicht irgendwo am Rande oder in den Fußnoten mitlaufe. Auch war einmal ermahnend angemerkt worden, der Traktat Mariologie umfasse ein paar Seiten mehr als die „Trinitarische Gotteslehre", sozusagen als ob mir da aus Unachtsamkeit oder marianischem Übereifer ein Lapsus unterlaufen wäre. Wer sich aber die Mühe machte, den Aufbau und die Konzeption sich genauer anzuschauen, mußte merken, daß die Mariologie nicht nach althergebrachter Manier im Rahmen einer

Abfolge von einzelnen Traktaten steht, sondern daß der „Katholischen Dogmatik" ein anthropologischer Ansatz zugrundeliegt, von dem her die wesentlichen Aussagen der Offenbarung gemäß der Analogie des Glaubens im Nexus der Mysterien unter sich *cum fine hominis ultimo* (D 3016) entwickelt worden sind.

Wenn eingangs die theologische Anthropologie (ebd. 106–54) den Menschen als Adressaten der geschichtlichen Selbstmitteilung des dreifaltigen Gottes (ebd. 156–413) auffaßt, dann muß auf die Zusammenfassung der Offenbarung in der „Trinitarischen Gotteslehre" (ebd. 416–476), die sachlich die Mitte der Offenbarung ist, somit auch die Anlage der Dogmatik prägen muß, nicht irgendein ein einzelner, wenn auch noch so „wichtiger" Traktat folgen, sondern eine Erschließung des Geheimnisses Marias, der Mutter Christi, als Urbild christlicher Existenz und als Typus der Kirche, wie es das Konzil in „Lumen gentium" vorgezeichnet hat. Als angewandte christliche Anthropologie ist die Lehre von Person und Rolle Marias im Heilswerk nichts weniger als eine trinitarisch erschlossene Anthropologie (ebd. 478–514).

Unter diesem Gesichtspunkt, daß es bei der Lehre von Maria um uns Menschen in unserem Verhältnis zu Gott geht, das von der Menschwerdung Christi und seiner Präsenz im Raum der Kirche des Heiligen Geistes durchgreifend bestimmt ist, habe ich in den letzen Jahren mehrfach zu mariologischen Themen Stellung bezogen. Die Absicht war es nicht, die Welt wieder einmal und völlig überflüssigerweise mit den Gedankenspielen eines „Selbstdenkers" zu beglücken, sondern der Glaubensüberlieferung der Kirche „von Grund auf und sorgfältig nachzugehen", damit sich jeder auf das Glaubensbekenntnis der Kirche Getaufte „überzeugen kann von der Zuverlässigkeit der Lehre, in der er unterwiesen worden ist" (Lk 1,4).

Entscheidend ist hier der geschichtliche Grund der Erlösung des Menschen durch Gott: „Das Wort ist Fleisch geworden" (Joh 1,14). Nur wenn auch tatsächlich etwas geschehen ist, als Maria auf die Botschaft des Engels hin sagte „Mir geschehe nach deinem Wort" (Lk 1,38), kann die Wahrheit als Realität verkündet werden: „Heute ist euch in der Stadt Davids der Retter geboren. ER ist der Messias, der Herr" (Lk 2,11).

Eine Mariologie zum bloß „illustrativen Gebrauch" – d. h. zur Bebilderung überzeitlich-mythischer Wahrheiten – trüge zur intellektuellen Verantwortung des „Logos der Hoffnung, die in uns ist" (1 Petr 3,15) nichts bei und lohnte die Mühen der Reflexion nicht. Mit Anleihen bei der überholten gnostischen Entgeschichtlichung des Christentum aus dem 2. und 3. Jahrhundert und der an der Glaubenshermeneutik des Verhältnisses von Wahrheit und Geschichte gescheiterten liberalen protestantischen Theologie und des katholischen Modernismus des 19. Jahrhunderts kann dem christlichen Glauben im 21. Jahrhundert nicht aufgeholfen werden. Zukunft wächst nicht aus der Bodenlosigkeit von Illusionen, und sie öffnet sich nicht den esoterischen Manipulationen der Wahrheit. Es wäre nur ein neuer Versuch, den Menschen um Gott zu betrügen.

Weil gerade beim Thema Maria, der Mutter Jesu, des einzigen Mittlers zwischen Gott und den Menschen (1 Tim 2,5) die Grundlagen des christlichen Gottesverständnisses, der Geschichtlichkeit der Offenbarung und der wesentlichen Komponenten des christlichen Menschenbildes auf dem Prüfstand stehen, habe ich mich entschlossen, zur überarbeiteten Neuausgabe meiner in der Reihe „Quaestiones disputatae" erschienenen Schrift *„Was heißt: Geboren von der Jungfrau Maria? Eine theologische Deutung"* (Freiburg-Basel-Wien 1989; ²1991) weitere Studien, Aufsätze und Artikel, die in der Folgezeit das Thema vertieft haben, hinzuzufügen.

So hoffe ich, daß damit eine Gesamtsicht einer trinitarisch erschlossenen Anthropologie zustande gekommen ist, die in Maria einen konkreten Namen hat. Denn es geht nicht in erster Linie um Ideenkonstruktionen, moralische Programme und soziale Strategien, sondern um den Menschen als Person vor Gott und in Gemeinschaft mit den anderen Menschen. Maria als historischer und in der Gnade vollendeter Mensch ist das Bild, an dem sich „Jesus, der Sohn Mariens" (Mk 6,3) als die Hoffnung für jeden Menschen erschließt.

Das Konzil, das in der Kirchenkonstitution mit dem Bekenntnis beginnt, „Christus ist das Licht der Völker" (LG 1), spricht abschließend von Maria, der Mutter Jesu Christi, als „Zeichen der sicheren Hoffnung und des Trostes für das wandernde Gottesvolk" (LG 68). Das eschatologische Heil der ganzen Menschheit vor Augen äußert die Kirche zuletzt den Wunsch: „Alle Christgläubigen mögen inständig zur Mutter Gottes und Mutter der Menschen flehen, daß sie, die den Anfängen der Kirche mit ihren Gebeten zur Seite stand, auch jetzt im Himmel über alle Seligen und Engel erhöht, in Gemeinschaft mit allen Heiligen bei ihrem Sohn Fürbitte einlege, bis alle Völkerfamilien, mögen sie den christlichen Ehrennamen tragen oder ihren Erlöser noch nicht kennen, in Friede und Eintracht glückselig zum einen Gottesvolk versammelt werden, zur Ehre der heiligsten und ungeteilten

Dreifaltigkeit" (LG 69). Ich danke herzlich meinem Assistenten Herrn Dipl. theol. Christian Schaller für die Zusammenstellung und Korrektur der Texte.

München, Neujahr 2002,
am Hochfest der Gottesmutter Maria

Gerhard Ludwig Müller

DIE VEREHRUNG DER HEILIGEN IN DER SICHT DER KATHOLISCHEN DOGMATIK

1. Der Streit um die rechte Gestalt des Christentums

Kaum ein Versuch, die katholische Glaubenslehre von den Heiligen und ihrer Verehrung in ihrem geschichtlichen Werden und in ihrem sachlich-systematischen Zusammenhang darzustellen, wird ohne ein gewisses Maß an Apologetik auskommen. Zu sehr stand sie im Brennpunkt der katholisch-reformatorischen Kontroverse um die rechte Gestalt des Christentums, als daß nicht eine theologische Konzeption der Heiligenverehrung immer auch im Hinblick auf die Einwände, die gegen sie vorgebracht werden, zu entwickeln wäre. Es versteht sich von selbst, daß sich die Auseinandersetzung im Kern nicht um einige fragwürdige Erscheinungen dreht, die auch von den Grundsätzen der katholischen Lehre eher als „Auswüchse" oder „Mißbräuche" zu kennzeichnen sind und die innerhalb der Kirche auch vor dem Konzil von Trient schon bekämpft wurden[1]. Vielmehr geht es um die Sache selbst. Die Wucht des reformatorischen Einspruchs betrifft allerdings nicht die Heiligenverehrung als solche und ganze, sondern nur einen Punkt, aber nun mit durchschlagender Kraft. Unstrittig bleiben: die Existenz von Heiligen, eine den Tod überdauernde Einheit aller Christen in der Kirche, dem Leib Christi, das Gedächtnis der verstorbenen Heiligen, die jetzt zur himmlischen Kirche gehören, die Danksagung an Gott, daß er uns mit ihnen Beispiele seiner Gnade geschenkt hat und daß sie uns Lehrer geworden sind, das ehrende Lob der Heiligen, die Christus selbst lobte, weil sie als seine Knechte ihre empfangenen Talente fruchtbar gemacht haben, die Möglichkeit, sie zu ehren, indem wir sie als Vorbilder

---

[1] Vgl. die Übersicht über diesbezügliche Maßnahmen des kirchlichen Lehramts bei G. L. Müller, Gemeinschaft und Verehrung der Heiligen. Geschichtlich-sytematische Grundlegung der Hagiologie, Freiburg 1986, 28–35.

13

und Beispiele des Glaubens und der Vergebung der Sünden erkennen, uns zum Trost und zur Gewißheit[2].

Was nun nach Luthers Formulierung in den ‚Schmalkaldischen Artikeln‘ das Ganze zu einem der „endchristlichen Mißbräuche"[3] macht und den Glauben in der Mitte der Zersetzung preisgibt, ist die *Anrufung der Heiligen* um Hilfe, Schutz und Vermittlung bei Gott, damit er uns seine Gnade und Vergebung zuwende. Hier scheint der Nerv reformatorischer Gotteserfahrung getroffen. Nur so lassen sich die Ausdrücke äußerster Abscheu, die die Reformatoren fanden, erklären. Calvin sieht die ganze Gottesverehrung auf den Kopf gestellt. Das oberste Prinzip, daß Gott allein geehrt und angebetet werden darf, daß Jesus Christus der einzige Mittler ist, auf den wir unser Heilsvertrauen setzen dürfen, scheint verletzt. So verwundert es nicht, wenn gegenüber der katholischen Praxis der Anrufung der Heiligen das Urteil auf „Götzendienst" lautet und die katholische Kirche gerade darin einer Reform unterzogen werden soll, daß das in sie eingedrungene Heidentum auszutreiben sei, d. h. der im Heiligenkult wiederaufgelebte Polytheismus wie auch das Vertrauen auf Menschenwerk, was dem Evangelium der reinen Gnadenhaftigkeit des Heils diametral widerspreche. Zu diesen Einwänden, in denen die reformatorischen Prinzipien „Gott allein", „Christus allein" und „Gnade und Glauben allein" wirksam sind, tritt ein mehr formales Prinzip hinzu. Da die Heilige Schrift allein Quelle und Richterin aller Glaubenslehren und der Gebetspraxis sein muß, zeigt sich auch, wie wenig die Anrufung der Heiligen und ihre Mittlertätigkeit zwischen Christus bzw. Gott und uns im Wort Gottes begründet ist[4].

Heiligenanrufung ist darum auch vom exklusiven Schriftprinzip her als eine widerchristliche Praxis erwiesen. Sie kann nur von außen her und im Laufe der Zeit in die Kirche eingedrungen sein. Diesen Beweis wollte mit historischer Forschung die Religionsgeschichtliche Schule nachreichen. Ernst Lucius hat in seinem umfangreichen Werk ‚Die Anfänge des Heiligenkults in der christlichen Kirche‘[5] die katholische Heiligenverehrung zu erweisen

---

[2] Vgl. Confessio Augustana, Art. 21 (BSLK [= Die Bekenntnisschriften der evangelisch-lutherischen Kirche, 31956], 83b–83c); Apologia Confessionis Augustanae, Art. 21 (BSLK, 316–326).

[3] Schm. Art., 2. Teil, Art. 2 (BSLK, 424).

[4] Vgl. dazu G.L. Müller, Gemeinschaft und Verehrung (wie Anm. 1), 56–62.

[5] Hrsg. von G. Anrich, Tübingen 1904; Nachdruck: Frankfurt a. M. 1966. Was E. Lucius übersieht, ist, daß die Heiligen eine Mittlertätigkeit ausüben, darum aber keineswegs Mittelwesen sein müssen. Der absolute Wesensunterschied zwischen

versucht als den Polytheismus der griechisch-römischen Kultur auf christlichem Boden. Der strengen Transzendenz des einen Gottes Jesu Christi war die noch im heidnischen Weltbild befangene junge Christenseele nicht gewachsen. Unbewußt produzierte sie – besonders bei den Ungebildeten – ein Reich von Mittelwesen zwischen dem höchsten, kaum erreichbaren Gott an ihrer Spitze und dem Menschen in den vielfältigen Alltagssorgen, bei denen ein menschlich näherstehender Mittler eher Hilfe und Schutz bot[6]. Was das sich nun ausbildende, reich gegliederte hierarchische System der Heiligenpatronate vom urchristlichen Christentum besonders stark abhob, ist der Verlust der unmittelbaren, vertrauensvollen Nähe zu Gott, dem Vater, und zu Jesus, den die Heilige Schrift unwidersprechlich als unseren Beistand und Fürsprecher für die Sünder beim Vater (Röm 8,34; 1 Joh 2,1) bekennt sowie als einzigen Hohenpriester (Hebr 4,14-16) und Mittler zwischen Gott und den Menschen (1 Tim 2,5).

2. Läßt sich die Heiligenverehrung als ein spezifisch christliches Phänomen aufweisen?

Diese äußerst ernstzunehmenden Einwände müssen einer Darlegung der Heiligenverehrung stets gegenwärtig sein. Es geht nicht nur um die Widerlegung einzelner Vorwürfe, sondern um eine Gesamtschau, in der sie gegenstandslos werden.

Natürlich bedeuten einer gegenwärtigen, im ökumenischen Interesse arbeitenden katholischen Dogmatik die Fragen der evangelischen Theologie mehr als die Versuche einer religionsgeschichtlichen Einordnung und Ableitung der Heiligenverehrung, weil es dabei um die Legitimität dieser Erscheinung im Christentum überhaupt geht. Grundsätzlich fragwürdig ist die These von E. Lucius und seiner Schule nicht nur, insofern sie den im Ganzen einer Theologie der Heiligen untergeordneten Aspekt der Patronate zum Konstruktionspunkt der Genealogie der Heiligenverehrung aus

Schöpfer und Geschöpf macht im christlichen Verständnis jede substantielle, d. h. wesenhafte Vergottung einer Kreatur unmöglich. Zwischen einem strengen Monotheismus und dem Polytheismus besteht eine absolute Distinktion; fließende Übergänge sind ausgeschlossen. Wo der christliche personale Gottesbegriff festgehalten ist, kann von Heiligenverehrung als Polytheismus nicht die Rede sein.

6   Vgl. DS (= H. Denzinger, Enchiridion Symbolorum, mit Anm. von A. Schönmetzer, Freiburg i.Br. ³⁶1976), 600–603.

dem Polytheismus macht. Unbewiesen bleibt mehr noch die Voraussetzung eines schöpferischen seelischen Mechanismus, der sich seine Inhalte selbst forme und so in allen Religionen analoge Erscheinungen hervorbringe. Gewiß: jede Religion wirkt auf das Gefühlsleben, und auch der christliche Glaube wird sich Ausdruck verschaffen in Formen, die sich im reichen Repertoire der Kultur- und Religionsgeschichte finden und die formell in der sinnlich-leiblichen Natur des Menschen begründet sind.

Aber das Unterscheidende besteht doch in der zentrierenden, ursprünglichen Idee jeder Religion. Der christliche Glaube versteht sich als Antwort auf das definitive Handeln Gottes auf uns hin in Jesus Christus. Was christlich ist, entscheidet sich daran, ob es in einem realen Sinn in dieses Ursprungsereignis hineinbezogen ist oder sich als eine innerlich notwendige oder mögliche Explikation von ihm her entwickeln läßt. Im Unterschied zu einer religionswissenschaftlichen Betrachtungsweise geht es der katholischen Dogmatik nicht um einen horizontalen Vergleich ähnlicher Phänomene in den einzelnen Religionen bzw. den Aufweis einer Analogielosigkeit auf dieser Ebene. Als am Offenbarungsereignis orientierte Wissenschaft versucht sie gleichsam im Längsschnitt, bestimmte geschichtlich gewachsene Einsichten und gottesdienstliche Formen in genetischer und sachlicher Betrachtung in die mit dem Offenbarungsereignis gegebene Einheit und Fülle des Heilsmysteriums Gottes in Jesus Christus zurückzuvermitteln.

Mit der reformatorischen Theologie kann die katholische Dogmatik durchaus übereinstimmen, daß die wesentlichen Aussagen über die Heiligen in der Heiligen Schrift begründet sein müssen. Dies ist jedoch nicht bibelpositivistisch oder gar fundamentalistisch mißzuverstehen. Es ist weder eine schon fertige Lehre im nachhinein aus der Bibel irgendwie zu belegen noch das Gefüge der Einzelelemente der Heiligenverehrung (Gedächtnis, öffentliche Ehrung, Anrufung um ihre Fürbitte) von einzelnen Andeutungen in der Bibel her ziemlich rationalistisch herauszukonstruieren. Wir verstehen die Heilige Schrift vielmehr als den literarisch gefaßten Niederschlag der im Glauben der Urkirche und der Kirche überhaupt gegebenen Real-Idee vom Mysterium der eschatologischen Selbstmitteilung Gottes an uns in der menschlichen Geschichte Jesu Christi. In der Vielgestaltigkeit des Zeugnisses und der Vielfalt der Perspektiven entbehrt die Bibel aber einer systematischen und begrifflichen Fassung des Glaubensgeheimnisses. Darum ist der Umgang der Kirche mit der Heiligen Schrift in ihrer Geschichte offen auf eine sich entwickelnde Ausgestaltung einzelner Einsichten hin, die nur in ersten Intentionen und Inspirationen angedeutet sein mögen, von denen her eine Antwort entwickelt werden kann auf theologische und frömmigkeitsgeschichtliche Herausforderungen. Der Blick auf die Mitte und die strukturierende Kraft des einen Mysteriums in der Vielfalt seiner Aspekte darf dabei nicht verlorengehen.

3. Der Ort der Heiligenverehrung im Ganzen der katholischen Dogmatik

Im Blick auf das Ganze und die Mitte des Mysteriums hat die Heiligenverehrung nie eine konstitutive Stellung gewinnen können, und als Thema der Schuldogmatik blieb sie in einer Randstellung. Auch die äußerst spärliche Behandlung der Frage durch das kirchliche Lehramt bestätigt dies. Gegenüber den Ikonoklasten, den Bilderstürmern in der Kirche des oströmischen Reiches, hat das II. Konzil von Nicäa (787) nur negativ die Erlaubtheit der Bilder- und Heiligenverehrung festgestellt[7], und auch das Trienter Konzil (1563) hat nur den das Glaubens- und Gebetsleben des Christen und der Kirche fördernden Aspekt der Heiligenverehrung verteidigt[8]. Die lehrmäßigen Grundlagen werden nur knapp aufgezeigt, indem die Ergebnisse einer langen Lehrentwicklung aufgezählt werden:

(1) Die Heiligen – gemeint sind alle Angehörigen der himmlischen Kirche, auch die nichtkanonisierten – herrschen mit Christus.

(2) Sie bringen ihre Gebete für die Menschen Gott dar.

(3) Gut und nützlich ist es, nicht heilsnotwendig, sie nicht um ihre, sondern um Gottes Wohltaten anzurufen (d. h. persönlich anzusprechen), wobei wir dies allerdings immer tun durch Christus auf Gott, den Vater, hin und also keineswegs an Christus vorbei oder zusätzlich zu ihm. Denn er allein ist Mittler im Sinne des Erlösers und Heilandes[9].

---

[7] Vgl. DS, 1821–1825.

[8] Hier ist an die trinitarische Gebetsstruktur zu erinnern: im Heiligen Geist durch Christus zum Vater. Christus ist aber nicht nur das Haupt, sondern auch der Leib, als Kirche. Der Christ betet durch Christus darum immer in der Gemeinschaft der Kirche. Wenn er die personale Beziehung, die ihn mit den anderen Gliedern der Kirche verbindet, realisiert, d. h. um die Fürbitte angeht, dann lädt er die Heiligen sozusagen ein, mit ihm, durch Christus als Haupt der Kirche, Mittler zwischen Gott und Menschen, zum Vater zu beten.

[9] Vgl. DS, 675.

(4) Dazu gehört der ehrfürchtige Umgang mit ihren hinterlassenen Leibern, die Glieder Christi und Tempel des Heiligen Geistes waren, sowie die Ehrung ihrer Bilder, d. h. eigentlich der Heiligen, die die Bilder darstellen.

(5) Erinnert wird an die Lehre des II. Nicänischen Konzils, daß die Verehrung Gottes und die Verehrung der Heiligen nach Ziel und Art grundlegend voneinander abzuheben seien. Denn nur Gott allein kann als Schöpfer, Herr und Erlöser angebetet werden *(cultus latriae)*, während die Heiligen der himmlischen Kirche geehrt werden im Gedenken an ihr Lebenszeugnis *(cultus duliae)* – nun aber, was meist bei dieser Unterscheidung vergessen wird, nicht um sie einfach als solche zu verehren, sondern so, daß diese Ehrung Gott selbst gilt, der sich an ihnen mächtig erwiesen hat. Sie geht auf Gott, den Herrn, und seine Gnade über, der gesagt hat: „Wer euch aufnimmt, nimmt mich auf" (Mt 10,40). So sagt es wenigstens die erste päpstliche Kanonisationserklärung (993), die damit nur eine uralte patristische Formulierung aufnimmt[10].

Heiligenverehrung ist also nicht eine Konkurrenz zur Gottesverehrung, sondern ein auf diese hingeordnetes Teilmoment des christlichen Verhaltens zu Gott und ein in der inkarnatorisch-sakramental-ekklesialen Struktur christlichen Betens begründetes Element der Einübung ganzmenschlicher Hinordnung auf Gott hin.

Diese kurze Behandlung der Heiligenverehrung in der dogmatisch verbindlichen Lehre hat erst im 7. Kapitel der Kirchenkonstitution ‚Lumen gentium' des II. Vatikanischen Konzils eine Ausweitung erfahren. Hier wurden zum ersten Mal umfassend alle theologischen, liturgischen und frömmigkeitsgeschichtlichen Komponenten des katholischen Bildes von den Heiligen in eine auch lehramtlich verbindliche Synthese gebracht[11].

Dabei wird deutlich, gerade auch im Blick auf die Entstehung der Heiligenverehrung und ihre theologische Reflexion im 2.–4. Jahrhundert, daß es sich nicht um ein beziehungslos neben dem Ganzen der christlichen Weltauffassung entstehendes Phänomen handelt, sondern daß die Heiligenverehrung in ihrer grundlegenden Gestalt das Ergebnis einer Konvergenz von Linien ist, die in der ursprünglichen Idee des Christentums angelegt sind.

[10] Vgl. LThK² E I, 314–325.
[11] Vgl. Th. Baumeister, Die Entstehung der Heiligenverehrung in der Alten Kirche, in: G. L. Müller (Hrsg.), Heiligenverehrung – ihr Sitz im Leben des Glaubens und ihre Aktivität im ökumenischen Gespräch, München/Zürich 1986, 9–30.

Diesen Linien gilt es nun nachzugehen. Im Hinblick auf den späteren katholisch-reformatorischen Gegensatz ist aber zu betonen, daß der theologische Kontext, in dem die Einzelelemente zu interpretieren sind, die Auffassung von der Kirche war, wie auch das II. Vatikanische Konzil erkannte. Diese Bemerkung ist von größter Wichtigkeit, weil die reformatorische Kritik die bis ins 3. Jahrhundert zurückreichenden Titel der Heiligen als Mittler und Fürsprecher innerhalb des Horizontes der Rechtfertigungs- und Versöhnungslehre auslegte und damit ihren ursprünglichen Sinn verfehlte.

Welche Hauptmotive finden wir in der Ausbildung der Heiligentheologie und -frömmigkeit am Werk? Sie ergeben sich aus der christlichen Auffassung vom Wesen Gottes, vom Heilswirken Christi in Kreuz und Auferstehung, aus dem christlichen Menschenbild und dem Verständnis der Kirche Christi als Ort der Gnade und des Geistes Gottes.

4. Die theologischen Leitideen

4.1. Die Genese der Hauptvorstellungen

Geschichtlich gesehen ist unsere heutige Heiligenverehrung die Fortsetzung und die Erweiterung der Märtyrerverehrung, wobei für die alte Kirche innerhalb der umfassenden Gemeinschaft aller in Christus Geheiligten als besondere Heilige die Patriarchen, Propheten, Apostel, hl. Bischöfe, Blutzeugen, die Bekenner, Jungfrauen, Mönche und Maria, die Mutter Jesu, herausragen. Mit ihnen wußte sich die pilgernde Gemeinde in einer Heilsgemeinschaft stehend. Sie gelten als die großen Zeugen der Heilsmacht der Gnade, als die bewährten Jünger in Jesu Nachfolge. Sie sind Vorbilder und geben uns Beispiele für die christliche Existenz je nach dem eigenen Charisma in allen seinen Facetten. Der Märtyrer wird an ihrem Todestag und an ihrem Grab bei der Eucharistiefeier der Gemeinde gedacht, weil sie Glieder des einen Leibes Christi sind. Da sie in Christus lebendig sind, können sie auch um Fürbitte angegangen werden, so wie auch sonst die Brüder und Schwestern in der Kirche füreinander beten, nur daß ihrem Gebet eine größere Kraft zukommt. Denn sie sind in ihrer Liebe schon ganz mit dem Willen Gottes gleichförmig geworden, der immer unser Heil will. Da das Martyrium oder ein signifikant christliches Leben nicht autonome Tat des Menschen sind, sondern die Gestaltwerdung der begnadeten Freiheit, darum legt Gott in der Gabe der Standhaftigkeit der Märtyrer bis in den

Tod hinein selbst Zeugnis ab für sie. Da die Gemeinde den Geist hat, vermag sie den im Martyrium z. B. des hl. Stephanus sich aussprechenden Heiligen Geist aufzunehmen (vgl. Apg 7,55). Die vielfältigen Gaben und Hilfen, die Gott seiner Kirche schenkt und die er auch mit der Fürbitte der Heiligen verbinden kann, um den sozialen Charakter des Heils deutlich zu machen, sind Zeichen dafür, daß die als Gerettete und Heilige anerkannten Mitchristen der ewigen Gemeinschaft mit Gott und allen, die in Christus ihm zugehören, teilhaft geworden sind. Dies ist der Grundgedanke der späteren Kanonisation, d. h. der Anerkennung einzelner Christen in ihrem signifikanten Charakter für das spirituelle Leben der Kirche, wie sie von der Gemeinde, von Bischöfen, Synoden und in einem rechtlich geregelten Verfahren von den Päpsten vorgenommen wurde. Es hat mit einer Heiligmachung nichts zu tun, denn heilig sind wir durch die Gnade, den Glauben, die Taufe und durch den Heiligen Geist, der unser Leben zu einem guten Ende führt. Es ist die Anerkenntnis des Wirkens Gottes am Menschen.

Diesem bislang skizzierten Grundgedanken liegen freilich noch tiefer liegende Einsichten voraus, auf die nun kurz einzugehen ist.

4.2. Gnade als Angebot einer Lebensgemeinschaft mit Gott

Die Frage ist, wieso überhaupt Menschen als Heilige bezeichnet werden können. Für eine christliche Sicht kommt Heiligkeit in einem ursprünglichen Sinn Gott allein zu. Aber in seiner Selbsterschließung in der Geschichte Israels und zuletzt in seinem fleischgewordenen Wort Jesus Christus und in der Gabe des Heiligen Geistes erweist uns Gott nicht nur eine wohlwollende Gesinnung und die Vergebung unserer Verfehlungen. Er nimmt uns in die Lebensgemeinschaft des dreifaltigen Gottes der Liebe auf und erfüllt so die innerste Tendenz des Menschen als einer geist- und freiheitsbegabten Person, die in der Gottesliebe zu sich kommt. Heilig ist der Mensch, insofern er in die Lebensgemeinschaft des Vaters, des Sohnes und des Heiligen Geistes einbezogen wird, sich so auch in seiner innersten Mitte umgestalten läßt, daß seine Lebensgestalt Ausdruck der Einigung mit Gott in der Liebe ist. Hier gehen Gnade als Gabe Gottes und die von der Gnade ermöglichte und getragene Antwort einen unlöslichen Bund ein.

4.3. Jesus Christus als Mitte und Mittler der Gottes- und Menschengemeinschaft

In Jesus Christus hat Gott seiner Heilsgegenwart eine menschlich sichtbare Form gegeben. In ihm ist der Mensch endgültig angenommen. Durch Kreuz und Auferstehung hat sich der Heilswille in der Geschichte siegreich durchgesetzt. Christus als der zum Vater Erhöhte verbindet die Menschen vermittels seines geschichtlichen Wirkens mit Gott. Wer im Heiligen Geist durch die Taufe in die Jüngergemeinschaft Jesu, die Kirche, eintritt, ist sakramental mit Jesus derart geeint, daß er durch Christus bei Gott ankommt. Darum geht er den Weg Christi, um ihm in allem gleichgestaltet zu werden. Im Hinblick auf die Gerechtigkeit vor Gott durch Christus aufgrund des Glaubens kann Paulus sagen: „Christus will ich erkennen und die Macht seiner Auferstehung und die Gemeinschaft mit seinem Leiden; sein Tod soll mich prägen. So hoffe ich, auch zur Auferstehung von den Toten zu gelangen" (Phil 3,10).

Äußerste Form der Gleichgestaltung mit Christus ist das Martyrium, in dem die Passion Jesu sich spiegelt, wie uns der Martyriumsbericht des Stephanus (vgl. Apg 6,8-8,1a) und die frühchristlichen Märtyrerakten, allen voran das Martyrium des hl. Polycarp (ca. 156 n. Chr.), deutlich machen. Die Märtyrer sind am „seligen Ort". Sie leben „bei Christus". Johannes sieht „die Seelen aller, die hingeschlachtet worden waren wegen des Wortes Gottes und wegen des Zeugnisses, das sie abgelegt hatten" „unter dem Altar" (Offb 6,9), d. h. „bei Christus" in der Vollendung[12].

Mit den Märtyrern bei Christus, dem erhöhten Herrn, und den zeitlich vorangegangenen großen Gestalten der Heilsgeschichte verbindet sich der Nachahmungsgedanke. So wie Paulus schon die Gemeinde ermahnte, ihn nachzuahmen (vgl. 1 Kor 4,16; 11,1; Phil 3,17; 4,9; 1 Thess 1,6f.; 2 Thess 3,7.9), so gilt er auch nach seinem Tod als Beispiel für alle, die in der Zukunft den Weg des Glaubens gehen (vgl. 1 Tim 4,12). Die Gemeinden nehmen sich ihre verstorbenen Presbyter als Vorbild (Hebr 13,7). In der Nachahmung bewahren sie Ausdauer und werden mit ihnen „Erben der Verheißung" (Hebr 6,12). Sie wissen sich in einer „Wolke von Zeugen" (Hebr 11-12). Abraham ist Vorbild des Glaubens (Röm 4,11), Ijob und Elija sind Beispiele der Geduld (Jak 5,11.18). Stephanus gilt als Beispiel der Feindesliebe.

---

[12] Vgl. dazu G. L. Müller, Gemeinschaft und Verehrung (wie Anm. 1), 221–235.

So ergibt sich innerhalb der einzigen konstitutiven Mittlerschaft Christi durch die, die in der Nachfolge engstens mit ihm verbunden sind, ein Netz von geistlich bedeutsamen Beziehungen der Glieder des Leibes Christi, der Kirche untereinander. Darin drückt sich das Für-andere-Dasein des Christen aus. Auf dieser Ebene des horizontalen Verbundenseins aller Glieder des Leibes Christi – nicht auf der Ebene der vertikalen Beziehung der Kirche als Ganzes und des einzelnen durch und in Christus, ihrem Haupt, zum Vater – ist auch die Vorstellung von der Mittlertätigkeit der Heiligen, sowohl der hier lebenden als auch der im Himmel vollendeten, zu verstehen. Paulus weiß, daß allein Christus das neue Leben in uns wirkt. Dennoch leidet er „für" seine Gemeinden „bis Christus in euch Gestalt annimmt" (Gal 4,19). Es ist der große Gedanke von der Solidarität aller im Heil – ein Gedanke, welcher der neuzeitlichen Christenheit zum Teil verlorenging. Gott ist der Urheber der Gnade, der menschgewordene Gottessohn ihr Vermittler, aber so, daß er die in Christus inkorporierten Glieder des Leibes Christi befähigt, sich untereinander zu dienen und zu fördern in ihrem gemeinsamen Weg zur Vollendung in Gott. Nur so können wir den Sinn des paulinischen Bildes vom einen Leib und den vielen Gliedern ganz ausschöpfen, wenn es heißt: „Wenn darum ein Glied leidet, leiden alle Glieder mit; wenn ein Glied geehrt wird, freuen alle anderen sich mit ihm" (1 Kor 12,26). Im Sinne des Gedankens des priesterlichen Charakters des neuen Gottesvolkes, der keineswegs individualistisch mißzuverstehen ist, sondern gerade das Für-Sein für andere ausspricht, heißt es: „Dient einander als gute Verwalter der vielfältigen Gnade Gottes, jeder mit der Gabe, die er empfangen hat" (1 Petr 4,10).

Aus den Inspirationen solcher Texte und noch mehr der im Gemeindeleben erfahrenen Solidarität aller im Heil wurden dann die himmlischen Heiligen auch Mittler des Gebets, der Hilfe und der Gnade genannt. Es ging nicht um den durch die Sünde von Gott fernstehenden Menschen, der erst durch die Vermittlung der Heiligen über Christus bei der Barmherzigkeit Gottes ankommt – so legt es die Karikatur des durchgehenden Instanzenzugs aus. Von Mittlertätigkeit der Heiligen im Himmel, aber auch jedes Mitbruders auf dem Weg des Glaubens, kann nur die Rede sein innerhalb des durch Christus vermittelten Verhältnisses der Unmittelbarkeit zu Gott, der uns durch seine Gnade in das neue, erfüllende Leben in der Gemeinschaft der dreifaltigen Liebe hineinbezogen hat. Wir müssen aber – das ist der Sinn des noch offenen Pilgerwegs bis zu unserem Tod – in Glaube, Hoffnung und Liebe uns bewähren und so wachsen, daß Christus in vollem Sinne Gestalt in uns angenommen hat. Indem alle aneinander einen Dienst tun, arbeiten sie mit am Aufbau des Leibes Christi, „damit wir zum vollkommenen Menschen werden und Christus in seiner vollendeten Gestalt darstellen" (Eph 1,12). In allen ist die Liebe Gottes im Heiligen Geist: das Band, das die Kirche eint und aufbaut. „Wir wollen uns, von der Liebe geleitet, an die Wahrheit halten und in allem wachsen, bis wir ihn erreicht haben. Er, Christus, ist das Haupt. Durch ihn wird der ganze Leib zusammengefügt und gefestigt in jedem einzelnen Gelenk. Jedes trägt mit der Kraft, die ihm zugemessen ist. So wächst der Leib und wird in Liebe aufgebaut" (Eph 4,15f.).

Die vollendeten Heiligen üben durch ihr Vorbild und durch ihr Gebet, das identisch ist mit ihrem Für-Sein für uns in der Einheit mit Gott, wie es in ihrer vollendeten Lebensgestalt sichtbar ist, einen Dienst aus für unseren christlichen Lebensgang und für den Pilgerweg der Kirche durch die Geschichte.

Vielleicht wird hierdurch auch eine Korrektur an unserem gängigen Bild angebracht, das die Beziehung zu den Heiligen nur in dem starren Schema Himmel-Erde bzw. Oben-Unten ansiedelt. Ihr Dienst ist wahrhaftig nicht, daß sie dort oben beim lieben Gott sorgen, daß es uns hier unten gut geht und wir dereinst auch in den Himmel hinaufkommen. Schon gar nicht haben sie die Aufgabe, Gott zu bewegen, zu unserem Heil tätig zu werden, seinen Zorn zu besänftigen oder ihn auf uns aufmerksam zu machen.

4.4. Christus als die Einheit von Lebenden und Verstorbenen

Es war deutlich geworden, daß nur von einem neuen Verständnis des Heils als Gemeinschaft in der Kirche Christi sinnvoll vom wechselseitigen Fördern und Dienen die Rede sein kann, wodurch der Leib Christi auferbaut wird. Nur in dieser ekklesialen und heilsgeschichtlichen Perspektive lassen sich sinnvoll die klassischen Elemente einer katholischen Sicht der Heiligenverehrung interpretieren. Daß an der Grenze des Todes aber das sich fördernde Für-Sein nicht aufhört, die Liebe als Band der Gemeinschaft nicht endet, hängt mit der zentralen Aussage über die Auferstehung zusammen. Christus überwindet den Tod. Er vernichtet den Tod gerade auch, insofern Tod die Erscheinung der Gottferne, des Verlustes der lebenspendenden und sinngebenden Gemeinschaft mit Gott, der Ort der radikalen Beziehungslosigkeit, der Abwesenheit von Liebe, ist. Indem Christus von Gott her Leben, Liebe, Gemeinschaft bringt und in diese alte Weltgestalt einstiftet und sie dabei umwandelt, hebt er auch die Trennmauer des Todes zwischen den Menschen auf. Wer in Christi Leben hineingetauft wurde, der ist in ihm durch das Band der Liebe verbunden mit allen, die zu ihm gehören. Entscheidend ist dabei weniger, in welchem Status unseres Daseins wir uns befinden, auf dem Pilgerweg des Lebens oder im Stand der endgültigen Vollendung. „Leben wir, so leben wir dem Herrn, sterben wir, so sterben wir dem Herrn. Ob wir leben oder sterben, wir gehören dem Herrn. Denn Christus ist gestorben und lebendig geworden, um Herr zu sein über Lebende und Tote" (Röm 14,8f.). Diese Rolle der Auferstehung Christi wurde maßgebend für das Verständnis der Gemeinschaft der Kirche, die in Christus Raum und Zeit überschreitet. Schon in den späteren neutestamentlichen Schriften finden wir diese Überzeugung von einer heilsgeschichtlichen und transzendenten Einheit des Gottesvolkes angesprochen: „Ihr seid … zur Stadt des lebendigen Gottes, dem himmlischen Jerusalem, zu Tausenden von Engeln, zu einer festlichen Versammlung und zur Gemeinschaft der Erstgeborenen, die im Himmel verzeichnet sind, hinzugetreten, zu Gott, dem Richter aller, zu den Geistern der schon vollendeten Gerechten, zum Mittler des neuen Bundes, Jesus" (Hebr 12,22-24). Die Offenbarung des Johannes weiß, daß die Heiligen zu Säulen im Tempel Gottes geworden sind (Offb 3,12), daß sie mit Christus, dem Sieger über Sünde und Tod, auf dem Thron sitzen (Offb 3,21) und mit ihm herrschen und die Welt richten als Könige und Priester (Offb 5,10; 20,6). Sie sorgen sich um das Heil ihrer verfolgten Mitknechte und Brüder (Offb 5,11). Die Märtyrer dienen bei der himmlischen Liturgie (Offb 7,15). Die Gebete aller Heiligen werden Gott dargebracht (Offb 8,3f.).

Wenn so auch die in Christus Verstorbenen von den Auseinandersetzungen dieser Zeit nicht mehr bedrängt werden können, so stehen sie doch im Bezug auf das Eine und Ganze des Heilsdramas der Menschheitsgeschichte. Und so weiß sich die Kirche mit den Vollendeten eins in der einen eschatologischen Heilsgemeinde, und sie geht auf ihrem Weg auch auf die offenbar werdende Vereinigung aller im Reich Gottes zu, wenn bei der Wiederkunft Christi am Ende der ganze Kreis der Menschheit und ihrer Geschichte zusammengefaßt wird. Der Blick auf die Heiligen lehrt über ihr anfeuerndes, tröstendes Beispiel und ihre helfende Solidarität in der Gegenwart hinaus auch die Ausrichtung auf die zukünftige Dimension des Heils.

Dies alles sind Aspekte, die zur Mitte des christlichen Mysteriums gehören. Sie sind auch da wirksam, wo sie sich nicht in der Verehrung der vollendeten Heiligen ausdrücken. Umgekehrt vermag uns aber eine recht verstandene und ausgeübte Heiligenverehrung deutlicher in diese Zusammenhänge einzuführen und einen bleibenden Eindruck zu vermitteln von der Fülle und Tiefe des Heilsplans Gottes, des Vaters, der uns den ganzen Segen seines Geistes gibt und in die Gemeinschaft mit Christus und der Kirche, die er als seinen Leib erfüllt und beherrscht (Eph 1,3.23), hineinführt. Er will in „Christus alles vereinen, was im Himmel und auf Erden ist" (Eph 1,10). Wenn wir die Erlösung im Anteil des Heiligen Geistes empfangen haben und Gottes Eigentum geworden sind, dann wird die tiefste Idee Gottes vom Menschen offenbar, wie sie auch in der christlichen Verehrung der Heiligen zum Ausdruck kommt – nämlich, daß erlöstes Menschsein heißt: „Wir sind zum Lob seiner Herrlichkeit bestimmt" (Eph 1,12). Die Ehre Gottes aber ist der lebendige, durch die Gnade erfüllte Mensch[13].

---

[13] Irenäus von Lyon, Adversus haereses IV, 20,7 (Sources chrétiennes 100/2,648).

DER THEOLOGISCHE ORT DER HEILIGEN.
ÜBERLEGUNGEN ZUM EKKLESIOLOGISCHEN ANSATZ DES II. VATIKANISCHEN KONZILS

1. Eine Funktion der Heiligen im Gottesverhältnis des Christen?

Die Heiligen können heute mit einer neuen Aufmerksamkeit rechnen. Die gegenwärtige Tendenz, sich eine geschichtliche Epoche durch Biographien zu erschließen, führt innerkirchlich zu einem fast unübersehbaren Angebot z. T. ausgezeichneter hagiographischer Arbeiten. Der Versuch, das Christentum nicht nur im Studium seiner Lehre oder der Analyse seiner Strukturen, sondern gerade in der Dramatik der Glaubensgeschichte von Menschen zu erschließen, kommt durchaus ursprünglichsten Formen der Überlieferung der Botschaft Christi entgegen.[1]

1.1. Die Heiligen als Hinweis auf die Menschlichkeit Gottes

Wäre die christliche Offenbarung im Kern nur Lehre, Institution oder mystisches Erlebnis, dann müßte der Hinweis auf den inneren Zusammenhang von Kerygma und Zeugnis in der Nachfolge Jesu bis zur Gleichgestaltung mit seiner Passion in der Tat überflüssig erscheinen. Geht es jedoch um das „Erscheinen der Güte und Menschlichkeit Gottes" (vgl. Tit 3,4) und ist Offenbarung letztlich Selbstmitteilung Gottes an den Menschen, der sein

---

[1] Dieser Gedanke verschafft sich nicht nur in gegenwärtig geläufigen Formeln Ausdruck („Leitbilder christlicher Existenz", „Exemplarischer Christ" nach W. Nigg). Er findet sich theologisch schon reich ausgebildet in der Patristik. Die Heiligen gelten als „viva lectio evangelii". Vgl. Maximus von Turin, Sermo 16,2 (CChr.SL 23, 60); Leo d. Gr., Sermo 85,1 (CChr.SL 138 A, 534f.); Gregor d. Gr., Moral. In Job 24,8,16 (PL 76,295). Oder sie werden zur „regula seu norma vivendi". Vgl. Athanasius, Ep. ad Drac. 4 (PG 25, 528); Ambrosius, De Joseph 1 (CSEL 23,2, 73); Gregor d. Gr., Moral. in Job 28,11,26 (PL 76, 463).

Wesen geschichtlich und gesellschaftlich vollzieht, dann wird die universale Geschichte ihrer Aneignung zu einem konstitutiven Moment der Teilhabe am göttlichen Leben. Der Empfang der Heiligkeit Gottes sowie die gnadenhafte Vergöttlichung des Menschen lassen sich dann nicht ohne die Geschichte ihrer Vermittlung begreifen.

In der menschlichen Verwirklichung aller Facetten der Nachfolge Christi tritt der Mensch nicht allein als ein Objekt göttlicher Huld hervor. Gott, der sich in der Inkarnation des Logos zum innersten Grund und Prinzip des Menschen gemacht hat, läßt aus der gnadenhaft getragenen Subjektivität des Menschen gerade die geistige und leibhafte Gestaltung des Humanum als einen Aspekt seiner Mitteilung an die Kreatur hervorgehen (vgl. Kol 1,24). Im Aufbau des geschichtlichen Leibes Christi, der Kirche, ereignet sich in der fortschreitenden Gleichgestaltung der Glieder sozusagen die Vollendung der Menschwerdung Gottes, wenn „wir zum vollkommenen Menschen werden und Christus in seiner vollendeten Gestalt darstellen" (Eph 4,13b)[2].

1.2. Mit-Menschlichkeit als Brennpunkt der Interpretation des Christentums

Dieser erste Hinweis auf die Heiligen gestattet uns, über das Exemplarische hinaus, ein wichtiges Charakteristikum des Christentums schärfer herauszuarbeiten.[3] Wohl ist die eigentliche Frage der Theologie Gott selbst. Da die Beziehung zu Gott aber durch die menschliche Wirklichkeit Christi vermittelt wird, kann der Mensch in seinem Selbstvollzug als Wesen der Transzendenz und als das Wesen der Leiblichkeit, der Sozialität, der Geschichte und Sprache nicht außer Betracht bleiben. Die Frage nach dem Ort der Heiligen vermag daher die inkarnatorische und ekklesiale Verfassung der Gnade deutlich werden zu lassen.

---

[2] Daß hier nicht hegelianisch gedacht wird, zeigt schon der Begriff der Selbstmitteilung Gottes. Sie zielt in ihrem Vollzug nicht auf die Gottwerdung, sondern auf die Menschwerdung Gottes. Darin gewinnt er sich nicht erst in seiner Fülle, sondern er verschenkt sich aus der Unerschöpflichkeit seiner Fülle, ohne sich erst einholen zu müssen oder sich verlieren zu können.

[3] Unter „Heiligen" sollen hier nicht nur die Kanonisierten verstanden werden, sondern in weiterem Sinn alle Glieder der Kirche, besonders die Glieder der „himmlischen Kirche".

In der erbitterten Auseinandersetzung um die Christlichkeit der Heiligen-verehrung im 16. Jahrhundert zielte die reformatorische Kritik nicht auf diese oder jene fragwürdige Praxis.[4] Es ging zentral um die Rolle des Menschlichen in der Heilsrelation der Person zu Gott. Bei der näheren Bestimmung von göttlicher und menschlicher Seite des Heils war der Streit um die rechte Grundkonzeption von Christentum nicht zu umgehen. Eine umfassende Antwort gelang nach manchen Umwegen und problematischen Anläufen erst dem II. Vatikanischen Konzil, das im 7. Kapitel der Kirchen-konstitution „Lumen gentium" die Frage angeht unter dem etwas umständ-lichen Titel „Der endzeitliche Charakter der pilgernden Kirche und ihre Einheit mit der himmlischen Kirche".[5] Um die Tragweite dieser Konzep-tion zu erfassen, soll nun 1. ein geschichtlicher Rückblick die Problematik skizzieren, 2. eine transzendentale Analyse menschlicher Interkommuni-kation die dem Menschen gemäße Gestalt einer Unmittelbarkeit zu Gott beschreiben und 3. der Heiligenkult als ein Moment an der ekklesial-sozia-len Dimension des Heils einsichtig werden.

2. Geschichtliche Erschließung der Problematik

2.1. Das Modell der Alten Kirche: Gott-menschliche Koinonia

In diesem Zusammenhang darf die Profilierung der Gestalt des Märtyrers, des Prototypos des christlichen Heiligen, außer Betracht bleiben. Unsere Aufmerksamkeit richtet sich auf die Verbindungslinien, die die Patristik zwischen den Gläubigen auf Erden und ihren vollendeten Brüdern und Schwestern beim erhöhten Herrn der Gemeinde im Himmel erkannte. Die Kirchenväter suchten allerdings nicht die Einzelelemente des Heiligenkults (Verehrung, Gedächtnis, Fürbitte und Anrufung um Gebet und Hilfe) durch eine diskursive Argumentation aus der Heiligen Schrift zu konstru-ieren. Auch entnahmen sie ihre Rede von den Heiligen als Mittlern, Patro-nen, Wundertätern und Mitrichtern am Jüngsten Tag nicht unmittelbar biblisch-urkirchlicher Terminologie.

---

[4]   Zu den bedenklichen Seiten der spätmittelalterlichen Heiligenverehrung vgl. Erasmus von Rotterdam, Laus stultitiae 41. In: ders., Ausgewählte Schriften. Hg. W. Welzig. Bd. 2. Darmstadt 1975, 97f. Als Zeugnis einer theologisch ge-klärten Praxis vgl. aber auch Thomas a Kempis, Imitatio Christi 3,58.

[5]   LThK².E 1, 314–325.

Da sich ihnen die eschatologische Offenbarung jedoch nicht als ein Paket von Einzelwahrheiten vermittelte, sondern als eine Real-Idee, die als Mysterium mit der Fülle der inneren Bezüge in das lebendige Glaubensbewußtsein der Kirche einging und sich stets in Bekenntnis, Gottesdienst und Schriftlesung erneuerte, konnten sie bei je neuen geschichtlichen Erfahrungen einzelne Züge des Glaubensgeheimnisses hervortreten sehen. Diese vermochten sie nun im reflexen Nachvollzug theologisch fruchtbar zu machen.[6] Es waren vor allem die Situation der Verfolgung und der wachsende geschichtliche Abstand von der frühen apostolischen Kirche, welche die großen Gestalten der entrückten und der nahen Vergangenheit in den Lichtkegel gläubigen Interesses treten ließen: etwa den Diakon Stephanus, Johannes den Täufer, die „heiligen Apostel und Propheten" (Eph 3,5), die bereits verstorbenen Vorsteher, die zur Nachahmung empfohlen werden (vgl. Hebr 13,7), oder die Seelen derer, „die hingeschlachtet worden waren wegen des Wortes Gottes und wegen des Zeugnisses, das sie abgelegt hatten" (Offb 6,9), die ersten Bischöfe und Märtyrer Ignatius und Polykarp und alle um des Glaubens schwer Verfolgten. Um aber nun die bleibende Verbindung mit ihnen ausdrücken zu können, griffen die Väter auf die neutestamentliche Grundidee der Koinonia (Communio) zurück, in deren Geist sie selber sich bewegten. Sie ist sozusagen der geheime Bauplan der sich so reich entwickelnden altkirchlichen Märtyrertheologie, die im wesentlichen um 250 fertig vorliegt und in ihren Grundzügen keine Änderung mehr erfahren hat.[7]

In der trinitarisch grundgelegten Koinonia der Gläubigen mit Gott im Heiligen Geist, in der Anteilhabe an Jesus, dem Sohn des Vaters, und seinen Jüngern (vgl. 1 Joh 1,3; 2 Kor 13,13) sieht die alte Kirche die Solidarität aller mit allen im Heil ausgesprochen. Ein Satz aus der Paulinischen Gemeindetheologie bringt dies nur deutlicher auf den Begriff. „Wenn ein Glied leidet, leiden alle Glieder mit; wenn ein Glied geehrt wird, freuen sich alle anderen mit" (1 Kor 12,26).

Dieses Füreinander wird zur Grundlage der Fürbitte. In der Fürbitte als

---

[6]   Zur legitimen Entwicklung der „Heiligenverehrung" nach Maßgabe der „Regeln" der Dogmengeschichte vgl. J. H. Newman, Über die Entwicklung der Glaubenslehre. In: ders., Ausgewählte Werke, Hg. M. Laros – W. Becker. Bd. 8, Mainz 1969, 123–133.

[7]   Gemeinschaft meint hier mehr als die Assoziation von Gleichgesinnten. Koinonia bedeutet die Einheit des Lebensvollzugs in der gemeinsamen Teilhabe an Gottes dreieinigem Leben der Liebe.

Wesenselement des Gemeindelebens gipfelt die Überzeugung, daß die Kirche nicht nur eine Gemeinschaft von Glaubenden ist, sondern eine *Gemeinschaft des Heils in Weg und Ziel.* Durch Gebet, Vorbild, Nachahmung und Sorge füreinander werden alle gegenseitig zu „Verwaltern der vielfältigen Gnade Gottes, jeder mit der Gabe, die er empfangen hat" (1 Petr 4,10).

Die in den deuteropaulinischen Briefen greifbar werdende Weiterentwickung des Leib-Christi-Motivs hebt Christus als Haupt der Kirche hervor. Er vermittelt alle Tätigkeiten der Glieder füreinander. Origenes und Augustinus haben darum ausdrücklich die *christologische Vermittlung* aller menschlichen Gebete füreinander betont.[8] Diese beiden Richtungen des Leib-Christi-Motivs werden leicht ergänzt durch die dritte: den Glauben an die bleibende Verbindung aller im Leib Christi auch nach dem Tode einzelner Christen. Die Märtyrer sind aufgrund des Auferstehungsglaubens gerade nicht abwesend, sondern durch ihre Nähe bei Christus um so tiefer mit seinem Leib, der Kirche, verbunden. Die Intensivierung der Koinonia in der Liebe, dem Band der Vollkommenheit (Kol 3,14), vertieft die Gemeinschaft mit den Brüdern, die noch auf dem Weg zur Vollkommenheit sind, worin sich die Gott-menschliche Einheit vollzieht. Von all diesen Anhaltspunkten her entwickelt Augustinus die Grundformel zur Interpretation der patristischen Heiligentheologie: *Haupt und Leib, ein Christus.*[9]

In der theozentrisch und christologisch geprägten Grundauffassung des Christentums haben sich drei Hauptzüge am Begriff „communio sanctorum" miteinander verbunden, wie sie Niketas von Remesiana[10] zusammenstellt: 1. Die Heiligkeit aller Christen entspringt der sakramentalen Anteilhabe an der Koinonia des Leibes Christi. 2. Hieraus erwächst die personale Gemeinschaft aller in Christus Geheiligten untereinander im Austausch von Glauben und Liebe, Leiden und Gebet, Charisma und Verdienst. 3. Es zeigt sich ein universaler Zusammenhalt aller Geheiligten, der Raum und Zeit umgreift und so auch die Einheit der Selbstmitteilung Gottes in der Geschichte der Menschheit verbürgt. Insgesamt erlaubt es der Gedanke der Koinonia, die zwischen-Gott-menschlichen und die zwischenmenschlichen Beziehungen und Anteilhaben in ihrer organisch-gestuften Einheit und Verschränkung festzuhalten.

---

[8] Vgl. Origenes, De orat. 11,1 (GCS 2, 3210); Augustinus, In Ps. 85,1 (CChr.SL, 39, 1176).

[9] Vgl. Augustinus, Sermo 285,5 (PL 38, 1295); Sermo 144,5 (PL 38, 790).

[10] Niketas von Remesiana, Explanatio symboli 10 (PL 52, 871).

2.2. Desintegrierende Entwicklungen in der nachpatristischen Zeit

Diese kunstvolle Synthese des göttlichen und des menschlichen Moments in der Heilsgemeinschaft erfuhr eine folgenreiche Schwächung, als im Ausgang der Antike die entscheidende christologische Vermittlung (Christus als Haupt des Leibes) in den Hintergrund tritt.[11] In der volkstümlichen Anschauung entwickeln sich die Heiligen mehr und mehr zu einem „höheren Gegenüber" für die gewöhnlichen Christen auf Erden. Sie heißen nun nicht mehr Mittler in dem Sinne der Intensivierung der in Christus eröffneten Gemeinschaft mit Gott nach der sozialen Seite hin. Sie gelten nun als Vermittler „zwischen" Christus und uns. Christus ist fast „monophysitisch" ganz auf die Seite Gottes getreten. Austausch der Verdienste wird zu einem Vorgang an Christus vorbei. Erst der mit den überschüssigen Verdiensten der Heiligen ausgestattete Christ, der selber nicht genug Buße und Liebe erbringt, kann darum in gewisser Hinsicht Gott Genüge tun. In Verbindung mit einer paganen Frömmigkeitsmentalität, die sich nur um zeitlicher Vorteile willen an die höheren Mächte wendet, gewann die spätmittelalterliche volkstümliche Heiligenverehrung jene Zerrgestalt, die von den Reformatoren verworfen wurde.[12]

2.3. Der Einwand der Reformation: Verdoppelung der Soteriologie

Von einem extrem theozentrischen Ansatz her verlegte die reformatorische Theologie alles Heil des Menschen in seine unmittelbare und ausschließliche Beziehung zu Gott. Die ekklesiale und anthropologische Seite des Heils und seiner Vermittlung geriet in Verdacht, einem falschen Vertrauen auf Menschen und Werk Vorschub zu leisten.[13] Die Liebe zum Nächsten war

---

[11] Zur theologie- und geistesgeschichtlichen Entwicklung des Topos „communio sanctorum" vgl. J. R. Geiselmann, Die theologische Anthropologie Johann Adam Möhlers. Ihr geschichtlicher Wandel. Freiburg i. Br. 1955, 56–06.

[12] Die Kritik der Reformatoren stützt sich weitgehend auf Erasmus, Enchiridion militis christiani. In: ders., Ausgewählte Schriften. Hg. W. Welzig. Bd. 1. Darmstadt 1968, 178; vgl. damit H. Zwingli, Adversus Hieronymum Emserum antibolen, 1524 (CR 90, 273f).

[13] In diesem Zusammenhang spielt die Stelle Jer 17,5 („Verflucht sei, wer auf Menschen vertraut ...") eine große Rolle, insofern sie den unchristlichen Geist des Vertrauens auf die Fürbitte der Heiligen belegen soll. „Vertrauen" hat aber von der reformatorischen Rechtfertigungslehre her den fest umschriebenen Sinn eines heilswirksamen Glaubens an das Heil aus Gottes Gnade angenommen. Vgl. M. Luther, Schm. Art. II, Art. 2 (BSLK 425).

dabei zwar eine notwendige ethische Konsequenz, aber kein Teilmoment der allein heilsbedeutsamen religiösen Beziehung zu Gott. Folgerichtig mußte die traditionelle Anrufung der Heiligen um ihre Fürbitte bei Gott, die Rede von ihnen als Mittlern und das Vertrauen auf ihre Verdienste als eine *Verdoppelung der Soteriologie* erscheinen. Die traditionelle Praxis hatte ja zuerst den Wortlaut der Schrift gegen sich, wenn von Christus als dem einzigen Mittler zu Gott und Fürsprecher beim Vater gesprochen wird (vgl. 1 Tim 2,5; Joh 2,1). Außerdem werde, so heißt es weiter, das Wissen um Christus als dem einzigen Weg zum Vater verdunkelt und relativiert (vgl. Joh 14,6). Der Affekt gegen die Anrufung der Heiligen verschafft sich Luft in dem unzähligemal vorgebrachten Verdikt als „Götzendienst".

2.4. Katholische Reaktion: Ein mehr formales Festhalten an der Tradition

Die katholische Antwort hält zwar die einzelnen geschichtlich zu einem Ganzen zusammengewachsenen Elemente fest und sucht sie mit Belegen aus Schrift und Tradition zu stützen. Im Rückgriff auf das II. Nicänische Konzil (787) hat das Trienter Konzil durch die Unterscheidung der allein Gott zukommenden Anbetung (cultus latriae) und der bloßen (religiösen) Verehrung der Heiligen (cultus duliae) den Eindruck einer substantiellen Vergottung der Heiligen abzuwehren gesucht.[14] Auch macht es deutlich, daß die Heiligen keine selbständigen Mittler neben Christus darstellen. Die Möglichkeit aber, alle Einzelelemente genetisch von der Koinonia-Idee her nachzuvollziehen, die noch der frühe Luther im Anschluß an die augustinische Tradition gesehen hatte, wurde nicht ergriffen. Der Versuch, alle Einzelelemente positivistisch aus der Schrift zu begründen, mußte fehlschlagen. Die Kluft zwischen Schrift und Tradition wurde schier unüberbrückbar. Die strukturelle Schwäche des Kirchenbegriffs, die für die ganze neuzeitliche Entwicklung kennzeichnend ist, mußte sich nachteilig auswirken. Die Folge war eine Ortlosigkeit der Heiligen im Aufbau der Theologie und Unsicherheit über den Sinn einer religiösen Gemeinschaft mit ihnen. Einen signifikanten Beleg dafür findet man bei Pohle-Gummersbach, die in ihrem

[14] Vgl. DS 1821–1825. In seinem Schlußschreiben an die evangelischen Theologen der Tübinger Fakultät hebt Patriarch Jeremias II. von Konstantinopel die Übereinstimmung der östlichen mit der lateinischen Kirche in den Fragen der „Anrufung der Heiligen" hervor (6. Juni 1581). Vgl. J. Karmiris, Dogmatica et Symbolica Monumenta Orthodoxae Catholicae Ecclesiae. Bd. 2. Graz ²1968, 462–470.

dogmatischen Handbuch die Heiligen nur als einen Unterabschnitt bei dem Kapitel „Die Privilegien der Gottesmutter"[15] unterzubringen wissen.

Die Einbindung der Heiligen in die Ekklesiologie setzt allerdings eine anthropologische Reflexion auf die materiellen Vollzugsbedingungen menschlicher Personalität voraus.

3. Vorzubereitender Neuansatz mit einer Anthropologie der Interkommunikation

3.1. Das neuzeitliche Problem: Unmittelbarkeit oder Vermittlung?

Unter den Bedingungen neuzeitlicher Anthropologie gerät die religiöse Rede von personaler Beziehung leicht in eine individualistische Konzeption hinein. In einer apriorischen Geistsubjektivität ist die endliche Person mittels ihrer intelligiblen Formen (Illumination, eingeborene Ideen, apriorische Verstandesformen) so in-sich-ständig, daß die notwendige Vermittlung durch die Materialität ihres Vollzugs hinter den eigentlichen Geistakt zurückfällt. Der sich bei Descartes anzeigende anthropologische Dualismus von Bewußtsein und Körper bleibt nicht ohne Folgen für das Verständnis des Christentums.

Wenn dagegen jeder endliche Geist sich in seiner Unmittelbarkeit erst durch eine umfassende Vermittlung mit der Welt gewinnt, dann zeigen sich seine Leiblichkeit, seine Beziehung zur Gemeinschaft, seine begriffliche Selbstentfaltung im Raum der gemeinsamen Sprache keineswegs nur als eine sekundäre Stütze für den Geist.[16] Sie sind vielmehr dessen wesentlicher

---

[15] J. Pohle, Lehrbuch der Dogmatik. Neubearb. von J. Gummersbach (WH). Bd. 2. Paderborn [10]1956, 461–487.

[16] Die leider oft mißverstandene thomanische Lehre von der „Materie" als dem Prinzip der Individuation könnte hilfreich sein für eine künftige Anthropologie der „Konstitution des Ich in Kommunikation". Die Theorie, die die Autonomie des Subjekts in rein transzendentaler Reflexion begründen will, erreicht nur schwer die Kategorie des Mit-Seins. Sie übersieht, daß das sich konstituierende Ich immer schon durch den „anderen" mitbegründet ist. Dies meinte wohl D. Bonhoeffer, Widerstand und Ergebung. Briefe und Aufzeichnungen aus der Haft. Neuausgabe. Hg. E. Bethge. München 1970, 414, wenn er echte Transzendenz nicht dem reinen Denken entspringen läßt. Für ihn entsteht sie erst an der Begegnung mit dem leibhaftigen Du des Bruders, der meine Verantwortung herausfordert und den ich nicht mehr auf die Strukturen meines Bewußtseins reduzieren kann.

Raum und dauerndes Durchgangsfeld, d. h. das konnaturale Medium des Zu-sich-selbst-Kommens. Unmittelbarkeit der Person zu Gott ereignet sich deshalb nicht an Welt, Kirche, Mit-Menschlichkeit und Leiblichkeit vorbei, sondern gerade in ihnen und durch sie. In dieser leibhaftig-sozialen Vollzugsform des Menschen und in der Vermittlung zu Gott durch die menschliche Natur Jesu Christi werden wir die Rede von einer Gemeinschaft der irdischen Kirche mit den himmlischen Heiligen anzusetzen haben.

3.2. Das kreatürliche Du als Vermittlung in die Unmittelbarkeit Gottes

Mit Karl Rahner begreifen wir die Lehre von der kreatürlichen Vermittlung als „ein Grunddogma des christlichen Glaubens".[17] Demnach begegnet der Glaubende Jesus Christus als Person in der sakramentalen Anamnese von Kreuz und Auferstehung im Wort und Sakrament der Kirche. Aber als deren geschöpfliche Bedingung gilt, daß sich die Begegnung „durch das in Liebe angenommene Du"[18] des leibhaftigen Bruders ereignet, mit dem sich Christus nach Mt 25,40 identifiziert. In und mit Jesus ist daher das Du des anderen nicht Trennung und Hindernis auf dem Weg zu Gott. Weil das Ich erst durch die natürliche und gnadenhafte Interkommunikation als Kind Gottes qualifiziert wird, ist das personale Du des Gerechtfertigten Ort der Vermittlung zu Gott.

Von Jesu Menschheit her darf das christliche Leitprinzip formuliert werden: Gott ist nur noch im Menschen und der Mensch nur noch in Gott zu finden. Man kann auch sagen: Gott teilt sich dem Menschen unmittelbar mit, insofern dieser Glied der einen Menschheit in Christus ist. Und indem der Mensch sich in und mit Jesus sowie in und mit dem Nächsten interpersonal konstituiert, wird er zum Adressaten der Selbstmitteilung Gottes.

Gemeinschaft mit den Heiligen als ein erweiterter Modus der kreatürlichen Interkommunikation kann daher kein heterogenes Zwischenstück zwischen Gott und Mensch sein. Als „konstitutives Moment der Vermittlung zur Unmittelbarkeit Gottes"[19] bildet sie ein von der Selbstmitteilung Gottes

---

[17] K. Rahner, Warum und wie können wir die Heiligen verehren? In: ders., Schriften zur Theologie. Bd. 7. Einsiedeln 1966, 283–303, hier 295.

[18] Ebd.

[19] K. Rahner, Gebet zu den Heiligen. In: J. B. Metz – K. Rahner, Ermutigung zum Gebet. Freiburg i. Br. 1977, 43–10, hier 81.

getragenes Moment an der Begründung des begnadeten Subjektes, dem Gott seine trinitarische Koinonia schenkt. Die Solidarität aller mit allen in Aneignung und Vermittlung des Heils bildet damit eine existentialontologische Voraussetzung für die Vermittlung zu Gott durch die Menschheit Jesu.[20]

4. Der Ort der Heiligen nach „Lumen gentium"

4.1. Überwindung der Isolation

Diese Neubesinnung auf die Bestimmung von Person (nicht als Monade, sondern) als Vollzug in Kommunikation und Relation geht auch in den ekklesiologischen Aufbruch nach dem I. Weltkrieg ein. Sie gipfelt in der Kirchenkonstitution des II. Vatikanischen Konzils. Entscheidend ist, daß gerade auch neutestamentliche und patristische Motive fruchtbar gemacht werden können. In das heilsgeschichtlich konzipierte Verständnis der Kirche als „Volk Gottes" gehen auch die Ideenkreise „Leib Christi" und „Gemeinschaft der Heiligen" ein.[21] Gegenüber der antireformatorischen Forcierung der institutionellen und hierarchischen Elemente tritt der Gedanke des gemeinsamen Priestertums aller Gläubigen deutlicher hervor, und zwar keineswegs im Sinn einer Individualisierung, als ob jeder sein eigener Priester wäre. Im Gegenteil lassen sich gerade hier die heilsbedeutsamen Relationen der Personen zueinander verdeutlichen. In ihnen vollzieht sich der geistige Aufbau der Kirche, die Paulus (Röm 12,1-8 und 1 Kor 12,12-31a) als Organismus beschreibt, der durch das Zusammenwirken der verschiedenen Gnadengaben, Dienste und Sendungen aufgebaut wird.

[20] Die sozialontologische Beschreibung der Wirklichkeit der „Erbsünde" als vorindividuelle Verstrickung in Zusammenhänge von Schuld könnte in Hinsicht auf die „Gemeinschaft der Heiligen" ein Pendant haben, insofern es eine vorgängige Einbeziehung der sittlich-religiösen Selbstentfaltung des „einzelnen" in einen Raum der gemeinsamen Hinordnung auf Gott gibt.

[21] Vgl. hierzu P. Molinari, Der endzeitliche Charakter der pilgernden Kirche und ihre Einheit mit der himmlischen Kirche. In: De Ecclesia. Beiträge zur Konstitution „Über die Kirche" des Zweiten Vatikanischen Konzils. Hg. G. Baraúna. Dt. Ausgabe besorgt von O. Semmelroth, J., G. Gerhartz, H. Vorgrimler. Bd. 2. Freiburg i. Br./Frankfurt a. M. 1966, 435–456; G. Philips, L'Église et son Mystère au IIe Concile du Vatican. Histoire, texte et commentaire de la Constitution Lumen gentium. Bd. 2. Paris 1968, 161–205.

Gleich zu Beginn der Konstitution ist die Leitidee formuliert: „Die Kirche ist ja in Christus gleichsam das Sakrament, das heißt Zeichen und Werkzeug für die innigste Vereinigung mit Gott wie für die Einheit der ganzen Menschheit."[22]

Hier wird in einer einzigen Perspektive das Beziehungsgefüge der Heilsrelation zu Gott *und* zu den Menschen erfaßt. Dies muß darin auch in der Sicht der Heiligenverehrung zum Ausdruck kommen, insofern man sie als eine Manifestation des geschichtlichen und endzeitlichen Aspektes dieser gott-menschlichen Koinonia begreift. Für den ursprünglichen Entwurf des Kirchenschemas war eine Thematisierung des eschatologischen Wesens der Kirche nicht vorgesehen. Erst als man begriff, daß man Kirche nicht ohne ihren eschatologischen Bezug beschreiben kann, kamen die Heiligen in den Blick. Die Heiligenverehrung konnte in einer doppelten Hinsicht hilfreich werden. Einmal trat die eschatologische Ausrichtung der Kirche durch den Blick auf ihre Einheit mit der himmlischen Kirche hervor. Zum anderen konnte die individualistische Betrachtung der Eschata überwunden werden, indem die Vollendung des Menschen bei Gott nun auch als Vollendung seiner Gemeinschaftsdimension in der gott-menschlichen Koinonia begriffen wurde.

Damit wird zum ersten Mal seit der Patristik (mit einigen bezeichnenden Ausnahmen: Thomas von Aquin, Drey, Möhler, Newman) die Heiligenverehrung aus ihrer Isolation in Theologie und Frömmigkeit herausgenommen. Ihr theologischer Ort ist die Nahtstelle von Ekklesiologie und Eschatologie. Sie ist – nach einer guten Formulierung von O. Semmelroth – die „konkrete Verwirklichungsform des eschatologischen Wesens der Kirche"[23].

4.2. Im Rahmen der Eschatologie der Kirche

Das eschatologische Wesen der Kirche drückt sich aus in einer Spannung zwischen einerseits dem realen An-Wesen Gottes in der Menschheit Christi im Heiligen Geist, seinem Fortwirken in den Einrichtungen des neuen Gottesvolkes (nämlich im Dienst an Wort und Sakrament, sowie den Charismen) und andererseits der künftigen Vollendung in der Teilhabe am Leben des dreifaltigen Gottes, wenn „Gott alles in allem" (1 Kor 15,28) sein

---

[22] LThK². E 1, 157.
[23] O. Semmelroth, Kommentar zum 7. Kap. von „Lumen gentium". In: LThK.E 1, 314–325, hier 315.

wird. Diese Mittelstellung der Kirche öffnet den Blick für den Sinn der traditionellen Redeweise von der dreifachen Kirche als Umschreibung der dreifachen Stellung der Jünger zur Wiederkunft Christi: Es gibt die Jünger auf dem Pilgerweg zu ihm, dann die Verstorbenen, die noch geläutert werden, und schließlich jene, die schon in Christus verherrlicht sind und den dreifaltigen Gott schauen, wie er ist (vgl. 1 Joh 3,2; 1 Kor 13,12).

Da aber alle in der gleichen Liebe mit Gott und den Nächsten kommunizieren, wachsen sie zusammen durch den Geist zur *einen Kirche* Gottes. Die bleibende Einheit der pilgernden Kirche mit der himmlischen Kirche dient dem Aufbau des Leibes Christi zur Erscheinung der *angekommenen Selbstmitteilung Gottes.* Durch ihre Fürbitte bringen sich die Heiligen in den Prozeß der Ankunft Gottes bei der Menschheit ein. Aufgrund ihrer tieferen Verbindung und Freundschaft mit Christus fördern sie die pilgernde Kirche auf ihrem Weg zu Gott. Sie erhöhen die Würde ihres Gottesdienstes, indem sie „durch, mit und in Christus" beim Vater eintreten durch ihre Verdienste, welche sie durch den einzigen Mittler zur Zeit ihres eigenen Pilgerweges erworben haben. Sie haben damit in ihrem Fleisch für den Leib Christi, die Kirche, ergänzt, was den Leiden Christi noch „fehlt" (vgl. Kol 1,24). Denn Christus hat zwar eine vollkommene, aber individuelle Menschennatur angenommen. Weil er darum nicht alle menschlichen Möglichkeiten verwirklichen kann, ist Christi Menschheit ergänzungsfähig in den Gliedern seines Leibes, den Christen. Indem diese den Leib Christi aufbauen, wächst der vollkommene Mensch, in dem sich die innere Durchdringung von Gott und Menschheit vollzieht. Indem sie so das erlöste und von der Gnade getragene Humanum in seiner unübersehbaren Fülle auf Gott hin transparent werden lassen, tritt nun „Christus in seiner vollendeten Gestalt" als abgeschlossene Vereinigung von Haupt und Leib vor den Vater hin (vgl. Eph 4,13).

Das Wachsen zum Pleroma Christi geschieht gerade durch die natürlichen und übernatürlichen Relationen der Glieder des Leibes Christi zueinander. Je tiefer die Bindung an Christus, desto wirksamer wird die Heilsbedeutung des einen für den anderen. Verhältnis zu den Heiligen in Gedächtnis, Ausrichtung an ihrem Vorbild, Anrufung um ihre Fürbitte sind also zuletzt nichts anderes als eine Realisierung der mit-menschlichen Seite der gottmenschlichen Communio: „In der Liebe verwurzelt und auf sie gegründet, sollt ihr zusammen *mit* allen Heiligen dazu fähig sein, die Länge und Breite, die Tiefe und Höhe zu ermessen und die Liebe Christi zu verstehen, die alle Erkenntnis übersteigt. *So* werdet ihr mehr und mehr von der ganzen Fülle Gottes erfüllt" (Eph 3,17ff.).

4.3. Heiligenverehrung als Verwirklichungsweise des eschatologischen Wesens der Kirche (LG Art. 48–51)

Vierfach beschreibt das Konzil die Funktion der Einheit von pilgernder und himmlischer Kirche:

4.3.1. Wachhalten der eschatologischen Sehnsucht

Im Blick auf die Nachfolger Christi, die nicht mehr fern vom Herrn (2 Kor 5,4), sondern daheim bei ihm leben (2 Kor 5,8), bleibt die eschatologische Sehnsucht wach. Die Ausrichtung auf das jenseitige Ziel der ganzen Menschheit in Gott wird gestärkt.

4.3.2. Treue zu Geschichte und Welt

Die Hoffnung auf das transzendente und künftige Ziel eröffnet aber zugleich auch den Blick auf die geschichtlichen Wege, auf welchen wir in den vielfältigen Lebensverhältnissen zum Anteil an der Heiligkeit Gottes gelangen. In den Heiligen, die dem Menschengeschick so tief verbunden sind, findet das Bild Christi als des Menschgewordenen, des Gekreuzigten und Verherrlichten seine allseitige Ausprägung. So leuchtet in den Heiligen das Menschenantlitz Gottes in der Welt auf. Durch sie spricht er zu uns; er schenkt sie seiner Kirche als Zeichen seines gekommen und kommenden Reiches; er umgibt die pilgernde Kirche mit einer „Wolke voll Zeugen" (Hebr 12,1), um sie zur Wahrheit und Kraft des Evangeliums hinzuführen. Kirchengeschichte ist daher nicht bloß Institutionengeschichte, sondern zuinnerst Geschichte der in Menschen angekommenen Selbstmitteilung Gottes in seiner trinitarischen Koinonia.

4.3.3. Erfahrung der Gemeinschaft des Heils

Über die Nachahmung ihres Beispiels hinaus stärkt die Beziehung zu den Gestalten der jenseitigen Kirche auch eine Einheit der Kirche im Geist der Liebe. Gemeinschaft der Personen in Christus dient immer der Verbindung aller in Gott. Die Liebe zu den Freunden und Miterben Christi, der Dank an Gott, daß er sie der Kirche geschenkt hat, die Bitte um ihr Gebet haben ihren Ursprung in Christus, dem Geber aller Gaben; aber sie führen auch hin zu ihm und zur Gemeinschaft mit allen Gliedern seines Leibes.

4.3.4. Größere Einheit im Gottesdienst

Jede Heiligenverehrung hat ihren Schwerpunkt in der sakramentalen Liturgie. Die Eucharistie ist Quelle und Höhepunkt der Einheit von Haupt und Leib, Christus und Kirche. Sie ist ausgerichtet auf das ewige Lob Gottes. Darin verbindet sich die pilgernde Kirche mit der himmlischen Kirche zu „einer Anbetungsgemeinschaft"[24]. Ereignet sich aber die Einheit der ganzen Kirche in wechselseitiger Liebe und im gemeinsamen Lob des dreifaltigen Gottes, dann bereitet Heiligenverehrung auch die vollendete Koinonia vor, in der die Gemeinschaft mit Gott und den Menschen nicht mehr zu trennen ist.

5. Abschließende Perspektive:
Neubewertung der menschlichen Seite des christlichen
Verhältnisses zu Gott

Der Ort der Heiligen in der Theologie liegt, wie wir sahen, in der Dimension der Koinonia-Struktur des Heils in Christus. In der Gemeinschaft mit ihm zeigt sich die menschliche Gemeinschaft der Kirche als Abbild und Teilhabe an der innergöttlichen Communio.

Der in Jesus auf immer menschliche Gott hat seine Beziehung zum Menschen auf immer in der Weise gestiftet, daß sie zum Gleichnis seines trinitarischen Mit- und Fürseins werden kann. Hierin kommt sowohl die Gemeinschaft mit ihm zur Darstellung wie auch zur Verwirklichung inmitten der Geschichte dieser gottmenschlichen Koinonia. In dieser universalen Kommunikation weiß sich jede unmittelbar auf Gott bezogene Person zugleich auf das Ganze der Menschheit verwiesen. Vollzug des Christseins bedeutet darum eine unabschließbare Horizonterweiterung. In der geschichtlichen und weltweiten Christen-Gemeinschaft kommt die kommu-

---

[24] Vgl. ebd. 323. Dieser Gedanke ist auch der lutherischen Theologie nicht fremd. Vgl. Das Herrenmahl. Bericht der Gemeinsamen Römisch-katholischen/Evangelisch-lutherischen Kommission (1977), Nr. 71. In: Dokumente wachsender Übereinstimmung. Sämtliche Berichte und Konsenstexte interkonfessioneller Gespräche auf Weltebene. 1931–1982. Hg. H. Meye, H. J. Urban, L. Vischer, Paderborn/Frankfurt a. M. 1983, 271–295, hier 292: „Auch die lutherische Eucharistiefeier bringt die Gemeinschaft der himmlischen und der irdischen Gemeinschaft im Lobgesang und in der Fürbitte zum Ausdruck." Zum gegenwärtigen Stand des Gesprächs vgl. G. L. Müller, Die Heiligen – ein altes und neues Thema der Ökumene, in: HerKorr 38 (1984) 522–527.

nitäre Seite der eschatologischen Heilsgabe Gottes zur lebendigen Anschauung. Die religiöse Verbindung mit den bei Gott schon vollendeten
Brüdern und Schwestern bringt daher diese Universalität der Heilsgemeinschaft in einer bestimmten Hinsicht zum Ausdruck.

Den Wert der Heiligenverehrung für die Artikulation gerade der mensch-
lichen Seite des christlichen Glaubens hat J. S. Drey, der Begründer der
Katholischen Tübinger Schule, in einem bahnbrechenden Aufsatz zu dieser
Frage so aufgefaßt:

„Wenn der Geist der reinsten Humanität, der Geist der Brüderlichkeit und
Socialität, der Geist der innigsten Anschließung und des Zusammenhalts
die nächsten Mittel oder selbst die offenbarsten Äußerungen der Men-
schenliebe sind, so weiß ich nicht, was zu ihr kräftiger bilden könnte, als die
Idee von der Gemeinschaft der Heiligen."[25]

---

[25] J. S. Drey, Der katholische Lehrsatz von der Gemeinschaft der Heiligen/Aus
seiner Idee und in seiner Anwendung auf verschiedene andere Lehrpunkte
dargestellt. In: Geist des Christentums und des Katholizismus. Ausgewählte
Schriften katholischer Theologie im Zeitalter des deutschen Idealismus und
der Romantik. Hg. J. R. Geiselmann (Deutsche Klassiker der kath. Theologie
aus neuerer Zeit 5), Mainz 1940, 381–388, hier 388.

MARIEN- UND HEILIGENVEREHRUNG: EINE AUSFORMUNG DER THEOLOGISCHEN ANTHROPOLOGIE AUS KATHOLISCHER SICHT

1. Die katholisch-reformatorische Differenz in der Heiligenverehrung als Ausdruck einer unterschiedlichen Anthropologie

In seiner „Symbolik" hat *Johann Adam Möhler* (1796–1838) die dogmatischen Gegensätze zwischen Katholiken und Protestanten auf einen unterschiedlichen Ansatz in der theologischen Anthropologie zurückgeführt. Alle einzelnen Divergenzen in der Auffassung von Urstand und Erbsünde, Natur und Gnade, Rechtfertigung und Heiligung, von Glauben und Werken, Schrift und Tradition, Kirche und Lehramt sucht er zu begreifen als Folgerungen aus der Antwort, „welche auf die von den Reformatoren aufgeworfene anthropologische Frage gegeben wurde".[1]

Es geht nicht mehr wie in der Alten Kirche um die Geheimnisse der Dreifaltigkeit Gottes und der Menschwerdung Gottes, sondern zusammengefaßt um die Zuspitzung auf die den Menschen in seinem Gottesverhältnis selbst betreffenden Fragen nach dem Tiefgang der Wandlung, welche die vergebende und heiligend-vergöttlichende Gnade Christi an uns bewirkt, und *nach* der Heilsbedeutung der Beziehungen, die zwischen den Gliedern des Leibes Christi, der Kirche, in der gemeinsamen Abhängigkeit von Christus, dem Haupt der Kirche, bestehen.

Hier stehen wir mit den Kernbegriffen der Rechtfertigung des Sünders und der Gemeinschaft der Geheiligten schon an der Wurzel der reformatori-

---

[1] J. A. Möhler, Symbolik oder Darstellung der dogmatischen Gegensätze der Katholiken und Protestanten nach ihren öffentlichen Bekenntnisschriften I, hg., eingel. u. komm. v. J. R. Geiselmann, Köln und Olten 1958, 18f.

schen Kritik an der katholischen Auffassung von der Heiligkeit des Menschen und der Gemeinschaft der Heiligen in der Gnade.

Der lutherische Theologe *Rudolf Hermann* hat den Gegensatz auf den Begriff bringen wollen, indem er den evangelischen Heiligen als den versteht, der ohne Blick auf sich selbst und seine verliehenen oder erworbenen Qualitäten ganz aus dem Zuspruch der Vergebungsgnade lebt, während er den Heiligen im katholischen Sinn als einen begreift, der einen Grund seiner Gottgefälligkeit mittels der geschenkten Eigenschaft seiner anerschaffenen Gnade und der dadurch erbrachten Tätigkeiten der Sittlichkeit, der Aszese und der Nächstenliebe zu behaupten und zu beanspruchen suche.[2]

Schärfer profiliert ist aber die Kritik an dem Einfluß auf das Gottesverhältnis, den die katholische Frömmigkeit der Beziehung der Gläubigen auf Erden zu den vollendeten Heiligen im Himmel beimißt. Wird nämlich die Gnade vor allem als barmherzige Gesinnung Gottes uns Sündern gegenüber verstanden und nicht als das den Sünder umwandelnde und neubegründende Gottesleben in uns, an dem alle teilhaben, dann kann es auch keinen Austausch untereinander geben, durch den alle voneinander bereichert werden, damit der ganze Leib Christus, dem Haupt, entgegenwächst, was zugleich eine Vollendung des Kommens Gottes zu den Menschen bedeutet (vgl. Eph 4,15f.). In den Anfängen der Reformation hatte *Martin Luther* allerdings aus der Tiefe seines Verständnisses der Rechtfertigung, die eine rein forensische Interpretation weit übertrifft, die neutestamentliche Idee einer Communio aller im Heil wieder aufgegriffen, und die traditionellen Einzelelemente des Heiligenkultes in ihrer inneren Zuordnung erkannt und von der Mitte her neu organisiert.[3]

2. Der partielle Gegensatz in der Anthropologie

Wenn die Sicht der Marien- und Heiligenverehrung ein deutlicher Ausdruck des Gegensatzes in der Anthropologie ist, dann muß umgekehrt aber

---

[2] R. Hermann, Luthers These „Gerecht und Sünder zugleich". Eine systematische Untersuchung, Gütersloh 1930, 7.

[3] Vgl. dazu die grundlegende Studie von P. Manns, Luther und die Heiligen: Reformatio Ecclesiae. Beiträge zu katholischen Reformbemühungen von der Alten Kirche bis zur Neuzeit (=FS f. Erwin Iserloh), hg. v. R. Bäumer, Paderborn-Wien-Zürich 1980, 535–580; vgl. auch G. L. Müller, Gemeinschaft und Verehrung der Heiligen. Geschichtlich-systematische Grundlegung der Hagiologie, Freiburg-Basel-Wien 1986, 35–48.

auch gelten, daß es hier nicht um eine einfache Kontradiktion geht, indem die reformatorische Seite nur die reine Antithese zur katholischen Auffassung wäre, denn gerade beim angesprochenen Problem gibt es doch eine breite *dogmatische* Übereinstimmung.

Wenn es auch beim Blick auf die Wirkungsgeschichte der reformatorischen Kritik zunächst überraschen mag, so lassen doch die reformatorischen Bekenntnisschriften, als Bündelung der theologischen Grundeinsichten und Überzeugungen der reformatorischen Bewegung, einen erstaunlichen großen Spielraum für einen evangelischen Heiligenkult offen, der *fast* vollständig mit der katholischen Sicht übereinstimmt.

Die „Confessio Augustana" und ihre „Apologie" kennen im Artikel 21 eine dreifache Ehre der Heiligen: den Dank an Gott, daß er sie der Kirche geschenkt hat, die Stärkung unseres Glaubens an ihren Beispielen und die Nachahmung ihrer Tugenden. Das Bewußtsein der bleibenden Verbindung zwischen den Gliedern der einen Kirche im Himmel und auf Erden führt zur Einsicht, daß Maria und die anderen Heiligen im Himmel für die Gläubigen auf Erden beten.[4] Auch im Marienglauben bekennt sich die Reformation zu den beiden Zentralaussagen aller kirchlichen Mariologie, der Jungfräulichkeit Marias und ihrer Gottesmutterschaft.[5]

Nur bei der Sicht auf den theologisch bestimmten Anfang und das Ende des Lebens Marias von der Mitte ihrer sie bestimmenden Begnadung her (nämlich die Empfängnis ohne Erbsünde und die Vollendung von Seele und Leib bei ihrem Tod), ist die evangelische Lehre die katholische Dogmenentwicklung nicht mitgegangen und vor allem methodisch aufgrund des reformatorischen Schriftprinzips in einen Gegensatz zur katholischen Sicht getreten. Der einzige dogmatisch relevante Widerspruch gilt der *Anrufung* der Heiligen um ihre *Fürbitte".* Wenn allerdings der Bedeutungsgehalt von „anru-

4   Vgl. P. Manns, Die Heiligenverehrung nach CA 21: Confessio Augustana und Confutatio. Der Augsburger Reichstag 1530 und die Einheit der Kirche, hg. v. E. Iserloh (=RST 118), Münster i. W. 1980, 595–640; G. Kretschmar-R. Laurentin, Der Artikel vom Dienst der Heiligen in der Confessio Augustana: Bekenntnis des einen Glaubens. Gemeinsame Untersuchung lutherischer und katholischer Theologen, hg. v. H. Meyer u. H. Schütte, Paderborn-Frankfurt a. M. 1980, 256–280. Zur Sicht der Heiligenverehrung in weiteren lutherischen und reformierten Bekenntnisschriften vgl. G.L. Müller, Gemeinschaft und Verehrung der Heiligen, 48–62.

5   Die Konkordienformel. Solida Declaratio, VIII. Von der Person Christi (BSLK 1024) spricht von Maria als der „laudatissima virgo", die „wahrhaftig Gottes Mutter und gleichwohl eine Jungfrau geblieben ist".

fen" im jeweiligen Zusammenhang geklärt wird, dann zeigt sich, daß der Gegensatz mehr vom Begriff und weniger von einer Differenz in der Sache bedingt ist. Im reformatorischen Sprachgebrauch heißt „Anrufung" im spezifischen Sinn der Rechtfertigungslehre „sein Heilsvertrauen auf jemanden setzen".[6] Dies kann allerdings nur Gott sein. So ist die biblische Aussage zu verstehen, allein Gott anzurufen als Grund und Fülle aller Hilfe und unseres Heils. Nicht nur nicht analog, sondern lediglich äquivok wird von einem „Anrufen" der Heiligen (um ihre *Fürbitte)* bei Gott gesprochen. Es geht lediglich um ein *Ansprechen* der vollendeten Glieder der Kirche, die aufgrund der Auferstehung als lebendig bei Gott und mit ihm in ihrem Wollen vereint geglaubt werden. Einen Mitchristen „im Himmel" oder „auf Erden" um sein Gebet bitten, kann nicht heißen, auf ihn sein Heilsvertrauen setzen, sondern ihn persönlich zum Mit-beten einzuladen, damit der kirchlich-soziale Zusammenhang aller in der Gnade als ein Moment der gemeinsamen Hinordnung auf Gott und damit die Begegnung mit dem Nächsten als eine implizite Gottbegegnung zum Ausdruck komme[7]. Auch die umgangssprachliche Formulierung „zu den Heiligen beten" meint ja nicht den Heiligen als ein weiteres Gebetsziel „neben" Gott, sondern Gott selbst, der sich dem Heiligen als Grund und Mitte mitgeteilt hat. Und sie meint den Heiligen darin als die Mit-kreatur an unserer Seite. Mit dessen Nähe zu Gott verbinden wir uns, damit unsere Christusverbindung dadurch nicht begründet, sondern in der Entwicklung unserer Lebensgeschichte vertieft werde.[8] Gerade in der ersten Phase der Ausbildung einer

---

[6]   Vgl. M. Luther, Schmalkaldische Artikel, II. Teil. Art. 2 (BSLK 425).

[7]   So formuliert der hl. Franz von Sales, Kontroversschriften II (=Deutsche Ausgabe der Werke des Hl. Franz von Sales 11), hg. v. F. Reisinger, Eichstätt und Wien 1981, 308f: „Daher anerkennen wir die Heiligen nicht eigentlich als Mittler in dem Sinn, als ob sie zwischen Gott und uns stünden wie Christus, der wirklich die Mitte ist, da er nämlich beide Naturen, die Gottes und die der Menschen besitzt, weil er sowohl der Sohn Gottes als auch der Sohn eines Menschen ist. Wir rufen aber die Heiligen an, damit sie uns Mit-Beter seien durch den einen Hern Jesus Christus." Dem gemeinsamen Gebet der Brüder ist auch biblisch die Erhörung verheißen (vgl. Mt 18,12).

[8]   Es geht hier eigentlich um eine nähere Verhältnisbestimmung von Gottes- und Nächstenliebe. Vgl. Thomas von Aquin, De perfectione vitae spiritualis, cap. 2: „Quae quidem duo praecepta ordinem quendam ad invicem habent secundum ordinem caritatis. Nam id quod principaliter caritate diligendum est, est summum bonum, quod nos beatos efficit, scilicet Deus. Secundario vero diligendus ex caritate est proximus, qui nobis quodam socialis vitae iure coniungitur in beatitudinis perceptione. Unde hoc est quod in proximo ex caritate debemus diligere, ut simul ad beatitudinem perveniamus."

Theologie der Heiligen vom Märtyrerkult her war es eine Grundüberzeugung, daß nicht die Heiligen uns erst zu Gott vermitteln, sondern daß vielmehr Christus als Haupt der Kirche uns konstitutiv zu Gott vermittelt und damit auch zu den anderen Gliedern seines Leibes.[9] In diesem Sinn sind die Heiligen Mittler, insofern jede Begegnung der Christen untereinander konsekutiv eine vertiefende Vermittlung auch zu Christus hin bedeutet. Dabei fügen sie dem Wirken Gottes nichts hinzu, sondern Gott bringt seine Nähe durch die brüderliche Verbundenheit, auch wo sie in Christus, dem Auferstandenen, die irdische Todesgrenze übersteigt, auf eine mitmenschliche Weise zur Geltung.

Von ganz anderen hermeneutischen Voraussetzungen her befürchtet man auf reformatorischer Seite, daß bei dem vermeintlich univok oder wenigstens analog verwendeten Begriff „Anrufung Gottes" und „Anrufung der Heiligen um ihr Gebet für uns" die Ziele dieser Gebete auf eine Ebene gehoben werden, daß also die Heiligen selbst vergottet werden, statt daß man von der unvergleichbaren Natur des Ziels des Betens auf einen Wesensunterschied der Akte schließt, der eben identisch ist mit dem Unterschied von Schöpfer und Geschöpf wie auch von begnadendem Gott und begnadeten Menschen. Wenn nun in der alten Begrifflichkeit, wie sie sich seit dem 2. und 3. Jahrhundert entwickelt hat, von den Heiligen als Mittlern und von ihrer Hilfe, ihrem Schutz und von ihren Verdiensten, die andern zugute kommen, die Rede ist, dann erscheinen sie in dieser Perspektive mit einer gewissen Zwangsläufigkeit als Konkurrenten Christi. Hier erhebt sich nun der reformatorische Protest mit dem ganzen Gewicht seines Pathos. Die Ehre Gottes, der alleinige Grund des Heils zu sein, gerät in Gefahr. Denn den Kreaturen scheint eine die Alleinwirksamkeit Gottes in Frage stellende aktive und ursächliche Rolle in der Heilsvermittlung eingeräumt zu sein.

Die Gegenrede der katholischen Kontroverstheologie, daß sie die Heiligen *nicht neben*, sondern *unter* Christus als Mittler sehe, kann mit Recht nicht ganz befriedigen. Bei der soteriologischen Konzentration des ganzen Christentums in der reformatorischen Grunderfahrung war allerdings von beiden Seiten übersehen worden, daß die Begrifflichkeit der traditionellen Heiligenverehrung nicht innerhalb der Erlösungslehre, sondern nur innerhalb der Ekklesiologie auszulegen ist. Da sich Theologie und Kult der Märtyrer und das Verständnis der heilsgeschichtlichen Rolle Marias gerade in der Zeit der großen trinitarischen und christologischen Auseinandersetzun-

9   Zur Entstehung einer Theologie der Märtyrer und der Heiligen vgl. G. L. Müller, Gemeinschaft und Verehrung der Heiligen, 241–259.

gen der frühen Kirche entwickelt haben, sind sie auch von daher zu interpretieren. Die Mysterien der Trinität, der gottmenschlichen Einheit Christi und der Kirche als Heilsgemeinschaft waren anders als im Spätmittelalter nicht bloß überliefertes Glaubensgut. Sie waren bestimmend für das Gottesverständnis und die von ihr abhängige Anthropologie. Gnade als das Wirken des Vaters, des Sohnes und des Heiligen Geistes, in dem Gott an seinem Leben als Gemeinschaft der unendlichen Liebe Anteil gibt (den Menschen heiligend vergöttlicht, nicht vergottet) und die Kirche als Raum der gelebten Communio interpretiert in der besonders von Augustinus hervorgehobenen Idee „Haupt und Leib, der eine und ganze Christus"[10] bildeten die beiden tragenden Säulen der sich entwickelnden Theologie der Heiligen.

In der schulmäßigen Terminologie faßte später Thomas von Aquin das Verständnisgefälle im Verhältnis von Mittlertum Christi, so wie es ihm (ex ratione naturae et officii) allein zukommt, und Mittlertum der Heiligen (ex dono gratiae) in der inneren unumkehrbaren Folge von Soteriologie und Ekklesiologie so zusammen, daß Jesus Christus Mittler zum Vater ist „principaliter et effective", während alle Vermittlung der Glieder der Kirche untereinander „ministerialiter et dispositive" zu verstehen ist.[11]

Mit diesen einleitenden Hinweisen ließ sich verdeutlichen, wie sehr es bei der Marien- und Heiligenverehrung um ein Grundproblem der christlichen Anthropologie geht, nämlich um die nähere Zuordnung der kreatürlichen Wirklichkeit (besonders des Sozialcharakters des Heils und der personalen Freiheit des Geschöpfs) zur umfassenden Heilsinitiative Gottes. Entscheidend wirkt sich hier ein ursprüngliches Seinsverständnis aus als Hintergrund theologischer Aussagen. Bei einem univoken Seinsbegriff, wie er im Spätmittelalter weithin herrschend wurde, steht Gott nur als höchstes Wesen in einer Reihe von Seienden. Göttliche und kreatürliche Tätigkeit treten in ein sich gegenseitig begrenzendes Verhältnis. Ein analoges Seinsverständnis, wie es in der gesamten katholischen Dogmatik zugrundeliegt, kann Gott und die Geschöpfe nie als Konkurrenten auffassen, denn sie stehen in einem Verhältnis wie das Universale zum Partikulären. Gott muß dabei nicht am Geschöpf vorbei in die Welt „eingreifen". Gott ist im Ge-

---

[10] Vgl. dazu F. Hofmann, Der Kirchenbegriff des hl. Augustinus in seinen Grundlagen und in seiner Entwicklung, München 1933; Nachdruck Münster i. W. 1978, 118–173; F. Jacobi, St. Augustins Sermones de Sanctis, Bottrop 1939, 160–168.

[11] Thomas von Aquin, STh III, q. 26 a. 1 ad 2.

samtsystem endlicher Ursachen und Wirkungen unmittelbar zum Ganzen und zum einzelnen, indem er alles Geschaffene seiner Natur nach bewegt, die geschaffene Freiheit aber nach der Logik ihrer Natur als personale Selbstbestimmung. In einen Gegensatz zu Gott tritt die geschaffene Wirklichkeit und Tätigkeit nie aufgrund ihrer Natur, sondern allenfalls durch eine sittlich-freie Entgegensetzung zu sich selbst und zum Angebot der den Menschen erfüllenden Gemeinschaft mit Gott in der Liebe.

Dieser Problematik schließt sich das Problem der Verhältnisbestimmung des geistigen und des materiellen Prinzips im Menschen an. Bei einer akzidentell gedachten Einheit von Geist und Leib ist dem Menschen wegen seiner unmittelbaren Identität in seiner Geistform eine anders geartete Gottbezogenheit zu eigen als bei einer substantiellen Geist-Materie-Einheit, bei der die personale Vereinigung mit Gott strukturell notwendiger materieller Vermittlungen bedarf (Sprache, Zeichen, Sozialbeziehungen zu Mitgeschöpfen).

Eine Leitlinie der anthropologischen Auseinandersetzung in Überschneidung und Unterscheidung von katholischem und reformatorischem Verständnis der Heiligenverehrung ergibt sich somit in einer Zuordnung von *Unmittelbarkeit* der Person zu Gott und der menschlich-kirchlich-sakramentalen *Vermittlung*. Indem die katholische Theologie die Rechtmäßigkeit des Heiligenkultes in seiner dogmatischen und liturgischen Grundgestalt bekräftigt, bringt sie ein signifikantes Merkmal ihres Menschenbildes zum Ausdruck. Charakteristisch sind vor allem die Entschiedenheit Gottes zu seiner Selbstmitteilung in seinem fleischgewordenen Wort und zu der Mitteilung des Heiligen Geistes, die Hineinnahme des Menschen, dessen Schuld vergeben wurde, in den inneren Lebensvollzug Gottes als dreifaltiger Liebe, die damit gegebene theozentrische Ausrichtung des Begnadeten, die in Jesus Christus sichtbar werdende Leibhaftigkeit der Heilsvermittlung und ihres kommunitären Charakters. Die den Menschen in seiner übernatürlichen Einheit zusammenhaltende Einheit von persönlicher Heiligkeit und Sendung zum Dienst in der neuen Menschheit in Christus läßt sich schließlich exemplarisch und maßgebend an der Person und an dem ihre Identität ausmachenden umfassenden Auftrag Marias, der Mutter Jesu, anschaulich machen.[12]

---

[12] Ausführlicher hat der Verfasser die Problematik entwickelt im schon genannten Werk (Anm. 3), 312–313.

3. Die Entschiedenheit Gottes zum Menschen in Jesus Christus

Christliche Anthropologie, die ihre übergreifende Einheit der Offenbarung entnimmt, beginnt bei Christus. Wenn die katholische Theologie die Menschwerdung Gottes in Jesus Christus als das Grunddatum des christlichen Glaubens erkennt, dann nehmen ihre Aussagen über den Menschen auch von hier ihren Ausgang.[13] Sie mißt diesem Ereignis selbst schon einen umfassenden Heilscharakter zu, weil es das Wort Gottes selbst ist, das zu unserem Heil unser Fleisch angenommen hat. Inkarnation, Reich-Gottes-Verkündigung und Kreuz bilden eine untrennbare Einheit, weil in Jesu Tod nun unwiderruflich wird, was Menschwerdung heißt: die Annahme des Schicksals des Sünders, dem eine entscheidende Wende gegeben wird, und die Einbeziehung des Menschen in Gottes Gnade. Inkarnation ist also mehr als eine bloß heilsneutrale Konstitution der Person eines möglichen Erlösers.

Menschwerdung meint auch nicht die Annahme einer menschlichen Natur als eines bloßen Instrumentes, durch das er wirkt und das im letzten noch einmal von ihm selbst absolut zu unterscheiden wäre. Die menschliche Natur Jesu ist vielmehr das Medium, in dem Gott sich selbst vergegenwärtigt und in dem er als solcher in seiner Erniedrigung und Erhöhung gegenwärtig bleibt und wodurch er sich mit den Menschen verbindet. Insofern Christus in der angenommenen menschlichen Natur als der neue Adam alle Menschen schon mitträgt, ist er der Anführer und das Haupt der neuen Menschheit. Wer nun in Glauben, Gnade und Leben mit ihm verbunden ist, ist – durch ihn vermittelt – unmittelbar zu Gott in der gewährten Teilhabe an Gottes Leben. So ereignet sich in der Menschheit des Logos endgültig und dauernd die Unmittelbarkeit Gottes zum Menschen. Hier trennt das

---

[13] Zur traditionell umstrittenen Frage nach einer biblischen Begründung der Heiligenverehrung ist anzumerken, daß weder die Suche nach sog. Belegstellen noch der Hinweis auf ihr Fehlen einen reflektierten Zusammenhang von Offenbarung – Tradition – Schrift – Kirchenlehre heute genügen. Biblisch begründet ist eine Heiligentheologie dann, wenn ihre tragenden Prinzipien sich aus der christlichen Auffassung von Gnade, Christus, Kirche und Menschenbild ergeben. Die in der Heiligen Schrift bezeugte Fülle des Heilsmysteriums kann durchaus in den inneren Verknüpfungen der Zusammenhänge im Laufe der Glaubensgeschichte der Kirche klarer und bestimmter hervortreten. Eine Richtung auf eine Entfaltung einer Theologie der Heiligen ist schon in Hebr und Offb zu erkennen, wo im Lichte des Glaubens die Einheit der Kirche mit den Heiligen des alten Gottesvolkes und mit den Märtyrern Christi in der himmlischen Kirche bedacht wird.

Vermittelnde nicht, weil es geeignet ist, die Gegenwart des Vermittelten zu schenken.

Eine reine Unmittelbarkeit zu Gott gibt es nur für Gott selbst. Das Geschöpf kann den ontologischen Abstand nie überbrücken, indem es sich im Bewußtseinsakt (des Glaubens oder einer reinen Idee) auf die Ebene Gottes heben könnte, auch nicht in der Innerlichkeit des geistigen Betens. Unmittelbar zu Gott ist nur Gott selbst in den drei göttlichen Personen des einen göttlichen Wesens.

Eine gnadenhafte Nähe zu Gott als Anteilnahme an seinem Leben kann es nur geben, wenn Gott das ihm Fremde so annimmt, daß er darin sich selbst schenkt und es in seinem Vollzug auf sich hin öffnet. Da der Mensch nicht Gott sein kann, muß Gott zuerst auf die Seite des Menschen kommen. Mit der Annahme einer menschlichen Natur durch das Wort Gottes in Jesus Christus ist das Gott-Welt-Verhältnis grundlegend bestimmt als eine *vermittelte Unmittelbarkeit.*

Die Entscheidung Gottes für den Menschen in Jesus Christus, in der seine ewige Selbstaussage im Logos und seine zeitliche Aussage im fleischgewordenen Wort untrennbar sind, bleibt nun aber auch real und öffentlich greifbar in der Kirche, die die Heilige Schrift als Volk Gottes, als Leib Christi und als Tempel des Heiligen Geistes bezeichnet und so als Wirkraum und Zeichen des menschlich gegenwärtigen Gottes auffaßt. In ihren wesentlichen Institutionen und Charismen, in ihren Personen und Sendungen ist Kirche zu verstehen als „das Gegenwärtigbleiben des menschgewordenen Wortes in Raum und Zeit"[14] oder als „das Anwesen der Entscheidungen Gottes auf Erden".[15] Kirche kann in diesem Sinn nicht nur die organisatorische Trägerin einer Botschaft sein, die mit ihrem eigenen Sein gar nicht zu tun hätte, zu der sie sich allenfalls wegen der größeren Glaubwürdigkeit in eine gewisse Entsprechung zu bringen hätte. Als Zeichen und Realsymbol der Entscheidung Gottes für den Menschen stellt sie eine Realität dar, durch die sich das Bezeichnete selber präsent macht. Von ihrem Wesen wie von ihrer Sendung her begreifen wir die Kirche als die Erscheinung der endgültigen Heilsgemeinschaft in der Welt, durch die sich ihre innere pneuma-

---

[14] K. Rahner, Zur Theologie des Symbols: Schriften zur Theologie IV, Einsiedeln-Zürich-Köln 31967, 275–311, hier 297.

[15] H. Schlier, Das bleibend Katholische. Ein Versuch über ein Prinzip des Katholischen: Das Ende der Zeit. Exegetische Aufsätze und Vorträge III, Freiburg-Basel-Wien 1971, 297–320, hier 315.

tische Wirklichkeit zur eschatologisch-geschichtlichen Greifbarkeit und Wirksamkeit bringt. Eben wegen dieser Einheit von Zeichen und Bezeichnetem, des sakramentalen Wesens der Kirche, muß es heißen „ich glaube an den Heiligen Geist ... und die heilige Kirche".

Die Entscheidung Gottes für den Menschen in der durch die Person des göttlichen Logos angenommenen menschlichen Natur und der Welt verhindert ein Auseinanderfallen der Kirche in ihren eigentlichen geistigen Teil und ihren leiblich-gesellschaftlichen Annex der sichtbaren Kirche. Gerade die „substantielle Einheit" des Inneren und des Äußeren in der Kirche begründet nicht nur das konkrete Da-sein des Wesens in der empirischen Welt. Sie verhindert auch, daß die Kirche von der Gebrochenheit und Dialektik alles Irdischen eingeholt wird. Eine Unzerstörbarkeit der Kirche in ihrem Grundvollzug in Lehre, sakramentalem Leben und Verfassung muß ihr von Gott her zugesprochen sein, damit sie wirksames Zeichen der Entschiedenheit Gottes zur Welt sein kann. Die Verheißung Christi, die Kirche vor den Pforten der Hölle und dem Geschick des Untergangs zu bewahren (Mt 16,18), ist vielmehr schon ein Moment des entschiedenen Willens Gottes, sich dem Menschen unwiderruflich mitzuteilen als Wahrheit und Leben (Joh 17,3).

So zweifelt die katholische Theologie nicht am Willen Gottes, die Menschen durch seine heilende Gegenwart anzunehmen und die Welt durch seine Nähe zu durchdringen und zu erfüllen. Der Riß zwischen Gott und Menschheit ist geheilt, wenn sich die Einheit in der Geschichte der Menschheit und des einzelnen Menschen auch noch eschatologisch vollenden muß. Der Mensch, dem sich Gott mitgeteilt hat, findet im Wort der Heiligkeit als der Bestimmung zur Teilhabe an Gottes Leben und der inneren Wandlung auf eine Entsprechung des Menschen zum heiligen Gott hin nicht lediglich das transzendente kritische Ideal, das nur je und je ans konkrete Leben in seiner Hinfälligkeit anzulegen wäre. Gottes Selbstmitteilung, als Anteilgabe an seiner Wahrheit und an seinem Leben, entspricht nicht nur als Soll und Idee, als bloß asymptotisch anzunähernde Möglichkeit, als stets unerfüllbare Dynamik, sondern von Christus her (und dem Heiligen Geist, der die innere Mitte des Menschen durchströmt und der die Quelle ist, aus der er lebt) als Realität die von Gottes Gnade selbst getragene Totalantwort des Menschen. Dabei wird aus dem Sünder ein wahrhaft Geheiligter. Die Entschiedenheit Gottes zum Menschen ist der Grund, warum es die heilige Kirche und die theologische Grundbestimmung des Menschen, ein Heiliger zu sein, gibt. Gleichwohl weiß sich die Kirche als „sancta simul et semper purificanda"[16], und sie versteht dies auch als eine anthropologische Aussage über den individuellen Menschen. Sie weiß, daß sie nicht aus sich selber lebt, sondern immer von ihrem Haupte her. Darum führt die Aussage von der realen Heiligung nicht zu einer fortschreitenden Verselbständigung gegenüber der Gnade. Denn der Christ verfügt nicht über sein neues Geschöpfsein. Auf der Ebene der religiösen Selbsterfahrung weiß er sich als Sünder und als Versagenden. Aber indem er sich im Glauben an Christus hält und an seine ihn zutiefst bestimmende Nähe, sucht er sich bis in alle Bereiche seines Lebensvollzugs mit der Gnade der Vergebung, des Zuspruchs, des Trostes und der Hilfe in eine Entsprechung zu bringen zu dem, was er in der Tiefe seiner Person durch Gott geworden ist, der übergreifend seine Einheit in der Gnade begründet. Die Hoffnung, daß dies gelingen kann, entsteht freilich nicht aus einer lebensklugen Abwägung der natürlichen Kräfte und Anlagen, sondern im Blick auf die Verheißung Gottes, die nicht leer sein kann.

4. Die freie Entschlossenheit Gottes zum Menschen als Anteilgabe an seiner Entschlossenheit zu sich selbst

Ein durch Christi Sein und Wirken vermitteltes Verhältnis einer Lebensgemeinschaft von Gott und Menschen ist das Zentrum des Christentums. Die Grundidee der christlichen Anthropologie leuchtet daher auf in der Verschränkung von Menschwerdung Gottes (incarnatio verbi divini) und der gnadenhaften Vergöttlichung und Heiligung des Menschen (participatio divinae naturae). In Christus konvergieren die wesenhafte Bezogenheit des Vaters auf den Sohn in der Trinität und die Ausrichtung des menschlichen Wesensvollzugs auf Gott.

Nur weil der Vater seine ewige Selbstaussprache im Wort ins Zeitliche hinein erweitert (in Jesu menschliche Natur), kann er in der Menschheit Jesu und ihrer Vergegenwärtigung in der Ausgießung des Heiligen Geistes sich als die Liebe, die er selber ist, in die menschliche Wirklichkeit Jesu hinein vermitteln und alle, die in die Menschheit Jesu einbezogen werden, zurückholen und in das ewige Leben Gottes einbeziehen. Nur in Jesus kommt die durch den Schöpfer der geistbegabten Schöpfung eingestiftete Theozentrik des Menschen realgeschichtlich zur Erfüllung. Jedem Versuch des Men-

---

[16]   II. Vatikanisches Konzil, Dogmatische Konstitution über die Kirche „Lumen gentium" Nr. 8.

schen, sich auf Gott hin auszurichten, geht als Ermöglichung die Orientierung Gottes am Menschen voraus. So werden alle geistigen, religiösen und sittlichen Akte des Glaubenden auf Gott hin von der zuvorkommenden Gegenwart Gottes beim Menschen getragen.

Diese freie Beziehung Gottes auf das Endliche ist freilich bedingend und nicht bedingt. Als „nicht-reale Relationen" in Gott (reale Relationen in Gott gibt es nur als die die göttliche Personen bildenden Hervorgänge und Unterschiede) betreffen Schöpfung, Begnadung, Inkarnation und Vergöttlichung den Menschen als den Bedingten und nicht als den Bedingenden seines Gottesverhältnisses. Denn Gott kann nie vom Menschen bestimmt werden. Er bestimmt sich auch nur durch sich selbst und nie durch seine freie Beziehung zum Menschen. Die Entschiedenheit Gottes zur Welt als Teilgabe an seiner ewigen Entschlossenheit zu sich selbst ist etwas ganz anderes als die Selbstdefinition Gottes als Gott durch den Tod Jesu am Kreuz (E. Jüngel). Weil Gott in der Offenbarung nichts hinzugefügt wird und er dabei nichts verliert, vermag er die Vollendung des Geschöpfs zu eröffnen durch die frei gewährte Gnade der Teilhabe an seinem ewigen Lebensvollzug als dreieiniger Liebe.

Umgekehrt ist das Geschöpf durch eine reale Relation zu Gott, seinem Schöpfer und Erlöser, bedingt. Zwei Aspekte treten dabei hervor. Einmal gibt es eine unüberbrückbare objektiv-ontologische Distanz des Schöpfers vom Geschöpf. Gott und Mensch stehen sich aber nicht gegenüber wie Akt und Potenz, Geist und Materie, als den Bauelementen des Endlichen. Indem Gott als reinste Wirklichkeit in der Seinsteilgabe ein echtes In-sich-Sein der geschaffenen Einzelnaturen mit echter zu ihrem Wesen selbst gehörender Eigenwirklichkeit und Freiheit positiv setzt aus der Fülle seiner Macht, ermöglicht er die wechselseitige Durchdringung von göttlichem und geschöpflichem Wesensvollzug in der Ekstasis der Liebe, der Selbsttranszendenz der personalen Freiheit. Wegen des Ziels der Heiligung und Vergöttlichung der Geistkreatur und ihres Mitvollzugs der göttlichen Communio der Liebe darf hier nicht von einer rein akthaften Relation zu Gott die Rede sein, die je und je im Moment des lichten Bewußtseins und der gegenständlichen inneren Erfahrung über das Sein und Nichtsein vor Gott entschiede. Die gewährte Eigenwirklichkeit begründet die Wesenhaftigkeit der Geistperson, die nicht als reine Potenz von Gott aktiviert wird, sondern die sich durch die ihr eigene Freiheit des Wollens selbst aktiviert, wenn auch dieser Akt noch einmal getragen wird von Gottes Gegenwart, soll er sich auf Gott als das übernatürliche Ziel des Selbstvollzugs der Person in Geist und Freiheit, in Erkenntnis der Wahrheit und in der Liebe zur Vereinigung beziehen. So ist die geschaffene Freiheit als unverlierbare Wesensbestimmung der menschlichen Natur die notwendige Voraussetzung dafür, daß sie ihr Ziel der Vereinigung in der Liebe erreicht. Denn Freiheit und Liebe sind koexistent. In der Nötigung würde die Liebe sich selber aufheben.

Die katholische Theologie vermeidet es bewußt von einer Alleinwirklichkeit und Alleinwirksamkeit Gottes zu sprechen wenigstens in dem Sinne, daß das Nicht-Göttliche nicht zur Subsistenz und Freiheit seiner Wesensnatur vermittelt wäre durch den Schöpferwillen Gottes. Innerhalb der universalen Wirksamkeit Gottes, die alles trägt und ermöglicht, und in bestimmter Weise auch in relativem Eigensein ihr gegenüber gibt es eine echte Freiheit des Geschöpfs. Nimmt der begnadete Wille das Heil Gottes an, so trägt er etwas bei zur Einigung mit Gott in der Liebe, insofern der Akt der Freiheit Voraussetzung ist, damit die Liebe ihr Ziel, die Einheit und Gemeinschaft von Personen, erreichen kann. Gott ist umfassend und nicht erst durch die Antwort des Geschöpfes, sei sie schon erfolgt oder vorausgesehen, die universale Ursache des Heils und der Gemeinschaft der Heiligen. Aber diese Ursache kommt in ihrer Wirkung erst voll zur Geltung. Als einzige Heilsursache bringt Gott allein auch die Wirkung hervor, aber entsprechend der Freiheitsnatur des Menschen so, daß er eine Willensangleichung des menschlichen Willens an den göttlichen Willen ermöglicht, die der Inbegriff des Heils in der Gemeinschaft mit dem heiligen Gott ist. Wenn der Mensch auch nie Ursache des Heils sein kann, so kommt das Heil doch nicht zum Ziel seiner Wirkung ohne die Mit-wirkung des Geschöpfs, indem dessen Natur und Freiheit zur Liebe aktiviert wird. Heil ist darum mehr als eine günstige Gesinnungsänderung Gottes uns gegenüber, durch die wir schließlich in einen von Gott verschiedenen Zustand der Rettung (im Himmel) versetzt würden. Wird Heil als Vereinigung mit Gott in der Liebe und als Teilhabe an der Fülle seiner trinitarischen Liebe verstanden, in der er selbst Grund und Inhalt des ewigen Lebens ist, dann ist die Mitwirkung des Geschöpfs eine von Gott eingeräumte Bedingung, damit sein Heil als Gemeinschaft in der Liebe beim Menschen ankommen kann (oder zu dessen Verderben zurückgewiesen wird).

Wo der Mensch die vergebende und heiligende Gnade rein empfängt in der freien Hingabe des Glaubens und der Liebe, weiß er sich zur opfernden Selbstübergabe in der Liebe zu Gott und zu den Menschen aufgerufen. Die Gnade gestaltet den Menschen in seinen Gründen und Vollzügen durchgreifend neu. Das ganz von seiner Freundschaft umfangene und getragene

Geschöpf vermag aus seinem Getragen-Sein von Gott (dem neuen Kreatur-Sein in Christus) die dem heiligen Gott entsprechenden Akte der Freundschaft zu vollbringen. Aufgrund der Einheit der Glieder des Leibes Christi mit dem Haupt des Leibes, von dem als Quelle alle Gnade ausgeht, sind sie personale (individuelle und soziale) Mitvollzüge des Geschöpfs an der innergöttlichen Aussage der Liebe des Vaters zum Sohn und der antwortenden Liebe des Sohnes zum Vater im Heiligen Geist, der die Herzmitte der Begnadeten, der Jünger Jesu, durchströmt (vgl. Röm 5,5; 2 Kor 1,21f; Hebr 6,4; 1 Joh 4,13) und das Leben aus dem heiligen Pneuma als eine neue, Christus verähnlichende Sittlichkeit freisetzt. All dies macht erst die volle Gestalt des christlichen Heiligen als der Grundfigur der christlichen Anthropologie aus, ob er noch auf dem Pilgerweg dieses Lebens geht oder schon in der Vollendung lebt (in via oder in patria).

In der Gestalt des christlichen Heiligen kommen die entscheidenden Elemente des christlichen Menschenbildes zur Synthese: die bleibende Abhängigkeit des Geschöpfs in Sein und Wirken von Gott, die Liebeseinheit von Gott und Mensch durch die übernatürliche Gnade, die notwendige Mitarbeit der zu sich befreiten Freiheit an der inneren Heiligung und Vergöttlichung, das Ziel des Geschöpfs in der Teilnahme an Gottes Leben und Gottes freie Teilnahme am Leben des Menschen, vermittelt durch Jesu Sein und Wirken.

5. Die alles Menschsein bedingende Relation der Schöpfung zu Gott

Zwischen Gott und Mensch herrscht trotz der Partnerschaft nicht ein wechselseitiges Verhältnis auf der Basis der Gleichheit. Alles partikulare und bedingte Sein und Wirken hält keinen Vergleich mit dem unendlichen Sein und dem universalen Wirken Gottes aus. Gerade aber die bleibende Unterscheidung von Schöpfer und Geschöpf, von Gnade und Natur, ermöglichen eine umfassende, sie selbst zentral bestimmende Theozentrik der Welt. Als allumfassende Vollendung des Menschen, der Sinnspitze der Schöpfung, wird die der Welt gegebene innere Dynamik über sich hinaus von Christus in der hypostatischen Union aufgenommen. Insofern Er das gott-menschliche Haupt der Kirche, der neuen Menschheit und der gesamten Schöpfung ist, kommt die Welt in Ihm wieder bei Gott an, damit durch und in Ihm Gott alles in allem werden kann (vgl. 1 Kor 15,28; Kol 3,11; Hebr 2, 10).

Von einem Ineinanderfließen Gottes und der Schöpfung nach der Grundidee des Idealismus, wobei es einen naturhaften Prozeß eines Sichverströmens und Zurückholens der göttlichen Substanz gibt, ist die christliche Vorstellung grundsätzlich abgehoben, weil sie eine Positivität der Natur und der Freiheit in der Gnade kennt. Gerade diese Grenze zwischen Gott und Schöpfung macht es möglich, daß die objektiv in die Schöpfung eingezeichnete Theozentrik auch zu einer subjektiv angeeigneten und vollzogenen universalen Gottorientierung wird.

Im Rahmen der Allwirksamkeit Gottes und der universalen Wirkung der Gnade seiner Selbstmitteilung vermag die Spontaneität der kreatürlichen Freiheit dem christlichen Leben in der Kirche ein eigenes Profil geben. Die innere Geschichte der Kirche erweist sich als ein Geflecht der objektiven Sendungen zur Heiligkeit und der nach dem subjektiven Maß der persönlichen Nachfolge hervortretenden Fruchtbarkeit in der Gnade. Im Mit- und Zueinander objektiver Sendungen zur Heiligkeit und der existentiellen Lebensantworten webt sich erst die unausschöpfliche Fülle Gottes in die menschliche Geschichte ein. Die Gnade als Selbstmitteilung Gottes an den Menschen, einmalig in Christus und von ihm her vollendend in der ganzen Menschheit, läßt die Geschichte verstehen als ein gott-menschliches Drama, in dem die von Gott absteigende Linie von Schöpfung, Menschwerdung, Kreuz und Auferstehung Jesu schon vorab die aufsteigende Linie der Freiheit (in der Gnade) trägt und als vollzogene innere Durchdringung von Gott und Mensch in der Liebe zum Ziel bringt.

Christliche Anthropologie wird ihr Idealbild des Menschen, als des heiligen und so Gott entsprechenden Menschen, von zwei Gesichtspunkten bestimmen lassen, die sich aus der hypostatischen Union ergeben: einmal daß Gott Mensch wurde, damit der Mensch ganz Mensch werde und daß er zum anderen gerade im Erreichen des Vollmenschlichen ins göttliche Leben einbezogen wird als Teilnehmer am ewigen Kreis der dreifaltigen Liebe Gottes, indem er ein vollkommenes Glied wird an Geist und Leib der neuen Menschheit in Christus.

In der Vollendung der Natur durch die Gnade zeigt sich, warum der Heilige nicht ein seltener Ausnahmefall eines übergroßen Ideals ist, sondern ihr Inbegriff. „So ist der ‚Heilige' tatsächlich der einzige einheitliche Mensch: *Ein* Mensch, weil *ein* Geist mit Gott."[17] Weil Gott den Menschen mit seiner Gnade wirklich durchdringen will und als Antwort die Liebe des Menschen

[17] E. Przywara, Weg zu Gott (1923–1927): Schriften II. Religionsphilosophische Schriften, Einsiedeln 1962, 33–20, hier 45.

sucht, die nicht nur ein gelegentlicher Glücksfall des Ineinanderfallens von Ideal und Realität ist, sondern die den Menschen in Sein und Vollzug ganz bestimmende Form, die ihn an Gott angleicht, kann Gott Gnade nicht nur über der Welt als reines Angebot schweben lassen und die Transzendenz der Gnade nur je und je punkthaft in der Immanenz der Welt aufblitzen lassen. Die Gnade sucht und schafft sich vielmehr in der Tat ihre weltliche Gestalt. Gott geht in der Kirche und den Heiligen als ihren Gliedern wirklich durch die Geschichte. Ja sie sind die Geschichte Gottes in der Welt (vgl. Sir 44-50; Hebr 11,1-12,3). In ihrem Licht bringt er sein Licht zum Leuchten (Joh 12,46), das in Christus gekommen ist, um jeden Menschen zu erleuchten (Joh 1,9). Sie sind das Salz der Erde durch das Gott der Geschichte Würze gibt (Mt 5,13), und das Licht der Welt (Mt 5,14), das vor den Menschen leuchten soll (Mt 5,16; Eph 5,8; Phil 1,20), damit sie die guten Werke der Jünger Jesu sehen und den Vater aller Menschen (Eph 4,6) im Himmel preisen (Mt 5,16). Das Weizenkorn bringt seine reiche Frucht freilich erst, wenn es in die Erde gefallen und gestorben ist (Joh 12,24). Von den Siegern in der Nachfolge Jesu bis hin zum Blutzeugnis heißt es, daß sie zu einer Säule im Tempel ihres Gottes werden und für immer darin bleiben (Offb 3,21). Den Märtyrern, die mit Christus auf dem Thron des Vaters sitzen dürfen (Offb 3,21) und mit ihm die Welt richten (freilich interpretative, nicht konstitutive) wird es nicht verwehrt, sich für ihre Brüder auf Erden zu sorgen (Offb 6,10). Sie sind selig und heilig, weil sie an der ersten Auferstehung teilhaben und der zweite Tod jede Macht über sie verloren hat. Sie leisten als Priester Gottes und Christi einen priesterlichen und herrscherlichen Dienst (Offb 5,10; 20,6), d. h. doch, daß sie mit der gewordenen und vollendeten Gestalt ihrer Christusnachfolge am Fürsein Christi für die Menschen im irdischen Leben fürbittend teilhaben, denn ihre Werke begleiten sie (Offb 14,13). Wenn die Gläubigen auf Erden die Heiligen im Himmel als ihre vollendeten Schwestern und Brüder ehren und einstimmen in die Ehrung, die sie von Gott erfahren (Joh 12,26), dann fügen sie den Heiligen nichts hinzu. Indem sie Gott selbst in ihnen ehren, dienen sie dem Wachstum der Ehre Gottes (freilich nicht in sich selbst, da sie nicht durch uns vergrößert werden kann) in uns selbst und so der wachsenden Verbindung mit Gott selbst.

6. Die Materiegebundenheit der Heilsvermittlung

Nicht wegen der Grundlegung des Gott-Mensch-Verhältnisses in der Mittlerschaft und -tätigkeit des Gott-Menschen Christus, sondern im Hinblick auf den strukturellen Vollzug der in Christus eröffneten Vermittlung in die Unmittelbarkeit Gottes muß sich an dieser Stelle die christliche Anthropologie auch Rechenschaft geben von ihrer Vorstellung des Leib-Seele-Verhältnisses. Wird unter dem Einfluß des die abendländische Geschichte bestimmenden neuplatonischen Dualismus (mit seiner monistischen Antithese, die seine Aporien nicht überwindet, sondern nur bloßstellt) der Geist des Menschen als das Eigentliche angesehen, durch das er sich in seiner Innerlichkeit „unmittelbar" mit Gott vereint glaubt, dann kann kaum klar werden, warum die Menschheit Jesu und abgeleitet davon die sozialen Beziehungen in der Kirche und die Sinnenfälligkeit der Heilszeichen etwas Vermittelndes an sich tragen, durch die sich das Vermittelte erst auf den leibseelischen Menschen hin, d. h. auf die ihm entsprechende Weise seines Vernehmens von Wirklichkeit, vergegenwärtigt.[18]

[18] Die sog. „Ganztodtheorie" vermag keineswegs den neuplatonischen Dualismus zu überwinden, sondern nur mittels ihrer Widersprüche, in die sie selbst sich verwickelt, seine Aporien offenzulegen. Das Ganze des Menschen, das im Tod betroffen wird, besteht nicht nur darin, daß zum Sterben des Leibes nun auch noch ein Sterben der Seele hinzugenommen werden muß. Man glaubt so das Spezifische des christlichen Glaubens an die Auferstehung gegenüber einer Lehre von der Unsterblichkeit der Seele, die aus der griechischen Philosophie ins christliche Denken übernommen worden sei, wieder zur Geltung zu bringen. Ganz abgesehen davon, daß die Auferweckung der Toten nicht eine bloße Wiederherstellung des Leibes und hier auch der Seele meint, sondern übergreifend die Einbeziehung der Person in die übernatürliche Lebensgemeinschaft mit dem auferstandenen Christus, was eine Neubestimmung des naturalen Bestandes des Menschen als dessen Bedingung voraussetzt und umgreift, muß die Frage gestellt werden, inwieweit die endliche Person (als geistleibliche Einheit) durch eine ihr eignende Relation auf Gott als Ziel bestimmt ist. Wenn Gott von ihm verschiedenes Sein hervorbringt, dann realisiert er nicht irgendwelche beliebigen Vorstellungen, zu deren Ausführung ihm dann seine Allmacht zu Hilfe kommt, so daß sich der Mensch von Gott nur darin unterschiede, daß er nicht alles ausführen kann, was ihm als Idee in den Kopf kommt. Wenn Gott Welt erschafft, dann tritt sie ins Sein als ein zusätzlicher und endlicher, ihn selbst nicht erst definierender Modus seines ewigen Entschlusses zu sich selbst. Das Besondere des christlichen Schöpfungsgedankens besteht in der Aussage, daß Gott die Welt durch sein *Wort*, d. h. im Logos erschafft, indem er sich selbst erkennt und will. Das personale Geistwesen ist die zu-sich-gekommene Dynamik der Schöpfung auf Gott hin. Es umfaßt die untergeistige Schöpfung als materielle Bedingung seines Vollzugs. Die *erste Gabe* an den Menschen als Partner seiner Liebe ist darum die *Eigenschaft*, auf das ewige Leben Gottes hingeordnet zu sein, wenn es als Erfüllung auch durch eine eigene Zusage Gottes auf uns zukommen muß. Sterben heißt so nicht ins Nichts versinken, sondern die angeborene Dynamik auf Gott hin verwirklichen. Der im Logos geschaffene endliche Geist, dessen

Entscheidend ist zuerst die Erkenntnis, daß sich das „Ganze" des Menschen nicht durch eine äußere Zusammensetzung von zwei physischen Teilprinzipien bildet. Nicht besteht erst schon ein Leib für sich, der dann in einem zweiten Schöpfungsakt mit einer Seele verbunden wird. In seinen individuierenden Schöpfungswillen, in dem Gott den Menschen als ein endliches personales Du auf sich bezieht und ihn dadurch von da an als endgültig Seienden konsumiert, tritt der endliche personale Geist nur in die leere Andersheit seiner selbst. Er holt sich in der Raum-Zeitlichkeit dieser Andersheit, der Materie, als die konkrete Wesenseinheit seiner metaphysischen Konstituentien ein, indem er in der empirischen Welt als konkretes Dasein begegnet. Materie ist damit Prinzip der Individuation. Ohne eine Materialität gibt es darum gar kein Dasein von endlichem Geist, in welchem Modus die Beziehung zwischen geistigem und materiellem Prinzip sich auch vollziehen mag. Diese Einheit des individuellen Geistes mit seinem Ausgedrücktsein in Materie, die erst die menschliche Person ausmacht (keineswegs nur der Geist allein), zeigt, daß die Leiblichkeit des Menschen kein beschwerendes Hindernis des menschlichen Geistes ist. Sie läßt sich als ein Komplex wesenseigener Möglichkeitsbedingungen des personalen Geistvollzugs begreifen (Natur, Geist, Gesellschaftlichkeit, Sprachgemeinschaft). Auch die scheinbar weltenthobene Innerlichkeit im Bewußtsein und im Gewissen bleibt in ihrem Vollzug in Gedächtnis, Vorstellung und Entscheidung an die vermittelnden Bilder, Eindrücke und Impulse der Welt, Gesellschaft und Sprache, an der unsere Erfahrung entsteht, gebunden. So wie der innerste Geistvollzug leiblich-materiell bestimmt bleibt, so ist aber auch alles Leibliche der Erfahrung durchgeistet.

Wesen es ist, ein zusätzlicher Ausdruck der Entschlossenheit Gottes zu sich selbst zu sein, kann nur in Gott hinein sterben und durch ihn leben, gleichgültig ob die in der Auferstehung Jesu endgültig gewordene Selbstmitteilung Gottes als Liebe bei ihm angekommen ist oder durch die Widerständigkeit des Willens abgelehnt wird. Natural bedeutet Tod des Menschen nicht ein Versinken im Nichts, wodurch sich die Schöpfung fortwährend ad absurdum führen würde. Dies wäre nur bei einer wortlosen Schöpfung möglich, d.h. einer bloßen Machung einer Anzahl nichtgöttlicher Gegenstände. Hier geht es um eine Neubestimmung in den die Person des Menschen konstituierenden metaphysischen Prinzipien des Geistigen und des Materiellen innerhalb der einen und ganzen Schöpfung. (Völlig abwegig ist freilich die Vorstellung einer Ortsversetzung im empirischen Zeit-Raum-Kontinuum, was in der populären Rede „von dem Leben *nach* dem Tode" und einem *„in* den Himmel kommen" mitschwingt.) Himmel ist ja nichts anderes als der durch sich selbst uns restlos offenbar gewordene Gott selbst und die Lebensgemeinschaft mit ihm und allen Geretteten.

Wegen der inneren Eigenständigkeit der Geistform gibt es zugleich eine selbständige Verarbeitung der Phantasmata. Somit ist der Mensch trotz aller Materiegebundenheit mehr als das lockere Ensemble der äußeren Bedingungen seines Vollzugs. In, mit und durch die Materie kommt der Geist zu sich selbst. Der Mensch weiß sich so als eine Person mit einer Unbegrenztheit seines Erkenntnishorizontes und der klaren Bestimmtheit seiner Entscheidung in Freiheit.

Da wir Person nicht verstehen als die geistige Selbsthabe des Menschen in der Unterscheidung von der Materialität ihres Vollzugs, sondern als die substantielle, konstitutionelle Vereinigung der beiden Aufbauprinzipien in einer strukturierten Einheit, darum kann die Leiblichkeit (als das konkrete Da-sein des Menschen in der Welt) als Ort und Medium der Zueignung und Annahme des ganzen Heils begriffen werden. Diese Art der sakramentalen und kirchlichen Vermittlung steht *nicht neben* der konstitutiven Vermittlung zwischen Gott und Menschen in Jesus Christus. Sie ist eben *deren Vergegenwärtigung* durch den Heiligen Geist in die Geschichte der Menschheit hinein, zu der die Kirche vom auferstandenen und erhöhten Herrn gesandt wurde, um das Evangelium zu verkünden und alle zu Jüngern Jesu zu machen und zu einer Versammlung zu rufen (Mt 18,20), in der Jesus selbst real und aktiv gegenwärtig bleibt (Mt 28,181f).

Insofern Gott den Menschen schon als inkarnierten Geist geschaffen hat, ist es nur konvenient, daß sich die personale Begegnung mit ihm ereignet durch die Menschwerdung Christi und abgeleitet davon in den sinnenfälligen Heilszeichen, der menschlichen Gemeinschaft der Kirche und im Kommunikationsmedium menschlicher Sprache. Sie sind nicht der Grund, sondern die dem Menschen entsprechenden Modi seiner Selbstmitteilung und personalen Begegnung.

So konnte Thomas von Aquin sagen, daß Gott zur Erfüllung seines universalen Heilsplanes seine Güte und Barmherzigkeit austeilt und zugleich die Struktur des Empfangs dem Menschen anpaßt. Sie entspricht dem Weg, auf dem Gottes Güte zu uns kommt. Begegnet Gott dem Menschen durch die Menschheit Jesu, so findet der Mensch zu Gott auch durch die Menschheit Jesu zurück.

Kommen viele seiner Gaben, in denen er seine Güte und Nähe zur Welt vermittelt, durch die Fürbitte der Gläubigen auf Erden und auch der vollendeten Heiligen zu uns, so kommen auch wir durch die persönliche Hinwendung an ihre Fürbitte zu den Gaben seiner Güte.[19] Gott verknüpft seine

---

[19] Thomas von Aquin, ScG III, cap. 117.

Gaben aber mit dem Gebet der Heiligen, nicht weil sie ihn erst zu einer Tätigkeit bewegen müßten oder ihn informieren müssen über etwas, was seiner Aufmerksamkeit bislang entgangen wäre, sondern um darin den sozialen Charakter des Heils zu verdeutlichen. Hat Gott den Menschen als Gemeinschaftswesen geschaffen, so kommt das Heil in vielen seiner Aspekte auch in der wechselseitigen Verbundenheit der Glieder des Leibes Christi zum Ausdruck. Darum sind die Heiligen (die vollendeten Heiligen im Himmel wegen ihrer vollkommenen Willenseinheit mit Christus die wirkmächtigeren) Fürbitter. In der universalen Heilsordnung werden sie so auch zu menschlichen Mittlern seiner Güte, an die wir uns wenden dürfen, insofern wir in Christus die eine Gemeinschaft des Heils bilden, in der Gott gegenwärtig ist.[20] Die Interpersonalität als Spitze der Leibverfaßtheit des endlichen Geistes bringt so zum Vorschein, daß in Christus (als Haupt und Leib) jeder für jeden Verwalter der vielfältigen Gnade Gottes sein kann, jeder mit der Gnade, die er empfangen hat (vgl. 1 Petr 4,10; Röm 12,4ff.; 1 Kor 12,26ff.; Eph 4,16f.). Diese Mittlerschaft der Heiligen begründet nicht den Zugang zu einem fernen Gott. Weil umgekehrt Gott in Christus uns nahegekommen ist, vermittelt Christus die einzelnen Glieder seines Leibes, die Personen in der Himmel und Erde umspannenden Gemeinschaft des Heils, so zueinander, daß die Verbindung in der Nächstenliebe eine Begegnung mit Christus selbst wird (vgl. Mt 25,40).

7. Die Konzentration christlicher Anthropologie in der Marienverehrung

Die vielen Einzelaussagen des christlichen Menschenbildes lassen sich in der Mariologie bündeln und strukturieren. Hier ist aber von der Mitte auszugehen. Die die Person und die Sendung Marias einheitlich bestimmende

---

[20] Thomas von Aquin, STh. Suppl. q. 72 a. 2 und 3. Die scharfe Wendung gegen die Anrufung der Heiligen um Fürbitte mit Hilfe des Schriftwortes „Verflucht sei, wer auf Menschen vertraut" (Jer 17,5), wie sie besonders von der calvinischen Reformation vollzogen wurde, hat Thomas, STh. II-II q. 25 a. 1 ad 2 schon aufgefangen, indem er betont, daß ein umfassendes und prinzipielles Vertrauen auf einen Menschen oder die Liebe zum Nächsten als dem höchsten Ziel der Liebe anstelle Gottes von der Heiligen Schrift verworfen werde. „Dicendum quod vituperantur qui sperant in homine sicut in principali auctore salutis: non autem qui sperant in homine sicut in adiuvante ministerialiter sub Deo. Et similiter reprehensibile esset si quis proximum diligeret tamquam principalem finem; non autem si quis proximum diligat propter Deum, quod pertinet ad caritatem."

Zuwendung Gottes ist die Zusage des Begnadetseins und die Gegenwart des Herrn, so daß sie befähigt wird das Ja-Wort (Lk 1,38) zu sprechen. So kann Gott aus ihr das Menschsein annehmen ohne weitere geschöpflich-vermittelnde Ursachen, allein durch das unmittelbare schöpferische Geistwirken Gottes, was das System der natürlichen Ursachen und Wirkungen prinzipiell überschreitet. Maria ist so Jungfrau und Gottesmutter. Dies schließt im Weg ihrer Jesus-Nachfolge Anfechtungen und Dunkelheiten nicht aus, sondern ein. Sie begegnete der Reich-Gottes-Verkündigung Jesu, ihres Sohnes, nicht aus einem apriorischen (natürlichen) Wissen, das den übernatürlichen Glauben überflüssig machen würde. Auch ihre Erkenntnis Christi war kein natürlicher Bewußtseinsinhalt, sondern eine Erkenntnis im Glauben, der durch den Heiligen Geist eingegeben und durch das Wort der Verkündigung vermittelt wird. Da Maria in ihrer personalen Mitte ganz von der gnadenhaften Einheit mit Gott bestimmt wird, formiert sich die Erkenntnis ihres Anfangs und ihres Endes (als theologischer Daten) ausschließlich als Glaubensaussage. Eine zusätzliche Information (im Sinne biblischer „Belegstellen") wäre hier höchst überflüssig. In ihrer Empfängnis schon in der Gnade (ohne den Verlust der übernatürlichen Gottesgemeinschaft, der „Erbsünde") wird nur vorausgesetzt, und in der Einsicht in die volle Vollendung ihrer Person nach ihrem Tode wird nur eingeholt, was die Mitte ihrer Person ausmacht: die volle Einheit mit der Gnade Jesu Christi. Die Glaubenslehre von ihrer leiblichen Aufnahme in den Himmel kann nur dann als eine die Grenzen des Geoffenbarten überschreitende Aussage abgelehnt werden, wenn die menschliche Person nicht als substantielle Leib-Seele-Einheit begriffen wird. Vollendung der Person heißt ipso facto auch Vollendung des Leibes, wenn auch die Neubeschreibung des Zusammenhangs des geistigen und materiellen Prinzips innerhalb der übernatürlichen Begründung der Einheit der Person in der Gnade sich jeder Veranschaulichung entzieht und aus der Perspektive der irdischen Welt (im Pilgerstand) die Schere zwischen individueller und allgemeiner Eschatologie sich nicht schließen läßt. Das Unterscheidende zwischen der Vollendung Marias und der Heiligen im Tod besteht denn auch nicht darin, daß sie zur geretteten Seele auch noch ihren Leib hinzuerhielte. Diese vordergründige Sicht mißversteht die naturale Einheit des Menschen als eine Zusammensetzung von physischen Teilen, so als ob es überhaupt eine menschliche Seele und einen menschlichen Leib je für sich gebe. Vielmehr ist ja jede Seele nur je die Seele dieses Leibes und umgekehrt. So bleibt auch nach dem physisch-irdischen Tod eine transzendentale Beziehung zur Materie (als dem Ganzen des endlichen Seins) bestehen und somit auch zur weitergehenden

Geschichte der Menschheit. Da diese von Christus her, dem Auferstandenen und Wiederkommenden, als Einheit begriffen werden kann, stehen auch die gestorbenen und mit der Auferstehungsgestalt Jesu unverlierbar verbundenen Heiligen mit uns in der einen Heilsgemeinschaft, in der die Liebe, die durch den Heiligen Geist die Mitte des Selbstvollzugs der Person geworden ist, das verbindende Element darstellt.[21] Das Besondere der Aufnahme Marias in die Vollendung ist identisch mit der ihre Person bestimmenden universalen Beteiligung an der geschichtlichen Verwirklichung des Heils in Christus. Dies läßt sich im Blick auf die Beteiligung Marias an der Menschwerdung Gottes noch verdeutlichen.

Wenn die Inkarnation, wie gesagt, schon die Selbstmitteilung Gottes als Heil des Menschen ist und dies im Kreuz Jesu zur realgeschichtlichen Gegebenheit kommt als Vollzug der Versöhnung und der Gabe des ewigen Lebens, dann hat Maria mit dem ganzen Erlösungswerk zu tun, insofern das sie zentral bestimmende Ja-Wort die von der Gnade getragene menschliche Annahme der Selbstmitteilung Gottes bedeutet. Wird hier Gnade nicht verstanden als bloße Erklärung Gottes, sich mit uns versöhnt zu haben, sondern als reale Selbstmitteilung, wodurch er zum innersten Prinzip und Inhalt unserer Existenz wird, damit wir in der Antwort auf seine Liebe uns mit ihm als der Liebe selbst vereinigen, darin muß notwendig von einer Antwort des Menschen die Rede sein, die der Mensch in seiner Hingabe an Gott selbst ist. Klassisch formuliert heißt dies ja die „Mitwirkung am Heil". Freilich ist sie nicht als eine Ergänzung der Heilsursache in Gott

---

[21] Das Wort „Richtet nicht vor der Zeit" (1 Kor 4,5), das Paulus seinen Kritikern entgegenhält, besagt nichts gegen die „Heiligsprechung". Die Kanonisation ist dann auch kein Gerichtsverfahren, in dem die Kirche (Gläubige und Lehramt) dem Urteil Gottes vorausgreifen oder feststellen, wer denn nun heilig geworden ist oder nicht. Ganz abgesehen davon, daß die Glaubenden ohnehin nicht gerichtet werden (Joh 3,18), ist die Heiligung des Menschen schon in Glauben und Taufe vollzogen. Hier geht es nur um die Frage, wer öffentlich verehrt werden darf und in welchen Heiligen bis zu ihrem Ende die Nähe Gottes so ausgeprägt wurde, daß sie zu einem bedeutenden Zeichen der Verwandlungskraft der Gnade wurden. Da ein guter Baum nur gute Früchte bringen kann und an den Früchten die innere Güte sich kundtut (Mt 7,16f), ist eine Erkenntnis möglich, ob einer in Gott seinen Weg zu Ende gegangen ist. Die Gemeinde, die den Geist Christi hat (1 Kor 2,14ff.) vermag mit Hilfe des Geistes zu beurteilen, was geistig beurteilt sein will. Die Kirche glaubt daher sich vom Geist geleitet, wenn sie einen vollendeten Menschen zu ehren und zum Gedächtnis empfiehlt. Daß große Gestalten der Glaubensgeschichte der Ehrung (vgl. Lk 1,48) und dem Gedächtnis empfohlen (Hebr 13,7) und als Vorbild (Röm 4,17) genannt werden, ist nicht unbiblisch.

zu verstehen oder als eine Tätigkeit von unserer Seite, um Gott zu bestimmen, von seinem „Zorn" sich zu einer „Versöhnung" bewegen zu lassen.

Mitwirkende an der Erlösung kann Maria heißen, indem sie (durch die Gnade aktiviert) das Heil aus dem Glauben in Freiheit empfängt und somit die Selbstmitteilung Gottes beim Menschen angekommen sein läßt als eine *angenommene Selbstmitteilung.*

Das personal-freie (geistleibliche) Empfangen der Nähe Gottes im Glauben begründet nicht die Erlösung oder macht sie vorausgehend und nachfolgend abhängig von der autonomen Selbständigkeit des Geschöpfs. Hier würde der Mensch zu einem effizienten Moment des Willens Gottes zur Versöhnung, d. h. zu seiner Selbstmitteilung als Wahrheit und Leben. Eine Disposition zur freien Annahme der Gnade ist freilich unumgänglich, soll die Liebe als Angebot Gottes durch die suspendierte Freiheit der Annahme sich nicht selbst um ihr Ziel, die freie Aufnahme in der Liebe, bringen. Diese Disposition wird aber im Akt der Selbstmitteilung Gottes an den Menschen in Geist und Wort schon mitgesetzt, so daß der Mensch durch eine übernatürliche Erhebung seines Willens auch liebend antworten kann, was er aus seinen eigenen Kräften heraus nicht vermag.

Maria begreift die Begnadung aber nicht als eine religiöse Privatangelegenheit. Indem sie sich in ihrer ganzen Existenz voll der Gnade verfügen läßt in ihre Sendung hinein, fallen bei ihr ihre heilsgeschichtliche Rolle, die Mutter des Herrn zu sein (Lk 1,43), und ihre persönliche Heiligkeit (Lk 1,28) zusammen. Gott beschenkt mit seiner Gnade den einzelnen Menschen je nur so, damit sie andern nützt, damit der ganze Leib Christi durch die verschiedenen Gnadengaben und Dienste aufgebaut wird (vgl. 1 Kor 12,7). In diesem Sinn der exemplarischen Einheit von Sendung und personaler Bestimmtheit durch die Gnade, die an heilsgeschichtlich exponierter Stelle nur einem Menschen gegeben wurde, um die Mutter des Erlösers zu sein, darf Maria als die exemplarisch Erlöste gelten. Und somit ist sie der Inbegriff aller Intentionen theologischer Anthropologie.

Die Gnade, die dem einzelnen nie nur für sich allein gegeben wird, da Gnade die Stiftung der Gemeinschaft mit Gott und den Menschen in der vom Heiligen Geist ermöglichten Liebe ist, erreicht im christlichen Tod als letzter Gleichgestaltung mit Christus ihre Endgültigkeit für den Glaubenden. Dabei kommt die Solidarität aller mit allen in der Heilsgemeinschaft zur vollen Erscheinung. Dabei gilt ein altes Axiom, das diese Zusammenhänge auf den Begriff bringt: je heiliger und begnadeter ein Mensch ist, desto mehr ist er auf die Gemeinschaft hin geöffnet.[22] Darin gründet die universale fürbittende Mittlerschaft Marias. Dabei ist noch einmal zu betonen, daß der hier verwendete Begriff der Vermittlung nicht von der Soteriologie her zu verstehen ist. Er hat sein hermeneutisches Umfeld in der Ekklesiologie, indem davon die Rede ist, daß die Glieder des Leibes Christi, wenn sie aufeinander wirken, die Gnade Christi in der Vielfalt ihrer Aspekte nicht verursachen, sondern in die soziale Dimension des Heils umsetzen und so die Gegenwart Gottes in der Gemeinschaft der Menschen „verdichten". Wo die Sprache der Frömmigkeit Maria als „Mutter der Gnaden" anspricht, wird sie nicht als die verstanden, die die Kluft zwischen dem Menschen und einem fernen unzugänglichen Gott überbrücken soll, oder als die, die indirekt einen Zugang zu Gott vermittelt, zu dem wir nach Ausweis der Offenbarung doch einen direkten Zutritt haben ohne vermittelnde Zwischeninstanzen. Alle diese verzerrten Vorstellungen, die einer ungeklärten Heiligenverehrung und der von ihr abhängigen Kritik zugrundeliegen, können vermieden werden, wenn der Heiligenkult mit seinen Einzelelementen und gewachsenen Vorstellungen und Begriffen in der Ekklesiologie und besonders an ihrem Übergang zur Eschatologie angesiedelt wird.

Die reformatorisch-katholische Differenz beruht – neben den unvermeidlichen emotionalen Voreingenommenheiten und fast zwanghaften assoziativen Verknüpfungen, die sich an bestimmte Begriffe anschließen – weitgehend auf einem epochalen Mißverständnis.

Für die katholische Theologie sind Heiligen- und Marienverehrung aber darum so bedeutsam, weil sich darin entschiedene Einsichten der christlichen Anthropologie und das Verständnis der Gnade und ihrer Auswirkung im kirchlichen Leben zum Ausdruck bringen lassen. Vor allem werden die Verwandlungskraft der Gnade erkennbar und ihr Charakter als Selbstmitteilung Gottes an die Kreatur zur freien Annahme, damit sie in der Communio des Heils mit Gott und darin mit allen Geretteten aufscheine. Es gibt in Christus nicht mehr nur die reine Transzendenz Gottes, der der Mensch erwartend gegenübersteht. Gott wird gewiß durch den Menschen geehrt. Aber im Heiligen ehrt Gott sich noch viel mehr selbst. Seine Ehre offenbart er in seiner geglückten Selbstmitteilung an den Menschen, dem er sich heilend und heiligend als in Christus vermittelten unmittelbaren Inhalt seines kreatürlich-personalen Selbstvollzuges schenkt.

---

[22]   Vgl. Ambrosius v. Mailand, De virg. I, 5,51 (11, 16,213).

Die theologische Anthropologie, besonders in ihrer Verdichtung einer Theologie der Heiligen, wird zum Kriterium dafür, ob wir entschieden ernst machen mit der Erkenntnis, daß Gott Mensch geworden ist, damit wir durch die Menschheit Jesu Christi, in ihrer inneren Ordnung von „Haupt und Leib, der eine und ganze Christus", zur Teilnahme am Leben der dreifaltigen Liebe Gottes vermittelt werden.

MARIA – URBILD DER KIRCHE ALS GEMEINSCHAFT DER GLAUBENDEN

Einleitung

In den letzten Jahren hat Maria, die Mutter Jesu, in weiten Teilen der Kirche spürbar neues Interesse gefunden. Vertraute Formen der Verehrung Marias sind wieder aufgeblüht. Neue Formen sind entstanden.

Auch die Theologie hat versucht, die Bedeutung Marias in der Heilsgeschichte und ihre Rolle im gegenwärtigen Glaubensleben in neuen Perspektiven darzustellen. Die Orientierung an den biblischen Grundlagen und die Berücksichtigung der geschichtlichen Entfaltung der wesentlichen Glaubensaussagen hatte auch einen Brückenschlag zwischen den christlichen Konfessionen möglich gemacht.

Mit den orthodoxen Kirchen des Ostens weiß sich die katholische Kirche eins in den wesentlichen Glaubensaussagen und in der Grundgestalt der Marienverehrung. Nur die beiden neueren Dogmen der Bewahrung Marias vor der Erbschuld (1854) und ihre leibliche Aufnahme in die himmlische Herrlichkeit (1950) haben nicht die einhellige Zustimmung von orthodoxer Seite gefunden.

Auch im Dialog mit den großen evangelisch-reformatorischen Kirchen ergaben sich Möglichkeiten einer weitreichenden Übereinstimmung. Die Reformatoren und die maßgeblichen Bekenntnisschriften der Lutheraner und Reformierten anerkennen den Ort Marias in der Heilsgeschichte. Entsprechend dem biblischen Zeugnis erkennen sie die existentielle Mitte ihres Verhältnisses zu Gott im Glauben und in der gehorsamen Bereitschaft zum Dienst an Jesus, ihrem Sohn, den die Kirche bekennt als den ewigen Sohn Gottes, der zu unserem Heil unser menschliches Schicksal auf sich genommen hat. Mit der gemeinsamen Tradition der ganzen ungeteilten Christenheit bekennen sie sich zur Würde Marias als Gottesmutter und zu ihrer

Jungfräulichkeit. Diese Einheit in den beiden grundlegenden Bekenntnisaussagen überwiegt die Differenz in den beiden davon abgeleiteten Dogmen der Bewahrung Marias von der Erbschuld und der leiblichen Aufnahme in den Himmel. Auch das Recht eines ehrenden Gedenkens und einer Verehrung Marias als Vorbild im Glauben und Beispiel einer echten Nachfolge Christi wird nicht in Frage gestellt. Die evangelischen Kirchen kennen ein fürbittendes Eintreten Marias innerhalb der Gemeinschaft aller Heiligen im Himmel für die Gläubigen auf der Welt, die noch der Vollendung ihres Pilgerweges im Glauben entgegensehen. Lediglich die Möglichkeit, Maria und die Heiligen um ihre Fürbitte und Hilfe „anzurufen", wird verworfen. Man versteht jedoch unter „Anrufung", anders als die katholische Theologie, eine Art Anbetung, die selbstverständlich allein Gott zukommt, oder als eine Art Vertrauen auf das Wirken von Geschöpfen an Stelle Gottes, der allein das Heil des Menschen für Seele und Leib sein kann (vgl. Confessio Augustana Art. 21).

Wenn sich nun auch ein neues Verständnis für Maria in der Liturgie, Spiritualität und Theologie abzeichnet und auch erstaunliche Chancen für eine ökumenische Übereinstimmung erkennbar werden, so läßt sich dennoch ein verbreitetes Unbehagen und eine Entfremdung gegenüber Maria bei vielen katholischen Gläubigen nicht übersehen. Dieses Unbehagen nährt sich nicht nur aus dem Widerstand gegen überholte und fragwürdige Ausdrucksformen der Marienverehrung. Es sind gerade die an Maria hervorgehobenen Haltungen des demütigen Glaubens, des Gehorsams und der Bereitschaft zu einem selbstlosen Dienst, die dem Selbstgefühl des modernen Menschen und seiner Orientierung an den Werten der Selbstfindung, Mündigkeit, Selbstbestimmung und Selbstverwirklichung zu widersprechen scheinen. Viele Frauen, denen Marias selbstloser Einsatz als Idealbild weiblichen Lebens empfohlen wurde, erkennen die Gefahren einer ideologischen Verwertung der genannten Grundelemente: den Gehorsam, den Dienst und deren Auswirkung in der Jungfräulichkeit und der Mutterschaft Marias. Möglicherweise können diese Wertsetzungen instrumentalisiert werden im Sinne einer Abwertung der personalen Selbstbestimmung der Frau und einer Ausnützung der leiblichen und seelischen Disposition ihrer fraulichen Natur.

Diesem Verdacht, hinter der Marienfrömmigkeit verberge sich eine religiös motivierte Herrschaftsstrategie mit dem Ziel, die Frau an der vollen Entfaltung ihrer Möglichkeiten zu hindern, muß jede Rede über Maria heute Rechnung tragen.

Schließlich sei ein letzter Einwand gegen eine neue Hervorhebung Marias erwähnt. In einer Zeit fundamentaler Verunsicherung im Glauben und der Entfremdung von der Gottesfrage und sogar einem Erlahmen des religiösen Interesses überhaupt, kann die Verkündigung nicht ihre ganze Energie in nachgeordneten Glaubenswahrheiten verbrauchen. Geht es nicht vielmehr darum, den ersten Zugang zu Gott überhaupt freizulegen und eine neue Sensibilität für die religiöse Dimension menschlicher Existenz zu wecken oder auch nur die Erfahrung zu vermitteln, daß Gott und Jesus Christus die Orientierung und der unzerstörbare Sinnhorizont des Menschen im Leben und Sterben sind.

Dieser unabdingbar notwendigen Konzentration auf die ursprüngliche und wesensgebende Mitte christlicher Daseinsorientierung kann hier selbstverständlich nicht widersprochen werden.

Aber vielleicht läßt sich auch zeigen, daß Maria nicht ein Thema ist neben Gott und den wesentlichen Glaubenslehren. Es geht gerade heute darum, vom konkreten Menschen her einen Zugang zu Gott zu vermitteln. Denn der Glaube ist ja nicht ein System theoretischer Lehrwahrheiten, das in sich wichtige und weniger wichtige Sätze enthält. Glaube ist die Begegnung des Menschen mit Gott. Und darum kann man wohl auch am besten an der Geschichte von konkreten Menschen ablesen, worum es im Glauben geht. So kann der konkrete und individuelle Mensch Maria durch ihre innere Einstellung und durch ihr äußeres Lebensschicksal uns einen Hinweis darauf geben, wie der Mensch von Gott angesprochen wird und wie er sich in seinem Lebensentwurf von Gott herausgefordert sieht, wie der Mensch Gottes Heilsangebot im Glauben entspricht, wie die Beauftragung zu einem spezifischen Dienst zur prägenden Kraft seiner Lebensgestaltung wird und wie der Mensch schließlich in der Gemeinschaft mit Gott die Erfüllung seiner Sehnsucht nach Liebe und Leben unverlierbar erfährt.

Unter diesen Voraussetzungen soll nun in diesem Schreiben die Gestalt Marias bedacht werden. Es geht um die Frage: Was ist der Mensch vor Gott, oder wie kommt Gott zum Menschen?

Ohne Anspruch auf Vollständigkeit sollen innerhalb des weiten Feldes der Glaubenslehre von Maria und der Marienverehrung fünf Aspekte entwickelt werden:

1. *Maria als eine prophetische Zeugin Christi und durch ihren Glauben ein Typ und Urbild des menschlichen Gottesverhältnisses;*

2. *die Konkretion ihres Glaubens und Gehorsams in ihrer jungfräulichen Gottesmutterschaft zusammen mit der Überlegung über den Anfang und die Vollendung ihres Lebens in der Gnade;*

3. *die bleibende Bedeutung Marias für den Heilsweg der Glaubenden in der Gemeinschaft der Heiligen;*

4. *der Blick auf die konkreten Formen der Marienverehrung und schließlich*

5. *die Frage nach der Signifikanz des „Weiblichen" im Verhältnis des Menschen zu Gott.*

Als Orientierung dient dabei die geschichtliche Offenbarung Gottes durch Jesus Christus im Heiligen Geist, wie sie in den biblischen Schriften ihren maßgeblichen Ausdruck gefunden hat und wie sie im Glaubensbekenntnis der Kirche sich geschichtlich entfaltet hat und zu einem verbindlichen Ausdruck gekommen ist.

Von den neueren Dokumenten des kirchlichen Lehramtes sei besonders erwähnt das II. Vatikanische Konzil. In der Dogmatischen Konstitution über die Kirche „Lumen gentium" wird das Thema im achten Kapitel behandelt unter dem Gesichtspunkt „Die selige jungfräuliche Gottesmutter Maria im Geheimnis Christi und der Kirche" (1964). Weiterhin sei genannt von Papst Paul VI. das apostolische Schreiben „Marialis cultus". Die rechte Pflege und Entfaltung der Marienverehrung (1974) und von Papst Johannes Paul II. die Enzyklika „Redemptoris mater". Über die selige Jungfrau Maria im Leben der pilgernden Kirche.

1. Maria – Urbild und Typus des glaubenden Menschen

Die Heilige Schrift beantwortet die zu allen Zeiten bewegende Urfrage „Was ist der Mensch?" (Ps 8,5) mit dem Hinweis auf die Herrlichkeit und Ehre, die Gott dem Menschen verliehen hat. Das Menschsein ist gekennzeichnet durch die Offenheit gegenüber der Welt und die daraus resultierende Frage nach dem Sinn des menschlichen Daseins und nach seiner Orientierung, die seinem Leben einen entschiedenen Inhalt gibt. Die Endlichkeit und Sterblichkeit des Menschen läßt sich nicht durch den Verweis auf die vergängliche Welt, in der er lebt, überwinden. Eine Antwort kann dem Menschen nur zukommen aus dem offenen Horizont, auf den hin der Mensch denkt, hofft und fühlt. Vom Menschen kann also gar nicht die Rede sein, ohne zu bedenken, wie er zu dem weltüberlegenen Ursprung und Ziel seines Daseins steht, den wir Gott nennen. Die Gottbezogenheit gehört zum Wesen und zur Realisierung des Menschseins in der Welt hinzu. Von Menschen kann aber auch nicht die Rede sein ohne Berücksichtigung der Frage, was dieser Gott für den Menschen sein will. Die biblische Offenbarung belehrt uns, daß Gott für uns der Schöpfer aller Welt ist und sein will.

Gott will darüber hinaus aber auch als der konkret faßbare und nahegekommene Sinnhorizont des Menschen in seiner konkreten Welt nahekommen. Dies geschieht in dem menschgewordenen Wort Gottes in Jesus Christus, in dem das Licht und Leben Gottes menschlich faßbar in die Welt gekommen ist (vgl. Joh 1,4). Nach biblischem Zeugnis beginnt die Geschichte des Kommens Gottes zu den Menschen, die in Jesus ihren Höhepunkt hat, schon mit der Berufung Abrahams. Gott verheißt, daß Abraham der Vater eines großen Volkes werden soll. Dieses Volk wird aus allen Völkern erwählt werden. Es ist berufen, das Bundesvolk Gottes zu sein. Israel wird damit zu einem Werkzeug für die Verwirklichung des geschichtlichen Heilswillens Gottes gegenüber allen Menschen.

Der Erwählung zum Bund und der Berufung zum Dienst an Gottes Heilswillen entspricht auf seiten des einzelnen Menschen und des Bundesvolkes der Glaube. Im Glauben ist Gottes Verheißungswort gegenwärtig. Gottes Verheißungswort bringt beim Menschen den Glauben und den Gehorsam hervor. So heißt es an bezeichnender Stelle, daß im Glauben Abraham „unser aller Vater ist vor Gott, dem er geglaubt hat, der die Toten lebendig macht und das, was nicht ist, ins Dasein ruft" (Röm 4,17). Glaube bedeutet hier das ganzmenschliche Offensein und die Selbstüberantwortung des Menschen an Gott, der im Wort seiner Verheißung ganz für den Menschen da sein will. So ereignet sich im Glauben eine Kommunikation von Gott und Mensch. Gott ist der Urheber seiner Ankunft beim Menschen. Aber der Mensch wird durch diese Selbstgabe Gottes befähigt, sich in seinem Geist und Willen mit Leib und Leben ganz an Gott hinzugeben und darin durch die Gegenwart Gottes erfüllt zu sein. Der Glaubende wird mit Gott vereint und er lebt in Gott, und sein Leben erweist sich als eine Ausgestaltung der Gemeinschaft mit Gott. Die Gemeinschaft von Gott und Mensch im Bund geschieht in der Korrespondenz von Verheißungswort und Glaube und dem Gehorsam aus dem Glauben.

In den großen Gestalten des Alten Testamentes, der Patriarchen, den Propheten, beruft Gott die Mittler seines Verheißungswortes und Bundesangebotes gegenüber dem Volk. Aber durch ihren Glauben sind sie zugleich auch eine Verkörperung der Bundestreue des Volkes Gottes und in ihrer Person eine repräsentative Zusammenfassung des Glaubens Israels.

Das Verhältnis zwischen Gott und Israel wird aber wie eine Art Ehebund verstanden, so daß Glauben und Treue des Bundesvolkes gegenüber dem Verheißungswort Gottes auch Israel gleichsam wie die treue Braut erscheinen lassen. Der Glaube Israels findet darum auch eine typologische Ausprägung, wenn Israel als die Tochter Zion verstanden wird, die „nach ihrem Heiland Ausschau hält", in dem Gott selbst als der Erlöser bei seinem Volk ankommen wird (vgl. Jes 59,20; 62,11). So zeigt sich, daß der Glaube Israels ursprünglich aus der prophetischen Mittlergestalt hervorgeht, aber auch daß er von den großen Frauen in der Geschichte Israels verwirklicht wird (Sara, Hanna, Ester u. a.), die so auch die bräutliche Bezogenheit Israels und der Existenz des glaubenden Menschen überhaupt auf Gott in ihrer Person repräsentieren.

Die bislang immer stehenbleibende Differenz zwischen dem Verheißungswort Gottes und der prophetischen Mittlergestalt, der dieses Wort anvertraut ist, wird erst in Jesus Christus überwunden. Erst in ihm ist die Geschichte der Verheißung vollendet. In ihm ist Gott selbst gegenwärtig. Aber weil Jesus auch Mensch ist, ist die Annahme des Wortes Gottes und seine Gegenwart in der Welt im Glauben und im Gehorsam Jesu vollkommen verwirklicht. Erst in Jesus ist die vollkommene Kommunikation von Gottes Wort und menschlicher Selbsthingabe im Glauben verwirklicht. Jesus ist in seiner Person die Einheit von Gott und Mensch als die Einheit von Wort und Glaube.

Durch die Präsenz Gottes im Menschen Jesus wird Jesus aber auch aufgrund seines Glaubensgehorsams, der sich in seinem Tod vollendet, der Repräsentant des neuen Bundesvolkes, der Typus des neuen Menschen als der neue Adam, der Erstgeborene von den Toten, das Haupt der Kirche, die er sich durch seine Hingabe als Braut erworben hat. Er ist von Gott her die vollkommene Einlösung der Selbstverheißung Gottes als Heil in der menschlichen Wirklichkeit. Und so ist er als der neue Mensch, der durch die Einheit mit dem Wort Gottes existiert, der Hohepriester und der Mittler zwischen Gott und den Menschen und damit der Urheber und der Vollender des Glaubens des Volkes Gottes, in dem Gott selbst wohnt. So ist Kirche von Christus her die bleibende Erscheinung seiner Gegenwart (Leib Christi) und der Lebensraum der heilschaffenden Gegenwart Gottes für jeden, der glaubt (Tempel des Heiligen Geistes). Gott wollte im ewigen Sohn die menschliche Natur annehmen, weil nur er das Heil verwirklichen konnte, in der von Gott selbst getragenen Einheit der göttlichen Selbstgabe und der menschlichen Annahme im Glauben und Gehorsam. Um dieses

Ziel zu verwirklichen, nahm Gott das Menschsein aus einem konkreten Menschen an. Wenn im Zusammenhang der Menschwerdung des ewigen Sohnes Gottes vom Glauben Marias die Rede ist, dann kann der Glaube Marias nur verstanden sein als erste Frucht des Erlösungswillens Gottes. Ihr Glaube ist somit das erste Zeichen der in Jesus Christus in der Welt wirklich angekommenen erlösenden Gegenwart Gottes. Maria ist der Mensch, in dem die hoffende Erwartung auf das messianische Kommen Gottes in Israel zuerst erfüllt wurde. Darum ist Maria auch die erste Angehörige des neuen Bundesvolkes, wie es aus Christi Wirken hervorgeht. Maria steht zu Jesus gewiß in dem einmaligen und individuellen Verhältnis durch ihre Mutterschaft. Aber der Hinblick auf ihren Glauben zeigt auch ihre Abhängigkeit von dem Erlösungshandeln Jesu. Ihr Glaube, der die erste Frucht des erlösenden Kommens Gottes in die Welt ist, verdeutlicht das Gegenüber von Christus, dem Urheber des Heiles, aus dem die Kirche ursprünglich hervorgeht. Die Kirche ist gleichsam die Braut Christi. Und in diesem Sinne verkörpert Maria als die erste Angehörige des neuen Gottesvolkes die Herkunft der Kirche aus dem Handeln Jesu und die Lebensverbindung mit ihm. So wird Maria verstanden als die repräsentative Zusammenfassung des Wesens der Kirche als der Gemeinschaft, die in Glauben, Gehorsam und Liebe mit Christus verbunden ist und durch ihn beständig Heil und Leben von Gott her empfängt als Vollzug der Kommunikation oder des neuen Bundes mit Gott.

An Maria läßt sich aufzeigen, was der Glaube als eine von Gott hervorgerufene und in Christus ermöglichte und von seinem Heiligen Geist getragene Verhaltensweise des Menschen in bezug auf Gott ist.

Die Heilszusage Gottes an uns ist nicht die Folge einer menschlichen Initiative auf Gott hin. Vielmehr bringt Gottes Verheißungswort im Menschen die Freiheit der spontanen Antwort im Glauben hervor. Darin befähigt Gott auch die Freiheit des partnerschaftlich angesprochenen Menschen zur Umsetzung des Glaubens. In Gehorsam erfüllt Maria das ihr zuteil gewordene Charisma und ihren Auftrag, die Mutter Jesu zu werden. Ihr Sohn ist der, der sein Volk von den Sünden erlösen wird (Mt 1,21). Er trägt den messianischen Titel Immanuel. In der Fülle der Zeit ist er die Einlösung aller Verheißungen Gottes. Er ist der Gott mit uns (vgl. Jes 7,14; Sach 8,23; Mt 1,23; Gal 4,4; 2 Kor 1,20).

Marias Glaube ist die spontane Reaktion der Geist-Gegenwart Gottes bei ihr. Sie ist in ihm erwählt und befähigt, den ersten Dienst am endzeitlichen Heilswillen Gottes zu tun, nämlich die Mutter Jesu zu werden. So ist die leibliche Mutterschaft Marias ursprunggebend begründet in ihrem Glauben, in dem sie mit Gottes Willen eins wird und als erste die Erlösungsgnade Jesu Christi empfängt. Ihr Glaube ist Frucht des Heiligen Geistes und erste Begegnung mit Jesus Christus. Doch dieser Glaube gewinnt nun auch geschichtliche Konturen in der Gemeinschaft mit ihrem Sohn, der die Heilszusage Gottes in seinem geschichtlichen Geschick der Reich-Gottes-Verkündigung, von Kreuz und Auferstehung, realisiert. Der Glaube Marias gewinnt seine Vollendungsgestalt erst im Hinblick auf das Erlösungsgeschehen in Kreuz und Auferstehung Jesu.

Maria hat also einen unverkennbaren und einzigartigen Platz im Geheimnis Christi und der Erlösung. Sie partizipiert an der Erlösungsgnade durch ihren Glauben. Darum gilt ihr als Erste die Seligkeit, die aus dem Glauben folgt, nämlich die vollendete Gemeinschaft mit Gott. Elisabet, ihre Verwandte, preist die selig, die geglaubt hat, was der Herr ihr sagen ließ (Lk 1,45). Darum ist sie mehr zu preisen als alle anderen Frauen im Hinblick auf die Frucht ihres Leibes, den Sohn des Höchsten (vgl. Lk 1,32).

Ihr Glaube an den Erlöser, der aus ihr Mensch wurde, reiht sie in die große Reihe der Glaubensgestalten des Alten und Neuen Bundes ein (vgl. Sir 44-50; Hebr 11,1-12,1). Dabei wird deutlich, daß Glaube nicht nur eine individualistische Gottbeziehung ist, sondern als Gegenwartsgestalt der Offenbarung zugleich auch einen Zeugendienst enthält. Maria erweist sich so als die erste Zeugin Jesu. Ihr Glaubenszeugnis erfüllt sie gleichsam wie einen prophetischen Dienst. Sie stellt den „Messias des Herrn" (Lk 1,26) im Tempel Gottes dar, aber sie stellt ihn auch dem alten Bundesvolk vor. Es ist der Tempel als Begegnungsort von Gott und seinem Volk, wo der zwölfjährige Jesus später in einem ganz unvergleichlichen Sinn Gott seinen Vater nennen sollte (Lk 1,49). Maria bewahrte und bewegte in ihrem Herzen all das, was bei der Geburt Jesu und bei seiner Darstellung im Tempel an wunderbaren Zeichen geschah, die ihn als den Erlöser der Menschheit und als den verheißenen Messias und Sohn des ewigen Vaters auswiesen (vgl. Lk 2,19.51). Maria präsentiert den Weisen aus dem Morgenland ihren Sohn als die Erfüllung aller Heilshoffnung der Völker in der messianischen Endzeit (vgl. Mt 2,11; Num 24,17; Jes 49,23f.; 60,5f.; Ps 72,10-15).

Auch bei der Hochzeit zu Kana, als Jesus zum ersten Mal seine göttliche Herrlichkeit offenbarte, tritt Maria prophetisch hinweisend auf Jesus hervor. In der tiefgründigen Sprechweise des johanneischen Evangeliums sagt Maria zu den Dienern des Hochzeitsmahles „Was er euch sagt, das tut!" (Joh 2,5). ER ist das fleischgewordene Wort, in dem die Herrlichkeit des ewigen Sohnes des Vaters voll der Gnade und Wahrheit uns kundgetan wurde (vgl. Joh 1,14.18). Obwohl „die Stunde" der Offenbarung der Herrlichkeit des Sohnes ganz vom Vater abhängt und diese auch nicht von Maria herbeigeführt werden kann, – so drückt es Jesus aus in seiner Frage an die Mutter „Frau, was ist zwischen dir und mir?" – entspricht Jesus doch dem fürsprechenden Ansinnen seiner Mutter.

Aus alledem geht hervor, daß Maria keineswegs eine marginale Figur des Neuen Bundes ist. Ihre Beziehung zu Jesus bleibt nicht temporär begrenzt. Sie kann nicht funktional reduziert werden auf eine bloß äußerliche Zurverfügungstellung ihres Leibes, damit Gott aus ihr das Menschsein annimmt. Ihr Glaube läßt vielmehr eine Beziehung zur Person Jesu Christi und zum Heilsgeschehen erkennen. Einer Frau, die aus dem Volk Jesus zuruft: „Selig der Leib, der dich getragen, und die Brust, die dich genährt hat", erwidert Jesus: „Vielmehr sind selig die, die Gottes Wort hören und es befolgen" (Lk 11,27f.). Dieses Wort, das uns der Evangelist überliefert, erinnert an die Verkündigungsszene, bei der Lukas das Profil Marias ganz vom Glauben her entwickelt. Maria wird vom Engel als die Begnadete angesprochen. Ihr wird die heilschaffende Gegenwart Gottes zugesagt. „Der Herr ist mit dir." Die Erwählung, die Mutter des Messias zu sein, enthält auch einen Bezug zum Volk Gottes, das den Messias erwartet. In Maria wird gleichsam Israel auf seinen Glauben hin angesprochen, der sich jetzt in der Verheißung erfüllen soll. Die Anrede „Sei gegrüßt" läßt auch denken an das alttestamentliche Wort „Juble und freue dich, Tochter Zion" (vgl. Jes 12,6; Zef 3,14f.; Joël 2,21-27; Sach 2,14; 9,9). Maria ist die Repräsentantin Israels, dem das Anbrechen der messianischen Heilszeit zugesagt wird. So erfährt Maria als Erste die Seligkeit über die Nähe Gottes, weil sie in ihrem Glauben Gottes Wort und Verheißung gehört und aufgenommen hat und dieses Wort auch befolgt hat. Und darum ist ihre leibliche Mutterschaft Ausdruck und Konsequenz ihrer geistlichen Mutterschaft Jesu gegenüber und ihres glaubenden Grundverhältnisses zu Gottes Verheißungswort (vgl. Lk 1,38).

Die Heilige Schrift braucht aus diesen Gründen keine umfangreiche Biographie der äußeren Lebensdaten Marias bereitzustellen. Um Marias Stellung in der Heilsgeschichte zu zeichnen, genügt es, sie von der Mitte ihres Glauben her zu verstehen. Daraus ergibt sich die Mitte ihres Gottesverhältnisses als die jungfräuliche Mutter des Herrn. Von daher läßt sich auch etwas sagen über den Anfang und die Vollendung ihres Lebens aus dem Glauben.

Im einzelnen sind es vor allem die Evangelisten Lukas und Johannes, die in einem christologischen Interesse ein eigenes Marienbild entwerfen. Im Johannesevangelium begegnet uns Maria zu Anfang und zu Ende der Offenbarung der Herrlichkeit Jesu bei der Hochzeit zu Kana und beim Kreuz Jesu.

Der Evangelist Lukas hat Maria zentral als die prophetische Gestalt des Glaubens herausgestellt und dies bei den einzelnen Szenen der Verkündigung der Empfängnis und Geburt Jesu, sowie seiner Darstellung im Tempel und bei der Wallfahrt der Heiligen Familie mit dem zwölfjährigen Jesu zum Tempel jeweils eigens herausgestellt. Erwähnt wird auch noch, daß Jesus Wohlgefallen bei Gott und den Menschen fand in der Zeit seines Heranwachsens, daß der Geist Gottes mit ihm war und daß Jesus seinen Eltern untertan war und offensichtlich bis zum Beginn seines öffentlichen Wirkens in seinem 30. Lebensjahr in Nazaret bei seiner Mutter lebte (Lk 2,51f.). In einer gewissen Parallele zum Johannesevangelium zeigt Lukas auch den Bezug Marias zum Kreuzesgeschehen. Bei der Darstellung Jesu im Tempel sagt der greise Simeon: „Dieser ist dazu bestimmt, daß in Israel viele durch ihn zu Fall kommen und viele aufgerichtet werden, und er wird ein Zeichen sein, dem widersprochen wird. Dadurch sollen die Gedanken vieler Menschen offenbar werden. Ihr selbst aber wird ein Schwert durch die Seele dringen" (Lk 2,34f.). Maria partizipiert am Schicksal Jesu, der den Widerstand der Sünder erfährt und von ihnen ans Kreuz gebracht wird. Schließlich zeigt uns der Evangelist Maria noch einmal, wie sie mit den Jüngern Jesu im einmütigen Gebet versammelt ist, um auf die Herabkunft des Heiligen Geistes auf die junge Kirche zu warten (vgl. Apg 1,14).

Der Evangelist Matthäus berichtet außer von der geistgewirkten Empfängnis Jesu auch von der Ankunft der Weisen aus dem Morgenland, die Jesus huldigen in der Gegenwart seiner Mutter. Weiterhin erwähnt er die Flucht vor Herodes nach Ägypten und die Rückkehr nach Israel mit der Wohnungsnahme in Nazaret (vgl. Mt 1,2).

Maria hat also unbestreitbar etwas mit dem Geheimnis Christi zu tun. Aber auch ihre Beziehung zum Geheimnis der Kirche, die der Leib Christi ist, läßt sich nicht übersehen. Beide Male ist diese Relation von ihrem Glauben und Gehorsam her auszulegen. Daß Maria durch ihren Glauben zu einem hervorragenden Glied des neuen Bundesvolkes geworden ist und sie zugleich auch typologisch das Wesen der Kirche als Glaubensgemeinschaft repräsentiert, war schon angedeutet worden.

Gewiß ist Jesus als Mensch durch seinen Gehorsam der Inbegriff des neuen Menschseins und der Repräsentant der neuen Menschheit geworden. Aber die Kirche ist nicht einfach mit Christus identisch. In der Einheit von Haupt und Leib bleibt ein „Gegenüber" bestehen. Diese unumkehrbare Relation von Haupt und Leib, von Christus als dem Heilsmittler und der Kirche als der Heilsempfängerin findet ihren Ausdruck darin, daß Maria in ihrem Glauben die Repräsentantin der Kirche wird als der Braut Christi und der Empfängerin des Heiles.

In diesem Sinne hatten schon die frühen Kirchenväter die Charakterisierung Christi als des neuen Adam bei Paulus (vgl. Röm 5,12-21) aufgegriffen und in Weiterführung dieser typologischen Sprechweise auf Maria angewendet. So wie Adam der ursprüngliche Repräsentant und Weitervermittler des Heiles war, das Eva und in ihr die Menschheit empfangen sollte, so ist Christus nun der endzeitliche Mittler des Heiles, das Maria als die neue Eva, d. h. als erster Mensch und als Repräsentantin der neuen Menschheit in Christus empfangen sollte.

In diesem Sinne einer Relation zwischen Christus und Maria als Repräsentantin der Heilsgemeinschaft der Kirche legt Irenäus von Lyon den Beitrag Marias aus auf dem Hintergrund der typologisch verstandenen Beziehung des Adam zu Eva im jungfräulichen Anfangszustand der Schöpfung. Und Irenäus interpretiert den Ungehorsam Adams und Evas als den Repräsentanten der Menschheit so, daß Adam nicht mehr das ursprünglich ihm zugesagte Heil an seine Nachkommen weitergeben konnte und Eva, als die Mutter der Lebendigen, dieses Heil nicht mehr für alle Menschen empfangen konnte. „Denn es war notwendig und billig, daß bei der Wiederherstellung Adams in Christus das Sterbliche vom Unsterblichen verschlungen werde und in ihm aufgenommen werde, und die Eva von Maria, auf daß die Jungfrau die Fürsprecherin der Jungfrau werde und den jungfräulichen Ungehorsam entkräfte und aufhebe durch den jungfräulichen Gehorsam" (Demonstratio evangelica 33). Es ist also durch ihren Gehorsam und ihren Glauben Maria zur Ursache des Heiles geworden. In ihrem Glauben ist sie die Fürsprecherin für alle Menschen, die im Glauben das Heil empfangen sollen, das Christus von Gott her allein der Menschheit vermittelt und in seinem eigenen Gehorsamsopfer am Kreuz definitiv angenommen hat. Die Rede von Maria als Ursache des Heiles (Adversus haereses III,22,4) will freilich nicht als eine Konkurrenz verstanden werden zu der Ursächlichkeit der Heilsverwirklichung in Jesus Christus, sondern will eigentlich nur in Beziehung auf Jesus die Ursächlichkeit des Glaubens als der einzigen Weise betonen, wie der Mensch die Erlösung in Jesus Christus empfangen kann. Auch meint Fürsprecherin nicht einen ursächlichen Einfluß auf Gott, um ihn zur Heilszusage zu bewegen, sondern einen schwesterlichen Einfluß auf den Glauben, in dem alle Glieder der Kirche das Heil empfangen und es in der Teilnahme an der liebenden Gemeinschaft der Kirche in der Gestalt ihres Lebens umsetzen.

Einen Hinweis auf diese geistlich zu verstehende Mutterschaft Marias gegenüber ihren Brüdern und Schwestern im Glauben fanden viele Kirchenväter in den Worten Jesu von Kreuz herab, wo er den Lieblingsjünger seiner Mutter anvertraut und Maria dem Lieblingsjünger „Frau, siehe deinen Sohn" (vgl. Joh 19,25-27). Maria erscheint gegenüber der Kirche, die durch den Lieblingsjünger dargestellt wird, als die neue Eva durch ihren Glauben und zugleich als die typologische Verdichtung des Wesens der Kirche als der Gemeinschaft mit Gott durch den Glauben. Vielleicht steht hier Maria aber auch als Repräsentantin für alle, die auf die „Stunde des Messias und Sohnes Gottes" (vgl. Joh 2,4) warten und die nun an die Kirche verwiesen sind, das aus der Lebenshingabe erstandene endzeitliche Gottesvolk.

Eine Entsprechung zwischen dem Ungehorsam Evas, der eine Unheilsgeschichte auslöste, und dem Glauben Marias, von dem das Heil sichtbar seinen Anfang nahm, mag auch angesprochen sein in der apokalyptischen Mission von dem vergeblichen Kampf des Drachens gegen die Frau (vgl. Offb 12,1-18). Es klingt hier die Rede an die Feindschaft, die Gott zwischen den Unheilsmächten (der Schlange, dem Satan,) und der Frau und ihrer Nachkommenschaft setzt (vgl. Gen 3,15). Der Seher Johannes spricht von einem großen Zeichen am Himmel, nämlich einer Frau, die mit der Sonne umkleidet ist und den Mond zu ihren Füßen hat mit einem Kranz von 12 Sternen auf ihrem Haupt (Offb 12,1; vgl. Gen 37,9). Doch der Drache als Feind des Heiles aller Menschen, will ihr Kind, den Messias und Heilbringer Gottes, vernichten. Doch Gott bewahrt das Kind, die Frau und die Nachkommen der Frau vor der Vernichtung durch die Unheilsmächte. Die hier genannte Frau steht gewiß stellvertretend für das heilige Volk Gottes, aus dem der Retter der Welt hervorgeht (vgl. Joh 4,22; Jes 66,7; Mi 4,9f.). Aber man kann dabei nicht übersehen, daß es natürlich konkret Maria war als individuelle Frau dieses Volkes, aus dem Maria geboren wurde. So erscheint Maria als Typus und Repräsentantin des Volkes Gottes, aus dem der Retter hervorgeht. Sie ist aber auch die Repräsentantin des neuen Volkes Gottes, das aus dem Heilswirken Jesu hervorgeht.

So ist sie aufgrund der Gnade wie eine Jungfrau, die das Heil in Christus empfängt. Und doch ist sie im Glauben auch wie eine Mutter, die ihre Kinder gebiert und diese als die Glieder dem Leibe Christi, der die Kirche ist, einfügt.

Im folgenden soll nun die Beziehung Marias zum Geheimnis Christi und der Kirche näherhin entfaltet werden. Grundlage ist immer der Glaube Marias. Im Hinblick auf Jesus Christus ergeben sich die vier zentralen Glaubensaussagen des kirchlichen Bekenntnisses zu Maria (Dogmen): Marias Jungfrauschaft, ihre Gottesmutterschaft, die Bewahrung vor der Erbsünde am Anfang ihres Lebens und die Aufnahme in die himmlische Herrlichkeit als die Vollendung im Pilgerweg ihres Glaubens.

Im Hinblick auf ihre Bedeutung für die Kirche erscheint Maria in ihrer geistlichen Mutterschaft, d. h. als Repräsentantin des Wesens der Kirche, als der von Jesus Christus herkommenden Heilsgemeinschaft im Glauben. Maria ist dabei aber als Glied der Kirche zugleich auch die Schwester aller Christen im Glauben. Von daher läßt sich auch die Frage der Marienverehrung in den Blick nehmen. Dabei wird Maria in der Gemeinschaft der himmlischen Heiligen von den Gläubigen um ihre Fürbitte angesprochen.

2. Die wesentlichen Glaubensaussagen zu Maria

2.1. Die Jungfräulichkeit Marias

Die biblischen Zeugnisse zeigen uns Maria als die große prophetische Gestalt im Dienst am endzeitlichen Kommen Gottes in Jesus Christus zu seinem Volk. Was theologisch über sie ausgesagt werden kann, darf nicht von diesem grundlegenden Verhältnis zu Gottes Heilswillen losgelöst werden. Jede Aussage über Maria ist ursprünglich ein Reflex des Bekenntnisses zur Erfüllung der Bundesverheißung Gottes in Jesus Christus, seinem menschgewordenen Sohn, als Heil der Welt. Darum stehen auch die beiden grundsätzlichen Prädikationen Marias als Jungfrau und Gottesmutter in einem christologischen Kontext. Die Relation Marias zu Jesus, die dabei zum Ausdruck gebracht wird, dient der Erhellung der Frage: Wer ist Jesus Christus in Wahrheit im Hinblick auf Gott und im Hinblick auf das Heil der Menschen?

Das Dogma von der jungfräulichen Empfängnis Jesu aus Maria kraft des Heiligen Geistes Gottes besagt, daß der aus Maria geborene Mensch Jesus seinem innersten Ursprung und seinem Sein nach in Gottes Leben und seinem Heilswillen selbst gründet, indem er sich uns mitteilen will. Das menschliche Sein Jesu gründet in Gottes ewigem Wort, und umgekehrt formuliert ist es nichts anderes als seine menschliche Gegenwartsgestalt.

Das Dogma von der wahren Gottesmutterschaft Marias hingegen sagt, daß der, den Maria als Mensch geboren hat, in Wahrheit Gott selbst ist in seinem ewigen innergöttlichen Wort (oder Sohn), der in Jesus das Menschsein annahm, als Mensch handelte, am Kreuz starb und vom Vater von den Toten auferweckt wurde. Mit anderen Worten ist hier zum Ausdruck gebracht, daß Gott in Jesus das Subjekt der Erlösungstat am Menschen ist.

Die Glaubensbekenntnisse der noch ungeteilten Christenheit bekennen alle einmütig, daß die Menschwerdung des ewigen Sohnes Gottes durch das Wirken des offenbarenden Geistes Gottes geschah in der Annahme des menschlichen Seins (in Seele und Leib) aus der Jungfrau Maria allein ohne Zutun eines Mannes. Die conceptio vom Heiligen Geist verwirklicht sich in der Inkarnation des ewigen Wortes Gottes aus Maria. Die Häufigkeit und die Entschiedenheit in der Darstellung dieser kirchlichen Glaubensüberzeugung durch viele Konzilien, Bischöfe, Päpste und Kirchenväter läßt auf einen starken Widerstand seitens innerkirchlicher Gegner schließen. Aber diese Lehre war auch Gegenstand heftiger und scharfsinniger Polemik jüdischer und heidnisch-philosophischer Gelehrter schon seit dem frühen 2. Jahrhundert.

Das kirchliche Credo stützt sich dagegen auf die klare Bezeugung durch die Heilige Schrift.

Das Kind, das Maria erwartet, verdankt seine Lebensentstehung nicht der sexuellen Zeugung durch Mann und Frau. Es verdankt sich einzig und einzigartig dem „Wirken des Heiligen Geistes" (Mt 1,18; Lk 1,35; vgl. Lk 3,23). Die Evangelisten bezeugen dies Geschehen als ein von Gott selbst her erwirktes Ereignis. Es geht nicht um eine bloß interpretative Illustration der Beziehung Jesu zu Gott, sondern um die Darstellung der Wirklichkeit dieser einzigartigen Offenbarungs- und Seinseinheit Jesu mit dem Vater, um die Aussage der Verwirklichung und Annahme Christi durch den Vater, um die Darstellung des Zustandekommens dieser Einheit.

Jesus ist also nicht irgendein Mensch, der irgendwann einmal von Gott mit einem prophetischen Auftrag ausgesendet wurde. Vielmehr entsteht der Mensch Jesus in dem Augenblick im Schoß Marias, in dem Gott seiner gnädigen Zuwendung zu seinem Volk und seiner bleibenden Heilsgegenwart bei ihm menschliche Gestalt und Realität verleiht.

Es geht also den Evangelisten in keiner Weise darum, mit ihren Erzählungen um die Geburt Jesu (vgl. Mt 1-2; Lk 1-2) – etwa im Anklang an antike Heroengeschichten – mit sonderbaren Vorkommnissen bei der Geburt „großer Männer" aufzuwarten. Die Bedeutung Jesu besteht weder in diesen noch in den folgenden Abschnitten darin, daß er in den Olymp mythischer Göttergestalten hinaufmanipuliert wird.

Als die Evangelisten unabhängig voneinander die im Raum frühester palästinensischer Christengemeinde überlieferten Erzählungen in ihr Evangelium aufnahmen, gestalteten sie die tradierten Erzählstoffe literarisch unter dem Gesamteindruck des Auftretens und des Geschicks Jesu. Was sie von Jesus hier aussagen wollten, war nichts anderes als die Beleuchtung ihres Bekenntnisses zu Jesus als dem endzeitlichen Heilbringer von Gott her im Horizont des Geheimnisses seiner Herkunft.

Wer Jesus ist, kann nur begriffen werden im Zusammenhang seiner Botschaft von der Nähe des Reiches Gottes, seinem Vollmachtsanspruch und dem alles entscheidenden Bekenntnis des Vaters zu ihm in der machtvollen Tat seiner Auferweckung. Jesus von Nazaret wird nun von der Gemeinde als ihr Herr und als die konkrete menschgewordene Heilsgegenwart Gottes bekannt. In Jesus begegnet uns also nicht nur ein prophetischer Bote Gottes, der sein Wort zu uns bringt. In Jesus haben wir es mit dem Wort Gottes selber zu tun. Er ist die Einheit der Selbstvermittlung Gottes zu uns mit dem Wort, das Gott selbst ist. Insofern gibt es keinen Mittler mehr zwischen Gott und den Menschen. „Einen Mittler gibt es jedoch nicht, wo nur einer handelt; Gott aber ist ‚der Eine'" (Gal 3,20). Er heißt aber dennoch zu Recht der Mittler zwischen Gott und den Menschen, weil er in seinem menschlichen Gehorsam und in seiner Selbsthingabe als der Hohepriester des Neuen Bundes die Menschen, kraft der Teilnahme an seiner Menschheit durch Glaube und Taufe, an der Gegenwart Gottes teilhaben läßt (vgl. 1 Tim 2,5). „Obwohl er der Sohn war, hat er durch Leiden den Gehorsam gelernt; zur Vollendung gelangt, ist er für alle, die ihm gehorchen der Urheber des ewigen Heils geworden und wurde von Gott angesprochen als ‚Hoherpriester nach der Ordnung des Melchisedeks'" (Hebr 5,8-10).

Es ist also die einhellige Überzeugung der frühen Kirche, daß es an Jesus vorbei keinen Zugang zu Gott gibt und daß Gott allein in Christus sich als Heil der Welt kundgetan hat. Jesus gehört so sehr zu Gott, daß dieser nur in ihm gegenwärtig ist. Jesus gehört aber auch so sehr zum Menschen und zur geschaffenen Welt, daß nur in der Glaubens- und Lebensgemeinschaft mit ihm Gott für uns zugänglich wird.

Die Heilige Schrift drückt diese innere Einheit und Verschiedenheit von Gott und Jesus als die Einheit und Verschiedenheit von Vater und Sohn aus. Die Offenbarungseinheit von Vater und Sohn zeigt uns die Wesenseinheit von Jesus und Gott. Die innere Verschiedenheit von Vater und Sohn ist die Voraussetzung der Selbstoffenbarung Gottes in seinem Wort, das in der Menschheit Jesu sich die Weise seiner menschlichen Gegenwart erwirkt hat.

„In dieser Stunde rief Jesus, vom Heiligen Geist erfüllt, voll Freude aus: Ich preise dich, Vater, Herr des Himmels und der Erde … Mir ist von meinem Vater alles übergeben worden; niemand weiß, wer der Sohn ist, nur der Vater, und niemand weiß, wer der Vater ist, nur der Sohn und der, den es der Sohn offenbaren will" (Lk 10,21f.).

Von Gott kann man also seit seiner Selbsterschließung im Menschen gar nicht mehr anders reden als vom Vater des Sohnes. Von Jesus kann man gar nicht mehr anders sprechen als vom Sohn des Vaters. Von Gott kann man gar nicht mehr anders sprechen als vom Heiligen Geist, indem die Einheit und die Verschiedenheit von Vater und Sohn sich vollziehen und für uns im Glauben erkennbar werden.

Diese Zusammenhänge mußten theologiegeschichtlich in der Lehre von der Dreifaltigkeit Gottes geklärt werden. Es wird deutlich, daß die christologische Frage nach dem Sein Jesu und seinem Verhältnis zu Gott nur beantwortet werden kann, wenn klar ist, daß dies die Frage nach dem Wesen und Leben mit der Weise der Offenbarung Gottes an uns zu tun hat.

Dies zeigt schon, daß die gelegentlich immer noch vertretene Meinung, die Kirche habe den Menschen Jesus unter dem Einfluß heidnisch-antiker Göttergeschichten langsam zu einem Gott, Heroen oder göttlichen Menschen emporgesteigert, was schon allein dem Ausgangspunkt bei der Mitte der neutestamentlichen Botschaft von Jesus nicht gerecht wird. Jesus war schon deshalb nicht einer unter den vielen Göttern, da es im biblischen Verständnis eben nur einen Gott gibt und weil alles außer Gott Geschöpf ist. Es kann also Jesus als Mensch gar nicht vergottet werden. Gerade seine unverkürzte und volle Menschheit ist entscheidend für die Verwirklichung des Basissatzes, daß Gott auf menschliche Weise bei uns ist. Aber der Mensch Jesus kann nur dann die Gegenwart Gottes sein, wenn er in einer ursprunggebenden Relation steht zur Selbstauslegung des inneren Wortes Gottes, das bei Gott war und das Gott ist (Joh 1,1). Er ist der ewige Sohn am Herzen des Vaters, der in der angenommenen Menschheit Jesu der Christus ist, die menschgewordene Selbstauslegung Gottes, des Vaters (Joh 1,18).

Weil es also bei dem Bekenntnis zum menschlichen Anfang Jesu in Empfängnis und Geburt um die Grundlagen der Offenbarungseinheit von Gott und Jesus geht, hat die Kirche stets an der Jungfräulichkeit Marias in der Empfängnis und Geburt festgehalten. Es ist dabei eine einzigartige Weise menschlicher Empfängnis zum Ausdruck gebracht. In ihrer Einzigkeit und Unvergleichlichkeit (insofern sie beim Menschen sonst nie vorkommt) ist sie das Zeichen für die einzigartige Realität des Kommens Gottes zu uns in menschlicher Gestalt. Auf der Ebene des Zeichens bringt sie die wirkliche Selbstmitteilung Gottes im menschgewordenen ewigen Wort zum Ausdruck und zeigt auch, daß sie die menschliche Wirklichkeit Jesu vom innersten Ursprung her trägt und offenbart. Ein solches Offenbarungszeichen erschließt sich – wie alle anderen Heilstaten Gottes auch – nur im Glauben. Und im Glauben allein läßt sich auch erklären, warum Jesus seiner Menschheit nach nicht aus einer ehelichen-geschlechtlichen-Verbindung als Mensch entstanden ist. Nach der biblisch bezeugten Schöpfungsordnung entsteht der individuelle Mensch aus der sexuellen Verbindung von Mann und Frau. Ohne daß die biblischen Schriftsteller des Alten und des Neuen Testamentes von der modernen biologischer Zeugungstheorie etwas wußten, haben sie auf der natürlichen Erfahrungsbasis und im Blick auf den Schöpferwillen Gottes, der die menschliche Fortpflanzung an das Zusammensein von Mann und Frau gebunden hat, nur in dieser Weise für möglich gehalten. Nicht ein Ausnahmefall der Natur oder eine künstliche Manipulation, sondern Gott allein als der Schöpfer der Welt und der Urheber auch ihrer konkreten Ordnung verfügt über die Möglichkeit, einen individuellen Menschen in anderer Weise entstehen zu lassen. Die Differenz zwischen dem Schöpfer und dem Geschöpf steht so beherrschend im Mittelpunkt, daß eine auch nur teilweise Übernahme der heidnischen Vorstellung von sexuellen Verbindungen zwischen Göttern und Menschen nicht nur abstrus und töricht, sondern auch als Blasphemie erscheinen müßte.

Wenn die Fortpflanzung der natürlichen Sexualität von Mann und Frau entspringt, dann hat dies aber auch zur Folge, daß ein individuelles Geschöpf, das aus ihr hervorgeht, nicht der Mensch ist, in dem Gott sich selbst vergegenwärtigt. Die menschliche Natur kann nicht aus ihren eigenen Kräften heraus Gott zur Welt bringen. Das Geschöpf wäre ein eigenständiger Vermittler, an den Gottes Handeln gebunden wäre. Das Subjekt der Offenbarung und Erlösung muß Gott selbst bleiben. Und so kann nur Gott allein die menschliche Natur des Wortes Gottes aus der Jungfrau Maria annehmen und unmittelbar durch seinen göttlichen Willen zur Menschwerdung ins Dasein treten lassen und im menschlichen Dasein erhalten. Der aus Marias Glauben und aus ihrem Dasein als Frau empfangene und geborene Mensch Jesus, ihr Sohn, heißt nun auch seiner Menschheit nach Sohn Gottes, weil Jesus seiner Menschheit nach in das ewige Sohnesverhältnis des ewigen Wortes zum Vater aufgenommen ist und stets in ihm unmittelbar verwirklicht bleibt.

Es geht also um eine nähere Artikulation der Frage, wie das Menschsein Jesu in das Sohnesverhältnis des Wortes zum Vater aufgenommen wird. Dies soll mittels der Aussage der jungfräulichen Empfängnis aus Maria eindeutig zur Sprache kommen. Es geht hier entscheidend um die Abwehr jedes sogenannten Adoptianismus. Danach ist Jesus auch seinem ersten Ursprung nach ein Mensch wie jeder andere aus der Fortpflanzungsreihe und Generationenfolge der Menschheit. Und erst im nachhinein wird er durch ein besonderes Erwählungshandeln in einem übertragenen Sinne des Wortes zum Sohn Gottes. Aber er kann nie so auf die Seite Gottes treten, daß er diesen selbst in seiner menschlichen Gegenwart wäre.

Exkurs: Einwände und Fragen zur Jungfräulichkeit Marias

Die Einwände gegen das Glaubensbekenntnis von der jungfräulichen Empfängnis Marias haben in der jüngsten Zeit in der Öffentlichkeit eine neue Beachtung gefunden. Abgesehen von der oft wenig sachkundigen Diskussion in den Medien darf der Hinweis nicht unterbleiben, daß diese Einwände und Anfragen fast ebenso alt sind wie diese Glaubensaussage selbst. Es stehen sich also hier nicht alte und neue Überzeugungen gegenüber, sondern zwei alte Überzeugungen werden in ihrem Gegensatz neu diskutiert.

Zuerst fällt aus exegetischer Sicht auf, daß – bei dem sachlichen Gewicht, das dieser Bekenntnisaussage zukommt – eine Erwähnung bei allen anderen neutestamentlichen Schriftstellern außer den beiden Evangelisten Matthäus und Lukas fehlt. Mutmaßungen über die Gründe können hier kaum weiterführen. Dazu fehlen uns ausreichende Hinweise. Auf jeden Fall aber ist klar, daß von einem bewußten Ignorieren oder gar Negieren des Sachverhaltes nicht die Rede sein kann. Man muß insgesamt berücksichtigen, daß die neutestamentlichen Schriften meist Gelegenheitsschriften sind und gar nicht alles, was wichtig war, für den Glauben direkt und systematisch zur Sprache bringen. Dennoch fällt es auf, daß Paulus und Johannes auch an den Stellen, wo man es hätte erwarten können, nicht auf das Thema eingehen. Sie entwickeln allerdings ihr Christusbekenntnis nicht von der Frage her, wie der Mensch Jesus mit Gott verbunden ist, so daß er ihn repräsentiert als Mensch. Sie gehen vielmehr von dem Faktum der Fleischwerdung des Wortes aus (Joh 1,14) oder von der Sendung des gottgleichen Sohnes (Phil 2,6) vom Vater in der Gestalt des Fleisches (Röm 8,3). Er ist der Sohn, der vom Vater gesandt wurde. Er wurde als Mensch geboren von einer Frau, damit er die in der Kraft des vom Vater ausgehenden Geistes freikaufe, die an seinen Sohnesverhalten zum Vater im Geist aufgrund der Gnade teilhaben sollen (vgl. Gal 4,4-6). Die Frage, wie die Verbindung der göttlichen Seinsweise des Sohnes und die menschliche Seinsweise Christi näherhin zu denken ist, wird bei beiden Autoren nicht gestellt. Für sie ist entscheidend, daß die menschliche Seinsweise Jesu mit dem ewigen Wort und dem Sohn des Vaters verbunden ist und sie zum Ausdruck bringt. Die Frage, wie diese Verbindung in Hinblick auf die Empfängnis und die Geburt des Menschen Jesus zu denken ist und welche Heilsbedeutung diesen Geheimnissen zukommt, wird bei ihnen nicht gestellt. Man muß aber hinzufügen, daß die Lehre von der jungfräulichen Empfängnis dieser Konzeption des Christusgeheimnisses nicht widerspricht, sondern durchaus in sie integriert werden kann.

Eine Betrachtung des Geheimnisses Christi aber von seinen menschlichen Sein und Wirken her muß die Frage nach den Ursprung dieser einzigartigen Relation Jesu zu Gott, seinem Vater, aufwerfen. Aus diesem Grunde haben Matthäus und Lukas – über ihre Vorlage im Markusevangelium hinaus – ihr Bekenntnis zu Jesus nicht mit seinem öffentlichen Wirken beginnen lassen, sondern mit der Verkündigung seiner jungfräulichen Empfängnis und Geburt aus Maria kraft des Wirkens des Heiligen Geistes. Es geht ihnen um die Tat Gottes, in der er sich als die heilschaffende Gegenwart des Vaters in Jesus seinem Sohn, im Horizont der Geschichte, verwirklicht. Die gelegentlich gegen den Ereignischarakter der geistgewirkten Empfängnis Jesu (die man auch etwas ungenau gelegentlich die sogenannte Historizität der Verkündigungsszene nennt) vorgebrachte Überlegung, daß seine Angehörigen und mit ihnen womöglich auch Maria sein öffentliches Wirken nicht so zurückhaltend hätten bewerten können, „in der Meinung, er sei von Sinnen" (vgl. Lk 3,21), wenn sie schon im voraus gewußt hätten, wer Jesus war, überzeugt nicht unbedingt. Es ist durchaus nicht ausgeschlossen, daß auch der Evangelist Markus mit der in der gemeinten tradierten Erzählung von der jungfräulichen Empfängnis Jesu bekannt war. Immerhin wird Jesus von ihm als der „Sohn Marias" (Mk 6,3) genannt. Diese ungewöhnliche Identifikation eines Sohnes nach seiner Mutter und nicht nach seinem Vater kann ein spezielles Wissen des Evangelisten andeuten. Es darf bei all dem der Charakter der Verkündigungsszene doch nicht zu gegenständlich und naiv gefaßt werden. Der geschichtliche Kern besteht in einem Anruf Gottes an Maria zu dem prophetischen Dienst an diesem ihr von Gott verheißenen Kind und im Glaubenszeugnis für ihren Sohn. Marias Glaube an Gottes Verheißungswort, der in ihrem Verhältnis zu diesem Kind konkret wurde, war nicht eine wissende und konkret gegenständliche Vorausnahme der Zukunft. Es ging vielmehr um eine Eröffnung ihres Pilgerweges, der sich nur in der Begegnung mit dem öffentlichen Heilswirken Jesu, seiner Verkündigung und schießlich seines Schicksals in Kreuz und Auferstehung vollenden konnte.

Ein weiterer Einwand gegen den Ereignischarakter der geistgewirkten Empfängnis Jesu bezieht sich auf die literarische Gestalt der Quellen. Auf die möglichen Parallelen oder gar Abhängigkeiten von religionsgeschichtlich vergleichbaren Geschichten der Geburt „göttlicher Retter aus einer Jungfrau", haben im 3. Jahrhundert schon heidnische Philosophen hingewiesen. Diese Vermutungen wollen nahelegen, es handle sich in der Bibel einfach um einen Reflex der im alten Orient vorhandenen religiösen Motive. Vielleicht handele es sich auch nur um eine verkündigungsstrategische Maßnahme. Um eine leichtere Akzeptanz bei der hellenistisch-mythologisch empfindenden Volksmasse zu erreichen, habe man das ursprüngliche Kerygma und Christusbekenntnis in das bekannte Schema der Götterzeugungen und Jungfrauengeburten eingekleidet.

Um hier eine Entscheidung zu erreichen, genügt es nicht, rein impressionistisch einige Worte und Motivverbindungen hier und da miteinander assoziativ zu verbinden. Eine grundsätzliche erkenntnistheoretische Überlegung zu den Möglichkeiten und Grenzen des religionsgeschichtlichen Vergleiches ist nötig. Es geht hier um die Frage, welche Realität eigentlich dem religiösen Akt korrespondiert. Eine psychologisch-irrational begründete Theorie des religiösen Aktes sieht im Grunde in einer jeden Religion, bei all ihrer äußeren Verschiedenheit, nichts anders als eine vorrationale, tiefenpsychologisch begründete Kontaktnahme der Seele zur Realität des Daseins in der Welt, um sich in angeborenen religiösen Ideen und Kategorien auszudrücken, in archetypischen Bildern zu präsentieren und – dies allerdings schon verfremdet – sich in der Bewußtheit des Denkens zu rationalisieren. Jede Religion ist dann so gut wie die andere. Sie unterscheiden sich nur voneinander durch eine unterschiedliche Akzentuierung des einen religiösen Grundgefühls in den Spektrum der möglichen Manifestationen.

Begreift man den religiösen Akt jedoch nicht nur als die Selbstexplikation des religiösen Ich in den Ausdrucksmöglichkeiten des soziokulturellen Umfeldes, sondern als Reaktion auf die Herausforderung der Wirklichkeit selber oder konkret des geschichtlichen Handelns Gottes und seines Kommens in seinem Wort, dann zeigt sich bei einem geklärten Vorgehen, daß die Religionsgeschichte im Hinblick auf die Lehre von der jungfräulichen Empfängnis Jesu nicht mehr als äußere Wortanklänge bereithält. Sowohl in den Einzelaussagen als auch im Kontext des schöpfungstheologischen, bundestheologischen und spezifisch christologischen Zusammenhangs muß die Basis eines wirklichen Vergleichs unter Feststellung echter Parallelen oder wirklicher Abhängigkeiten in Frage gestellt werden.

Im vorderorientalischen Raum lassen sich wohl drei unterschiedene Kontexte feststellen, in denen die Rede ist von einer Art jungfräulicher Gebärerin eines der Götter.

Im Zusammenhang der Vegetationskulte begegnen die Gottheiten der Erdmutter. Sie verkörpern das „Stirb und Werde" der Mutter Natur. Im Zusammenhang der mythologischen Göttererzählungen begegnen aber auch Muttergöttinnen. Sie begründen zusammen mit ihrem Ehegatten, dem Göttervater, die Genealogie des Götterhimmels.

Es gibt schließlich aber auch die religiös und politisch geprägte Vorstellung der Zeugung des Königs (Pharao) bzw. irgend eines erwarteten politischen Heilsbringers. Er wird dann gleichsam aus einer „Jungfrau" durch den Gott und seinen Geist gezeugt, in dem sich der Machtanspruch eines Staates oder einer polis personifiziert. Es ist dabei klar, daß die Begriffe Zeugung, Sohn Gottes, Jungfrau, nicht in einem biologisch realistischen, aber auch nicht in einem ontologisch-metaphysischen Begriff von Wirklichkeit realistisch verstanden werden.

Wie im einzelnen sich auch in den Naturreligionen, in der Göttermythologien und religiös motivierten Königsideologien diese Vorstellungen gestalten mögen – das Zerfließende der Bilder und Motivanklänge, das sich jeder Systematisierung sperrt, zeigt schon das problematische Verhältnis zur Realitätsfrage –, soviel ist deutlich, daß eine echte Analogie oder gar ein direkter Einfluß auf das Christusverständnis in den Evangelien weder traditionsgeschichtlich nachgewiesen noch überhaupt ein gemeinsamer Verstehensrahmen für Sein und Wirken Gottes und seiner Beziehung zur Welt herstellbar ist. Die verwendeten Begriffe Vater, Sohn, Geist, Jungfrau, Glaube usw., die als solche natürlich der menschlichen Sprache und den menschlichen Erfahrungsraum entnommen werden und somit immer Anklänge insinuieren, haben im biblischen Kontext eine ganz eigene Sinnbestimmung.

Eine letzte gewichtige Fragestellung aber stellt sich von der modernen Biologie der menschlichen Zeugung her. Besonders durch die Entdeckung der weiblichen Eizelle und die Einsicht in den genetischen Prozeß der menschlicher Lebensbildung sind alle alten Vorstellungen der antiken und mittelalterlichen Zeugungsbiologie definitiv überholt. Man darf einräumen, daß die klassische Theologie die geistgewirkte Empfängnis Jesu aus der Jungfrau Maria oft mit den Denkmustern aus der gängigen Naturwissenschaft ihrer Zeit plausibel zu machen versuchte.

Dennoch muß man feststellen, daß die herangezogenen, nun überholten naturwissenschaftlichen Elemente nur die Glaubensaussagen plausibler machen sollten. Aber man war sich klar darüber, daß naturwissenschaftliche Beobachtungen den Glauben weder begründen noch zuletzt widerlegen können. Die biblischen Texte gehen auf solche Fragestellungen nicht ein. Vor allem setzen sie nicht dabei an, daß ein solches Geschehen von den innerweltlichen Wirkzusammenhängen möglich ist, das Gott dann nur in diesem einzigen Fall einmal verwirklicht habe. Die Blickrichtung der biblischen Schriftsteller geht unmittelbar von Gottes Wirken aus. Die Glaubensaussage entspricht der Anerkenntnis des Heilswillens Gottes, der sich in Jesus Christus verwirklicht. Die biblischen Schriftsteller wissen prinzipiell um die Unmöglichkeit einer jungfräulichen Lebensentstehung beim Menschen (dies gilt auch trotz der griechischen Übersetzung von Jes 7,14, wo von der Jungfrau die Rede ist, die einen Sohn empfangen soll). Im Judentum ist nicht im strengen Sinne an eine jungfräulichen Lebensentstehung gedacht. Man geht von dem Wissen um den schöpfungstheologisch begründeten Zusammenhang von menschlicher Lebensentstehung und sexueller Zeugung aus, auch ohne nähere Kenntnis des mikrobiologischen Prozesses, der Humangenese. Aber sie wissen auch, daß die Welt Gottes Schöpfung ist. Die naturalen Gesetzlichkeiten im immanenten Wirkzusammenhang der Welt sind im Rahmen ihrer Wirkweise selbsttätig. Aber sie bilden gegenüber Gottes Heilswirken in der Welt nicht eine Schranke, die Gott sich selbst gesetzt hätte und an denen sich seine Macht bricht. Die

Schöpfung ist prinzipiell für Gott offen, trotz der Stabilität ihrer immanenten und kontingenten Gesetzlichkeiten. Wenn Gott sich selbst als das Heil der Menschen im geschichtlichen Heilshandeln und schließlich im Menschen Jesus als die Vollverwirklichung des Bundesangebotes nahebringen will, kann er allein die Menschwerdung des ewigen Sohnes hervorbringen, die aus der Eigenmacht der Schöpfung nicht verwirklicht werden kann. Jungfräulichkeit Marias heißt hier, daß Maria als weiblicher Mensch die Möglichkeit hat, die Mutter eines Kindes zu werden, aber diese Möglichkeit, zusammen mit der Möglichkeit des männlichen Tuns, kann nur im sexuellen Zusammenwirken zu einer Realität werden. Die Menschwerdung Gottes geschieht demgegenüber nicht durch die geschöpflich ursächliche Verwirklichung menschlicher Zeugungsmöglichkeiten von Mann und Frau, sondern dadurch, daß Gott die reine Potentialität, wie sie sich in der Jungfräulichkeit Marias ausdrückt, durch seinen heilsschaffenden Erlösungswillen aufgreift, so daß Gott selbst aus Maria das Menschsein annimmt und in diesem Akt der Annahme auch die unmittelbare Präsenz des ewigen Wortes Gottes in der angenommenen Menschheit ist.

In diesem Sinne der inneren Logik der von Gott selbst verwirklichten Menschwerdung aus der Jungfrau Maria beantwortet auch in der Verkündigungsszene der Engel Gabriel die Frage Marias: „Wie soll das geschehen, da ich keinen Mann erkenne?" Sie bekennt darin die geschöpfliche Armut, aber zugleich auch die grenzenlose Offenheit des Menschen vor Gott im Glauben, daß für Gott nichts unmöglich ist. Dem Schöpfer und dem Gott des Bundes steht alle Macht zur Verfügung, sein inkarnatorisches Heilswirken auch zu verwirklichen (vgl. Lk 1,31). Es braucht wohl nicht hinzugesagt werden, daß dieses unmittelbare schöpferische Sicherwirken der Menschheit Jesu aus Maria mit den Vorstellungen heidnischer Theogamie nichts zu tun hat, wo die Götter im sexuellen Tun an die Stelle geschöpflichen und kontingenten Wirkens treten. Gemeint ist hier der schöpferische und heilschaffende Geist Gottes. Es ist die Rede von der Kraft Gottes, die Maria „überschattet", wie es im Anklang an das Bild der heilschaffenden Offenbarungsgegenwart im Alten Testament zum Ausdruck kommt (vgl. Gen 1,2; Ex 13,22; 19,16; 24,16; Ps 17,8; 57,2; 140,8; Lk 9,34).

Eine letzte Anfrage zur Bewertung der Sexualität sei noch erwähnt. In der Tat sind in der Kirchengeschichte streckenweise Tendenzen eines gewissen Sexualpessimismus unter der Leiblichkeit zu erkennen, die sich aus einem fragwürdigen Begriff von Sünde und einem entsprechenden asketischen Ideal herleitet. Die Rede von Marias Jungfräulichkeit in der Geburt, aber auch das Bekenntnis der Kirche zu ihrer bleibenden Jungfräulichkeit nach der Geburt wird dabei als Rechtfertigung herangezogen. Es scheint hier die Meinung Pate zu stehen, eine sexuelle Zeugung Jesu werde deshalb ausgeschlossen, weil sie der Würde Jesu widerspreche oder auch weil Maria als Frau nicht durch das sexuelle Tun eines Mannes „befleckt" gedacht werden soll. Viele verwechseln noch immer das Dogma von der Unbefleckten Empfängnis Marias mit der jungfräulichen Empfängnis Jesu aus Maria. Die Aussage, daß Maria von ersten Augenblick ihres Daseins an, in das sie aufgrund der sexuellen Zeugung ihrer Eltern eintrat, nicht von der Erbsünde befleckt war, bezieht ja nicht die Rede von „Makel und Flecken" (Eph 5,27) auf die Sexualität und die sexuelle Zeugung, sondern auf die Schuld Adams, die sich jeder Mensch zuzieht, der in diese konkrete Erfaßtheit unserer geschichtlichen Welt eintritt.

Man muß gewiß die genannten sexualpessimistischen Tendenzen bedauern sowie auch die davon ausgelösten Ängste und Probleme vieler ernsthaft um ihren Glauben sich bemühender Christen. Aber das darf nicht verkennen lassen, daß diese beiden Themen der Jungfräulichkeit Marias und der moraltheologischen Bewertung menschlicher Geschlechtlichkeit und Zeugungskraft miteinander wenig zu tun haben. Die geschaffene Gutheit der geschlechtlichen Differenzierung des Menschen als Mann oder Frau und die gottgewollte Lebensentstehung durch sexuelle Zeugung und die leibliche Fruchtbarkeit der Ehe (vgl. Gen 1,27f. 31; 2,23f.) wird nicht in Frage gestellt durch die Tatsache, daß die Kreatur und damit auch die geschöpfliche Wirklichkeit von Ehe und Fruchtbarkeit aus den eigenen geschaffenen Möglichkeiten und Bestimmungen heraus niemals Gottes Menschwerdung hervorbringen kann. Gott bleibt allein das Subjekt seines Kommens in die Welt und seines Eintrittes in das menschliche Dasein, das er aus dem Leib Marias annimmt und unmittelbar im Wort der ewigen Selbstaussage Gottes begründet sein läßt.

Schließlich ergibt sich aus dem biblischen Zeugnis auch kein Einwand gegen das Bekenntnis des Konzils von Chalzedon (451) zur vollen und wahren menschlichen Natur Jesu. Denn darin, was Jesus ist (seine menschliche Natur), ist er uns Menschen in allem gleich, außer der Sünde (vgl. Hebr 4,15). Aber er ist uns nicht in dem gleich, wodurch er Mensch geworden ist. Denn der Menschwerdungswille Gottes selber ist es, der die Einheit von göttlicher und menschlicher Natur in der Person des ewigen Wortes Gottes trägt, um nicht der Wille Gottes zum Dasein eines einzelnen Menschen das Gott mittels der elterlichen Zeugung realisiert.

So schreibt Papst Leo der Große in seinem berühmten Brief an den Patriarchen von Konstantinopel Flavian im Hinblick auf das Geheimnis der Menschwerdung: „Vom Heiligen Geist ist er empfangen worden im Schoße der Jungfrau, und sie hat ihn ohne Beeinträchtigung ihrer Jungfrauschaft geboren, wie sie ihn ohne Beeinträchtigung ihrer Jungfrauschaft empfangen hat ... Aber man darf diese einzig wunderbare und wunderbar einzige Geburt nicht so auffassen, als ob durch die Neuheit der Schöpfung die Eigenart des menschlichen Geschlechtes verlorengegangen sei. Denn wohl hat der Heilig Geist der Jungfrau die Fruchtbarkeit verliehen, der wirkliche Leib aber wurde vom Leibe der Mutter genommen. Die Weisheit hat sich selbst ein Haus gebaut (Spr 9,1), und so ist das Wort Fleisch geworden (Joh 10 14) und hat unter uns gewohnt, d. h. in dem Fleische, das er von einem Menschen angenommen und mit einer vernünftigen Seele belebt hatte" (NR 173; DS 292).

2.2. Das Bekenntnis zu Maria als Gottesmutter

Die vorangehenden Überlegungen dienten dem Ziel, die Aussage über die geistgewirkte Empfängnis Jesu aus der Jungfrau Maria als eine Bestätigung der Aussage über das Geheimnis Christi, des menschgewordenen ewigen Sohne Gottes, herauszustellen. Diese Sinnspitze, die sich auf Christus bezieht, tritt ebenso in der zweiten Fundamentalwahrheit über Maria ans Licht.

Rein glaubensgeschichtlich betrachtet steht fest, daß der Titel „Gottesmutter" im Kontext der christologischen Fragestellung entstanden ist und in seiner Sinnumschreibung präzisiert werden muß.

Ein isoliertes Interesse an Maria an sich gab es in den ersten Jahrhunderten kaum. Schon daraus ergibt sich der falsche Ansatz einer Erklärung des Marienglaubens und der Marienverehrung in der Alten Kirche, wenn gesagt wird, daß die religiösen Bedürfnisse sich selber ihre mythische Figuren erschaffen. Maria war für die frühe Kirche im Anfang nur von Interesse wegen ihrer spezifischen Beziehung zu Christus. Der Ausgangspunkt konnte darum nur Maria als dieser geschichtliche Mensch sein. Die Theorie der allmählichen mythologischen Aufladung der historischen Gestalt Marias mit paganen religiösen Denkmustern und die Projektion von anerzogenen praktischen Verhaltensreflexe der halb heidnisch lebenden christlichen Volksmassen als Ersatz für die verbreiteten Kulte der Muttergottheiten vermag wohl geistreich alle möglichen Beziehungen und Verknüpfungen aufzeigen. Sie scheitert jedoch bei einer methodisch gesicherten Betrachtung an dem eigentlichen theologischen und christologischen Kontext, der den Rahmen für das Interesse der frühen Christenheit an Maria abgibt.

Der wohl im damaligen geistigen Zentrum der Theologie, in Alexandrien, entwickelte Titel „Gottesmutter" unterscheidet sich schon rein sprachlich von den mütterlichen Göttinnen und den Göttermüttern. Die sprachliche Neubildung „Theotokos" weist in einen neuen Ideenzusammenhang.

Die entscheidende Frage der frühchristlichen Auseinandersetzungen um Christus war nicht das Bekenntnis zu seiner wahren Gottheit oder zu seiner wahren Menschheit, sondern die Frage, wie letztlich ihre Einheit zustandekommt, ohne daß dadurch eine der beiden Naturen beeinträchtigt wird.

Da die Einheit aber durch die göttliche Person des Sohnes Gottes getragen wird, muß man dies im Hinblick auf Maria so ausdrücken, daß derjenige (als Subjekt der Einheit der beiden Naturen), den Maria geboren hat, eben nicht ein Mensch war, sondern Gott selbst, der aus ihr das Menschsein angenommen hat, der als Mensch geboren wurde und am Kreuz starb und vom Vater auferweckt wurde. Aus diesem Grunde kann man nicht sagen, daß Maria die Mutter eines Menschen war, der aufgrund seiner moralischen Bewährung von Gott zum Sohn Gottes erwählt worden ist. Vielmehr muß es umgekehrt heißen, daß der Sohn Gottes aus ihr das Menschsein angenommen hat. Das Subjekt des Geborenwerdens Gottes als Mensch ist Gottes ewiges Wort oder der Sohn in Gott selbst. Und darum kann von einer wirklichen Menschwerdung erst die Rede sein. Das Bekenntnis zu Maria als Gottesgebärerin oder als Mutter Gottes ist nur in einer anderen Formulierung die Gegenprobe für das Bekenntnis zur wahren Menschwerdung Gottes.

Aber auch sprachlich schon ist der Begriff Mutter Gottes im biblischen Zeugnis der Offenbarung verankert. Denn Maria, die Mutter Jesu (Mt 1,18; Joh 2,1; 19,25), ist auch die „Mutter des Herrn" (Lk 1,43). Darin drückt sich ein gewichtiger Sachverhalt aus. Das Urbekenntnis der Kirche lautete: „Jesus Christus ist der Herr" (Röm 10,9). „Herr" war schon im Alten Testament eine hochbedeutsame Gottesbezeichnung. In dieser Gottesanrede drückt das Bundesvolk seine gläubige Ergebenheit vor Gott aus. Zugleich ist dies ein Bekenntnis zum machtvoller Heilswirken Gottes in der Geschichte. Gott ist der Herr der Welt eben gerade in seinem machtvollen und heilschaffender Zugewendetsein zur Welt. Das Bekenntnis zu Jesus als den Herrn bedeutet also, daß in dem Menschen Jesus Christus die geschichtliche Zuwendung Gottes zu seinem Volk endgültig manifest geworden ist und von dieser Verwirklichung in Jesus nicht mehr getrennt werden kann. Jesus ist also die endgültige Heilsgegenwart Gottes in der Welt, und darum kann er angesprochen werden als „Herr und Gott" (Jjob 20,8).

Maria hat also Gott als Mensch geboren, und sie ist darum die Mutter Gottes, der in seinem ewigen Sohn das Menschsein angenommen hat.

In diesem Sinn hat das Konzil von Ephesus (431) der Bekenntnissatz angenommen, „daß der Immanuel in Wahrheit Gott und die heilige Jungfrau deshalb Gottesgebärerin ist, weil sie das fleischgewordene, aus Gott entstammte Wort den Fleische nach geboren hat" (NR 160; DS 252).

An dieser Stelle sei auf das Mißverständnis hingewiesen, in dem der Titel Gottesmutter mit einer mythologisch empfundenen Vergottung oder Vergötterung Marias vermischt wird. Der biblische Schöpfungsglaube bedeutet eine unverrückbare Wesensverschiedenheit von Gott und den Geschöpfen. Eine Umqualifizierung des Geschöpfs zu Gott oder eine Erhebung auf die Ebene der Götter ist prinzipiell ausgeschlossen. Maria ist ein begnadeter und zu seiner Aufgabe vom Heiligen Geist ausgerüsteter Mensch. Wenn viele Kirchenväter die Gemeinschaft mit Gott in der Gnade auch eine Vergöttlichung des Menschen nannten, meinen sie nie eine Vergottung der menschlichen Natur, wie es – freilich unter ganz anderen Voraussetzungen – etwa bei einer Apotheose von Menschen in der heidnischen Mythologie entspricht. Eine Redeweise von Maria als Göttin im Sinne einer Vergottung ihrer geschaffenen Natur wäre ein totaler Widerspruch zum biblischen Gottesglauben. Dies trifft auch für eine religiös-mythologische Vorstellung Maria zu als einer Art Manifestation eines weiblichen Urgrundes im Absoluten. Dabei wird sie als ein Pendant zum väterlichen Urgrund gedacht. Zusammen mit ihm habe sie den göttlichen Sohn hervorgebracht. Eine tiefenpsychologische Mythendeutung, die auf die Produktionskraft archetypischer Muster setzt, sieht hier das Urschema Vater – Mutter – Kind herangezogen.

Allerdings ist die Anwendung der Begriffe Vater, Sohn und Geist auf Gott und des Begriffs Gottesmutter auf Maria im Sinne eines Beleges der religiösen Archetypik nichts weiter als ein phantasiereiches Verwirrspiel. Sowohl von der geistesgeschichtlichen Entwicklung her als auch von erkenntniskritischen und methodischen Überlegungen her zeigt sich die Unmöglichkeit, die christliche Lehre von der Dreifaltigkeit Gottes, der Menschwerdung und die spezifischen Aussagen über Maria als Beleg für eine allgemeine Produktivkraft religiöser Archetypen heranzuziehen.

Denn das Bekenntnis zum dreifaltigen Gott hat mit den mythischen Vorstellungen einer höheren Einheit des Männlichen und Weiblichen in ihrem Wechselspiel von Zeugung und Geburt nichts zu tun. Die auf Gott angewendeten Begriffe von Vater und Sohn wollen nicht etwa in ein männliches Sein in Gott verweisen. Auch der Heilige Geist meint nicht ein immanentes weibliches Prinzip in Gott. Die heilsgeschichtliche Offenbarung des Geheimnisses des innergöttlichen Lebens der dreifaltigen Liebe wird aufgrund des biblischen Zeugnisses mit den Namen Vater, Sohn und Geist benannt. Man ist sich aber bewußt, daß man damit das Geheimnis Gottes nicht adäquat und schon gar nicht gegenständlich-vorstellungsmäßig erfassen kann. Es sind analoge Begriffe, die aus unserer menschlichen Erfahrung genommen sind. Dabei wäre noch die Frage zu stellen, die hier allerdings nicht zu erörtern ist, auf welcher Grundlage eine analoge Redeweise von Gott und seinem Wirken in der Welt überhaupt entwickelt werden kann. Die Begriffe Vater und Sohn wollen in diesem Zusammenhang lediglich den relationalen Zusammenhang deutlich machen, der in Gottes Leben aufgrund der Offenbarung erkennbar wird. Keineswegs sollen alle Bedeutungen, die mit diesem Begriff ansonsten noch gegeben sind, nun einfach in Gott hineingetragen werden. Dann wäre ja Gott nichts anderes als das an den Himmel projizierte Spiegelbild unserer geschöpflichen Verhältnisse.

Dies kann nun gerade auch für das marianische Prädikat „Gottesmutter" gezeigt werden. Weil Maria Geschöpf ist, gehört sie nicht zum Wesen und Leben Gottes hinzu. Sie ist niemals gedacht worden als die Offenbarung einer zum inneren Wesen Gottes gehörenden Wahrheit. Sie ist nicht die Mutter des ewigen Wortes Gottes, sofern es ewig aus dem Vater durch „Zeugung" oder „Geburt" hervorgeht. Maria gehört nicht in jene ewigen Lebenshervorgänge Gottes hinein, die wir Vater, Sohn und Geist nennen. Maria ist die Mutter des Sohnes Gottes nur im Hinblick auf seine Menschwerdung. Es soll eben nur die Wahrheit der Menschwerdung Gottes aus ihr bezeugt werden. Es geht nicht um die Begründung des göttlichen Wesens des Sohnes, der allein aus Gott, dem Vater, hervorgeht und auf Gott hin in Gott, dem Heiligen Geist, sich vollzieht.

Aus diesen Gründen verbietet sich auch eine Parallelisierung des Verhältnisses des Sohnes Gottes zum Menschen Jesus mit dem Verhältnis des Heiligen Geistes zu dem Menschen Maria. Gewiß steht bei manchem Gläubigen das ernsthafte und berechtigte Anliegen einer Gleichberechtigung von

Mann und Frau im religiösen und kirchlichen Leben im Hintergrund einer solchen Überlegung. Man glaubt einen Zusammenhang zwischen dem (fälschlicherweise als Mann gedachten) Sohn Gottes und dem Menschen Jesus, der ein Mann war, zu erkennen. Man überträgt nun diesen Zusammenhang auf die (fälschlicherweise weiblich vorgestellte) Person des Heiligen Geistes auf den Menschen Maria, die doch durch das Wirken des Geistes Gottes Jesus als ihren menschlichen Sohn empfangen hat. Diese Sicht scheitert jedoch schon an ihrer Voraussetzung. Denn zweifellos ist mit dem ewigen Sohn Gottes in Gott nicht ein männliches Prinzip gemeint, ebenso wie mit dem Vater auch nicht ein patriarchalisches Gottesbild verbunden sein kann. Die geschlechtliche Verwirklichung des Menschen als Mann oder Frau ist ein Kennzeichen des Geschöpfseins, worin Gott sich von der Kreatur radikal unterscheidet. Auch die Rede von der Erschaffung des Menschen nach dem Bild Gottes, eben des Menschen, den Gott als Mann und Frau erschaffen hat, will nicht die Schöpfung als eine maßstabsgetreue Spiegelung des innergöttlichen Lebens ausdrücken. Es geht nur darum, daß der Mensch als Mann oder Frau im Auftrag Gottes die Herrschaft über die Welt ausübt und zugleich eine personale Bezogenheit auf Gott in Dank und Liebe hat, die eben Mann und Frau in gleicher Weise zukommt. Übrigens ist an der oft herangezogenen Stelle im Alten Testament nicht an die Dreifaltigkeit Gottes gedacht (vgl. Gen 1,27; 5,2; 9,6). Auch wenn „Geist" im hebräischen Alten Testament den grammatikalischen Geschlecht nach weiblich ist, ist damit nicht eine immanente weibliche Bestimmung in Gott und damit eine Bezogenheit auf ein männliches Prinzip in Gott gemeint. Gottes Heiliger Geist, der hier noch nicht mit der dritten göttlichen Person der christlichen Dreifaltigkeitslehre in eins gesetzt werden kann, bedeutet das der Welt zugewandte schöpferische und heilschaffende Wirken Gottes. In diesem Sinn kann man dann an manchen Stellen auch das sorgende und warmherzige Verhalten eines menschlichen Vaters oder einer menschlichen Mutter zu ihrem Kind als Analogie zum Heilswirken Gottes im Verhältnis zur Welt finden. Jesu Anrede an Gott als seinen Vater und damit die Selbstoffenbarung als der Sohn des Vaters, die auf eine Offenbarung und innere Wesenseinheit von Gott und Jesus schließen lassen, hat freilich eine ganz andere geistige Wurzel.

Der christliche Glaube bekennt, daß nur in Jesus allein das ewige Wort Gottes Fleisch angenommen hat und daß er allein die volle menschgewordene Gegenwart Gottes bei uns ist. Und darum kann auch Jesus allein nur in einem ursprünglichen Sinne der Zugang zu Gott sein als Erlöser, Mittler und Hoherpriester. Durch sein stellvertretendes Handeln ist er allein das lebenspendende Haupt seiner Kirche. Der Heilige Geist wurde jedoch nicht in einem vergleichbaren Sinne Mensch in Maria. Der Heilige Geist wirkt in Maria und in allen Menschen die Gnade. Darum wird auch Maria als der begnadete Mensch angesprochen, aber keineswegs als Gott, der begnadet (vgl. Lk 1,28).

Diese Formulierungen von Vorausetzungen und Konsequenzen einer mythologischen Spekulation und tiefenpsychologisch-archetypischen Verfremdung des marianischen Titels (Gottesmutter), kann nur noch einmal die Gefahr signalisieren, die mit einer Herauslösung der Aussagen über Maria aus dem christologischen Kontext sich einstellen müssen.

Dies gilt auch für die folgenden Erläuterungen zu den Glaubenswahrheiten der Bewahrung Marias vor der Erbschuld und ihrer leiblichen Aufnahme in den Himmel. Für beide Aussagen gibt es keine direkten Textbelege in der Heiligen Schrift. Diese Themen werden überhaupt nicht angesprochen.

Im Laufe der Glaubensgeschichte hat sich aber die Gewißheit ihrer Wahrheit herausgestellt. Sie sind insofern in der Offenbarung selbst enthalten, als sie nicht eine inhaltliche Erweiterung darstellen. Es geht lediglich darum, aus ihrer grundlegenden Gottesbeziehung in der Gnade und im Glauben heraus nach dem Anfang und nach dem Ende dieser Gottesbeziehung zu fragen. Da Anfang und Ende des menschlichen Daseins im letzten nur theologisch erhellt werden können, ergibt sich von der wesensgebenden Bestimmung des Gottesverhältnisses Marias in ihrem glaubenden Ja-Wort zu Gottes Erwählung und Sendung eine hinreichende Basis. Der Kirche hat sich in einer langen Geschichte der Besinnung des Glaubens und des Gebetes diese Einsicht erschlossen.

Wenn jedoch diese Ausagen der Form nach Dogma sind, dann bezieht sich dies nur auf ihren Gewißheitsgrad. Es heißt nicht, daß sie in der Rangordnung der Wahrheiten in der Mitte stehen und nicht auf das Zentrum und Fundament des christlichen Glaubens hin relativiert werden sollen (vgl. II. Vatikanisches Konzil, Dekret über den Ökumenismus „Unitatis redintegratio" Nr. 11).

Bedenkt man die Bedingungen, die dem Glauben Marias als Entsprechung zur Gnade, die Mutter des Herrn und Erlösers zu sein, vorangehen, dann legt sich die Einsicht nahe, daß Maria schon vor ihrer Glaubenshingabe an das Verheißungswort Gottes in der Gnade Christi lebte. Denn die Gnade Gottes ermöglicht und verwirklicht den Glauben des Menschen und nicht umgekehrt. Die Erwählung und Berufung zur Gemeinschaft mit Gott geht der menschlichen Aufnahme im Glauben voran (vgl. Eph 1,4). Wenn Maria erwählt und berufen war zum Dienst am Erlösungsgeschehen, dann waren auch ihr Ja-Wort und ihr Glaube gleichsam die erste Frucht, die aus der Saat des in Christus verwirklichten Heilswillens Gottes durch den Heiligen Geist hervorging.

Ihr Glaube kann nicht auf eine äußerliche Zustimmung zur späteren Erlösungstat Gottes reduziert werden. Er ist selber schon die erste Erscheinung der Erlösungsgegenwart Gottes in Jesus Christus. Der Heilsgemeinschaft mit Gott steht jedoch die Sünde entgegen. Daß der Sünder von Gottes Leben getrennt ist, bedeutet nicht eigentlich, daß Gott seine Zuwendung zum Menschen aufgegeben hat oder sich von ihm verbittert abwandte. Die Abgründigkeit der Sünde besteht viel eher darin, daß der Sünder sich auf sich selber zurückzieht und unfähig wird, die ihr entgegengestreckte Hand Gottes zu ergreifen.

Erlösung besteht dann auch nicht in einer Neuzuwendung Gottes zum Sünder, sondern in einem Handeln Gottes am Sünder. Gott tritt auf die Seite des Sünders, um ihn aus seiner Selbstverkrampfung zu lösen und ihn zu befähigen, die immer gegebene göttliche Gnadenzuwendung in der Liebe anzunehmen. Erlösung durch Gottes Menschwerdung in Jesus Christus und die Zusage seines Geistes bedeutet für uns, daß Gott nun seine in Schöpfung und Bund gegebene Selbstzusage (Wort) als Liebe (Heiliger Geist) durch sein eigenes Tun im Menschen Jesus stellvertretend für alle zur Annahme bringt. Gott selbst bewirkt die volle Entsprechung des Geschöpfs zu Gott in Glaube, Selbsthingabe und Liebe.

Wer nun an Jesus glaubt und mit ihm Gott, den Vater, liebt, der ist erlöst, von der Sünde befreit und zu einem neuen Geschöpf geworden. Dies trifft auf Maria in ursprünglicher Weise zu, weil sie mit dem inkarnatorischen Erlösungshandeln Jesu auf einzigartige, aber auch exemplarische Weise verbunden war. Im Augenblick ihrer Glaubensantwort war Maria nicht Sünderin, weil sonst der Glaube gar nicht die Frucht der ihr zugewendeten Gnade sein konnte. So erschließt sich die Einsicht, daß der Glaube Marias nur eine wirkliche Entsprechung zur Gnade sein kann, wenn Maria in der Freiheit ihres Willens schon von der allgemeinen und geschichtlich bedingten Disposition der menschlichen Selbstverfügung befreit war, die wir die „Erbschuld" nennen. Durch die Sünde „Adams" ist die geschichtlich bedingte, aber die ganze Menschengattung einbeziehende negative Vorprägung aller religiösen und sittlichen menschlichen Handlungen eine Realität in der Welt. Der einzelne Mensch verfügt nicht mehr über die Kraft, seine freie und liebende Hingabe an Gott und an den Nächsten gegen die andrängenden Widerstände, die sich aus der Einbeziehung in die menschlichen Lebensverhältnisse ergeben, durchzusetzen. Der Mensch ist nicht mehr in der Lage, Gottes Zuwendung mit der vollen Kraft seines Herzen zu entsprechen. Das Medium der menschlichen Natur mit der Dimensionen der Leiblichkeit, der Sozialität und der Geschichtlichkeit sperrt sich dem entschiedenen Durchgriff des eigenen Willens in der Selbstverfügung auf Gott hin. Wenn diese Situation auch nicht Sünde im sinne personaler Verweigerung vor Gott oder gar der Aggression gegen ihn ist, so haben wir es hier doch mit einer ernstzunehmenden Summe negativer Prädispositionen menschlichen Handelns zu tun.

Aber dies bedeutet eben nicht, daß Gott dem Menschen sich entfremdet hätte. Gott kommt dem Menschen in dem Sinne nahe, als er ihn zur vollen Glaubensantwort in der freien Selbsthingabe der Liebe an Gottes Verheißungswort befähigt, indem er die begnadete Geschöpflichkeit des Menschen neu konstituiert.

Im Bedenken dieser Zusammenhänge verdichtet sich dies zu der Einsicht der vom Heiligen Geist in der Geschichte geleiteten Glaubensgemeinde, daß Gott Maria im Erlösungshandeln Christi konkret schon von dieser Erbschuld befreit und bewahrt hat, damit ein solches Glaubenswort als Erscheinung der Gnade und als Antwort auf sie überhaupt möglich wurde.

So wie wir im anderen Zusammenhang sagen, daß wir in der Taufe zwar von der Sünde befreit werden, aber zugleich auch schon als Gerechtfertigte zur Taufe hinzutreten, um das Heilsgeschehen der Vergebung und Versöhnung überhaupt aufnehmen zu können, so war Maria auch im Augenblick ihres Glaubens schon die Begnadete und Erlöste. Allerdings unterscheidet sich Marias Glaubenswort von dem Glauben aller Erlösten darin, daß er nicht nur die in Christus geschehene Versöhnung aufnahm, sondern von Gott für das Geschehen der Erlösung so engagiert wurde, daß sie am Geschehen der Erlösung selbst beteiligt wurde in der Aufnahme des Erlösers, dessen Mutter sie werden sollte. Die Größe ihres Glaubens, die mit der einzigartigen Verbindung mit der Menschwerdung Jesu gegeben ist, wird nur verständlich, wenn ihr Glaube als Reflex der an ihr als Erster geschehenen Erlösung gesehen wird. Freilich ist Maria nicht nur die Ersterlöste in einer beliebig fortgesetzten Reihe. Die Zuwendung der Erlösungsgnade ist wesentlich verbunden mit ihrer besonderen Beteiligung am Erlösungsgeschehen durch ihr mütterliches Verhältnis zu dem menschgewordenen

Sohn Gottes. Das Erlösungsgeschehen an ihr umfaßt darum auch schon die Überwindung der negativen Dispositionen des menschheitlichen Schuldzusammenhangs von dem Anfang und der Wurzel ihres Daseins her.

In positiver Formulierung will das Dogma der Bewahrung Marias vor der Erbschuld sagen, daß Marias Glaube als Moment am Erlösungsgeschehen nur verstanden werden kann, wenn ihr ganzes Dasein schon von allem Anfang an unter dem Einfluß des Erlösungswillens Gottes stand, der durch sie in Jesus Christus zu einer menschlichen und geschichtsmächtigen Realität werden sollte.

Wenn der Anfang des Lebens Marias in der Gnade Christi von der Mitte ihres Gottesverhältnisses in Gnade und Glaube verständlich wird, dann gilt dies um so mehr für das Ende ihres Lebens und die Vollendung ihrer Gemeinschaft mit Gott in der Teilhabe am ewigen Leben des auferstandenen Herrn.

2.3. Die leibliche Vollendung Marias in Gottes Herrlichkeit

Ähnlich wie der Anfang des Lebens Marias in der Gnade der Erwählung erschließt sich auch das Geheimnis ihres Endes. Dieses Geheimnis läßt sich im strengen Sinn nur theologisch deuten. Gemeint ist die Vollendung des Menschen im ewigen Leben Gottes. Die Überzeugung der Kirche von der Aufnahme Marias in Gottes Herrlichkeit bedarf zu ihrer Gewißheit keiner eigener Information, die Gott gleichsam in einer Art Sonderoffenbarung der Kirche zukommen ließe.

Wenn Maria in der Wesensmitte ihres Daseins von Gottes Selbstmitteilung als Leben des Menschen bestimmt war und sie mit ihrem ganzen Leben sich Gott im Glauben überantwortete, dann bedeutet das Ende ihres irdischen Lebensweges im Tod auch die Vollendung ihrer Gemeinschaft mit Jesus Christus, der zu unser aller Gerechtmachung vom Vater auferweckt wurde (vgl. Röm 4,25), er der „Erstgeborene von den Toten" (Röm 8,29; Kol 1,18; Offb 1,5). Denn im Glauben ergreift der Mensch das Ergriffensein von Gott. Im Glauben empfängt der Mensch die Zusage des Evangeliums, daß Gott die Erfüllung des Menschen ist (vgl. Röm 1,16). „Wer glaubt, hat das ewige Leben" (Joh 6,47). In der Liebe vollzieht der Glaube die Lebensgemeinschaft mit Gott. „Wenn jemand mich liebt, wird er an meinem Wort festhalten; mein Vater wird ihn lieben, und wir werden zu ihm kommen und bei ihm wohnen" (Joh 14,23).

Die Jünger Jesu haben die Herrlichkeit des Sohnes vom Vater empfangen. Ewiges Leben meint also nicht die zeitlich verlängerte Weiterführung des Daseins in einem glücklichen Jenseits, das Gott nach Maßgabe unserer Leistungen uns zugesteht. Davon könnten wir im Hinblick auf die Verstorbenen im Einzelfall nur durch eine spezielle Offenbarung informiert werden. Aber ewiges Leben ist Gott selbst als die endgültige Erfüllung aller Hoffnungen und Sehnsüchte des Glaubenden in der Gemeinschaft der Liebe kraft der Gnade der Selbstmitteilung Gottes. „So sollen sie vollendet sein in der Einheit (von Vater und Sohn), damit die Welt erkennt, daß du mich gesandt hast und die Meinen ebenso geliebt hast wie mich. Vater, ich will, daß alle, die du mir gegeben hast, dort sind, wo ich bin. Sie sollen meine Herrlichkeit sehen, die du mir gegeben hast, weil du mich schon geliebt hast vor Erschaffung der Welt" (Joh 17,22-24).

Wer in Glauben und Liebe Gemeinschaft mit Christus, den gekreuzigten und auferstandenen Herrn hat, der hat auch die Erstlingsgabe Gottes, den Heiligen Geist, empfangen. In ihm dürfen die Jünger Christi hoffen, daß sie gerade auch mit der Erlösung des Leibes im Tod als Söhne und Töchter Gottes offenbar werden (vgl. Röm 8,23). So sieht es der ewige Heilsplan Gottes vor. Denn alle, die er im voraus erkannt hat, hat er auch im voraus dazu bestimmt, an Wesen und Gestalt seines Sohnes teilzuhaben, damit dieser der Erstgeborene von vielen Brüdern sei. Die aber, die er vorausbestimmt hat, hat er auch berufen, und die er berufen hat, hat er auch gerecht gemacht; die aber, die er gerecht gemacht hat, die hat er auch verherrlicht (Röm 8,29f.).

Es gilt für alle, die „im Herrn sterben" (Röm 14,7), daß ihr Glaube sie zur Offenbarung der Gemeinschaft mit der Auferstehungsgestalt Jesu Christi führt (vgl. 1 Thess 4,14). Der Glaube Marias, der Mutter des Herrn, unterscheidet sich nicht prinzipiell von dem Glauben aller, die im Herrn sterben. Aber an ihr, der großen Glaubensgestalt des Neuen Bundes, die in ihrer Person die Empfangshaltung der Kirche gegenüber dem Heilswillen Gottes repräsentiert, wird ursprünglich und exemplarisch die Wahrheit der christlichen Auferstehungshoffnung faßbar.

Ein Unterschied zu den übrigen Gläubigen kann nur in der besonderen Ausprägung ihrer Gottesgemeinschaft deutlich werden nach Maßgabe des je eigenen Charismas im Dienst am Reich Gottes und nach der Maßgabe des je persönlichen Glaubens gemäß der uns verliehenen Gnade (vgl. Röm 12,6; Eph 4,7).

Eine Unterscheidung kann nicht darin festgemacht werden, daß etwa im Himmel die völlig leiblos gedachten Seelen der Heiligen neben Maria in geist-leiblicher Existenzweise vor Gott stünden. Diese herkömmliche Weise, sich auszudrücken, zeigt nur die Grenze jeder gegenständlich-dinglich gefaßten Vorstellung vom „Himmel". Da das kirchliche Verständnis des Menschen immer von einer wesenhaften Einheit des geistigen und leiblichen Seins des Menschen ausging, impliziert die Errettung der Seelen der Verstorbenen eine irgendwie geartete Beziehung zur Materie, in der sich auch eine Dimension des Erlöstseins ausdrückt. Auch die Verstorbenen gehören zu dem einen und ganzen Kosmos der Schöpfung und haben eine Beziehung zur „Materie", wenn für uns, die wir unter irdischen Daseinsbedingungen leben, diese Beziehung auch nicht sinnlich und empirisch faßbar wird. Die Gabe des Heils bedeutet, daß jeder Mensch im Tod am Leben des auferstandenen Christus teilnimmt. Seine verklärte Leiblichkeit prägt sich auch heilschaffend in der Erlösung der leiblichen Dimension der geschöpflichen Existenz des Menschen aus. Dies schließt eine dynamische und prozessual sich verwirklichende Vollendung auch des Leibes im Hinblick auf die vollendete Kommunikation der Geretteten in Christus am Ende der Menschheitsgeschichte nicht aus, sondern ein.

In diesem Sinn kann man die Sinnspitze des kirchlichen Bekenntnisses zur Vollendung Marias in Leib und Seele in der Gemeinschaft mit Gott und der Gemeinschaft mit allen Heiligen auch verstehen als die intensivere und ihr speziell zustehende Form der gemeinschaftlichen Verbundenheit in Liebe mit dem auferstandenen und am Ende wiederkommenden und die Menschheit vollendenden Jesus Christus, dessen Mutter sie war und ist und mit dessen Heilswirken sie ursprünglich verbunden war.

Von dieser Antizipation der vollen Dimension der Erlösung her ergibt sich auch der universalere Horizont ihres fürbittenden Engagements für die Brüder und Schwestern in der irdischen Kirche auf ihrem offenen und noch gefährdeten Pilgerweg des Glaubens.

Das kirchliche Dogma von der leiblichen Aufnahme der Mutter des Herrn nach ihrem Tod und das Bekenntnis zur tatsächlichen Teilhabe an der vollen Herrlichkeit Gottes will nicht als ein beliebiges Privileg Marias verstanden sein. Vielmehr wird an ihr die Bedeutung des Glaubens sichtbar als Öffnung des Menschen auf Gott als den Sinnhorizont und die Lebensfülle des Menschen. Hier zeigt sich die Verwandlungskraft der Gnade, nämlich die ganzheitliche Vollendung des Menschen in Gott und seiner Liebe. An ihr wird aber auch faßbar, mit welcher Herrlichkeit und Ehre Gott den Menschen gekrönt hat (vgl. Ps 8,5). An ihr zeigt sich, daß wir in Christus alle lebendig gemacht sind (vgl. 1 Kor 15,22), was die Auferweckung des „überirdischen Leibes", durch die uns Unvergänglichkeit und Unsterblichkeit verliehen wird (vgl. 1 Kor 15,44.53), bedeutet, und welchen Reichtum die Herrlichkeit seines Erbes den Heiligen schenkt (vgl. Eph 1,18).

Das Bekenntnis zur leiblichen Aufnahme Marias in den Himmel als Ausdruck der Vollendung ihres Glaubens in der Gnade sagt aber auch, daß der Glaube nicht ein individualistisches Heilsmittel ist.

Je entschiedener eine Gnadengabe geschenkt wird für die Verwirklichung des Reiches Gottes in der Welt und im kirchlichen Leben, desto umfassender wird ein Glaubender für den geschichtlichen Weg der Glaubensgemeinde in Anspruch genommen.

In diesem Verständnis soll nun auch der Dienst Marias an der Kirche zur Sprache kommen. Denn die Bedeutung Marias muß vom Geheimnis Christi her nun auch auf das Geheimnis der Kirche bezogen werden.

3. Der Dienst Marias an der Kirche: ihre Fürbitte

Die Bedeutung Marias für den Glauben ist nun im Zusammenhang mit dem Geheimnis der Kirche zu entfalten.

Maria ist der Typus des Glaubens. In ihr spiegelt sich das Wesen des Glaubens. Darin kann sich die Kirche in ihrer Sendung tiefer verstehen lernen.

In der Geschichte der frühen Kirche traten auch die Grundelemente der Verehrung Marias sowie das Bewußtsein ihres wirksamen Gebetes für die Glaubensgemeinde und für die einzelnen Christen hervor. Die konkreten Formen dieser Verehrung entstammen der besonderen Wertschätzung der Märtyrer, die sich in der Heiligenverehrung ihren Ausdruck verschaffte. Das kirchliche Lehramt hat diese einzelnen Vollzugsformen, die in der spirituellen, liturgischen und theologischen Entwicklung entstanden, kritisch bewertet und die gültigen Glaubensaussagen herauskristallisiert und rezipiert. Recht und Möglichkeit einer spezifischen Gestaltung der Marien- und Heiligenverehrung wurden anerkannt. Es ist legitim, das Gedächtnis der großen Gestalten der Heils- und Kirchengeschichte zu pflegen. Schon im Magnificat läßt der Evangelist Lukas Maria sagen: „Meine Seele preist die Größe des Herrn, und mein Geist jubelt über Gott, meinen Retter. Denn auf die Niedrigkeit seiner Magd hat er geschaut. Siehe, von nun an preisen mich selig alle Geschlechter" (Lk 1,46-48). Im Gedächtnis der Heiligen preist die Kirche also die Heilstat Gottes, die an ihnen sichtbar geworden ist. Diese großen Gestalten werden aber auch als Heilige anerkannt, die jetzt in der Herrlichkeit Christi im Himmel leben. Man kann also das machtvolle und heilschaffende Wirken des Heiligen Geistes Gottes in ihrem Leben und Sterben, indem sie Christus gleichgestaltet wurden, dankbar loben. Man darf sich des Beispieles ihres Glaubens, ihrer Liebe und aller christlichen Grundgesinnungen, wie Nächsten- und Feindesliebe, Treue, Mut, Hoffnung usw. ein Vorbild nehmen, sich mit ihnen in der Gemeinschaft aller Gerechtfertigter und Geheiligten vereint wissen. Man darf sie aktuell um ihr fürbittendes Gebet ansprechen und im Blick auf ihre Vollendung in Gott, auf dem eigenen Glaubensweg zum Ziel in der endgültigen Gemeinschaft mit Gott und allen Seligen in Freude und Mut voranschreiten. Dabei wirken die Heiligen bei Christus eine Vertiefung unseres Gottesverhältnisses. In diesem Sinn werden sie als Mittler und Fürsprecher bezeichnet.

Diese auf der Grundlage der frühkirchlichen Entwicklung auf vielen Partikularsynoden und vor allem in der ökumenischen Konzilien von Nicäa II (787), Trient (1563) und des II. Vatikanischen Konzils im siebten Kapitel der Kirchenkonstitution (1964) formulierte offizielle Lehre der Kirche hat gerade an diesem Punkt, der den Mittlerdienst der Heiligen betrifft, durch die Reformation einen entschiedenen Widerspruch gefunden. Den Reformatoren schien das Gebet der Gläubigen der irdischen Kirche zu den Heiligen im Himmel, das man als Anrufung bezeichnet, nicht nur ohne Grundlage in der Schrift. Noch entscheidender war ihre Überlegung, daß dies eine Infragestellung der allgemein anerkannten Wahrheit sein könne, daß Jesus allein unser Mittler sei bei Gott, der Fürsprecher beim Vater für unsere Sünden und der Hohepriester des Neuen Bundes (vgl. 1 Tim 2,5; 1 Joh 2,1; Hebr 4,16).

Auf katholischer Seite verwies man dagegen auf die alte Unterscheidung von Anbetung und Verehrung Gottes einerseits und einer Verehrung der Heiligen andererseits. Diese sprachliche Unterscheidung reicht bis ins 2. Jahrhundert zurück in die Anfänge der Märtyrerverehrung (Martyrium polycarpi). Damit wollten die Theologen und Konzilsväter den wesenhaften Unterschied zwischen Gott und den Geschöpfen und auch die wesenhafte Unterscheidung in der religiösen Hinwendung zu ihnen bezeichnen. Dies bedeutet auch, daß die Begriffe Fürbitte, Mittlertum, Gnadenhilfe usw. jeweils einen wesentlich verschiedenen Sinn haben. Der Heilsdienst Christi und die von Christus getragene Mitwirkung des Heilsdienstes der Heiligen unterscheidet sich nicht graduell, sondern wesentlich und qualitativ.

Viele Vertreter der reformatorischen Kirchen jedoch blieben gegenüber dieser Abhebung von Anbetung Gottes und religiöser Verehrung der Heiligen skeptisch. Angesichts der verbreiteten Praxis und der Mentalität in breiten Schichten der Gläubigen erschienen ihnen eine solche Differenzierung zu subtil und dem einfachen Volk praktisch nicht vermittelbar.

Man mag aber dennoch zu bedenken geben, daß die rechte Einstellung in Glaubensfragen nicht von intellektuellen Fähigkeiten zur präzisen begrifflichen Unterscheidung abhängt. Viel wichtiger ist ein Sensorium des Glaubens, das ein untrügliches Gespür für die inneren Zusammenhänge hat. Der Glaubenssinn des Gottesvolkes ist für die Kirche bedeutsamer als eine rein intellektuell-richtige Durchdringung, die keineswegs automatisch der Wahrheit des Glaubens nähersteht. Der Dienst der Hirten und Lehrer darf nicht als eine Art obrigkeitliche Unterdrückung der möglichen und vermuteten Mißstände und Mißverständnisse im Volk sein wollen. Ihre Aufgabe besteht vielmehr darin, die Christen „für die Erfüllung ihres Dienstes am Aufbau des Leibes Christi", der Kirche, zu bereiten (vgl. Eph 4,11f.).

Damit die Marien- und Heiligenverehrung ein gutes und nützliches Element der Frömmigkeit sei, um von Gott durch seinen Sohn, den „einzigen Erlöser und Heiland, Wohltaten zu erlangen" (Konzil von Trient, Dekret über die Heiligenverehrung, 25. Sitzung; 1563: NR 474; DS 1821), muß sie im Rahmen des Grundverständnisses der Heilsbeziehung des Menschen zu Gott in Gnade und Glauben interpretiert und praktiziert werden.

Dabei kann wohl auch der beständige Anlaß zu Mißverständnissen zwischen katholischen und evangelischen Christen zur Sprache kommen und ausgeräumt werden.

Es ist gemeinsame Glaubensüberzeugung, daß Gott in freier Initiative durch Christus im Heiligen Geist allein der Urheber, der Inhalt und das Ziel von Heil, Rechtfertigung, Erlösung, Rettung, Versöhnung, Heiligung und Neuschaffung des Menschen in der Gnade ist. Der Mensch kann nur im Glauben Gottes Gnade, die sowohl geistliche Gabe ist als auch sich als Heil und Heilung der leiblichen Existenz des Menschen ausdrücken kann, von Gott entgegennehmen und in der Aktualität des freien Willens in Dank, Lobpreis Gottes und Liebe zu ihm antworten.

Dies hat auch Konsequenzen für das Verständnis des christlichen Gebetes sowie für die in der Heiligen Schrift reichlich belegte Fürbitte der Glaubenden füreinander und die Wirkung dieser Fürbitte bei Gott.

Wir Christen sprechen im Gebet nicht darum Gott an, damit wir ihn erstmals zu einer wohlwollenden Gesinnung motivieren und er zu einer Heilsinitiative uns gegenüber bewegt wird. So wie der Glaube nicht die Zuwendung Gottes zu uns in Christus erst auslöst, sondern von Gott frei, allein auf Grund seiner Güte uns gegenüber, hervorgebracht wird, so ist es auch mit dem Gebet nach christlichem Verständnis.

Im Gebet ergreifen wir mit der ganzen Leidenschaft des Herzens das Heil, das Gott uns in Jesus Christus in souveräner Freiheit verbindlich zugesagt hat. Im Glauben, Vertrauen und Beten erkennen wir den Heilswillen Gottes in der Geschichte der Menschheit und in den persönlichen Lebensschicksalen sowie in der Dramatik der eigenen Existenz. Wenn wir Gottes definitive Heilszusagen im Glauben erkennen, ergreifen wir das Ergriffensein von Gott. So begegnen wir Gott in der Mitte unseres Personseins. Das Gebet macht Gottes Gnade zur gestaltenden Kraft unseres Lebens. Man kann aber auch sagen, daß Gottes Heilszusage an den Menschen eine Befähigung des Menschen zum antwortenden Gebet hervorbringt und ihm darin im Lichte der Heilsgegenwart Gottes eine Erkenntnis seines Wirkens und eine Bewältigung der Vorgänge in Welt und Geschichte zuteil werden läßt.

Diese Reihenfolge von der Gnade zum Glauben und von der Heilszusage zum Gebet, in dem das Heil personal angenommen, erkannt und in die Lebensgestalt umgesetzt wird, ist unumkehrbar. Dieses gilt nun auch für die besondere Gestalt des christlichen Gebetes: die Fürbitte. Der Christ betet für andere nicht, weil er damit erst Gott zum Heilswillen dem Nächsten gegenüber veranlassen würde. Das Miteinander und Füreinander der vielen Glieder an dem einen Leibe Christi, der die Kirche ist (vgl. Röm 12,3-8; 1 Kor 12,4-31), gehört zum Lebensvollzug von Kirche hinzu. Denn Christus ist das Haupt des Leibes. Von ihm gehen alle Lebensfunktionen der Kirche aus und werden zugleich von ihr getragen. Zum Wesen der Kirche gehört auch das Miteinander, der vielfältige Dienst der einzelnen Glieder des Leibes. Diese soziale Dimension der Heilsgemeinschaft ist eine Auswirkung und Darstellung der ursprünglichen und unmittelbaren und persönlichen Einheit jedes Glaubenden mit Jesus Christus. Diese Auswirkung der Christusgemeinschaft im Füreinander der Glieder des Leibes Christi gilt übrigens auch im Verhältnis der Kirche zur Welt. Denn die Kirche ist das priesterliche und königliche Volk, das für die Welt und für die Völker eintritt und Gottes Heilstaten verkündet (vgl. 1 Petr 2,5.9).

Indem Gott den Menschen das Heil definitiv zueignet, befähigt er sie zum Glauben, zu Gebet und Fürbitte. Zugleich macht Gott im Glauben und in der Fürbitte seinen Heilswillen in der Welt manifest und verwirklicht ihr dadurch in dem sozialen Beziehungsgeflecht der menschlichen Gemeinschaft.

In der Fürbitte der Jünger Christi füreinander als Glieder des einen Leibes Christi manifestiert sich der Heilswille Gottes gerade auch in der gemeinschaftlichen Verfassung menschlichen Daseins, sowohl im liturgisch-religiösen als auch im caritativ-sozialen Tun. Es ist dies nun ein besonderer Ausdruck der spezifischen Einheit von Gottes- und Nächstenliebe, die das christliche Dasein im Grunde prägt.

Der Apostel fordert die Gemeinde eigens auf zu Gebet, Fürbitte und Danksagungen für alle Menschen. Dies finde das Gefallen Gottes, der will, daß alle Menschen gerettet werden aufgrund der Lebenshingabe des Menschen Jesus, des einzigen Mittlers zwischen Gott und den Menschen (vgl, 1 Tim 2,1-6). Die Fürbitte der Kirche für die Welt und die Fürbitte der Glieder des Leibes Christi füreinander hat also den Ursprung in der einen Heilsmittlerschaft Christi. Die Fürbitte wird nicht verstanden als Ersatz oder als Ergänzung der Mittlerschaft Christi, sondern als deren gehorsame Ausübung im Namen Christi zur Verwirklichung des Heiles aller Menschen in der Gotteserkenntnis auf dem Weg der Menschheit zur vollendeten Annahme des in Christus schon definitiv zugesagten Heiles. Die Fürbitte hat also ihren Platz in der Gemeinschaft mit Jesus Christus, und sie ist zugleich eine Vollzugsform des uns zugesagten Heiles in der Gestalt der Glaubensantwort. Unbestreitbar ist Jesus Christus der Urheber und der Vollender des Heiles. Aber dies schließt gerade das Gebet im Namen Christi ein, damit diese Gnade auch in allen wesentlichen Dimensionen des menschlichen Lebens wirksam werde. Darum kämpft Epaphras, der Diener Christi Jesu, im Gebet geradezu für seine Gemeinde „damit ihr vollkommen werdet und ganz durchdrungen seid vom Willen Gottes" (Kol 4,12).

Die Glieder des Leibes Christi üben in ihrem Füreinander in Sorge, Mitleiden und der gegenseitigen Hilfe den Dienst an Christi in der konkreten Sichtbarkeit der Kirche aus. So bauen sie den Leib in Liebe auf (vgl. Eph 4,13). Sie folgen dem Aufruf des Apostels: „Dient einander als gute Verwalter der vielfältigen Gnade Gottes, jeder mit der Gnadengabe, die er empfangen hat" (1 Petr 4,10).

Der wesentliche Unterschied zu Christus ist offensichtlich. Christus ist als der menschgewordene Sohn Gottes dessen volle Heilsgegenwart bei uns in der Gestalt seiner Ganzhingabe an Gott, in seinem Gebet zum Vater, den Gehorsam zu seiner Sendung, in seinem Sterben und in seiner Auferstehung. Er ist nicht nur der Anfang des Heils. Durch ihn haben wir für alle Zeit den einzigen Weg zum Vater gefunden (vgl. Joh 14,6). Christus ist nicht aufgrund einer höheren moralischen Leistung, sondern aufgrund seiner gott-menschlichen Einheit der einzige Helfer, der Mittler und der bleibende Fürsprecher der Sünder beim Vater (vgl. 1 Joh 2,1; Hebr 4,15). Weil in Jesus das Heil verwirklicht ist und zur Gnade hinzugehört, daß der Sünder zur Annahme des Heils befähigt wird, muß Christus auch begriffen werden als der Urheber unseres Glaubens, der Mittler unseres Gebetes und auch der Träger der fürbittenden Gebetsgemeinschaft in der Kirche. Jesus übt dieses Mittleramt aber in seiner Menschheit aus. Alle, die durch Glaube, Taufe und Gnade in Christus zu einem neuen Geschöpf geworden sind und an seinem Sohnesverhältnis zum Vater teilhaben dürfen, partizipieren an der stellvertretenden Hinwendung Jesu als Mensch zu Gott. Sie machen den in Jesu Menschheit gelegenen umfassenden Radius des Heilswillens Gottes in der sozialen Struktur des gemeinschaftlichen Lebens in der Kirche greifbar. Wenn die Fürbitte eine Verwirklichungsform des Glaubens und der Liebe ist als eine Frucht der Gnade, dann zeigt sich in ihr gerade das Wesen der Kirche als Heilsgemeinschaft der Menschen mit Gott und der Menschen untereinander (vgl. II. Vatikanisches Konzil, Dogmatische Konstitution über die Kirche „Lumen gentium" Nr. 1). Man kann daran leicht erkennen, daß der Glaube nicht ein individualistisches Heilsmittel ist. So wie die Gnade uns geschenkt wird in einem je spezifischen Maße, damit sie anderen nützt (vgl. 1 Kor 12,7), so ist uns der Glaube geschenkt, damit wir darin auch dem Heil anderer dienen und es in der Dimension der gemeinschaftlichen Verbundenheit auch sichtbar machen, was die Gnade ist, nämlich die Heilsgemeinschaft der Menschheit mit Gott.

Um diesen Aspekt des von Gott getragenen Mittuns der Glaubenden am Heilsdienst Christi auszudrücken, hat man nun auch den Dienst der vollendeten Heiligen im Himmel damit gekennzeichnet, daß man ihnen die Titel Helfer, Fürsprecher, Beistand und Hilfe sowie auch Mittler zuerkannt hat. Diese Prädikate wären jedoch einem Mißverständnis ausgesetzt, wenn man sie im gleichen Sinne interpretieren würde wie die gleichnamigen Prädikate für die Heilstätigkeit Christi. Sie wollen nicht eine Ergänzung oder eine Vervielfältigung der Heilsmittlerschaft Christi aussagen, sondern das Wirken Christi selbst benennen, das in den Dienst der Glieder des Leibes aneinander im Namen Christi, des Hauptes der Kirche, zum Vorschein kommt. Die Heiligen bringen nicht die Gnade und den Glauben hervor, aber sie dienen der Verwirklichung und der Manifestation des von Christus allein ausgehenden Heils in dem Miteinander der Glieder des Leibes Christi.

Das hatte schon Irenäus von Lyon gemeint, als er Maria als Fürsprecherin und damit auch Mittlerin bezeichnete, allerdings in der empfangenden Relation der Kirche zu Jesus Christus, dem alleinigen Urheber und Vollender der Heilszusage, der Rechtfertigung des Sünders und der Versöhnung der Menschheit mit Gott.

Es ist also nicht die Heiligenverehrung als solche, die die Mißverständnisse aufkommen läßt. Die Heiligenverehrung kann in Mißkredit kommen, wenn ihre Ausübung und ihre theoretische Begründung von einer falschen Perspektive her entwickelt wird. Es liegt im Menschen immer die Versuchung, Gebet und Fürbitte als Mittel einzusetzen, um die Macht Gottes für das eigene Interesse – mag es menschlich noch so verständlich sein – verfügbar zu machen. Die brüderliche und schwesterliche Anrede der himmlischen Heiligen um ihr Gebet bei Gott darf nicht als eine Art Instanzenzug aufgefaßt werden. Man meint dabei, sich an die uns menschlich näherstehenden Heiligen wenden zu können, die als Menschen auch unsere alltäglichen Sorgen kennen, damit sie Christus, den strengen Richter etwa uns gegenüber versöhnlich stimmen oder den weiten Abstand zum transzendenten und majestätischen Gott überbrücken (dabei ist die Transzendenz Gottes schon als eine räumliche oder erlebnismäßige Ferne mißverstanden). Man glaubt, es gehe bei der Fürbitte um eine inständige Beeinflussung Gottes, wodurch er gedrängt wird, sich für unsere Sorgen zu erwärmen. Er soll dabei seinen guten Willen beweisen, indem er seine Allmacht zur geflissentlichen Beseitigung unserer Nöte und Ängste dort einsetzt, wo wir mit unserem „Latein" am Ende sind. Der Ursprung eines werkgerechten Verhaltens zu Gott oder gar eines magischen oder abergläubischen Umgangs mit der weltlichen Realität ist aber nicht christlichen Ursprungs. Dies schließt jedoch nicht aus, daß sich eine solche Grundeinstellung zu Gott und zur Welt mit den Elementen des christlichen Kultes drapiert.

Es besteht jedoch kein Anlaß zur Überheblichkeit gegenüber diesem naheliegenden Verhalten des Menschen bei seinem alltäglichen Ausgeliefertsein an allerlei Gefahren. Es geht in der Verkündigung vielmehr um die rechte Perspektive. Sie setzt bei Gottes Heilswillen an und zeigt, in welcher Weise der Mensch als einzelner im Zusammenhang der Gemeinschaft Gottes Heilswille, der in Christus wirklich ist, nun im Glauben, in der Liebe, im Gebet und in der Fürbitte annimmt und in seine Lebensgestalt umsetzt. Das II. Vatikanische Konzil hat in diesem Sinn die Mittlertätigkeit Marias und der Heiligen gegenüber der Kirche als Konkretisierung und als Auswirkung der einzigartigen und unvergleichlichen Mittlerschaft Christi zur Sprache gebracht:

„Ein einziger ist unser Mittler ... Christus Jesus." Marias mütterliche Aufgabe gegenüber den Menschen aber verdunkelt oder mindert diese einzige Mittlerschaft Christi in keiner Weise, sondern zeigt ihre Wirkkraft. Jeglicher heilsame Einfluß der seligen Jungfrau auf die Menschen kommt nämlich nicht aus irgendeiner sachlichen Notwendigkeit, sondern aus dem Wohlgefallen Gottes und fließt aus dem Überfluß der Verdienste Christi, stützt sich auf seine Mittlerschaft, hängt von ihr vollständig ab und schöpft aus ihr seine ganze, Wirkkraft. Die unmittelbare Vereinigung der Glaubenden mit Christus wird dadurch aber in keiner Weise aber gehindert, sondern vielmehr gefördert" (Dogmatische Konstitution Über die Kirche „Lumen gentium" Nr. 60).

Die Kirche sieht in der Natur der Fürbitte der himmlischen Heiligen prinzipiell nichts anderes als die Fürbitte der auf Erden noch lebenden Glieder der Kirche. Wenn das Gebet der in Christus verherrlichten Glieder des Leibes Christi auch an keiner Stelle in der Heiligen Schrift direkt angedeutet wird, so darf man doch annehmen, daß das Für-Sein als ein wesentliches Kennzeichen des neuen Geschöpfseins in Christus in der Vollendung nicht aufgehoben, sondern gerade selbst vollendet wird. Doch wie gesagt, geht es nicht darum, daß sie Gott zu unseren Gunsten beeinflussen, sondern daß sie durch das Beispiel ihres Lebens und ihrer Liebe, in der sie nun ganz mit Gottes Heilswillen vereint sind, uns beeinflussen, den aus der Gnade resultierenden Glauben, die Erkenntnis Gottes und Christi in den vielfältigen Facetten der mitmenschlichen Lebensbeziehungen gleichsam zu verleiblichen. Darin kommen wir näher zu Gott, der uns immer schon in Christus nahe ist. Wir dienen dem Wachstum des Leibes Christi, der Kirche, und ihrer Vervollkommnung in der Liebe (vgl. Eph 4,15). Im Neuen Testament findet sich, auch ohne eine ausdrückliche Erwähnung der Fürbitte der himmlischen Heiligen, zumindest das Wissen um eine Gemeinschaft aller im Heil. Es gibt eine Gemeinschaft der Kirche des Alten und des Neuen Bundes und der lebenden und der verstorbenen Glieder am Leibe Christi. Der Tod kann nicht eine absolute Grenze sein. Der Tod bedeutet nur eine Neuqualifikation des Bandes der Liebe, das alle Glieder am Leibe Christi miteinander verbindet. Im Tod erfahren wir die Vollendung der Liebe Gottes in der vollen Gemeinschaft mit Christus, dem auferstandenen Herrn (vgl. 1 Thess 4,13-8; Röm 10,79; Hebr 12,24-6; Offb 6,9-2).

Diese Deutung der Fürbitte der himmlischen Heiligen für die Kirche auf dem irdischen Pilgerweg muß nun auch für die seit der Reformation umstrittene Bedeutung des Begriffes „Gebet zu den Heiligen" oder „Anrufung der Heiligen" geltend gemacht werden. Es ist ein Unterschied, ob wir Gott selbst im Gebet ansprechen oder ob wir im Gebet zu Gott auch bewußt uns in die Gemeinschaft der Heiligen hineinstellen und einzelne uns bekannte Namen von Verstorbenen erwähnen, um uns mit ihnen in Liebe verbunden zu wissen und uns für ihr fürbittendes Gebet zu öffnen. Dies nannte man dem einfachen Wortsinn nach ein „Ansprechen" oder „Anrufen" der Heiligen. Es kann nicht darum gehen, die Heiligen als eigene Subjekte der Heilstätigkeit neben Gott aufzufassen. Gott ist in Christus in allem der einzige Urheber und der Vermittler des Heiles. Aber wie gesagt, hat das Heil in sich selber schon eine soziale Dimension, die von Christus getragen und in der mitmenschlichen Verbindung der Glieder des Leibes Christi in der Liebe konkret realisiert wird. Das Ansprechen der Heiligen um ihr Gebet und die unmittelbare Gebetsanrede Gottes verhalten sich jedoch nicht wie ein indirekter und ein direkter Weg zu Gott. Er ist immer allein der Urheber der Erhörung des Gebetes, wenn auch innerhalb dieses Gebetes noch einmal bewußt und namentlich einzelne Heilige um ihre Fürbitte angesprochen werden können und der Beter darin sich die Heilsgabe Gottes auch in der Verbindung der Menschen untereinander bewußt macht. Gerade dies will eben die Redeweise von der „Anrufung" der Heiligen zum Ausdruck bringen. Insofern gehören Maria und die Heiligen in die geschichtliche Verwirklichung des Heilsplanes Gottes mit hinein. Das II. Vatikanische Konzil sagt bezüglich der Mutterschaft Marias in der Gnadenökonomie: „In den Himmel aufgenommen, hat sie diesen heilbringenden Auftrag nicht aufgegeben, sondern fährt durch ihre vielfältige Fürbitte fort, uns die Gaben des ewigen Heiles zu erwirken. In ihrer mütterlichen Liebe trägt sie die Sorge für Brüder ihres Sohnes, die noch auf der Pilgerschaft sind und in Gefahren und Bedrängnissen weilen, bis sie zur seligen Heimat gelangen. Deshalb wird die selige Jungfrau in der Kirche unter dem Titel der Fürsprecherin, der Helferin, des Beistandes und der Mittlerin angerufen. Dies aber ist so zu verstehen, daß es der Würde und Wirksamkeit Christi, des einzigen Mittlers, nichts abträgt und nichts hinzufügt. Keine Kreatur nämlich kann mit dem menschgewordenen Wort und Erlöser jemals in einer Reihe aufgezählt werden. Wie vielmehr am Priestertum Christi in verschiedener Weise einerseits die Amtspriester, anderseits das gläubige Volk teilnehmen und wie die eine Gutheit Gottes auf die Geschöpfe in verschiedener Weise wirklich ausgegossen wird, so schließt auch die Einzigkeit der Mittlerschaft des Erlösers im geschöpflichen Bereich eine unterschiedliche Teilnahme an der einzigen Quelle in der Mitwirkung nicht aus, sondern erweckt sie. Eine solche untergeordnete Aufgabe Marias zu bekennen, zögert die Kirche nicht, sie erfährt sie auch ständig und legt sie den Gläubigen ans Herz, damit sie unter diesem mütterlichen Schutz dem Mittler und Erlöser inniger anhangen" (Dogmatische Konstitution über die Kirche „Lumen gentium" Nr. 62).

4. Die Ausdrucksformen der Marienverehrung

Ein Blick in die Frömmigkeitsgeschichte zeigt eine große Bandbreite von Ausdrucksformen und Gestaltungen der Marienfrömmigkeit. Sie sind selbstverständlich abhängig von soziokulturellen Milieu. Sie spiegeln in sich auch die individuellen Empfindungsweisen der Gläubigen wider. Kunst, Literatur und das weite Feld der theologischen Besinnung und der geistigen Auseinandersetzung bieten reiche Zeugnisse für die Entwicklung, die Kontinuität und den Wandel. Die Lebensverhältnisse, die ökonomischen Bedingungen, die Bildungsvoraussetzungen, die sozialen Umschichtungen, die politischen Umbrüche, aber auch die großen geistesgeschichtlichen Verschiebungen im Weltbild und im Gottesverständnis reflektieren sich in Kult und Theologie der Marienverehrung.

Eine kritische Bewertung sollte die Scheidelinie jedoch nicht so sehr zwischen mehr intellektuellen und den mehr volkstümlichen Ausdrucksformen ziehen. Das Kriterium für eine akzeptable Marienverehrung liegt nicht einfach in der vielgestaltigen Ausdrucksformen selbst, sondern in der vorangehenden Grundeinstellung, die sich in der Frömmigkeitsformen dann manifestiert. Ein mehr intellektuell-idealistischer Ansatz, der zu einer Zurückhaltung, des leiblichen Ausdrucks neigt, ist keineswegs schon der Einsicht in den Geschenkcharakter des Heiles und die Empfangshaltung des Geschöpfes gegenüber Gott von vornherein näher. Es gibt in der Tat auch ein verfügendes und magisches Verhalten des Intellektes vor Gott, wenn er Gott verfügbar machen will und die Armut des Glaubenden vor Gott und die Torheit des Kreuzes negiert. Andererseits mag den Kleinen und Unmündigen die Offenbarung des Vaters und des Sohnes zuteil geworden sein (vgl. Mt 11,25), während die Weisen dieser Welt noch der Erkenntnis Gottes hohe Gedankenfestungen entgegentürmen (vgl. 2 Kor 10,5).

Jede religiöse Ausdrucksform, gerade auch in der Marien- und Heiligenverehrung bedarf stets neu der Orientierung an der Grundgestalt des Gott-Mensch-Verhältnisses, das in Jesus Christus seine Mitte hat. Darin bewahrheitet und bewährt sich die religiöse Echtheit, wenn das Gedächtnis der Heiligen, die Anrede um ihre Fürbitte und die Orientierung am Beispiel ihres Glaubens und ihrer Liebe, der Verkündigung der Herrlichkeit Gottes seinem Heilsplan dient, wenn der Glaube der Heilsgemeinde vertieft wird und die Liebe als das Band der Vollkommenheit, die Gemeinschaft aller Glieder am Leibe Christi näher zueinander bringt und sie gemeinsam Christus, ihrem Haupt, entgegenwachsen läßt. Und wenn der einzelne Christ je neu das machtvolle Wirken des Heiligen Geistes in den Herzen der Menschen erkennt, die Verwandlungskraft der Gnade erfährt und die Hoffnung auf die Vollendung der Menschheit in Christus bei Gott zur Bewegungskraft christlichen Lebens wird. Diese Hoffnungs- und Gebetsgemeinschaft mit den Heiligen hat seinen Ausdruck gefunden in bekannten Gebeten wie „Engel des Herrn", das „Gegrüßet seist du Maria" und das Rosenkranzgebet. Die vielfältigen Aspekte und Bezüge im spirituellen Marienbild finden sich gebündelt etwa in der Lauretanischen Litanei.

Eine alte religiöse Ausdrucksform ist auch die Wallfahrt. In der christlichen Prägung will sie die Kirche als das pilgernde Gottesvolk deutlich machen und den Glauben in seinem Wegcharakter im Hinblick auf den gekommenen und den kommenden Christus verdeutlichen. Wir erfahren uns als Glieder eines langen Pilgerzuges, dessen Spitze, allen voran Maria, schon am Ziel angelangt ist und uns in den aktuellen Beschwerden hoffnungsvoll voranleuchtet. Die an den Wallfahrtsorten verehrten Bilder Christi, Marias und der Heiligen sind nach katholischem Verständnis natürlich nicht selbst gnadenspendend. Sie verdeutlichen uns Menschen die helfende und heilende Gegenwart Gottes. Wir wissen, daß wir tatsächlich in Christus mit Maria und den Heiligen in Gemeinschaft, die auf diesen Bildern dargestellt sind, leben. Wallfahrtsorte sollen in erster Linie Erfahrungsräume des Gebetes und Zeugnisse des gemeinsamer Glaubens sein.

Einen wichtigen Platz in der Marienverehrung nehmen heute auch die Marienerscheinungen ein. Sie sind mit uns bekannten Wallfahrtsorten wie La Salette, Lourdes, Fatima u. a. verbunden. Das kirchliche Hirtenamt hat sich gegenüber den Erscheinungsberichten immer mit seinem Urteil zurückgehalten. Meist hat die Kirche, ohne zu den Erscheinungsberichten selbst Stellung zu nehmen, nach längerer Prüfung nur die Verehrung Marias an diesem Ort unter der besonderen Berücksichtigung der mit ihm verbundenen Botschaft erlaubt. Zuweilen hat sie sie auch gefördert. Freilich können die Botschaften, die Maria den Seherinnen und Sehern zuteil werden läßt, nicht auf eine Ebene gestellt werden mit der biblischen Offenbarung und ihrer maßgeblichen Entfaltung im Glaubensbekenntnis und Dogma der Kirche. Maria greift nicht auf mirakulöse Weise in den Streit um Glaubensfragen oder um Probleme der Liturgie und der sonstigen Gestaltung des kirchlichen Lebens ein, so daß sich eine Gruppierung auf unmittelbare Erleuchtungen und Einsichten berufen könnte, die sich nicht in der der Kirche zur Tradition und Interpretation anvertrauten Offenbarung Gottes in Jesus Christus erschließen lassen. Solche Erscheinungen und Visionen haben innerhalb des kirchlichen Lebens einen ganz anderen Sinn. Privatoffenbarungen können die ein für allemal ergangene Offenbarung in Jesus Christus in prophetischer und charismatischer Weise aktualisieren und damit den Glauben an die Heilsmacht Gottes in der Geschichte neu wecken und stärken. Sie tun dies, indem sie zur Umkehr und zum Gebet aufrufen. Sie erneuern damit die ursprüngliche Verkündigung Jesu. Die Erscheinungsberichte sind darum kritisch zu bewerten gemäß ihrer Entsprechung zur öffentlichen und amtlichen Offenbarung. Ihre Echtheit ist an ihren geistlichen Früchten zu erkennen. Es kann nicht abgestritten werden, daß die Frömmigkeit an Wallfahrtsorten wie Lourdes und Fatima dem Glaubensleben der Kirche wichtige Impulse gegeben haben. Sie haben das charismatische Element in der Kirche gestärkt und den Sinn für das mächtige Wirken Gottes in Welt und Geschichte neu geweckt in einer Gesellschaft, die sich zu schnell auf die Immanenz des Machbaren und empirisch feststellbaren ausrichtet und einschränkt. Die rechte Gestalt der Marienverehrung gilt, was das II. Vatikanische Konzil gesagt hat: „Die Gläubigen aber sollen eingedenk sein, daß die wahre Andacht weder in unfruchtbarem und vorübergehendem Gefühl noch in irgendwelcher Leichtgläubigkeit besteht, sondern aus dem wahren Glauben hervorgeht, durch den wir zur Anerkennung der Erhabenheit der Gottesmutter geführt und zur kindlichen Liebe zu unserer Mutter und zur Nachahmung ihrer Tugenden angetrieben werden" (Dogmatische Konstitution Über die Kirche „Lumen gentium" Nr. 67).

5. Maria und das „Bild der Frau" in der Kirche

Die Heiligen galten in der kirchlichen Tradition immer auch als Vorbilder und Beispiele. In diesem Sinn ist Maria eine maßgebliche Gestalt für das christliche Frauenbild geworden. Manche wollen dies psychologisch plausibler machen. Maria verkörpere in sich das wundersame Einheitsideal der Jungfrau und der Mutter. Jede andere Frau müsse sich schmerzlich für eine dieser beiden Möglichkeiten entscheiden und erleide gleichsam eine Art innere Zerrissenheit angesichts der Tatsache, nicht beide Teilideale zugleich verwirklichen zu können. Aber der Blick auf Maria versöhne die Frau wieder mit ihrem Einheitsideal. Daß allerdings diese tiefenpsychologisch typisierende Sicht kaum den Intentionen des biblischen Zeugnisses, wo es um den Gottesbezug des Menschen geht, entspricht, dürfte deutlich sein.

Doch auch die an Maria so verehrten Tugenden des Gehorsams, des selbstlosen Dienstes und stillen Glückes der Mutter, die anmutige Schönheit der „Magd des Herrn" erschienen als Kompensationen, in denen man Propagandainstrumente einer männlich-patriarchalischen Entmündigungsstrategie erkennt. Dementsprechend erscheint die Orientierung am Bild Marias als Inbegriff einer frauenfeindlichen und diskriminierenden Ideologie. Demgegenüber entwarf man ein „alternatives Marienbild". Maria gilt als Verkörperung des Bildes der modernen und emanzipierten Frau. Als Mutter eines „unehelichen" Kindes habe sie die Vorurteile der Umgebung durchbrochen. Maria gehöre zu den Erniedrigten und Armen Israels, die Gottes Zuwendung als Protest gegen die Mächtigen und Reichen verstehen und sich am Umsturz der bisherigen geistigen und sozialen Machtverhältnisse beteiligen (vgl. Lk 1,51).

Die Frage an diese beiden Konzeptionen bleibt aber, ob die Inanspruchnahme Marias, als Symbolfigur für einen gesellschaftspolitisch und philosophisch bedingten Entwurf eines Menschenbildes dem biblischen Zeugnis und der Bedeutung Marias in der Heilsgeschichte und im Glaubensleben der Kirche gerecht wird. Zu leicht wird aus der individuellen und historischen Gestalt Marias die Personifikation eines weiblichen Idealbildes, das aber nicht an der entscheidenden theologischen Mitte ansetzt.

Wo etwa der Hinweis auf die Männlichkeit Jesu oder die Weiblichkeit Marias als Triumphkarten im Konkurrenzkampf der Geschlechter um Einfluß und Geltung in der Gesellschaft hochgehalten wird, ist der theologische Ansatz schon aus dem Blick geraten.

Es kann die Rede von den Heiligen als den Vorbildern nicht darin bestehen, das unter den je neuen ökonomischen, sozialen und geistespolitischen Bedingungen zu erringende Konzept für das richtige Verhalten des Menschen und das Zueinander der beiden Geschlechter in jeder Hinsicht zu ersetzen. Die Heilige Schrift liefert uns hierfür keine Rezepte. Auch das biblische Marienverständnis enthält nicht unmittelbare Anwendungsregeln für die Rolle der Frau in der modernen Industriegesellschaft.

Die Bedeutung Marias für das christliche Menschenbild liegt ursprünglicher in ihrer Relation zu Gott in der Gnade. Jesus Christus ist das Urbild des neuen Menschen, das erste prototypische und exemplarische Abbild für jeden Menschen, ob Mann oder Frau, ist Maria. Erst in zweiter Hinsicht geht es um eine Umsetzung dieses Vor-Bildes im Glauben für die konkreten Lebensverhältnisse in Kirche und Gesellschaft. Dabei sei nicht übersehen, daß ein wichtiger Aspekt an dieser weltlichen und immanenten Verwirklichung des menschlichen Lebens auch die geschlechtliche Verschiedenheit des Menschen ausmacht. Maria begegnet uns durch ihren Glauben als das Leitbild des Menschseins überhaupt. Ihre reale Jungfräulichkeit zeigt uns auf der Ebene des Bildes die Empfänglichkeit und die Offenheit des Geschöpfes für die Gnade Gottes und seine heilschaffende und beseligende Zuwendung zu uns in der Liebe. Ihre reale Gottesmutterschaft wird für uns zum Bild, indem wir die Fruchtbarkeit des Glaubens aus Gnade erkennen. In ihrer Jungfräulichkeit, als der Gestalt ihres Glaubens und der Bereitschaft, die Mutter Christi zu werden, können Männer und Frauen im Bild den religiösen Sinn eines Dienstes am Reich Gottes und den Verzicht auf eine eheliche Lebensgemeinschaft erkennen. Dies beinhaltet zugleich auch ein geistliches Verhältnis zur Kirche im Sinne einer geistlichen Vaterschaft oder Mutterschaft. Aber auch eine christliche Ehe mag im jungfräulich-offenen Ja-Wort Marias ein Bild der geistigen und gläubigen Tiefe der persönlichen Zustimmung der Partner zueinander sehen. Die reale Mutterschaft Marias, die aus ihrer Glaubensantwort folgt, mag im Bild das liebende Verhältnis von Vater und Mutter zu ihrem Kind und den religiösen und menschlichen Tiefgang solcher Liebe, besonders aber die intensive und unverwechselbare Liebe der Mutter zu ihrem Kind, entdecken lassen.

Maria als individuelle Person ist Leitbild eines jeden Menschen, der im Glauben Gottes Wort als Licht und Leben erkennt und empfängt (vgl. Joh 1,4). Ihre weibliche Natur weist uns aber auch auf eine spezifische Signifikanz des Geschöpfseins hin in seiner Empfangshaltung vor Gott. Maria ist also nicht in einer einfachen Ableitung die Verkörperung dieses oder jenes Frauenbildes. Maria ist für den Glauben nicht entscheidend als der natürliche Typus des weiblichen Geschlechtes. Vielmehr ist entscheidend ihre weibliche Wesensart als das Symbol der Geschöpflichkeit des Menschen überhaupt und der Berufung des Menschen zu einer Partnerschaft mit Gott im Neuen Bund, den Gott in Jesus Christus, seinem Sohn und dem Sohn Marias, mit seinem Volk geschlossen hat.

So bleibt zum Schluß die Feststellung, daß Maria gewiß die Offenbarung der „Würde der Frau" ist. Die weibliche Verwirklichung des Menschseins ist das Symbol des Glaubens, durch den Gott allein beim Menschen ankommen will. Die menschliche Gegenwart Gottes als Heil und Herrlichkeit des Menschen (Ps 8,5) wird dem Individuum jedoch nicht kraft seiner Zugehörigkeit zu einem der beiden Geschlechter zuteil, sondern nur durch die individuelle und personale Offenheit für die menschgewordene Selbstmitteilung Gottes und der Präsenz seiner Liebe im Herzen der Menschen „durch den Heiligen Geist, der uns gegeben ist" (Röm 5,5).

Diese Verheißung gilt jedem Menschen, der wie Maria glaubt. Von ihr heißt es für uns alle:

„Selig ist die, die geglaubt hat, daß sich erfüllt, was der Herr ihr sagen ließ" *(Lk 1,45).*

Mensch-Werdung Gottes durch den Hl. Geist und die Gottes mutter?

WAS HEISST: GEBOREN VON DER JUNGFRAU MARIA?
EINE THEOLOGISCHE DEUTUNG

Einleitung: Jesu Empfängnis und Geburt als Heilsgeschehen

Das Interesse einer Thematisierung der Jungfräulichkeit Marias ist christologisch begründet. Im Zentrum des christlichen Glaubens steht Jesus Christus, der Kyrios und einzige Mittler zwischen Gott und den Menschen. Alles entscheidend ist seine Beziehung zu Gott, den er seinen Vater nennt und als dessen einziger Sohn er von der Gemeinde seiner Jünger, der Kirche im Glaubensbekenntnis bezeugt wird.

Daß der Mensch Jesus von Nazaret nach dem Ausweis aller biblischen Zeugen die eschatologische Selbstvergegenwärtigung Gottes als Heil aller Menschen darstellt, kann seinen Grund nur in einer einzigartigen Einheit von Gott und Jesus haben. Diese unvergleichliche Relation zwischen Vater und Sohn ist Ursprung und Mitte der Existenz Jesu und zugleich der Ursprung seines heilsmittlerischen Handelns. Nur wenn die Beziehungseinheit von Gott und Jesus in ihrer ganzen Wirklichkeit festgehalten wird, kann die Universalität des Erlösungshandelns Gottes in Jesus, insofern er eine einzelne Gestalt in der Unübersehbarkeit der Menge von Menschen in der Geschichte war, begründet werden.

Dies wurde auch zum Ausgangspunkt der altkirchlichen Entwicklung in der Trinitätslehre und Christologie. Sie war nicht von dem pädagogischen Interesse einer Umsetzung der Botschaft in einen hellenistischen Denkhorizont geleitet, sondern vom Bemühen einer Sicherung der letzten Fundamente christlichen Glaubens mit dem bestentwickelten Instrumentarium menschlichen Denkens.

Dieser Weg hat freilich seinen Bezugspunkt in der ununterbrochenen Bekenntnistradition der Glaubensgemeinde, die auf ihren apostolischen Ursprung zurückblickt und ihn normativ repräsentiert findet in den Schriften des Neuen Testamentes, die als die schriftliche Objektivation der apostolischen Verkündigung in der Frühen Kirche gelten. Das Neue Testament weist selbst eine erhebliche Bandbreite theologischer Konzeptionen auf, die in jeweils unterschiedlicher Weise die eine Grundaussage der Offenbarungseinheit von Gott und Jesus reflektieren und zur Sprache bringen wollen. Paulus und Johannes kennen, wie der Präexistenzgedanke zeigt, eine göttliche Existenzweise Jesu als Sohn oder Logos Gottes schon vor seiner Sendung in die Welt und damit „vor" seiner irdischen Existenzweise. Dieses ewige Wort Gottes wird in die Welt gesendet und nimmt dabei die menschlich-geschöpfliche Existenz an, um selbst als göttliches Subjekt des Heilshandelns menschlich in der Welt gegenwärtig zu sein.

Dieser hier angedeuteten Linie ist vor allem die altkirchliche Christologie gefolgt. Es war dabei klar, daß der Mensch Jesus nicht zuerst in kreatürlicher Subsistenz für sich selbst verwirklicht ist, um „danach" (sachlich und zeitlich) von Gott als Offenbarungsträger erwählt und adoptiert zu werden. Das Menschsein Jesu existiert vielmehr durch den Willen des Vaters, sich im ewigen Wort nun auch in der Geschichte und Zeit mitzuteilen, eben in der vollen menschlichen Realität des menschgewordenen ewigen Sohnes Gottes. In der menschlichen Wirklichkeit, d. h. in seinem Was-Sein, ist Jesus Christus den Menschen konnatural. Aber in seinem Wodurch-Sein, d. h. dem absoluten metaphysischen Akt der Verwirklichung seines Menschseins, kann er nicht durch einen kreatürlichen, von Gottes Sein absolut trennenden Seinsakt bestehen, sondern nur durch sein göttliches Sein in der Relation zum Vater, weil er sonst nicht dessen Selbstaussage in die Welt hinein sein könnte.

Der Mensch kann hier „Sohn Gottes" genannt werden, weil er an der Sohnes-Relation zum Vater partizipiert, durch sie existiert und durch den eschatologischen Selbstmitteilungswillen Gottes ins Dasein tritt.

Im Unterschied zu dieser „Christologie von oben" setzen die Synoptiker sozusagen „von unten" an, nämlich beim konkreten Menschen Jesus. Sie fragen nicht, wie der ewige göttliche Sohn des Vaters Mensch wird. Sie fragen umgekehrt, wie dieser konkrete Mensch, dem die Jünger begegnet sind und mit dem sie zusammen waren, in der Tat Sohn Gottes heißen kann, wobei mit Sohn Gottes nicht nur eine allgemeine religiöse Beziehung zu Gott gemeint ist, sondern diese einzigartige Relation, die es ermöglicht, daß Gott in Jesus Christus eschatologisch als Heil der Menschen gegenwärtig ist. Für die Synoptiker stellt sich die Frage, wie – bei Aufrechterhaltung des Basissatzes der eschatologischen Heilsgegenwart Gottes in Jesus – der absolute Ursprung dieses „Sohnes" durch Gottes Offenbarungsgegenwart, d. h. in seinem Heiligen Geist, begründet ist, daß die Menschheit Jesu unmittelbar durch Gott ins Dasein gebracht wird. Sie fragen also nicht, wie der ewige Sohn Gottes Mensch werden kann, sondern wie dieser konkrete Mensch (eben ohne die Vermittlung des Präexistenz- oder Logosgedankens und damit letztlich der Trinitätstheologie) „Sohn", also der Offenbarer Gottes schlechthin, sein kann. Diesen bei Markus einsetzenden Typus einer Christologie von der Menschheit Jesu her und ihrer Begründung in Gottes Heilsgegenwart im Geist haben Matthäus und Lukas in ihrem christologischen Prolog (in den „Kindheitsgeschichten") reflektiert bis zu dem Punkt der letzten Gründung des Menschseins Jesu in Gott.

In der Mitte ihrer theologischen Begründung des Glaubens an Jesus den Christus, die sie in Form einzelner Erzählungen in den Einzelaspekten entfalten, steht die Aussage über das *Ereignis*, wodurch Gott die Existenz des Menschen Jesus und damit seine Heilspräsenz in der Welt verwirklicht. Gottes Geist (pneuma) ist Gottes wirkende Macht (dynamis), die über die Grenzen kreatürlicher Möglichkeiten hinaus aus Maria das Menschsein annimmt. Dies geschah eben nicht in der Weise geschlechtlicher Zeugung, sondern in der Singularität eines Aktes der Annahme und damit der absoluten metaphysischen Konstitution des Menschseins Jesu ohne die zweitursächlich-kreatürliche Vermittlung eines menschlichen Zeugungsaktes. Der Mensch Jesus existiert also ausschließlich durch Gottes Offenbarungsgegenwart in seinem Geist, der Gott selbst in der Gemeinschaft mit dem Vater und dem Sohn ist (Mt 28,19).

Dies begründet die einmalige Relation dieses Menschen Jesus zu Gott als seinem bleibenden Grund („Vater"), aus dem er und auf den hin er in der Einheit seines geist-leiblichen Menschseins existiert („Sohn").

Die geistgewirkte Entstehung Jesu aus der Jungfrau Maria ohne menschlichen Zeugungsakt will also nicht eine erläuternde und interpretierende Veranschaulichung dafür sein, daß die Menschheit Jesu vom Geist geheiligt und durch seine Gegenwart nun auch „Sohn Gottes" genannt werden kann. Es geht vielmehr gerade um das von Gott her gewirkte *Ereignis*, wodurch die Menschheit Jesu in ihrer Relation zu Gott so konstituiert wird, daß sie nun „Sohn Gottes" heißen kann. Dies weist auch die grammatische Struktur des Verses Lk 1,35 aus. Auf Marias Frage, wie das geschehen solle, da sie doch keinen Mann erkenne, antwortet der Engel, daß der Heilige Geist in ihr das Menschsein wirke. Daran schließt sich kausal der Satz an: „*Deshalb* wird auch das Kind heilig und Sohn Gottes genannt werden." Eine Halbierung der Jungfräulichkeit Marias in eine theologische und in eine biologische Dimension legt sich von den Texten selbst nicht nahe. Gemeint ist freilich weder eine geschlechtliche Vereinigung des Gottesgeistes mit Maria noch eine Befruchtung mit einem irgendwie gearteten materiellen oder geistigen Samen, der von Gottes Geist ausginge, so wie sich dies von den heidnischen Theogamievorstellungen her nahelegen würde. Im Rahmen biblischer Gottesvorstellungen geht es um den schöpferischen Akt Gottes, der nicht auf die natürliche Kausalität angewiesen ist. Er erwirkt sich in seiner universalen Wirksamkeit aus Maria das Menschsein ohne menschlichen Zeugungsakt und vereint sich mit dieser menschlichen Seinsweise, so daß er selbst durch den Menschen Jesus in der Welt gegenwärtig sein kann. Dies ist mit der geistgewirkten Lebensentstehung Jesu gemeint. Andererseits bezeichnet die Tatsache der Jungfräulichkeit Marias die Unmöglichkeit des Hervorganges einer solchen einmaligen Relation eines Menschen zu Gott aus den reinen Potentialitäten der Kreatur. Daß Jesus aber das Menschsein aus der geistig-leiblichen Konstitution einer menschlichen Person (als Frau) empfängt, ist zugleich der Ausweis für seine uneingeschränkte Konnaturalität mit den Menschen. Der Akt dieser Annahme des Menschseins enthält damit aber auch die Einlösung der Verheißung Gottes, selbst das Heil zu sein (Messiasgedanken), und ist insofern schon soteriologisch ausgerichtet.

Die synoptische Christologie von der Menschheit Jesu her mußte also (bei Markus ansetzend und sein Bekenntnis zu Jesus dem Sohn Gottes bis zu dem tiefsten Grund erhellend) das Ursprungsverhältnis Jesu zu Gott noch einmal theologisch zur Sprache bringen, wollte sie einen Abfall in den billigen Rationalismus der Adoptionschristologie verhindern und damit hinter dem christologischen Basissatz der Offenbarungseinheit von Gott und Jesus zurückbleiben. Darum kann es sich nicht um ein Interpretament einer schon bekannten Wahrheit handeln. Es geht um die Bezeichnung des ereignishaften Handelns Gottes, wodurch die Wirklichkeit des Menschen Jesus entsteht, die der reale Grund des messianischen Auftretens, Wirkens und Leidens Jesu bis zu Kreuz und Auferweckung hin ist. Die Konstitution der Menschheit Jesu durch Gott ist nicht ein beliebiger heilsneutraler Vorgang, sondern die *reale* (keineswegs nur gedachte) Bedingung der Möglichkeit der öffentlichen Heilswirksamkeit Jesu, der als der eschatologischer Mittler der Gottesherrschaft auftrat, so daß das Ja oder Nein der Menschen zu ihm ausschlaggebend ist für das Ja oder Nein Gottes zu den Menschen. Dabei ist die Auferstehung Christi der Höhepunkt der Selbstoffenbarung Gottes in Jesus Christus und damit die Vollendung des Sohn-Gottes-Seins des

Menschen Jesus (vgl. Röm 1,3). Dies ist auch der Grund, warum schon bei Ignatius von Antiochien[1] und in der nachfolgenden Bekenntnisbildung die Inkarnationschristologie und der christologische Ansatz der Synoptiker bei der Menschheit Jesu mit ihrer unmittelbaren Konstitution durch das Offenbarungshandeln Gottes (im Geist) in der Annahme aus der Jungfrau Maria zu einer christologischen Gesamtkonzeption verbunden werden konnten.

Innerhalb der matthäischen und lukanischen christologischen Durcharbeitung des apostolischen Kerygmas und kirchlichen Urdogmas stellt die geistgewirkte Entstehung Jesu aus der Jungfrau Maria eine Aussage höchsten Ranges dar. In diesem Sinn ging sie auch in die Symbola der Kirche ein und ist heute wesentlicher Bestandteil des Glaubens der Kirche.[2] Sich mit diesem Thema auseinandersetzen heißt darum Christologie zu betreiben. Dies gilt auch für den umstrittenen Aspekt an der komplexen Gesamtaussage, nämlich die Empfängnis Jesu und seine Geburt aus der Jungfrau Maria ohne geschlechtliches Zutun eines Mannes. Vielleicht schon bei Matthäus lassen sich apologetische Züge erkennen, die auf jüdische Polemik schließen lassen.[3]

Der jüdischen Kritik[4] schloß sich in den großen Auseinandersetzungen bis zum 4. Jahrhundert auch die heidnische Polemik an.[5] Ebenso sind hier Ver-

---

[1] Vgl. IgnEph 7,2 (J.A. Fischer, die apostolischen Väter, Darmstadt [8]1981, 146f); 18,2 (Fischer 156); IgnPhil 6,1 (Fischer 198); IgnSm 1,1-2 (Fischer 204f.); IgnEph 19,1 (Fischer 156): „Und es blieb dem Fürsten dieser Welt die Jungfrauschaft Marias und ihre Niederkunft verborgen, ebenso auch der Tod des Herrn: drei laut rufende Geheimnisse, die in Gottes Stille vollbracht wurden".

[2] J.N.D. Kelly, Altchristliche Glaubensbekenntnisse. Geschichte und Theologie, Göttingen 1972 (passim); H. Steubing, Bekenntnisse der Kirche. Bekenntnistexte aus zwanzig Jahrhunderten, Wuppertal 1970 (passim).

[3] Grundlegend für die dogmengeschichtliche Entwicklung sind: H. von Campenhausen, Die Jungfrauengeburt in der Theologie der alten Kirche (=SHAW.PH 1962/3), Heidelberg 1962; K.S. Frank, „Geboren aus der Jungfrau Maria" – Das Zeugnis der Alten Kirche: R. Kilian u. a., Zum Thema Jungfrauengeburt, Stuttgart 1970, 91–120. Zur dogmengeschichtlichen Entwicklung insgesamt vgl. G. Söll, Mariologie (=HDG III/4), Freiburg-Basel-Wien 1978; ders., Maria in der Geschichte von Theologie und Frömmigkeit: Handbuch der Marienkunde, hg. v. W. Beinert u. H. Petri, Regensburg 1984, 93–231.

[4] Zu beachten ist hier die Auseinandersetzung Justin des Märtyrers in seinem Dialog mit dem Juden Tryphon.

[5] In der Auseinandersetzung des Origenes mit dem heidnischen Philosophen Celsus spielt die „Jungfrauengeburt" eine bedeutsame Rolle. Später ist auch Kaiser Julian Apostata polemisch dagegen aufgetreten.

treter aus Kreisen christologischer Häresien, vor allem des Adoptianismus, zu nennen.[6] Im 16. Jahrhundert wiesen die Sozinianer, die „Sturmvögel des neuzeitlichen Rationalismus", die jungfräuliche Empfängnis und Geburt Jesu als der Vernunft widersprechend zurück. Beim entstehenden mechanistischen Weltbild erschien sie mehr und mehr als ein isoliertes Naturwunder, bei dem Gottes Allmacht willkürlich in den Gang der Weltmaschine „eingriff".

Unter dem Eindruck des mechanistischen Weltbildes, dem ein deistischer Gottesbegriff entspricht, vermochte auch die Theologie dieses Ereignis nicht mehr aus der inneren Logik der Inkarnation zu begründen und zog sich auf den Positivismus der göttlichen Allmacht zurück, die eben könne, was sie wolle. Daß der Begriff der Allmacht Gottes in einem deistischen Modell, wo Gott und Welt sich wie Konstrukteur und Maschine gegenüberstehen, nicht in seinem ursprünglichen Sinn zu vermitteln war, wurde übersehen. Es fehlte ein wirklich theologisch geklärter Begriff des Wunders, d. h. des Handelns des transzendenten Gottes in seiner Schöpfung. Gott muß aber gerade wegen seiner absoluten Transzendenz als Schöpfer so allwirksam der Welt nahe gedacht werden, daß er ohne eine Aufhebung oder Zerstörung der Eigenwirksamkeit der Schöpfung ihre Potentialitäten über ihre natürliche Reichweite hinaus lenken kann und dabei sich selbst als Heil zeichenhaft nahebringt, ohne selbst zu einem zusätzlichen kategorialen Glied der natürlichen Kette von Ursachen und Wirkungen zu werden.

Es konnte bei dieser geistesgeschichtlichen Konstellation nicht ausbleiben, daß in dem dem Christentum gegenüber krititischen Zweig der Aufklärung das Thema „Jungfräulichkeit Marias" zum Gegenstand des Spottes über die naturwissenschaftliche und historische Ignoranz der Unaufgeklärten wurde.

Denen, für die der fehlende Realitätsgehalt der virginitas ante partum (hinsichtlich ihres übernatürlichen Charakters) feststand, legte es sich nahe, ihre Entstehung sowie auch das starre, d. h. „dogmatische", Festhalten durch das kirchliche Bekenntnis motivationspsychologisch zu erklären. Die Feuer-

---

[6] Zu denken ist hier vor allem an Marcion, der die „Kindheitsgeschichten" überhaupt aus den Evangelien gestrichen hat. Hierzu gehört auch die gnostische Sekte der Karpokratianer, die sagen, daß Jesus der natürliche Sohn Josefs sei. Auch die altchristlichen Sekten der Ebioniten und der Cerinthianer leugnen die Jungfräulichkeit Marias ante partum. Isidor von Sevilla, Etymologiae VIII, 5,37 (BAC 433, 696) sagt, daß auch die Photinianer sich dieser ebionitischen Häresie angeschlossen haben. So schon Augustinus, De haeresibus VII (CCL 46,293f.).

bachsche Projektionstheorie versteht sich als eine solche Erklärung, indem sie die einzelnen Bekenntnissätze als ins Theologische verfremdete Aussagen des Menschen über sich selbst „entlarvt": „Warum wurde denn Gott der Sohn nur im Weibe Mensch? Hätte der Allmächtige nicht auf andere Weise, nicht unmittelbar als Mensch unter Menschen erscheinen können? Warum begab sich also der Sohn in einen weiblichen Schoß? Warum anders, als weil der Sohn die Sehnsucht nach der Mutter ist, weil sein weibliches, liebevolles Herz nur in einem weiblichen Leib den entsprechenden Ausdruck fand?"[7]

Es ist der hier betretene Weg einer psychologischen Ableitung aller Glaubensinhalte, der für die künftige Fragestellung auch in der sogenannten „Jungfrauengeburt" maßgebend geworden ist. Fehlende naturwissenschaftliche Kenntnisse in der antiken Welt hätten auch die Evangelisten zu einer mythologischen Deutung der Ereignisse um Jesus geführt. Dem modernen naturwissenschaftlichen Weltbild stehe die antike mythologische Weltdeutung gegenüber, die auch den Rahmen für die biblischen Aussagen abgab.

Schon wenige Jahre vor Feuerbachs Hauptschrift hat David Friedrich Strauß entgegen der traditionellen supranaturalistisch-dogmatischen Position, aber auch im Gegensatz zur rationalistischen Wunderkritik bzw. der moralistischen Interpretation des Christentums bei Kant eine mythische Deutung versucht. Er versteht „unter neutestamentlichen Mythen nichts anderes, als geschichtsartige Einkleidungen urchristlicher Ideen, gebildet in der absichtslos dichtenden Sage".[8]

So begreift er gerade auch „die Geschichte der Erzeugung Jesu als Mythus"[9]. Es wäre die jungfräuliche Empfängnis „die auffallendste Abweichung von allem Naturgesetze".[10] Eine biologische Deutung scheide aus, „indem es physiologisch gewiß ist, daß das Zusammenwirken zweier geschlechtlich verschiedener Menschenkörper nothwendig ist, wenn die Keime zu Organen eines neuen Menschenlebens sich aussondern und befruchten

[7] L. Feuerbach, Das Wesen des Christentums (1841): Werke in sechs Bänden, hg. v. E. Thies, Frankfurt a. M. 1976, 84.

[8] D. F. Strauß, Das Leben Jesu, kritisch bearbeitet, I, Tübingen 1835; Nachdr. Tübingen 1984, 75. Vgl. hierzu H. M. Köster, Die Jungfrauengeburt als theologisches Problem seit David Friedrich Strauß: Jungfrauengeburt gestern und heute, hg. v. H. J. Brosch u. J. Hasenfuß, Essen 1969, 35–87.

[9] D. F. Strauß, Das Leben Jesu I, 173.

[10] Ebd. 152.

sollen".[11] Mit einer weitläufigen kritischen Analyse der ersten beiden Kapitel bei Matthäus und Lukas stellt er fest, daß die einzelnen Kindheitsgeschichten ihrer literarischen Eigenart nach nicht historischen Charakter haben können. Sie sind vielmehr die mythisch-legendarische Einkleidung des Glaubens an Jesus als einen großen Gottesmann. In der hellenistischen, ägyptischen und unter anderen Voraussetzungen sogar in der jüdischen Vorstellungswelt haben alle großen Männer eine außerordentliche Geburt und werden Göttersöhne (z. B. Romulus und Remus, Alexander der Große, Plato, der ägyptische König) oder Sohn Gottes (Ps 2,7; 82,6; 2 Sam 7,14) genannt. Unter dem Einfluß der Messiasverheißung (Jes 7,14 LXX) glaubten die Evangelisten, daß Jesus durch Gottes Kraft von einer Jungfrau geboren werden müsse. Was sie aber für logisch notwendig erachteten, glaubten sie nun auch als wirklich geschehen, „und so entstand ein philosophischer (dogmatischer) Mythus über die Geburt Jesu".[12] In Wirklichkeit jedoch sei Jesus ganz natürlich aus der Ehe von Josef und Maria hervorgegangen.

David F. Strauß hat mit seiner mythologischen Erklärung die bis heute verwendeten Kategorien ins Spiel gebracht. Er unterscheidet zwischen einer physiologisch-biologischen Auffassung und einem theologisch-allegorischen Interpretament. Zum anderen hebt er den Bericht von der jungfräulichen Empfängnis als (biologisch unmögliches oder unbeweisbares) historisches Faktum von der dogmatisch-supranaturalistischen Deutung ab, der er eine mythisch-legendarische Sicht entgegensetzt. Wie später in Abhängigkeit von Strauß der Mythos auch immer gedeutet wurde (rationalistische Forderung nach seiner Eliminierung aus Bibel und Glaubensbekenntnis[13], Interpretation als erbauliche Geschichte und Weihnachtsromantik, existentiale Interpretation des Mythos[14], Veranschaulichung eines archetypischen

[11] Ebd.

[12] Ebd. 174.

[13] Im „Apostolikumsstreit" zu Ende des 19. Jh. (A. v. Harnack) spielte dieses Thema eine wichtige Rolle. Vgl. H. Barth, Art. Apostolisches Glaubensbekenntnis II: TRE 3,561f. Vgl. auch A. Ziegenaus, Die Jungfrauengeburt im apostolischen Glaubensbekenntnis. Ihre Interpretation bei Adolf von Harnack: Divergenzen der Mariologie. Zur ökumenischen Diskussion zur Mutter Jesu (=Mariol. Studien 7), hg. v. H. Petri, Regensburg 1989, 35–55.

[14] Grundlegend hierzu R. Bultmann, Neues Testament und Mythologie. Das Problem der Entmythologisierung der neutestamentlichen Verkündigung (1941,8) (=BEvTh 96), München 1985; ders., Jesus Christus und die Mythologie. Das Neue Testament im Licht der Bibelkritik, Hamburg 1975, 14: „Man sieht seine Person im mythologischen Licht, wenn man von ihm sagt, er sei empfangen vom Heiligen Geist und von einer Jungfrau geboren."

Musters im kollektiv Unbewußten[15]), an der Ablehnung als historisches Faktum bzw. als ein aus Gottes Transzendenz heraus gewirktes Ereignis blieb kein Zweifel.

Ob der duale Schematismus „objektives Faktum und subjektive Deutung" allerdings geeignet ist zur Beschreibung des transzendenten Wirkens Gottes in der Welt und ob er dem Wesen einer geschichtlichen Offenbarung adäquat sein kann, wurde selten gefragt. Hier kann eine Reflexion nur auf die Regeln einer Texthermeneutik nicht genügen. Es bedarf einer fundamentalen hermeneutischen Fragestellung, wie die Wirklichkeit göttlichen Wirkens in der Welt überhaupt gedanklich angemessen zur Sprache gebracht werden kann.

Eine christologische Problemstellung jedoch, die nach dem Realitätsgehalt der geistbewirkten Entstehung Jesu aus der Jungfrau Maria als einem realen Element der Christuswirklichkeit fragt, kommt mit der schlichten hermeneutischen Figur „Faktum-Deutung" nicht aus. Hinter ihr steht die Descartessche Zweiteilung in eine objektive Welt, die Gegenstand der empirischen Wissenschaft ist, und eine subjektive Welt, in der das Ich rational oder affektiv die Welt seiner Erscheinungen aufbaut ohne einen Anhalt in der Objektivität. So leiden neuere Versuche gerade auch katholischer Theologen, die Problematik auf die Alternative Faktum oder mythologisches Interpretament (Theologumenon, Christologomenon) bzw. biologische oder theologische Sicht der Jungfrauengeburt zu reduzieren, an einer fehlenden Reflexion auf eine Fundamentalhermeneutik christlichen Glaubens.[16]

---

[15] So E. Drewermann, Tiefenpsychologie und Exegese I, Olten u. Freiburg i. Br. 1984, 502–519. Kritisch dazu vom Standpunkt einer wissenschaftlichen Exegese äußert sich R. Schnackenburg, Exegese und Tiefenpsychologie: Tiefenpsychologische Deutung des Glaubens? Anfragen an Eugen Drewermann (=QD 113), hg. v. A. Görres u. W. Kasper, Freiburg-Basel-Wien 1988, 26–48.

[16] Einen Überblick über die nachkonziliare Diskussion zum Thema (besonders in Holland, Deutschland, der Schweiz und den USA) bietet G. Söll, Mariologie (=HDG III/4), Freiburg-Basel-Wien 1978, 245f.; St. de Fiores, Art. Vergine: Nuovo dizionario di mariologia, ed. St. de Fiores e S. Meo, Milano ²1986, 1418–1424; vgl. auch H. Riedlinger, Zum gegenwärtigen Verständnis der Geburt Jesu aus der Jungfrau Maria: ThGl 79 (1979) 22–61; J.A. Saliba, The Virginal-Birth Debate in Anthropological Literature: A Critical Assessment: ThSt 36 (1975) 428–454; allgemein zum Thema, R. Laurentin, Kurzer Traktat der marianischen Theologie, Regensburg 1959; W. Beinert, Die mariologischen Dogmen und ihre Entfaltung: Handbuch der Marienkunde, hg. v. W. Beinert u. H. Petri, Regensburg 1984, 232–314; Th. Schneider, Was wir glauben. Eine Auslegung des

Im Raum stehen jedoch nicht nur die rationalistischen Vorurteile, die die Möglichkeit einer solchen Konstitution der Menschheit Jesu von vornherein ausschließen. Als wesentlicher für eine theologische Neuthematisierung erweisen sich einige Fragestellungen, die sich vom Neuen Testament her ergeben (etwa die singuläre Bezeugung bei Matthäus und Lukas).[17] Vor

Apostolischen Glaubensbekenntnisses, Düsseldorf [1]1985, 232–251. Vgl. L. Scheffczyk, „Jungfrauengeburt“: biblischer Grund und bleibender Sinn: IKaZ 7 (1978) 13–25; H.U. von Balthasar, Empfangen durch den Heiligen Geist, geboren von der Jungfrau Maria: Ich glaube. Vierzehn Betrachtungen zum Apostolischen Glaubensbekenntnis, hg. v. W. Sandfuchs, Würzburg 1975, 39–49; J. Ratzinger, Die Tochter Zion. Betrachtungen über den Marienglauben der Kirche (=Kriterien 44), Einsiedeln 1977, 29–60; H. Müller, Glaubensrede über die Mutter Jesu, Mainz 1980; J. Galot, Maria, la donna nell'opera di salvezza, Roma 1984, 91–03; W. Kasper, Brief zum Thema „Jungfrauengeburt“: IKaZ 16 (1987) 531–535. Die verschiedenen Gesichtspunkte der Exegese und der vergleichenden Religionswissenschaft, der Dogmengeschichte und der Dogmatik sind auch behandelt in den beiden Sammelbänden: H.J. Brosch u. J. Hasenfuß (Hg.), Jungfrauengeburt gestern und heute, Essen 1969; R. Kilian, O. Knoch, E. Lattke, K.S. Frank, K. Rahner, Zum Thema Jungfrauengeburt, Stuttgart 1970; vgl. M. Seybold (Hg.), Maria im Glauben der Kirche (=Extemporalia 3), Eichstätt-Wien 1985; Zum katholisch-evangelischen Dialog vgl. P. Meinhold, Maria in der Ökumene. Die Mutter Jesu im Neuen Testament, Wiesbaden 1978; H. Petri, Maria und die Ökumene: Handbuch der Marienkunde, hg. v. W. Beinert u. H. Petri, Regensburg 1984, 315–359; vgl. auch die Dokumentation des Catholica-Arbeitskreises: Maria – Evangelische Fragen und Gesichtspunkte. Eine Einladung zum Gespräch, hg. v. Lutherischen Kirchenamt der VELKD: Una Sancta 37 (1982) 184–201. Besonders wichtig ist auch R.E. Brown u.a., Maria im Neuen Testament. Eine Gemeinschaftsstudie von protestantischen und römisch-katholischen Gelehrten, Stuttgart 1981. Vgl. auch P. Planck, Gottesgebärerin und Immerjungfrau: Christsein und marianische Spiritualität (=Mst VI), hg. v. H. Petri, Regensburg 1984, 69–76. I. Gebara – M.C. Lucchetti-Bingemer, Maria, Mutter Gottes und Mutter der Armen (=BThB), Düsseldorf 1988, 109–117.

[17] Grundlegende Literatur: R. Laurentin, Struktur und Theologie der lukanischen Kindheitsgeschichte, Stuttgart 1967; J. Riedl, Die Vorgeschichte Jesu, Stuttgart 1968; H. Räisänen, Die Mutter Jesu im Neuen Testament, Helsinki 1969, J. Michl, Die Jungfrauengeburt im Neuen Testament: H.J. Brosch u. J. Hasenfuß (Hg.), Jungfrauengeburt gestern und heute, Essen 1969, 145–184; E. Nellessen, Die Verkündigung der Menschwerdung in Mt 2: ebd. 185–204; O. Knoch, Die Botschaft des Matthäusevangeliums über Empfängnis und Geburt Jesu vor dem Hintergrund der Christusverkündigung des Neuen Testamentes: R. Kilian u.a. Zum Thema Jungfrauengeburt, Stuttgart 1970, 37–59; ders., Maria in der Heiligen Schrift: Handbuch der Marienkunde, hg. v. W. Beinert u. H. Petri, Regensburg 1984, 15–92; I. Broer, Die Bedeutung der „Jungfrauengeburt“ im Matthäusevangelium: BiLe 12 (1971) 248–260; J.A. Fitzmyer, The Virginal Conception in the NT: ThSt 34 (1973) 541–575; E. Vallauri, L'Esegesi moderna di fronte alle

allem ist es die formgeschichtliche Methode, die nach der Eigenart und Aussageabsicht der vorliegenden Erzählungen fragen läßt.[18] Insgesamt stellt sich auch dogmenhermeneutisch das Problem, den eigentlichen Aussagesinn dieses Satzes im Glaubensbekenntnis zu erheben. Denn was für andere Dogmen gilt, daß nur ihr eigentlich gemeinter Inhalt zum verbindlichen Glaubensbekenntnis der Kirche gehört und nicht auch die zeitbedingten Vorstellungen, mit denen es verbunden war, das gilt auch für den Satz „conceptus de spiritu sancto, natus ex Maria virgine". Auch bei diesem Thema haben wir es mit dem Problem einer genaueren Erfassung der Beziehung von Schriftaussage und kirchlicher Bekenntnisaussage zu tun sowie mit den Fragen der Dogmenentwicklung und der Dogmeninterpretation im Zusammenhang eines gewandelten Wirklichkeitsverständnisses.[19]

Bevor also die eigentlich systematisch-theologische Problematik erörtert wird, ist es notwendig, die verschiedenen Einwände gegen die virginitas

verginità di Maria: Laurentianum 14 (Roma 1974) 445–480; J. McHugh, The Mother of Jesus in The New Testament, London 1975; R. E. Brown, The Birth of the Messiah: a commentary of the infacy narratives in Matthew and Luke, London 1977; J. de Freitas Ferreira, Conceição Virginal de Jesus. Análise crítica da pesqisa liberal protestante, desde a „Declaração de Eisenach" ate hoje, sobre o testemunho de Mt 1,18-25 e Lc 1,26-38 (=Analecta Gregoriana 217/69), Roma 1980; J. Kremer, Lukasevangelium (=Die Neue Echter-Bibel 3), Würzburg 1988, 27–30.

[18] Vgl. hierzu A. Vögtle, Offene Fragen zur lukanischen Geburts- und Kindheitsgeschichte: ders., Das Evangelium und die Evangelien. Beiträge zur Evangelienforschung, Düsseldorf 1971, 43–56; ders., Die Genealogie Mt 1,2-6 und die matthäische Kindheitsgeschichte: ebd. 57–102; ders., Messias und Gottessohn. Herkunft und Sinn der matthäischen Geburts- und Kindheitsgeschichte, Düsseldorf ¹1971; E. Nellessen, Das Kind und seiner Mutter. Struktur und Verkündigung des 2. Kapitels im Matthäus-Evangelium (=BS 39), Stuttgart 1969; J. Kosnetter, Der Geschichtswert der Kindheitsgeschichte Jesu: Aus Christentum und Kultur 3 (FS f. F. Loidl), hg. v. E. Kovács, Wien 1971, 73–93; G. Schneider, Jesu geistgewirkte Empfängnis (Lk 1,34f.). Zur Interpretation einer christologischen Aussage: ThPQ 199 (1971) 105–116; H. Schürmann, Die geistgewirkte Lebensentstehung Jesu: Einheit in Vielfalt, FS f. H. Aufderbeck (=EThSt 32), hg. v. W. Ernst u. K. Feiereis, Leipzig 1974, 156–169; G. Lohfink, Gehört die Jungfrauengeburt zur biblischen Heilsbotschaft?: ThQ 159 (1979) 304–306; R. Pesch (Hg.), Zur Theologie der Kindheitsgeschichten. Der heutige Stand der Exegese. Mit Beiträgen von Peter Fiedler, Dieter Zeller, Ulrich Wilckens, Ingo Broer und Rudolf Pesch, München-Zürich 1981. Zu vergleichen sind jeweils auch die Kommentare zu Mt und Lk.

[19] Zur Dogmenhermeneutik vgl. K. Rahner/K. Lehmann, Geschichtlichkeit der Vermittlung: MySal I (1965) 727–782.

ante partum im klassischen Verständnis zu benennen und einer kritischen Prüfung zu unterziehen. „Es sind die Fragen um die rechte Wertung der Geschlechtlichkeit, dann die biologisch-naturwissenschaftliche Problemstellung, die mythologische Deutung, die Fragestellung von der historisch-kritischen Exegese her sowie die Probleme, die sich für eine systematische Christologie ergeben. Besonders gilt es, das biblische Zeugnis zu befragen als die entscheidende Quelle aller theologischen Reflexion. Allerdings ist die Exegese selber schon Theologie und steht im Rahmen einer Gesamthermeneutik des christlichen Glaubens.[20]

Im einzelnen werden die Ergebnisse und die verschiedenen Positionen der exegetischen Erforschung vorausgesetzt. Es geht hier nicht um einen Beitrag zu Detailproblemen. Die Absicht dieser Studie ist *systematisch-theologisch*. Das eigene Recht der Dogmatik auch über den Teilbereich historischer Fragestellungen hinaus besteht in einer Darstellung der realen Begründung und der inneren Zusammenhänge der Glaubenswirklichkeit. Die Dogmatik beschreibt nicht nur das immanente System ihrer Ideen und Sätze, sondern sie fragt, wie der kreatürliche Verstand die sich ereignende Realität der geschichtlichen Selbstmitteilung des transzendenten Gottes aufnehmen kann. Dort, wo die Heilige Schrift von Ereignissen redet, die aus

---

[20] Für eine theologische Fragestellung kann es keinen absolut unvermittelbaren Dualismus von Geschichte und Glaube geben und damit auch nicht eine adäquat zu unterscheidende exegetische und dogmatische Fragestellung. Die historisch-kritische Methode, wie sie sich seit dem 18. Jahrhundert ausgebildet hat, bleibt ein unverzichtbares Instrumentarium von Exegese *und* systematischer Theologie, sofern sie sich als Wissenschaft verstehen wollen. Diese Methode ist jedoch nicht an die ideologischen Momente des Positivismus und des Historismus gebunden, womit ihre Entstehungsgeschichte zum Teil verbunden war. Angesichts einer geschichtlichen Offenbarung verbindet sie sich adäquat mit einem geschichtlich-transzendentalen Gesamtverständnis des Offenbarungsereignisses in Christus. Sie muß sich ernsthaft die Frage stellen, wie unter den empirischen Erkenntnisbedingungen der menschlichen Vernunft von einer Gegenwart Gottes und seines Handelns in der Geschichte gesprochen werden kann. Eine bemerkenswerte Zusammenschau bietet R. Schnackenburg, Exegese und Tiefenpsychologie: Tiefenpsychologische Deutung des Glaubens? Anfragen an Eugen Drewermann (=QD 113), hg. v. A. Görres und W. Kasper, Freiburg-Basel-Wien 1988, 26–48, hier 28: „Der historisch-kritischen Methode fällt die Aufgabe zu, die geschichtlichen Bedingungen, die Umstände, die Artikulation der in menschliche Sprache gekleideten und darin nie eingeholten göttlichen Offenbarung zu erforschen. Das ist wegen der Geschichtlichkeit der Offenbarung ihre unerläßliche Aufgabe, aber auch ihre Grenze. Den Glauben selbst und den existentiellen Anspruch an den Glaubenden vermag sie nicht zu begründen.

der Wirklichkeit Gottes hervorgehen und geschichtliche Realität stiften, kann theologisches Denken sachlich begründete Verknüpfungen entdecken und in anderer Weise zur Sprache bringen, als es in der Heiligen Schrift der Fall ist.

Die Schrift ist selbst eine Einheit von bezeugtem Sachverhalt und seiner Vergegenwärtigung in reflektierter Versprachlichung. Die systematische Theologie setzt auf der Ebene der reflektierten Versprachlichung ein und versucht, mit ihr und über sie hinaus zum bezeugten Sachverhalt zu kommen und ihn mit ihrem gegenwärtigen gedanklichen Instrumentarium reflexiv zu erfassen. Dies ist aber nur möglich, wenn es sich in der Heiligen Schrift um eine bezeugte Ereignis-Wirklichkeit handelt. Ein bloßes Interpretament oder mythisches Bild kann nicht die Basis einer real-logischen Explikation abgeben.

Es war gesagt worden, der Gegenstand dieser Studie sei von christologischem Interesse. In der Tat geht es bei der virginitas ante partum um die Frage, wer Christus im Verhältnis zu Gott und was er im Verhältnis zur Menschheit ist. Es geht um die metaphysische Konstitution des Menschseins (jedoch keineswegs der göttlichen Natur Jesu) in einem absolut einmaligen Sinn, welcher die reale Voraussetzung ist für die eschatologische Selbstmitteilung Gottes in diesem konkreten Menschen Jesus. Die Jungfräulichkeit Marias in einem ganzheitlichen Sinn, der ihre geist-leibliche Existenz umfaßt, ist das reale Zeichen dafür, daß dieser Mensch Jesus, in dem sich Gott vergegenwärtigt, nicht aus der Potentialität der Kreatur hervorgehen kann. Die Jungfräulichkeit Marias ist freilich, wie besonders Lukas zeigt, keineswegs ein isoliertes somatisches Ereignis an Maria, sondern es bezeichnet ihre personale Relation zu Gott und zu Jesus. Diese Relation, die im Ja-Wort ihres Glaubens gegeben ist, prägt ihre ganze geistleibliche Existenz und ist auch die Triebfeder ihrer Lebensgeschichte, die ein Weg der Nachfolge Jesu ist.

Mariologie wird darum aber nicht zu einem selbständigen Element neben der Christologie, sondern sie ist bleibend ein Aspekt an ihr, wobei freilich die gnadentheologischen Aussagen christlicher Anthropologie und Ekklesiologie an Maria typologisch verdeutlicht werden können.[21] Der eschatologische Selbstmitteilungswille Gottes, der in der aus Maria genommenen

---

[21] Vgl. H. M. Köster, der geschichtliche Weg von marianischen Einzelaussagen zum geschlossenen Traktat einer systematischen Mariologie, in: ThGl 68 (1978) 368–384.

Menschheit Jesu geschichtliche Wirklichkeit wird, bedingt auch die eigenartige Relation Marias zu Gott als Jungfrau und Mutter. Was im einzelnen diese beiden personalen Bezeichnungen für Maria bedeuten kann, kann nicht vom durchschnittlichen Sprachgebrauch her festgelegt werden. Es sind Aussagen der Anthropologie, bei der jede Verkürzung auf einen rein biologischen Aspekt unmöglich ist. Es geht um anthropologische Aussagen, die im strikten Sinn von der theologisch angezielten Realität her auszulegen sind. Jungfrau bezeichnet hier die Beziehung Marias auf die Konstitution des Menschen Jesus als des Offenbarers Gottes, während Maria Mutter Christi insofern heißt, als sie ein mütterliches Verhältnis zu dem zum Menschen konstituierten Jesus hat, d. h. aber auch von der Inkarnationschristologie her gesprochen zur Person des Logos, der aus ihr das Menschsein angenommen hat. Die christliche Tradition hat darum diese ihre Person bezeichnenden Namen „Jungfrau" und „Gottesmutter" auch auf das Heilsereignis der Geburt Jesu bezogen wie auch auf das Verhältnis Marias zu Jesus nach dessen Geburt. Daraus entwickelte sich die bekannte Dreierformel von der Jungfräulichkeit Marias vor, in und nach der Geburt.[22] Diese drei Elemente der virginitas Mariae, nämlich ante partum, in partu und post partum, sind freilich von unterschiedlichem Gewicht. Grundlegend ist die virginitas ante partum, insofern jede mariologische Aussage christologisch ansetzen muß. Da jede christologische Aussage auch anthropologisch eine Bedeutung hat, ergeben sich die Fragen nach dem Grundverhältnis Marias zu Jesus, das durch die Empfängnis gegeben worden ist, die sie in ihrem Glaubens-Ja frei angenommen hat, und nach der Auswirkung in die Geschichte ihres Lebens hinein. Das unterschiedliche Gewicht dieser einzelnen Elemente bedingt auch, daß in der vorliegenden Studie die virginitas ante partum den größten Raum einnimmt und daß der eigentliche Aussagesinn der beiden anderen Elemente von hierher entwickelt werden muß.[23]

[22] Die Einzelelemente dieser Formel sind freilich schon vorbereitet, als sie – dann auch in einer sprachlichen Zusammenfassung – in der zweiten Hälfte des vierten Jahrhunderts in der lateinischen Theologie heimisch sind. Sachlich gibt sie wohl den von Epiphanius von Salamis gebrauchten Ausdruck der Aeipartsenia Marias wieder. Vgl. G. Söll, Mariologie (=HDG III/4), Freiburg-Basel-Wien 1978, 52-60.74-81.

[23] Vgl. zur gegenwärtigen Forschung F. Courth, Zur Situation der deutschsprachigen Mariologie: Mar 43 (1981) 152–174; G. Rocca, La perpetua virginità di Maria nella discussione teologica: Ephemerides Mariologicae 27 (1977) 177–214; L. Scheffczyk, Exegese und Dogmatik zur virginitas post partum: MThZ 28 (1977) 291–307.

I. Virginitas ante partum

1. Die Aussagen des kirchlichen Bekenntnisses

In dem von der ganzen Christenheit rezipierten Glaubensbekenntnis, dem Symbolum Nicaeno-Constantinopolitanum, bekennt sich die Kirche zur Menschwerdung ihres Herrn Jesus Christus, des dem Vater wesensgleichen ewigen Sohnes Gottes, aus dem Heiligen Geist und der Jungfrau Maria (DS 150). Die lateinische Fassung bietet eine sprachliche Differenzierung, wie sie uns auch in vielen anderen Symbola und konziliaren Erklärungen begegnet. Die Fleischwerdung des Logos geschieht durch den Heiligen Geist. Er ist das transzendente Prinzip und die empirisch nicht meßbare dynamis tou pneuma, wodurch Gott die Fleischwerdung seines ewigen wesenseigenen Wortes erwirkt, insofern er das Menschsein, d.h. die menschliche Natur, aus Maria, der Mutter Jesu (Lk 1,43), des Kyrios annimmt (incarnatus est de Spiritu Sancto ex Maria virgine et homo factus est).[24]

Zweifellos haben wir es mit einer tragenden Säule des christologischen Bekenntnisses zu tun, das in seiner ursprünglichsten Formulierung lautet: Jesus ist der Herr (vgl. Röm 10,9; Apg 1,21). Sie bindet das Christusereig-

---

[24] Es geht hier um die Präzisierung des in fast allen alten Symbola vorkommenden „natus ex Maria virgine" (vgl. DS 10–61). Maria hat den Herrn Jesus Christus, den einzigen ewigen Sohn Gottes, des Vaters, empfangen ohne männlichen Samen (Sperma): Const. Eccl. Aegypt. (DS 61f.); 1. Konzil von Toledo (DS 189); Papst Hormisdas, Ep. „Inter ea quae" (DS 368); Canon 3 der Lateransynode von 649 (DS 503); das Symbolum des 11. Konzils von Toledo i.J. 675 (DS 533); das Symbolum des 16. Konzils von Toledo i.J. 693 (DS 572) redet in diesem Sinn von der „unverletzten", d.h. tatsächlichen Jungfräulichkeit Marias; das Decretum für die Jakobiten des Konzils von Florenz i.J. 1442 (DS 1337); Papst Pius IV. stellt mit der Konstitution „Cum quorundam hominum" i.J. 1555 (DS 1880) gegen die Lehre der Sozinianer und Antitrinitarier fest, daß Jesus nicht aus dem Samen Josefs gezeugt sei, daß Maria beständig Jungfrau sei vor und nach der Geburt; ebenso der Catechismus Romanus I,IV; im Sinne der ganzen Tradition bekennt sich auch das Zweite Vatikanische Konzil, Dogmatische Konstitution über die Kirche „Lumen gentium" Nr. 52 (LThK.E I, 326) zur beständigen Jungfräulichkeit Marias. Bei den Auseinandersetzungen um den Holländischen Katechismus hat die römische Kardinalskommission ein eindeutiges Bekenntnis zur bleibenden Jungfräulichkeit Marias erbeten; vgl. „Ergänzungen zur Glaubensverkündigung für Erwachsene". Deutsche Ausgabe des holländischen Katechismus, Freiburg 1969, 9. Als Aussage des kirchlichen Lehramtes ist auch zu werten: Katholischer Erwachsenen-Katechismus, hg. v. der Deutschen Bischofskonferenz, Bonn 1985, 174–178.

nis radikal an das Mysterium des dreifaltigen Gottes, der sich in der Realität und der Geschichte des Menschen Jesus mitteilt und sich in ihm eben als der Herr der ganzen Schöpfung und der Kirche (1 Kor 8,6; Eph 1,20ff.) auf menschliche Weise vergegenwärtigt.

Die konziliaren Aussagen wie auch die entsprechenden Argumentationen der Kirchenväter sind von der Entgegensetzung sowohl zur jüdischen und heidnisch-philosophischen Bestreitung als auch zur gnostisch-dualistischen Bestreitung geistgewirkten Geburt Jesu aus der Jungfrau Maria als Tatsache oder ihrer Verfälschung zu eine mythologischen Theologoumenon geprägt. Mit großer Klarheit und Bestimmtheit gehen sie von der Wirklichkeit und Heilsbedeutung der geistgewirkten Inkarnation des Logos aus der Jungfrau Maria aus. Die Möglichkeit einer nur metaphorischen Interpretation wird strikt ausgeschlossen durch die immer wieder gegebene Präzisierung, daß nämlich Maria den inkarnierten Logos empfangen habe ohne männliches Zutun (sine virili semine). Diese bewußt hinzugefügte Präzisierung umschreibt gewiß nicht den Kern dieser christologischen Aussage, die auf die strikte Begründung der Menschheit Jesu in der innergöttlichen Sohnesrelation des ewigen Sohnes zum Vater zielt; aber sie wehrt alle spiritualisierende Verflüchtigung im Sinne eines bloßen theologischen Interpretaments ohne Anhalt an der somatischen Wirklichkeit Marias ab.

Die theologischen Aussagen schweben nicht über einer unberührt bleibenden Welt in ihrer materiellen und historischen Konkretheit. Indem der Glaube der Kirche Gott als den Schöpfer des Universums bekennt und insofern in der Mitte des Glaubensbekenntnisses das Eingehen Gottes in die geschichtlich-materielle Welt steht, betreffen die theologischen Bekenntnisaussagen die *eine* Schöpfungswirklichkeit auch in ihrer materiellen und historischen Dimension. Wenn (im neognostischen Sinn)[25] die Meinung

---

[25] Vgl. Irenäus von Lyon, Adv.haer. III,11,3 (FC8/3.N.Brox, Freiburg 1995,101): „Nach der Meinung dieser Leute ist aber weder der Logos noch der Christos, noch der aus allen Äonen entstandene Soter (Erlöser) Fleisch geworden. Sie bestreiten, daß der Logos oder Christos in diese Welt gekommen ist und daß der Soter Fleisch geworden ist und gelitten hat; er soll nur wie eine Taube auf den Jesus herabgestiegen sein, der aus der Heilsordnung stammt, und, nachdem er den unbekannten Vater verkündet hatte, wieder ins Pleroma aufgestiegen sein. Die einen sagen, daß es der aus aus der Heilsordnung stammende Jesus war, der Fleich geworden ist und gelitten hat; er soll durch Maria hindurchgegangen sein wie Wasser durch ein Rohr. Andere dagegen sagen, daß es der Sohn des Demiurgen war, auf den der aus der Heilsordnung stammende Jesus herabgestiegen sei, noch einmal andere sagen, Jesus sei von Josef und Maria geboren, und auf ihn sei der Christos aus der oberen Welt herabgestiegen, der ohne Fleisch und

131

vorgetragen wird, bei der Definition der Unabtrennbarkeit des somatischen Momentes vom theologisch angezielten Inhalt der gottgewirkten Lebensentstehung Jesu aus der Jungfrau Maria handele es sich nicht um ein Dogma im strengen Sinn,[26] dann dürfte dies wohl eine anachronistische Dogmeninterpretation sein. Denn hier geht man von einem verengten neuscholastischen Dogmenbegriff aus, wobei das Dogma nach dem Muster infallibler Kathedralentscheidungen verstanden wird, wie sie die Schuldogmatik seit dem 18. Jahrhundert kennt. In Wirklichkeit sind die Aussagen des Glaubensbekenntnisses authentischer Ausdruck des vom Heiligen Geist getragenen Bewußtseins der Kirche, insofern sie im Glauben mit der Wirklichkeit der geschichtlichen Selbstvergegenwärtigung Gottes unmittelbar geeint ist. Glaube ist hier eben nicht die Hinnahme der Ergebnisse historischer Forschung oder philosophischer Reflexion im Horizont eines scheinbar objektiveren Agnostizismus, sondern die Auswirkung des sich offenbarenden Gottes in uns, der er uns gnadenhaft, eben in der dynamis des hl. Pneuma, durch das Wort seiner Selbstmitteilung auf sich hinordnet. In diesem Sinn versteht das kirchliche Glaubensbekenntnis die geistgewirkte Entstehung Jesu aus der Jungfrau Maria als von Gott her gewirktes *Ereignis*, wodurch er sich menschlich in die Geschichte einbringt. Dieses aus der Fülle der Macht Gottes gewirkte Ereignis ist die transzendentale Wirklichkeitsbedingung der heilsgeschichtlichen Selbsterschließung Gottes im Menschsein Jesu, der in seiner Lebensgeschichte dieses Ereignis nicht hinter sich läßt, sondern stets aus ihm lebt und von daher auf der Ebene seines menschlich-kreatürlichen Bewußtseins und Willens seine Relation zu Gott als seinem Vater vollzieht und sich in diesem Sinn als dessen Sohn und als

leidensunfähig sei. Aber es gibt keinen Lehrsatz bei den Häretikern, nach dem das Wort Gottes Fleisch geworden ist (Joh 1,14)". Der Hauptgrund der von Anfang an meist aggressiv geäußerten Zweifel an der Tatsächlichkeit der geistgewirkten Empfängnis Jesu von Maria besteht in einem erkenntnistheoretischen, ethischen und dogmatischen Dualismus, der den Jesus der Geschichte und den Christus des Glaubens ebenso auseinanderreißt wie er die geschichtliche Begrenztheit des Menschen Jesus der übergeschichtlichen Universalität des Gottesgeistes gegenüberstellt. Die damit verbundene Relativierung der biblisch bezeugten universalen Heilsmittlerschaft Christi mit dem Verweis auf ein christusungebundenes Wirken des göttlichen Geistes, wie es die pluralistische Religionstheorie aufgrund der Leugnung der Einmaligkeit der Inkarnation versucht, wurde vom kirchlichen Lehramt zuletzt zurückgewiesen in der Erklärung der Glaubenskongregation Dominus Jesus 9–12 (Verlautbarungen des Apostolischen Stuhls 148), Bonn 2000, 12–16.

[26] So P. Schoonenberg, Der neue Katechismus und die Dogmen: Dokumentation des Holländischen Katechismus, Freiburg 1967, XXXVIIf.

dessen geschichtliche Vergegenwärtigung in der Welt weiß und verhält. Der Glaube an diese Bekenntnisaussage hat seinen Grund darum nicht in der Interpretationspotenz der menschlichen Vernunft, die Theologoumena hervorbringen kann, sondern er entsteht aus demselben Handeln Gottes, der das sich zu glauben gebende Ereignis der Menschwerdung Gottes aus Maria durch das Wirken des Heiligen Geistes setzt. Darum betont das kirchliche Bekenntnis ein heilsrealistisches Verständnis der gottgewirkten Lebensentstehung Jesu aus der Jungfrau Maria.

2. Zur neueren innertheologischen Problematisierung

Daß im außerchristlichen Raum mit dem Glauben an die Selbstmitteilung Gottes im Menschen Jesus auch die geistgewirkte Empfängnis Jesu in der Jungfrau Maria zurückgewiesen wird, versteht sich von selbst. Erstaunlich ist jedoch, daß seit der Aufklärung und vor allem seit David Friedrich Strauß die Zahl der Theologen stetig gewachsen ist, die die Historizität der virginitas ante partum in Frage stellen, aber dennoch an der altkirchlichen Trinitätslehre und Christologie und damit an der Göttlichkeit Jesu, d. h. seiner Gottessohnschaft, festhalten wollen. Wo man eine rein ethische und existentiale Interpretation des Christentums vertritt und damit über eine Adoptions- und Vorbildchristologie nicht hinauskommt, muß die Annahme einer natürlichen Zeugung des Menschen Jesus evident erscheinen, denn die Ereignishaftigkeit der virginitas ante partum hängt ganz von der realen Menschwerdung Gottes ab und nicht umgekehrt. Eine theologische Diskussion um die Realität des geistgewirkten Entstehens Jesu hat darum letztlich nur einen Sinn unter der Voraussetzung des christologischen Basissatzes, daß Gott sich selbst in seinem ewigen Wort und als Träger der menschlichen Natur Jesu und der Geschichte Jesu von Anfang seines Menschseins im Mutterschoß bis zum Tod am Kreuz eschatologisch als Heil der Welt geoffenbart hat. Mit anderen Worten ist diese zentrale Einsicht des christlichen Glaubens ausgedrückt und festgehalten in der Lehre von der hypostatischen Union des göttlichen Logos, der die Einheit und Verschiedenheit der göttlichen und menschlichen Natur Jesu im metaphysichen Sinne trägt und realisiert.

Es lassen sich in etwa fünf verschiedene Argumentationsebenen gegen den Ereignischarakter der virginitas ante partum ausmachen. Sie sind freilich von unterschiedlichem theologischem Gewicht. Im folgenden sollen sie auf ihre Stichhaltigkeit geprüft werden.

2.1. Die Argumentation mit dem Wert der menschlichen Geschlechtlichkeit

Das hier auftauchende Problem hängt zusammen mit der augustinischen Tradition der Übertragung der Erbsünde mittels der mit der Zeugung gegebenen selbstbezogenen Lust. Soll Christus ohne die Erbsünde ins menschliche Dasein treten, so bleibt nach dieser Theorie nur die jungfräuliche Empfängnis übrig. Augustinus will allerdings nicht die Tatsache der jungfräulichen Empfängnis begründen, sondern nur einen spekulativen Grund für ihre Konvenienz angeben.[27] Diese Theorie ist trotz ihres oft untergründigen weiten Einflusses allerdings nie offiziell kirchliche Lehre geworden. Mit der Neufassung der Erbsündenlehre bei Anselm von Canterbury und Thomas von Aquin ist sie innerlich schon überholt, wenngleich freilich Thomas neben anderen auch dieses Argument, im Sinn einer Konvenienzargumentation, noch heranzieht.[28] Bei den Evangelisten selber sind Gedankengänge in dieser Richtung nicht festzustellen. Es ist also nicht ersichtlich, daß ihre Lehre von hierher geprägt wurde. Die hohe Schätzung des Ideals der Jungfräulichkeit in der Alten Kirche hat gewiß auch zur Entfaltung der Lehre von der Jungfräulichkeit Marias in und nach der Geburt beigetragen und im Zusammenhang mit der augustinischen Erbsündetheorie auch die eheliche Geschlechtlichkeit lange in einem diffusen Licht erscheinen lassen. Dabei darf man die Höherwertung des asketischen Lebensstils im Gewande einer pessimistischen Einschätzung der Geschlechtlichkeit aber keinesfalls mit der gnostisch-dualistischen metaphysischen Abwertung der Materie, der Leiblichkeit und Geschlechtlichkeit verwechseln. Dennoch bleibt es eine Aufgabe für die heutige Theologie, eine schöpfungstheologisch begründete und im Lichte der Erlösung entfaltete Sicht des ehelichen Lebens und der Geschlechtlichkeit zu entwickeln und auf eine entsprechende Spiritualität und geistige Atmosphäre in der Kirche hinzuwirken.

Die Botschaft der Evangelien von der geistgewirkten Lebensentstehung Jesu ist ein christologisches Datum und kann erst in einem weiteren Schritt auf die Sakramentalität und Spiritualität von ehelichem oder jungfräulichem Lebensstil des Christen bezogen werden. Eine Umkehrung der Argumentation, in der die Grundlagen aus den Konsequenzen abgeleitet werden, ist

---

[27] Vgl. Augustinus, De nuptiis et concupiscentia I, 12 (PL 44,421).

[28] Vgl. Thomas von Aquin, S. th. III q. 31 a. 5 ad 3. Vgl. jedoch S. th. III q. 31 a. 4 ad 4: „In conceptione viri ex femina non est aliud immundum inquantum est opus Dei".

unmöglich, weil sonst die Gegebenheiten der Selbstoffenbarung in Jesus Christus etwa von Desideraten der Sexualmoral abhängig gemacht würden. In den Berichten ist an keiner Stelle die Tendenz erkennbar, daß Jesus deshalb aus einer Jungfrau geboren sein müsse, weil ein geschlechtliches Gezeugtwerden durch Mann und Frau seiner Würde nicht entspräche. Der Skopus der Aussage besteht vielmehr darin, daß der einzigartige, mit nichts zu vergleichende und darum einmalige Vorgang der Selbstmitteilung Gottes als Mensch mit der Einzigartigkeit der Lebensentstehung dieses Menschen Jesus verbunden ist. Und dieses Geschehen wird als Ereignis berichtet. Eine später entstandene und für die heutige Theologie notwendige Aufgabe einer richtigen Bewertung der Ehe, der Geschlechtlichkeit und der Ehelosigkeit um des Himmelreiches willen kann dieses Ereignis nicht funktionalisieren wollen, um ein zusätzliches Argument für sich zu gewinnen. So wenig die Ehelosigkeit um des Himmelreiches willen (vgl. Mt 19,12; 1 Kor 7,25-38) von den christologischen Prologen bei Matthäus und Lukas her begründet werden kann, so wenig kann um einer rechten Wertung christlicher Ehe willen der Ereignischarakter der geistgewirkten Lebensentstehung des Menschen Jesus aus der Jungfrau Maria in Frage gestellt werden.

In einer anderen Hinsicht wird die Frage gestellt, ob man im Anschluß an das Bekenntnis der frühen Christologie zum vollen Menschsein Jesu nicht auch eine natürliche Zeugung Jesu folgern müsse.[29] Das Problem der frühen Christologie kann jedoch nicht nur auf das Bekenntnis zur vollen Gottheit und wahren Menschheit Christi begrenzt werden. Damit, daß man sich zwei vollständige Naturen additiv zusammengefügt denkt, wäre über Christus noch keineswegs das Entscheidende gesagt. Das Problem war vielmehr, wie es möglich ist, daß sich zwei Naturen vereinigen können, ohne daß eine der beiden Naturen um ihr Wesentliches verkürzt wird. Hinsichtlich der Menschheit Jesu sind alle essentiellen Bestimmungen des Menschseins gemeint. Der Akt aber, der dieses Menschsein trägt und wodurch es entsteht, ist nichts anderes als das Leben des Logos, der in der Relation zum Vater steht und dabei Gott selbst ist. Der Logos ist in seinem Menschsein, das er

---

[29] Zu diesem allerdings schon lange bekannten Problem, daß die kreatürliche Person des Menschen nur durch die determinierte Materie der Vereinigung von männlichem und weiblichem Samen zustande kommen und daß beim Fehlen eines dieser Bestandteile die leibhaftige menschliche Natur nicht hervorgebracht werden könne, vgl. Thomas von Aquin, S. th. III q. 28 a.1 ad 5: „Et quamvis virtus naturalis non possit transmutare ad certam formam nisi determinatam materiam, virtus tamen divina, quae est infinita, potest transmutare omnem materiam in quamcumque formam."

angenommen hat, uns gleich, aber nicht in dem, wie er Mensch geworden ist und wodurch er Mensch ist. In dem Einwand, daß dann Jesus keine menschliche Person habe oder sei, verrät sich ein essentialistisches oder psychologisch-reduktionistisches Personverständnis. Denn Person ist niemals eine Eigenschaft an der metaphysischen und empirischen Natur, sondern der metaphysische Träger der Natur. Es ist als die Person, die eine Natur hat und niemals von ihr als ihr Attribut besessen wird, und die sich durch sich im Bezug auf andere Personen hin relational, responsorisch, dialogisch und kommunional realisiert. Gerade die natürliche geschlechtliche Zeugung im Zusammenwirken eines Elternpaares bezeichnet die geschaffene Ursächlichkeit, wodurch der Schöpfungsakt auf den einzelnen Menschen hin in seiner empirischen und historischen Existenz wirklich wird. Damit ist auch die kreatürliche Subsistenz (relationale Personalität) des Menschen gegeben, durch die er absolut von Gott verschieden bleibt in der Differenz von Geschöpf und Schöpfer und in der er dennoch gerade in seinem Personsein relational, responsorisch, dialogisch und kommunional auf Gott bezogen ist, der sich in Schöpfung und Heilsordnung als der dreieinige Gott, Vater, Sohn und Heiliger Geist dem Menschen als ewiges Heil und Leben mitteilt (2 Kor 13,13; Mt 28,19).

Bei Christus aber ist die Einigung der vollen Gottnatur und Menschennatur dadurch möglich, daß das Menschsein Jesu im Akt der Annahme durch den Logos selbst in leibhaftiger und historischer Konkretion existiert. Nur so kann das Menschsein Jesu die volle Selbstaussage Gottes in Zeit und Geschichte hinein sein. Denn in der menschlichen Natur Jesu Christi kann es nicht einen doppelten Subsistenzakt geben: einen göttlichen *neben* einem kreatürlichen. Wenn man von der nizänischen und chalzedonischen Christologie her das volle Menschsein Jesu ins Spiel bringt, um die geistgewirkte Empfängnis Jesu aus der Jungfrau Maria als unvereinbar mit der Lehre von der vollen Menschennatur Jesu Christi aufzuweisen, dann steht eine solche Argumentation nicht nur der Intention der genannten Konzilien entgegen, die gegenüber jeder gnostischen und doketischen Bestreitung an der Annahme der menschlichen Natur Christi aus der Jungfrau Maria sine virili semine strikt festhalten. Ein solches Argument hätte auch die fatale Konsequenz, daß man, von den Konzilien her gesehen, die ihrerseits auf der Basis der Heiligen Schrift stehen wollen, den Evangelien nach Matthäus und Lukas eine falsche oder gar häretische Christologie unterstellen müßte. Dies hieße aber die theologische Argumentation auf den Kopf stellen, wenn man mit Konzilsaussagen die Heilige Schrift auf ihre Rechtgläubigkeit überprüfen wollte. Man kann dem Fall in die selbstgegrabene Grube auch nicht dadurch entgehen, daß man aus den den Evangelien entgegengesetzten Prämissen folgert, daß Matthäus und Lukas darum ihre Aussagen gar nicht als wahr und real, sondern nur als theologisches Interpretament verstanden haben müßten oder daß sie Opfer ihres falschen Welt- und Biologiebildes gewesen seien. Denn wenn die Evangelien in dieser Aussage irren, dann kann man auch nicht an dem Ereignis der Menschwerdung Gottes festhalten, für die es auch keinen empirischen Beweis gibt und die man dann auch auf die beschränkte Weltsicht der Urkirche zurückführen müßte. In der Tat gibt es Interpretationen der Inkarnation als einer Metapher für die Annäherung der gegenständlichen Welt an ihren transempirischen Grund, die im Bewusstsein oder in der Gefühlswelt des Menschen interpretiert oder erahnt werden.

Die geistgewirkte Lebensentstehung Jesu aus der Jungfrau Maria bedeutet keine Abwertung der menschlichen Geschlechtlichkeit und Zeugungsfähigkeit. Sie zeigt aber die Grenzen des Kreatürlichen auf, aus dessen eigener Potentialität heraus die Menschwerdung Gottes nicht Ereignis werden kann.[30]

2.2. Die Frage nach dem Zusammenhang von Weltbild und Glaubenshermeneutik

Diese Frage nach dem Weltbild, d. h. genauer der Zeugungsbiologie, ist von ungleich größerem Gewicht. Von hierher kommen auch die Einwände, die in einer Zeit der Vorherrschaft des empiristisch-dinglichen Paradigmas mit einer breiten Zustimmung rechnen können. Zunächst ist zu sagen: Es bedurfte nicht erst der Einsicht der modernen Genetik, daß die Verschmelzung von männlichem Samen und weiblicher Eizelle die unabdingbare biologische Voraussetzung ist für die Entstehung eines neuen menschlichen Individuums, um die Vorstellung einer jungfräulichen Lebensentstehung beim Menschen unmöglich erscheinen zu lassen. Die Möglichkeiten der modernen Biomedizin lassen dagegen artifizielle nichtgeschlechtliche Reproduktionen von Tieren und Menschen zu. Man kann wegen des völlig inkomensurablen biblischen und paganen Gottesverständnisses und damit der ganz andern Sicht der Eigenwirklichkeit der geschaffenen Welt die gei-

---

[30] Abgesehen von der Frage, ob es überhaupt theologisch legitim ist, die beiden christlichen Lebensstile der Ehe und der Ehelosigkeit um des Himmelreiches willen jeweils zu profilieren im Gegensatz zueinander, ist zu sagen, daß diese Fragestellung mit der Kernfrage der Christologie an sich gar nichts zu tun hat.

stige Welt des Judentums und frühen Christentums auf die mythologische Denk- und Erlebnisform festlegen, wie etwa die scharfe Selbstunterscheidung von Gott durch Paulus und Barnabas beweist gegenüber den Einwohnern von Lystra, die sie als „Götter in Menschengestalt" (Apg 14,11) verehren wollten.

Doch auch in den Mythen der heidnisch-mediterranen Antike geht es niemals um eine Lebensentstehung ohne Mann. Wenn dabei eine menschliche Frau von einem der Götter, die nach biblischem Verständnis nichts weiter als verabsolutierte kreatürlich Momente sind und darum mit wahren Gott gar nichts zu tun haben, befruchtet wird, so wird selbst diese Vorstellung von einem Hieros Gamos nicht in einem wörtlich realistischen Sinn verstanden. Ebensowenig ist im biblischen Weltbild, bei dem das Verhältnis des Menschen zu Gott nicht kosmogonisch-mythisch, sondern schöpfungstheologisch vermittelt gedacht wird, die Entstehung neuer menschlicher Individuen (nach der einmaligen Grundlegung in der Schöpfung ex nihilo) durch ein unmittelbares Wirken Gottes unter Umgehung der Zweitursächlichkeit menschlicher Zeugung und Fruchtbarkeit ins Auge gefaßt (vgl. Gen 1,28). Die Frage Marias, wie das Empfangen eines Kindes ohne Mann geschehen soll (Lk 1,24) zeigt, daß man sich in den judenchristlichen Kreisen der Urkirche sich dieses Zusammenhangs bewußt war. Der mythologische Verstehensrahmen, der Maria an einen Hieros Gamos hätte denken lassen, steht also nicht hinter diesem Text. So ist es schon die Evidenz gemeinmenschlicher Erfahrung und einer nüchternen Wirklichkeitsbeurteilung, die eine Parthenogenesis beim Menschen ausschließt. Anzumerken ist, daß die Evangelisten ihre Botschaft von der Lebensentstehung Jesu ohne männliches Zutun weder in eine biologische Vorstellung einkleiden noch versuchen, sie mit biologischen Möglichkeitserwägungen zu stützen, etwa durch Heranziehung der antiken Zeugungsbiologie, wonach dem Mann ein Primat in der Zeugung zukommt. Biologische Zeugungstheorien spielen zur Unterstützung des Bekenntnisses zum ganz einzigartigen Gotteshandeln bei der Entstehung des Menschsein Jesu keine Rolle. Die Erschütterung und Überwindung der antiken Ansichten durch die moderne Zeugungsbiologie erschüttert den Glauben an die geistgewirkte Empfängnis Jesu von Maria ohne männlichen Samen deswegen nicht, weil sie in keiner Weise auf empirisch auszumachenden Möglichkeiten der geschaffenen Geschlechtlichkeit beruht.

Entscheidender für die gegenwärtigen Schwierigkeiten ist ein grundsätzlicher Umbruch im Wirklichkeitsverständnis überhaupt. Dabei sind neue

Plausibilitätsstrukturen entstanden, die die Akzeptanz der christlichen Glaubensaussagen und überhaupt metaphysisch und offenbarungstheologisch gestützter Erkenntnis erheblich erschweren. Dieses trifft auch auf andere Glaubensgeheimnisse zu, z. B. die Schöpfung aus dem Nichts, die Wundertaten Gottes im Alten und Neuen Testament, die leibliche Auferweckung Jesu von den Toten, die leibhaftige Auferstehung des Menschen u. a.

Im einzelnen können die Folgen dieses Umbruchs im Wirklichkeitsverständnis für das Selbstverständnis von historischer Wissenschaft, von Physik und Biologie in unserem Zusammenhang auch nicht annähernd entwickelt werden. Für die theologische Methode scheint jedoch die Subjekt-Objekt-Spaltung, die sich aus der Trennung der Welt in Ausdehnung (res extensa) und Denken (res cogitans) bei Descartes ergibt, äußerst folgenreich zu sein. Die ausgedehnte Welt wird in der mechanisch-kausalen Verknüpfung ihrer Aufbauelemente begriffen und in den formal-logischen Zusammenhang der mathesis universalis gebracht. Bald nun scheint die meßbare Welt als die Wirklichkeit, weil sie objektiv-empirisch überprüfbar ist. Was sich dieser Art von Verifikation nicht unterziehen läßt, ist nicht objektiv und nicht wirklich. Die meßbare Welt wird zum Kriterium objektiver Erkenntnis und umgekehrt gilt nur das als objektiv, was empirisch überprüft werden kann – ein klassischer Zirkelschluß. Dies hat auch Folgen für das Geschichtsverständnis. Die aus der Geschichte berichteten Ereignisse erweisen sich nur dann als wahrscheinlich oder glaubhaft, wenn sie den Kriterien der historischen Kritik, der Analogie und der Korrelation gewachsen sind.[31] Nur das, was sich immer ereignet oder ereignen könnte, was wiederholbar ist, erscheint glaubhaft. Diese Kriteriologie zur Unterscheidung von wirklichen und fingierten Ereignissen ist allerdings nichts weiter als eine Anwendung des naturwissenschaftlichen Zirkelschlusses auf die Geschichte. Das Wesen der Geschichte ist doch gerade die Einmaligkeit und Unwiederholbarkeit von Personen, Ereignissen und Vorkommnissen und eben nicht ihre Reproduzierbarkeit. Deshalb muß der Mensch als ein sich in der Geschichte realisierendes Wesen in der Einmaligkeit und Unvertretbarkeit seiner Existenz, Wahrheitserkenntnis und Freiheitsentscheidung immer damit rechnen, daß Gott sich ihm durch die Einmaligkeit und Unvertretbarkeit des von ihm ermächtigten menschlichen Mittler ein für alle Mal als Wahrheit und Leben zu erkennen gibt mit dem Anspruch, der an den Men-

---

[31] Vgl. E. Troeltsch, Historische und dogmatische Methode in der Theologie (1898): ders., Gesammelte Schriften II, Aalen 1962, 729–753.

schen ergeht, sich in der Unvertretbarkeit seiner Existenz in Glaube und Liebe Gott ein für alle Mal zu überantworten.

Die Frage ist nun, wie man Zugang zur Transzendenz gewinnt. Wie kann das ganz anders geartete Handeln Gottes unter den Bedingungen unserer wissenschaftlichen Welterfahrung möglich sein, erkannt werden und auf den Begriff gebracht werden? Kann Gott in den geschlossenen, sich kausal selbst genügenden und erklärenden Ablauf der physischen, biologischen und physikalischen Gesetze eingreifen? Wenn man von der Gleichartigkeit allen Geschehens ausgeht, kann man vom gegenwärtigen empirisch-wissenschaftlichen Wirklichkeits-verständnis her die biblischen Nachrichten, daß etwa Gott mit Mose gesprochen hat und daß er Israel wunderbar durch das Rote Meer geführt hat, daß er Mensch geworden ist, daß er Jesus von den Toten auferweckt hat und auch uns zum Leben einmal wiedererwecken wird, nicht einfach mehr als historisch-wissenschaftlich verifizierbar begreifen, weil der Historiker per definitionem nur mit natürlichen, allgemein zugänglichen Phänomenen zu tun hat. Demgegenüber hat sich die Theologie oft vorschnell auf ein objektivierbares Eingreifen Gottes in den Naturzusammenhang (bei den Lücken unserer empirischen Welterkenntnis) versteift und dies, scheinbar unwiderlegbar, mit dem Hinweis auf die Allmacht Gottes erklärt bzw. die wissenschaftlich noch nicht geklärten Phänomene als das Einfallstor der Transzendenz begriffen. Eine andere Reaktion der Theologie bestand darin, sich mehr und mehr aus der empirisch objektiven Welt, die freilich ein a priori methodisch eingeschränktes Wirklichkeitsfeld darstellt, in eine subjektive Welt zurückzuziehen und die Wahrheiten des Glaubens rational-ethisch oder tiefenpsychologisch-archetypisch zu legitimieren und individual- und sozialethisch als Lebenshilfe anzubieten. Die Theologie meinte, die biblischen Aussagen in ihrer Wahrheit dann retten zu können, wenn sie als Manifestationen einer rational oder affektiv sich auslegenden Beziehung des Menschensubjektes auf ein unzugängliches Absolutum außerhalb der historischen oder physischen Objektwelt interpretiert wurden. Die in der Bibel berichteten Ereignisse werden dann als die Veranschaulichung oder die Deutung existentieller Erfahrung begriffen, wie sie unter den Voraussetzungen des vorwissenschaftlichen Weltbildes und im kulturellen Rahmen der antiken Welt ihren literarischen Niederschlag fanden.

Ohne eine tiefere Reflexion auf die Grundlagen einer solchen hermeneutischen Voraussetzung wird der heutige Christ seinen geistigen Weltbezug als wissenschaftlich dem vorwissenschaftlichen Weltbild entgegensetzen und die biblischen und mythologischen Aussagen der antiken Religionen bloß als die Variationen innerhalb der einen und selben Kategorie des überholten Weltverständnisses begreifen.

Hier müßte aber deutlich gemacht werden, daß das Weltbild mehr ist als die exakte, experimentell gesicherte Beschreibung von physischen, biologischen und historischen Zusammenhängen. Die empirischen Einzelwissenschaften erreichen die „Wirklichkeit an sich" nur unter bestimmten Aspekten und Perspektiven. Und auch in ihrer Addition können sie nicht die gesamte Wirklichkeitshabe des menschlichen Verstandes synthetisieren. Sie stehen unter der transzendentalen Voraussetzung der menschlichen Vernunft, die auf die Wirklichkeit als solche ausgreift und darum immer schon über das empirisch Verifizierbare hinaus ist bzw. selbst die reale Möglichkeitsbedingung empirischer Welterfahrung darstellt.

Nur einem unbegrenzt-offenen Wirklichkeitsverständnis kann die Grundbeziehung des Menschen zu Gott Thema einer Erkenntnistheorie sein, die die menschlichen Erkenntnisbedingungen sowohl in ihrer empirischen Konkretion wie auch in ihren nichtgegenständlichen Bedingungen und Verwiesenheiten reflektiert. Die Heilige Schrift hat ein ganz eigenes Gottesbild, woraus sich auch ein metaphysisch anderes Verständnis des Zusammenhangs von Welt, Geschichte und Mensch in bezug auf Gott ergibt. Hier wird erstmals der Gedanke der Transzendenz Gottes in einem radikalen Tiefgang formuliert, wie es der antiken Mythologie, aber auch der großen Philosophie bei Plato und Aristoteles noch nicht gelungen ist, wenn auch ihre Offenheit auf die Gottesfrage und mögliche Gottesbegegnung nicht zu übersehen ist.

Gott steht in Relation zum Universum durch die Vermittlung seiner Schöpfungstat. Gott ist in Israel nicht die Verkörperung und Projektion des Volksgeistes. Gerade umgekehrt erweist ER sich (protologisch) durch sein souveränes Handeln in der Hervorbringung alles Seins der Welt als der Schöpfer des Himmels und der Erde und in seinem Heilshandeln in der Geschichte Israels offenbart er sich (eschatologisch) in seinem WORT und GEIST als Retter, auf den schließlich alle Menschen ihre Hoffnung setzen dürfen. Die geschaffene Welt ist gekennzeichnet durch eine Eigengesetzlichkeit ihrer natürlichen Aufbaufaktoren, in deren Mitte die menschliche personale Freiheit steht. Die Auffassung der Welt, die von Gott wie eine Marionette abhängig wäre, widerspricht der Souveränität des Schöpferhandelns Jahwes. Aufgrund seiner radikalen Transzendenz kann Gott auch mit dem Menschen in ein Verhältnis persönlicher Nähe treten, worin sich auch die personale Identität als geschichtlich vollzogene Relation des Menschen zu Gott hin ereignet. Der Mensch bewegt sich in der Welt nicht nur wie auf einer Bühne: die materielle Welt, in der er lebt, und seine eigene Geistigkeit führen nicht ein Eigenleben ohne innere Verbindung. Der Mensch ist niemals bloß der Spielball der ehernen Gesetzlichkeit materieller Vorgänge.

Wenn der Mensch in seinem konkreten Vollzug auch nicht der absolute Herr ist über die Gesetzlichkeiten der Materie, so ist er selbst in seiner Konstitution eine metaphysisch irreduzible Wirklichkeit, in der sich die ihm unmittelbar leiblich eigenen und die ihn raum-zeitlich umgebende, in den Dingen gestaltete Materie integriert. Anders gesagt: der Mensch ist ein Geist, der so mit der materiellen Weltstruktur vermittelt ist, daß er sich ihre wesentlichen Vollzüge zu eigen macht und durch sie in der Welt existiert und mit ihr interagiert. Er ist darum konkret eine geist-leibliche Existenz. Der geistig-personale Transzendenzbezug des Menschen zu Gott nimmt eine Gestalt an, so daß im Menschen auch die materielle Welt von Gott in das Ereignis des Heils einbezogen wird. Gottes Wirken auf den Menschen hin umfaßt umgekehrt auch immer eine materielle somatische Dimension, außerhalb derer das Menschsein gar nicht existieren kann. In der Glaubensantwort des Menschen auf die geschichtlich-inkarnatorische Präsenz Gottes hin ist der Mensch immer auch mit seiner leibhaft-weltlichen Existenzweise einbezogen.

Wenngleich das biblische Wirklichkeitsverständnis in seiner literarischen Darstellung Anleihen beim antiken Weltbild macht, so ist es dennoch vom mythologischen Wirklichkeitsverständnis prinzipiell verschieden, und es kann mit dem empirischen Wissenschaftsideal der Neuzeit relativ leicht verbunden werden, wenn man sich nur einer umfassenden Reflexion auf das, was Wirklichkeit, Geist und Materie heißt, zu öffnen bereit ist. Schwierigkeiten kommen nicht von den Erkenntnissen der modernen Natur- und Geschichtswissenschaft selbst, sondern von ihrer Reduktion auf eine positivistische Philosophie. Dabei stellen aber nicht die Ergebnisse der modernen Naturwissenschaft den Glauben in Frage, sondern die von daher abgeleiteten philosophischen Thesen, so daß sich hier nicht Glaube und Naturwissenschaft, sondern zwei grundsätzlich verschiedene philosophische Anschauungsweisen von Wirklichkeit entgegenstehen.

Die Grundaussagen des biblischen Wirklichkeitsverständnisses und gerade auch des Handelns Gottes in der menschlichen Geschichte müßten mit einer „Metaphysik des Ereignisses"[32] vermittelt werden. Gott in seiner absoluten Transzendenz ist nicht in einem deistischen Sinn über der Welt oder fern von der Welt. Schöpfung bedeutet zugleich auch eine universale Nähe Gottes zum Ganzen der Welt und zum einzelnen ihrer Aufbaufaktoren und endlichen Kausalitäten. Dieser transzendente Gott bringt sich als er selber dem Menschen nahe – vermittelt in einem geschichtlichen Ereignis, ohne sich auf der Ebene der Empirie objektivierbar zu machen. Dies setzt freilich den Menschen als Adressaten dieses geschichtlich-kreatürlich vermittelten Wirkens Gottes voraus, bzw. führt zur Erkenntnis, daß das innerste Wesen der Menschen in seiner geistleiblichen Natur ist, „Hörer des Wortes"[33] zu sein. In seiner Geiststruktur ist der Mensch immer schon „ekstatische Transzendentalität", die aber nur durch die Vermittlung des Geschichtlich-Ereignishaften zu sich selbst und damit auch zu Gott vermittelt wird. Gott kann dann aber auch dem geschichtlichen Ereignis eine solche Wirkung mitteilen, die über seine natürliche Reichweite hinausgeht und als solche doch nur dem Menschen als geistig-worthaftes Wesen zugänglich wird, der in einem solchen Ereignis den Anruf Gottes selber hört. Dieses Hören ist aber nur möglich, wenn sich Gott in diesem Ereignis dem Menschen durch ein Erkenntnismedium mitteilt, letztlich aber durch sein Wort, in dem er sich dem Menschen vermittelt und zu erkennen gibt. Höhepunkt und unüberbietbare Einheit des geschichtlich-ereignishaften Kommens Gottes zu uns und darin auch das kreatürliche Erkenntnismedium ist Jesus Christus. Durch ihn gibt sich uns Gott zu erkennen und in seinem Geiste geschieht der Grundvollzug unserer Gotteserkenntnis und unserer Hingabe an Gott, was wir den Glauben nennen.

Wo eine solche Metaphysik des Ereignisses noch nicht fundamentaltheologisch rezipiert wird, wird die Theologie immer unter der Voraussetzung der Subjekt-Objekt-Spaltung schwankend bleiben zwischen einerseits einer Naturalisierung, d. h. psychologischen oder historischen Reduktion ihrer Phänomene, und andererseits einem Supranaturalismus, der die Wahrheit der Heilsereignisse nur sichern kann, wenn er sie von der gleichen Qualität wie den Forschungsgegenstand von Physik, Chemie und Biologie erachtet.

---

[32] Bedeutsame philosophische Vorüberlegungen zu einem neuen Verständnis der Geschichte vom „Ereignis" her hat M. Müller, Existenzphilosophie. Von der Metaphysik zur Metahistorik, hg. v. A. Halder, 4. erw. Aufl., Freiburg-München 1986, vorgelegt.

[33] Vgl. K. Rahner, Hörer des Wortes (=Sämtliche Werke 4), hg. v. A. Raffelt, Freiburg 1997, 1–281.

2.3. Die Argumentation von der vergleichenden Religionsgeschichte her

Von vielen wird der religionsgeschichtliche Vergleich, besonders auch im Zusammenhang unserer Fragestellung instrumentalisiert, um die Singularität und Originalität der biblisch bezeugten Heilsereignisse als Tatsachen in Frage zu stellen.[34] Dem Hinweis auf Parallelen und ideelle oder literarische Abhängigkeiten liegt die Überzeugung zugrunde, daß die fraglichen Erzählungen in der Bibel ebenso wie in anderen Religionen im Sinne des historisch-wissenschaftlichen Weltbildes der Neuzeit selbstverständlich nicht objektiv wahr sind. Man solle sie kulturell und tiefenpsychologisch als archetypische Muster aus ihrem kulturellen Umfeld erklären, um bestimmte religiöse Vorstellungen, Hoffnungen, Sehnsüchte und Ideen zur Sprache zu bringen. Dementsprechend sei die biblisch bezeugte Geburt Jesu aus der Jungfrau ein bewußt oder unbewußt aufgegriffenes Stilmittel für die Überzeugung von der Bedeutsamkeit Jesu.[35]

[34] F. Pfister, Die Religion der Griechen und Römer. Mit einer Einführung in die vergleichende Religionswissenschaft, Leipzig 1930, 1–49, bezeichnet allerdings klar die weltanschaulichen Voraussetzungen der vergleichenden Religionswissenschaft. Er versteht es nicht als ihre Aufgabe, den Wahrheitsgehalt der einzelnen Religionen zu prüfen und darüber zu entscheiden, ob sie tatsächlich auf dem Ereignis einer Offenbarung beruht. Die Aufgabe kann nur darin bestehen, den subjektiven Glaubensgehalt, der sich in Mythos und Kult ausdrückt, zu erfassen und auf Verbindungslinien, Zusammenhänge und Abhängigkeiten mit anderen Religionen zu überprüfen. Dennoch besteht leicht die Gefahr, daß diese Linie überschritten wird und die kulturell oder überhaupt menschheitlich bedingten Analogien des religiösen Ausdrucks die Originalität der einzelnen Religionen überspielen oder konkret auch den Ereignischarakter der biblischen Offenbarung in Frage stellen. Denn hier ist Gott nicht in einer massiven kategorial gearteten Weise so in die Welt eingetreten, daß man rein gegenständlich den universalen Anspruch des Christentums fixieren könnte. Maßgebend für eine mythologische Reduktion von Christologie und Mariologie ist C. Schneider, Geistesgeschichte des antiken Christentums I, München 1954, 370–412.

[35] Vgl. zum Thema die wichtigsten Arbeiten der religionsgeschichtlichen Schule: H. Greßmann, Das Weihnachtsevangelium, Göttingen 1940; W. Bousset, Kyrios Christos, Göttingen 1921; H. Leisegang, Pneuma Hagion, Leipzig 1932; und besonders auch E. Norden, Die Geburt des Kindes. Geschichte einer religiösen Idee, Leipzig 1924. Besonders einflußreich war auch die vielzitierte Arbeit von M. Dibelius, Jungfrauensohn und Krippenkind (=SHAW.PH 23), Heidelberg 1933, 3–79; so auch G. Guthknecht, Das Motiv der Jungfrauengeburt in religionsgeschichtlicher Beleuchtung (Masch. Diss.), Greifswald 1952; vgl. auch O. Michel – O. Betz, Von Gott gezeugt: Judentum, Urchristentum, Kirche (=FS J. Jeremias), hg. v. W. Eltester, Berlin 1960, 3–23. Vom historischen Standpunkt setzt sich mit der religionsgeschichtlichen These bezüglich des Glaubensartikels

Im einzelnen wird auf die ägyptische Königsideologie verwiesen.[36] Der neue Pharao gilt als „Gottessohn", weil er durch den Geist-Gott Re-Amun, der sich in der Gestalt des regierenden Königs der jungfräulichen Königin näherte und mit ihr den jungen König gezeugt hat. Amun beauftragt dabei den Schöpfergott Chnum, das der Königin verheißene Kind zu schaffen. So ist der Pharao entweder unmittelbar von Gott gezeugt, oder auf ihn werden in einer geistigen Weise göttliche Kräfte und Eigenschaften übertragen. Der Pharao wird so als Sohn der Götter, der aus ihnen hervorging, bezeichnet. Es geht nicht um die geschichtliche Selbstoffenbarung Gottes, sondern im ganzen um eine politisch-soteriologische Legitimation der Pharaonenherrschaft.[37] An eine Selbstvergegenwärtigung Gottes im Sinne des Neuen Testamentes ist nicht einmal andeutungsweise gedacht.

„empfangen vom heiligen Geist, geboren aus der Jungfrau Maria" auseinander K. Prümm, Der christliche Glaube und die altheidnische Welt I, Leipzig 1935, 253–333; ders., Christentum als Neuheitserlebnis. Durchblick durch die christlich-antike Begegnung, Freiburg i. Br. 1939, 145–158. Zur systematischen Fragestellung vgl. J. R. Geiselmann, Marienglaube und Marienmythos: Maria in Glaube und Frömmigkeit, hg. v. Bischöflichen Seelsorgeamt Rottenburg, Rottenburg 1954, 39–58; A. Weiser, Mythos im Neuen Testament unter Berücksichtigung der Mariologie: Mythos und Glaube, hg. v. H. J. Brosch u. H. Köster, Essen 1972, 67–88; M. Schmaus, Die dogmatische Wertung des Verhältnisses von Mythos und Mariologie: ebd. 109–124; R. Laurentin, Foi et mythe en théologie mariale: NRTh 99 (1967) 281–307. Zur Geschichte der Mythosdeutung vgl. neuerdings K. Hübner, Die Wahrheit des Mythos, München 1985, 48–92.

[36] Eine Übersicht über die angezogenen ägyptischen, römischen, griechischen und auch jüdischen religionsgeschichtlichen Analogien, Ableitungen und Genealogien vermittelt J. Gnilka, Das Matthäusevangelium 1. Teil (=HThK I/1), Freiburg-Basel-Wien 1986, 22–33. Als Ergebnis seiner sorgfältigen Untersuchung stellt er fest: „Das alles macht es schwierig, die evangelische Vorstellung von der Erzeugung Jesu aus dem Geist und aus der Jungfrau Maria aus dem Ägyptischen abzuleiten. Bestenfalls wird man sagen, daß das Ägyptische das Verständnis des christlichen Glaubens vorbereiten half. Die wichtigsten Wurzeln des letzteren liegen anderswo" (ebd. 28), nämlich – so ist hinzuzufügen – in der religionsgeschichtlich unvergleichlichen Problematik der Christologie, d. h. der heilsgeschichtlichen Identität Jahwes mit Jesus. Vgl. auch E. Nellessen, Das Kind und seine Mutter (=BSB 39), Stuttgart 1969, 97–109.

[37] Vgl. hierzu S. Morenz, Ägyptische Religion (=Die Religionen der Menschheit 8), hg. v. C. M. Schröder, Stuttgart ²1997, 32–38. Im Sinne der religionsgeschichtlichen Schule folgert allerdings E. Brunner-Traut, Die Geburtsgeschichte der Evangelien im Lichte ägyptologischer Forschungen, in: ZRGG 12 (1960) 97–111, hier 105: „daß nur der ägyptische Geburtsmythos die Wurzel unserer biblischen Geschichte sein kann. Die greifbaren Überlieferer sind Philon und Plutarch, während die graeco-ägyptische Mystik die dogmatischen Formeln

145

vermittelt hat. Die ägyptische Geschichte ist nicht nur Parallele oder Analogon, sie ist Anfang und Ursprung der Geburt Jesu." Interessant ist nicht nur der bedenkenlose Übergang von einer Kann- zu einer Ist-Aussage, sondern vielmehr, daß E. Brunner-Traut dem mythischen nur das naturwissenchaftlich-rationale Denken entgegenzusetzen weiß. Sie glaubt zu wissen, daß der Mythos als eine Art ätherisches Schweben gegenständlicher Vorstellungen und Ahnungen vom Unbedingten näher bei den Göttern ist als die logische Erkenntnis. Aber unter Logik versteht sie nur im Anklang an Kant den Verstand, der den Gegenständen die Bedingungen ihrer Erscheinungen vorschreibt. Daß es auch eine seinsvernehmende Vernunft gibt, die die logische Zuordnung der Ereignisse und ihrer personalen Träger erkennt, und daß die biblische Rede von Gott und personalen Geschöpfen von der Schöpfungsordnung und der Heilsgeschichte her eben nicht mythisch sind, ist a priori in ihrem philosophischen Instrumentarium ausgeschlossen. Das Problem vieler religionsgeschichtlicher Vergleiche besteht oft darin, daß man die christlich-theologischen Aussagen auf pagane Muster zurückführen will und diese paganen Muster vielleicht richtig beschreibt, dafür aber kaum in die eigentlichen theologischen Gedankengänge eingedrungen ist. Bei Matthäus und Lukas ist eindeutig nicht von einem Hieros Gamos die Rede. Von einer geschlechtlichen Tätigkeit Gottes – auch in der subtilsten Form –, welche den männlichen Part einer natürlichen Zeugung übernehmen würde, kann nicht die Rede sein. Der Bezugspunkt unserer Evangelien ist vielmehr der Schöpfungsgedanke. Gott bringt unmittelbar durch seine schöpferische Wirksamkeit die Welt und den Menschen hervor. Gott vermittelt seine schöpferische Tätigkeit der Hervorbringung des neuen Individuums durch die elterliche Zeugung. Gott kann nun aber auch schöpferisch ohne die durch ihn selbst gesetzte elterliche Vermittlung ein menschliches Dasein hervorbringen. Daß Gott dieses tut, mochte zwar beim Judentum faktisch, jedoch keineswegs prinzipiell ausgeschlossen sein. Darum ist bei Parallelen auch nicht in Richtung einer Zeugung zwischen Göttern und Menschen zu suchen. Es ist überdies methodisch äußerst fragwürdig, bestimmte Vorstellungen der ägyptischen Religion mit christlicher Terminologie zu beschreiben, also etwa Trinität und Zwei-Naturen-Lehre, um dann zu folgern, daß die christliche Lehre als die zeitlich spätere kausal von ägyptischen Vorstellungen abhängig sei. Nicht jede Triade von Göttern hat schon etwas mit dem christlichen Verständnis von Trinität zu tun, denn hier geht es nicht um einen politisch oder ideologisch motivierten Ausgleich von Göttern, sondern um die Frage, wie unter Aufrechterhaltung des biblischen Monotheismus wirklich von einer Gottheit Christi, des Mensch gewordenen Logos, und des uns gesendeten Heiligen Geistes die Rede sein kann. Auch hat offensichtlich das Zustandekommen einer götter-menschlichen Mischnatur des Pharao durch die Besonderheit, daß ein Gott an seiner physischen Zeugung beteiligt war, wenig zu tun mit dem Grundproblem der Christologie, die zur Lehre von der hypostatischen Union der göttlichen und der menschlichen Natur in Jesus Christus geführt hat. Methodisch gesehen reicht eine rein assoziative Verknüpfung von Wortprägungen nicht aus, um eine wirkliche Genealogie der Idee in ihrem substantiellen Gehalt zu begründen.

Neben diesem Hinweis auf den möglichen Einfluß der altägyptischen Mythologie und Kultur wird auch auf die Mythologie der griechisch-römischen Welt verwiesen, wo gelegentlich von einer geschlechtlichen Begegnung von Göttern mit menschlichen Frauen die Rede ist. So leuchtet dem Leser von historischen Romanen und populärer sogenannter Fachbuchliteratur nur zu leicht die Aussage ein, die alte Welt sei voll mit der Vorstellung von „Jungfrauengeburten" und Zeugung von Göttersöhnen und damit ließe sich auch ohne weiteres das christliche Glaubensbekenntnis von der Menschwerdung des Sohnes Gottes aus der Jungfrau Maria mittels göttlicher „Zeugung" als fromme Fiktion wegerklären. Der so „Aufgeklärte" gibt sich immunisiert gegenüber theologischen und philosophischen Argumenten, die ihm – wie er meint – die Mythologie doch als Wirklichkeit andemonstrieren wollen.

Wichtiger scheint noch ein Hinweis auf die religiösen Vorstellungen des Judentums zur Zeit Jesu zu sein. Aller Wahrscheinlichkeit nach kennt es jedoch faktisch keine unmittelbare Schöpfung eines Menschen ohne die kreatürliche Vermittlung der elterlichen Zeugung.[38] Selbst Jes 7,14 in der Fassung der Septuaginta, wo von der Geburt des verheißenen Kindes aus der Jungfrau die Rede ist, dürfte zur Zeit Jesu nicht in diesem Sinne ausgelegt worden sein. Die genannte Stelle ist im späten Judentum auch kaum messianisch verstanden worden. Erst Mt (1,23) hat sie im messianischen Sinn aufgegriffen und interpretiert, wobei nicht das Jes-Orakel die Tatsache der geistgewirkten Empfängis Jesu, sondern diese die Interpretation der Jes-Stelle rückwirkend beleuchtet hat.[39]

---

[38] Anders jedoch K. Schubert, die Jungfrauengeburt im Lichte frühjüdischer Quellen, in: ThG (B) (1973) 193–99; F. Hahn, Christologische Hoheitstitel. Ihre Geschichte im frühen Christentum (=FRLANT 83), Göttingen ⁴1974, 4–308, weist hingegen darauf hin, daß die Zeugung unter Ausschaltung des Mannes der palästinensisch-jüdischen Denkweise völlig fremd war im Unterschied zum hellenistischen Judentum. Daraus gehe hervor, daß die „Jungfrauengeburt" nicht in die alte palästinensische Tradition hineingehört und darum auch vom späteren Judenchristentum mit aller Entschiedenheit bekämpft wurde. Fraglich ist allerdings, ob die Bezugnahme auf Jes 7,14 LXX unbedingt in den Raum des hellenistischen Judentums weist. Denn der Ursprung dieser Überlieferung ist durchaus mit der Herkunft aus Palästina zu verbinden, da die Bezugnahme auf Jes 7,14 nicht zur ursprünglichen Tradition hinzugehört haben muß, sondern viel eher zur theologischen Verarbeitung in der matthäischen Redaktion gehört.

[39] Auf die Diskussion um Jes 7,14 (besonders die Übersetzung „junge Frau" oder „Jungfrau") kann hier nicht im einzelnen eingegangen werden. Vgl. dazu R. Kilian, Die Verheißung Immanuels, Jes 7,14 (=SBS 35), Stuttgart 1968; ders., Die Geburt des Immanuel aus der Jungfrau Maria. Jes 7,14: R. Kilian u. a., Zum

Thema Jungfrauengeburt, Stuttgart 1970, 3–39; H. Haag, Is 7,14 als alttesta-mentliche Grundstelle der Lehre von der Virginitas Mariae: H. J. Brosch u. J. Hasenfuß (Hg.), Jungfrauengeburt gestern und heute, Essen 1969, 137–144; M. Rehm, Der königliche Messias im Licht der Immanuel-Weissagungen des Buches Jesaja (=ESt.NF I), Kevelaer 1968. Im allgemeinen wird die Bedeutung von Jes 7,14 bei weitem überschätzt, denn es ist sicher, daß die Erzählung von der geistgewirkten Lebensentstehung Jesu aus der Jungfrau Maria nicht von hierher konstruiert wurde, sondern daß im Bemühen, Jesus aus der Kontinuität der Heilsgeschichte heraus zu deuten, seine wunderbare Geburt nun auch als Erfüllung der geheimnisvollen Weissagung bei Jesaja gedeutet wurde. Vgl. hierzu die sorgfältige Untersuchung von H. Gese, Natus ex Virgine: ders., Vom Sinai zum Zion, Alttestamentliche Beiträge zur biblischen Theologie (=BEvTh 64), München 1984, 130–146, hier 145f.: „Man muß die Frage stellen, ob die spä-testens aus der Mitte des 2. Jahrhunderts v. Chr. stammende griechische Über-setzung von alma in Jes 7,14 mit παρθένοσ schon die Vorstellung einer jung-fräulichen Messiasgeburt voraussetzt. Diese Frage bleibt aber unbeantwortbar. Septuaginta konnte παρθένοσ archaisierend wie im frühen Griechisch als junges Mädchen / junge Frau verstehen ... Davon abgesehen läßt sich der Formulie-rung des Sohnesverheißungsorakels wenig entnehmen, setzt doch dieses Orakel das Fehlen einer früheren oder gegenwärtigen Schwangerschaft voraus, so daß im Fall einer *alma* die Übersetzung παρθένοσ naheliegt und doch nichts über eine jungfräuliche Geburt ausgesagt wird. Vor der neutestamentlichen Tradi-tionsbildung läßt sich also die Vorstellung einer jungfräulichen Messiasgeburt im Rahmen der biblischen Tradition nicht mit Sicherheit nachweisen. Diese neu-testamentliche Traditionsbildung ist selbstverständlich erst nachösterlich ... Eine aus biographischen Gründen entstandene Geburtsgeschichte konnte im Rahmen der neutestamentlichen Traditionsbildung gar nicht aufkommen; hier entstand erst eine Geburtsgeschichte, als man die Geburt als das Heilsereignis, als Evangelium verstand. Die Geburt ist schon das *ganze* Evangelium, auf eine besondere Inthronisation braucht nicht Bezug genommen zu werden. D. h. in diesem Verständnis der Geburt fiel zusammen, was bei Jesaja in so große Nähe zueinander gerückt war: die physische Geburt und die Gottesgeburt zum Sohne Gottes. Damit war die Vorstellung eines *natus ex virgine* erreicht. Das Motiv der Einwohnung Gottes in dieser Welt wurde zur letzten Konsequenz geführt: Das Heilige selbst tritt ein in diese Welt ... Dies war nicht mehr wie bei Jesaja ein Erscheinen der βασιλεία im Verborgenen und auf Zukunft hin, sondern ein Offenbarwerden sub contrario, die Epiphanie Gottes in tiefer menschlicher Armut und Erbärmlichkeit, die Erscheinung des ganz Anderen. Dieser Tran-szendenzcharakter der Jungfrauengeburt könnte nicht stärker mißverstanden werden als im Sinn doketischer Entleiblichung und Sublimation. Nicht Heraus-hebung Jesu aus dem Menschlichen ist Sinn dieser Überlieferung, sondern das Gegenteil: Hineinsenkung des Heiligen in diese Welt ... In diesem Eschaton aber geht das Heilige selbst in die menschliche Welt ein und ist gegenwärtig in dem, der alle Gottferne überwindet durch seinen Tod. Dieser Offenbarungs-prozeß wird mißverstanden als eine sich ablösende Aufeinanderfolge verschie-dener Konzeptionen. Vielmehr handelt es sich um eine Vertiefung, um eine Seins-aufweitung und Seinsgründung. Nur im Ganzen ist das Wesen zu greifen."

Der Zielpunkt des Matthäusevangeliums ist allerdings streng christologisch, insofern er Jesus als den Immanuel, in dem Gott mit uns ist (vgl. auch Mt 28,20), begreift und für diese Realität Jesu Christi in der Empfängnis und Geburt von der Jungfrau das von Gott gegebene Zeichen erkennt. Von einer durch Gottes Geist unmittelbar verursachten Lebensentstehung ist an Jes 7,14 nicht die Rede, dafür allerdings Jes 11,2, wo der messianische Sproß Davids in seinem Heilswirken ganz vom „Geist des Herrn" erfüllt und geführt wird. Für die These, daß im hellenistisch geprägten Judentum die Vorstellung einer jungfräulichen Empfängnis und Geburt durch Gottes Geistwirken vertraut sei, wird oft Philo von Alexandrien herangezogen. Die wunderbaren Geburten der Patriarchenfrauen Sara, Rebekka, Lea und Zippora, werden bei Philo darauf zurückgeführt, daß sie durch „göttlichen Samen" schwanger geworden sind. Genau betrachtet handelt es sich bei Philo aber um die allegorische Einkleidung seiner Tugendlehre. Er meint, daß die im übertragenen Sinn jungfräuliche Seele offen ist für das Wirken Gottes.

Auch Paulus spricht einmal davon (Gal 4,29), daß der Sohn Saras auf die Weise des Geistes gezeugt sei, während der Sohn der Hagar kraft des Fleisches gezeugt ist. Jedoch versteht Paulus die Zeugung Isaaks, die durch den Geist geschieht, nicht als eine Zeugung ohne menschlichen Vater. Er meint vielmehr eine Zeugung kraft des Geistes der Verheißung (Gal 4,23). Es liegt bei Paulus und bei Philo also nicht das Motiv einer geistgewirkten Lebensentstehung vor, wie es bei Matthäus und Lukas hinsichtlich der Entstehung des Menschen Jesus aus der Jungfrau Maria begegnet. Paulus ist vielmehr an dem Verheißungscharakter der Schrift interessiert, während Philo allegorisch die Klarheit der Seele veranschaulichen will. „Man wird darum in Zweifel ziehen dürfen, ob diese Vorstellungen als solche im Judentum vorhanden waren oder geglaubt wurden."[40] Selbstverständlich ist auch die johanneische Redeweise von der Wiedergeburt aus dem Geist (Joh 3,5) und dem Geborenwerden aus Gott (Joh 1,13) und dem Gezeugtsein aus Gott (1 Joh 5,18) oder gar das von Gott Stammen, weil Gottes Same im nichtsündigenden Glaubenden bleibt (1 Joh 3,8) nicht biologisch gemeint. Aber im Unterschied zur wesenmäßigen Gottessohnschaft Christi, in der die menschliche Natur Christi subsistiert, geht es hier um die reale, doch sakramental vermittelte Adoptiv-Gotteskindschaft der Glaubenden und Begnadeten Jünger Christi.

[40] J. Gnilka, Das Matthäusevangelium 1. Teil (=HThK I/1), Freiburg-Basel-Wien 1986, 26.

Insgesamt darf man schließen, daß das in den Evangelien berichtete geschichtliche und doch aus Gottes Transzendenz gewirkte Ereignis sowohl in seinen Einzelelementen als auch im Rahmen des theologischen Wirklichkeitsverständnisses überhaupt ohne jede echte Parallele in den mythologischen oder weisheitlichen Religionen ist. Es geht um das Zentrum des Christusbekenntnisses, welche die theozentrische Konzeption und die literarische Verarbeitung der beiden Evangelisten exklusiv bestimmen. Es gab keinen bereitliegenden Mythos oder eine philosophische Idee, die geeignet gewesen wären, die absolute Einmaligkeit des eschatologischen Kommens Gottes in die menschliche Wirklichkeit zu veranschaulichen. Die zahlreichen Hypothesen über eine Abhängigkeit der christologischen Aussage von der geistgewirkten Lebensentstehung aus der Jungfrau Maria bei Matthäus und Lukas bzw. bei den von ihnen vorgefundenen und übernommenen Traditionen sind bisher vage Mutmaßungen auf der Basis von Assoziationen geblieben. Im strengen Sinne des Wortes fehlt ihnen die ideengeschichtliche und systematisch-theologische Grundlage.

Eine beständige Quelle von Fehlinterpretationen beim religionsgeschichtlichen Vergleich liegt in der Übernahme des im 19. Jahrhundert in der Biologie gebildeten Kunstbegriffes der Parthenogenese. Damit werden in der Botanik und in der Zoologie tatsächliche Vorgänge ungeschlechtlicher Zeugung beschrieben. Beim Menschen kommt natürlicherweise Parthenogenesis grundsätzlich nicht vor. Wenn sie artifiziell vorgenommen würde oder ex defectu naturae tatsächlich vorkäme, hätte dies mit dem von den Evangelisten berichteten Ereignis der Menchwerdung Gottes aus der Jungfrau Maria a limine nichts zu tun. Denn den Evangelisten geht es nicht darum, einen Ausnahmefall von einer biologischen Regel zu behaupten. Ein biologisches Kuriosum ist niemals das Medium der geschichtlichen Selbstoffenbarung Gottes in seinem Logos, in dem er sich an die menschliche Vernunft und Freiheit richtet. Die biblischen Berichte sollte man durch den Hinweis auf biologische Grenzmöglichkeiten und Absonderlichkeiten nicht glaubhafter machen wollen. Es geht ja vielmehr um eine Singularität, die sich aus der einzigartigen Beziehung Jesu zu Gott ergibt; die unvergleichliche Form der Annahme des Menschseins durch Gott aus der Jungfrau Maria ist die Folge[41]; unter keinen Umständen kann diese einzigartige Beziehung mit

---

[41] Vgl. zusammenfassend G. Delling, Art. παρθένοσ: ThWNT V, 832-834: „Die Jungfräulichkeit der Maria vor Jesu Geburt (Mt 1,23; Lk 1,27) wird vom NT sichtlich nicht aus asketischen Motiven behauptet ... Die Vorstellung von der jungfräulichen Entstehung Jesu will nicht die eheliche Gemeinschaft herabsetzen; hier geht es nicht um Maria, sondern um Jesus. Sie will nicht den Mann

Spekulationen um biologische Gesetzlichkeiten und ihre möglichen Ausnahme in ihrer Glaubwürdigkeit bestätigen oder erschüttern.

2.4. Probleme der systematischen Theologie

2.4.1. Es ist bekannt, daß die Mehrzahl der protestantischen systematischen Theologen seit dem 19. Jahrhundert, von bedeutenden Ausnahmen abgesehen[42], die geistgewirkte Lebensentstehung Jesu aus der Jungfrau Maria als ein konstitutives Element der Christologie ausschaltet[43]. Maßgeb- ausschalten, um die Sündelosigkeit Jesu zu begründen. Der Geburtsvorgang ist durchaus nicht seiner Natürlichkeit enthoben; jeder doketische Zug fehlt den Berichten. Weder um den ethischen noch um den physischen Halbgott geht es in den neutestamentlichen Geburtsgeschichten, weder seine Freiheit gegenüber der Sünde noch seine Wunderkraft usw. sollen ‚natürlich-übernatürlich' erklärt werden; ebensowenig wird der Begriff ‚Sohn Gottes' im übrigen NT damit erklärt … Mit der Nennung des Geistes wird nicht eine mythische Aussage über eine göttliche Zeugung gemacht; es ist überhaupt nichts von einer mechanischen Einwirkung auf den Leib der Maria gesagt. Vielmehr wird an Gen 1,2 erinnert: Über der gestaltlosen Materie schwebt der Geist Gottes, als das Schöpfungswunder geschieht. Auch bei der Entstehung Jesu handelt es sich um einen neu setzenden Schöpfungsakt Gottes (vgl. die Bezeichnung βίβλοσ γενέσεοσ Mt 1,1): Damit soll der Einzigartigkeit Jesu auch vom leiblichen Vorstellungsbereich her Ausdruck gegeben werden. Für die religionsgeschichtliche Ableitung der jungfräulichen Empfängnis der Maria entfällt der Gedanke des ieros gamos nach dem Gesagten von vornherein. Für den Palästinenser ist es schon deshalb unmöglich, dabei die Rolle des Mannes dem pneuma zu übertragen, weil für ihn ‚Geist' ein Fem ist. Aber auch die angeblich ägyptische Vorstellung von der Fernzeugung eines Kindes ist offenbar keine wirkliche Parallele. Es bleibt nur die alttestamentlich-jüdische Analogie eines reinen Schöpfungswunders, das Gott wirkt (vgl. die unfruchtbaren Frauen des AT; nur handelt es sich bei diesen um die Herstellung der Empfängnisfähigkeit, bei Maria um die Empfängnis selbst)."

[42] Am meisten Bedeutung erlangt hat in diesem Sinn der Abschnitt „Das Wunder der Weihnacht" bei K. Barth, Die kirchliche Dogmatik I/2, Zollikon 1938, 187–221; vgl. hierzu auch K. Riesenhuber, Maria im theologischen Verständnis von Karl Barth und Karl Rahner (=QD 60), Freiburg-Basel-Wien 1973, 38–55.

[43] Vgl. dazu José de Freitas Ferreira, Conceicao Virginal de Jesus. Análise da pesquisa liberal protestante, desde a Declaracao de Eisenach até hoje, sobre o testemunho de Mt 1,18-25 e Lc 1,26-38 (=Annalecta Gregoriana B/69), Roma 1980; José C.R. García Paredes, Mariología (=BAC), Madrid 1995; Antonio Escudero Cabello, La cuestión de la mediación mariana en la preparación del Vaticano II. Elementos para una evaluación de los trabajos preconciliares, Roma 1997; und die informationsreiche Studie von Achim Dittrich, Protestantische Mariologie-Kritik. Historische Entwicklung bis 1997 und dogmatische Analyse

lich war die Frage *D. F. E. Schleiermachers*, ob zum Begriff der Vereinigung der göttlichen und der menschlichen Natur in Christus seine übernatürliche Zeugung aus der Jungfrau hinzugehöre.[44] Schleiermacher sieht natürlich richtig, daß die Ausschließung der männlichen Tätigkeit bei der Erzeugung Jesu nicht schon das Sein Gottes in Christus (also die wesenhafte Gottessohnschaft Christi) begründen könne, daß vielmehr umgekehr zu fragen sei, ob sich aus der Vereinigung von göttlicher und menschlicher Natur in Christus notwendig die Zeugung aus der Jungfrau Maria allein ergebe. Er betrachtet nun das Problem unter einem zweifachen Gesichtspunkt, indem er zunächst die neutestamentlichen Zeugnisse befragt und sie dann auf ihren dogmatischen Wert prüft. Beim historischen Gesichtspunkt nennt er die klassischen Probleme, daß die Bezeugung der jungfräulichen Empfängnis sich nur isoliert in den sogenannten Kindheitsgeschichten findet, während an anderen Stellen bei Matthäus und Lukas, ohne daß der Evangelist diese Auffassung korrigierte, Jesus von seinen Landsleuten und Bekannten der Sohn Josefs genannt werde (Ausnahme jedoch: Lk 3,23). Außerdem fehle eine Erwähnung bei Paulus und, was noch überraschender sei, bei Johannes, der im Zusammenhang seiner Inkarnationslehre auf dieses Thema hätte zu sprechen kommen müssen. Zudem werde bei Johannes wiederum ohne Korrektur Jesus der Sohn Josefs genannt, einmal von Natanaël (Joh 1,45) und dann von den nicht an Jesus glaubenden jüdischen Zeitgenossen (Joh 6,42, vgl. Mt 13,55; Lk 4,22).

Daraus lasse sich schließen, daß die ursprünglichen Jünger Christi keinen besonderen Wert auf diesen Umstand gelegt hätten bzw. daß es keine feste und allgemein anerkannte Überlieferung darüber gegeben habe. Auch die diesbezüglichen Stellen der alten Symbola und der reformatorischen Bekenntnisschriften ließen nicht erkennen, daß die Kirche ein dogmatisches Gewicht auf diesen Bekenntnissatz legte.

Christus könne also als Erlöser und Sohn Gottes geglaubt werden, ohne daß die übernatürliche Zeugung als wesensnotwendiger Bestandteil in diesen Glauben aufgenommen werden müsse. Wer diese Erzählungen wörtlich und buchstäblich nehme, füge dem Glauben nur zusätzlich etwas Wunder-

(=Mariologische Studien XI), Regensburg 1998: G. L. Müller, Qué significa María para nostros los cristianos? Reflexiones sobre el capitulo mariológico de la Lumen gentium, Madrid 2000.

[44] D. F. E. Schleiermacher, Der christliche Glaube. Nach den Grundsätzen der evangelischen Kirche im Zusammenhange dargestellt II, §§ 93 u. 97, Berlin 1931, neu hg. v. M. Redeker, Berlin 1960, 34-43.58-76.

bares bei und bringe sich in Schwierigkeiten mit der Naturwissenschaft, auf deren Aussageebene der Glaube a priori nicht ansetzen will. Dennoch sei die Vorstellung der jungfräulichen Empfängnis nicht ein dem Glauben in seinem inneren Wesen widerstreitendes Element, was diejenigen zu beweisen suchen, die gekünstelt die Parallelen zu den jüdischen und heidnischen Sagen und einer „übernatürlichen" Empfängnis sog. „großer Männer" konstruieren. Die dogmatische Frage ist jedoch, welche Bedeutung diese Aussage für den christlichen Glauben selbst haben kann. Hier bleiben für Schleiermacher nur zwei Elemente übrig, nämlich die Beziehung auf die Erbsünde oder auf die Einpflanzung des Göttlichen in die menschliche Natur. Er will nun zeigen, daß in beiderlei Hinsicht der Glaube an eine übernatürliche Erzeugung Jesu aus der Jungfrau Maria für die Christologie gleichgültig ist. Schleiermacher weiß natürlich, daß hinter dem Gedanken der übernatürlichen Lebenserzeugung Jesu ein tiefer christologischer Gehalt steht. Aber wie ist er näherhin auszulegen?

Die Menschheit, die als ganze von Gott getrennt ist, kann auch in der natürlichen Reproduktion, d. h. in der personbildenden Kraft der menschlichen Natur, welche durch die beiderseitige Geschlechtstätigkeit vermittelt wird, nicht den Erlöser hervorbringen, in dem sich die neue Schöpfung und die Vereinigung von Gott und Mensch darstellt. Deshalb gehört zum Verständnis des Erlösers ein schöpferischer göttlicher Akt, durch den in einem geschichtlichen Einzelmenschen urbildlich für die Menschheit das neue Subjekt des Gottesbewußtseins vollendet wird. Diese von Gott selbst hervorgerufene Kräftigkeit des Gottesbewußtseins in Jesus ist das eigentliche Sein Gottes in Jesus und damit die Erlösung und die Vollendung der menschlichen Natur in ihrer Einheit mit Gott.

Im Sinne seiner Bewußtseinschristologie steht Schleiermacher der herkömmlichen Deutung der Zweinaturenlehre kritisch gegenüber und besonders auch der Subsistenztheorie, wonach die menschliche Natur Christi keine eigene Person hat, sondern in der Person des Logos verwirklicht ist. Im Unterschied zur altkirchlichen Terminologie jedoch bezeichnet bei Schleiermacher „Person" das Selbstbewußtsein, während die Hypostase im alten Sinne den metaphysischen Akt meint, durch den eine menschliche Natur mit Geist, Freiheit und leiblicher Verfassung individuell wirklich wird. Schleiermacher spricht darum von einer Persönlichkeit Christi, die aber vom Anfang ihres Daseins an durch das Hinzutreten der vereinigenden göttlichen Tätigkeit zustandegekommen ist. „Das Menschwerden

Gottes im Bewußtsein und das Gebildetwerden der menschlichen Natur zur Persönlichkeit Christi"[45] durch die göttliche Einwirkung auf die menschliche Natur ist darum ein und dasselbe. In diesem Sinn ist die Rede von der übernatürlichen Erzeugung Jesu als der göttliche Einfluß auf das entstehende Selbstbewußtsein Jesu und damit auf seine Persönlichkeit zu denken, die das Sein Gottes in Jesus als überragende Exemplarität des Gottesbewußtseins im Menschen begründet. Dies ist mit der natürlichen Unsündlichkeit Christi und der Rede von ihm als der neuen Schöpfung in der Vereinigung des Göttlichen und Menschlichen gemeint, und insofern kann man von einer übernatürlichen Erzeugung Christi sprechen. Eine natürliche Erzeugung Christi wäre hierzu nicht ausreichend, dazu könnte aber auch die Aufhebung des männlichen Prinzips in der Zeugung nicht genügend sein.

Auch durch eine bloße Beschränkung der Zeugung auf den mütterlichen Anteil hätte Christus aus dem Zusammenhang der menschlichen Sündhaftigkeit nicht herausgenommen werden können. Logisch sei hier die Entwicklung der Vorstellung von einer Sündlosigkeit Marias, die aber in der Heiligen Schrift keine Stütze finde; außerdem müßte man die Reihe über Maria hinaus bis an den Anfang der Menschheit verlängern zu einer fortlaufenden Reihe aller ohne Sünde empfangenen und ohne Sünde gebliebenen Mütter. Darum sei auch die Idee einer Aufhebung des männlichen Anteils an der Erzeugung des Erlösers, um Christus aus dem sündigen Zusammenhang der Menschheit herauszunehmen, überflüssig. „Der allgemeine Begriff übernatürlicher Erzeugung bleibt also wesentlich und notwendig, wenn der eigentliche Vorzug des Erlösers unverringert bleiben soll, die nähere Bestimmung desselben aber als Erzeugung ohne männliches Zutun hängt mit den wesentlichen Elementen der eigentümlichen Würde des Erlösers gar nicht zusammen, ist auch an und für sich kein Bestandteil der christlichen Lehre."[46]

---

[45] Ebd. § 97 (S. 64).

[46] Ebd., § 97 (S. 67). Schleiermacher verwechselt hier jedoch Jungfrauengeburt und Empfängnis Marias ohne Erbsünde. Für Augustinus war die Zeugung Jesu in Maria ohne die Libido des Geschlechtsaktes ein Argument dafür, daß auf Jesus nicht die Erbsünde übertragen wurde. Dazu hätte Maria selbst nicht ohne Erbsünde sein müssen, die sie ja allein nicht übertragen kann. Der spätere Gedanke der Bewahrung Marias selbst vor der Erbsünde, obwohl sie selbst ganz natürlich gezeugt wurde, ist nicht unmittelbar christologisch begründet, sondern kommt aus einer gnadentheologisch-anthropologischen Überlegung. Marias Glaube als Ansatz der Menschwerdung Jesu aus ihr muß selbst noch einmal ein von der

Da die Annahme der jungfräulichen Empfängnis für die Grundaussage der Christologie überflüssig sei, so könne allein die positive Bezeugung in der Heiligen Schrift für die Übernahme dieses an sich überflüssigen Zusatzelementes sein. Das nähere Urteil darüber, ob man diese Lehre im buchstäblichen oder im symbolischen Sinn annimmt, hänge an der persönlichen Beurteilung dieser biblischen Erzählungen. Aber als notwendigen Bestandteil des Glaubens stelle die Schrift diese Lehre nicht dar. Wer diese Lehre nicht im buchstäblichen und geschichtlichen Sinne annimmt, der könne darum dennoch der Lehre von der übernatürlichen Erzeugung Christi treu bleiben. Da ein physiologisch-übernatürliches Verständnis der Erzeugung Jesu aus einer Jungfrau nicht schon das einschließe, was theologisch notwendig von der göttlichen Einwirkung bei der Erzeugung des Erlösers gefordert werden muß, darum sei die Jungfräulichkeit Marias auch kein selbständiger theologischer Topos, von dem aus weitere Folgerungen etwa in Richtung einer bleibenden Jungfräulichkeit auch nach der Geburt abgeleitet werden könnten. Schleiermacher weist darum die Rede von der virginitas Mariae post partum als völlig grundlos ab.

Damit steht aber andererseits auch fest, daß die Geschichtlichkeit des Glaubenswortes Marias als Voraussetzung der Geburt Jesu die Basis jeder mariologischen Fragestellung ist. Der Streit um die Geschichtlichkeit dieser Erzählung ist darum auch eine Auseinandersetzung um das Recht der Mariologie als eines Aspektes, der sich mit innerer Notwendigkeit aus der biblischen und patristischen Christologie ergibt. Wäre Jesus aus einer ganz normalen menschlichen Ehe hervorgegangen, wenn auch im Sinne Schleiermachers mit einem übernatürlichen Einfluß Gottes auf die Bildung seines Selbstbewußtseins als Gottesbewußtsein, ohne daß Maria im Glauben, der durch ein Offenbarungswort gewirkt wurde, von Anfang an einen besonderen Bezug zu diesem Kind gehabt hätte, dann bestünde zwischen Jesus und Maria ein rein biologisch-psychologischer Mutter-Kind-Bezug, der für eine theologische Explikation in Richtung auf die Christologie und Mariologie ohne jeden Belang wäre.

2.4.2. Paul Althaus übernimmt im wesentlichen die Argumentation Schleiermachers. Für ihn läßt sich die Geschichtlichkeit des natus ex virgine letztlich ebenso wenig beweisen wie widerlegen. Auch die Dogmatik kann

Erlösungsgnade getragenes Moment an der Gemeinschaft Gottes mit dem Menschen in Christus sein. Deshalb ist ihr Glaube ganz Werk der Gnade Jesu Christi, und darum tritt sie schon in der Erlösungsgnade ins Leben und ihre auf Jesus hinzielende Glaubensgeschichte.

durch spekulative Argumente dieses historisch nur dürftig bezeugte Geschehen nicht glaubhafter machen. Er weist auf die Brüchigkeit der Argumente hin, die die Gottessohnschaft Jesu an die Ausschaltung eines irdischen Vaters binden oder als Grund für die Sündlosigkeit Christi ansehen. Zum ersten ist es unmöglich, die menschliche Vaterschaft als eine Konkurrenz zur göttlichen aufzufassen, denn Gott ist nicht der Vater Jesu, weil er sein biologischer Erzeuger wäre, sondern Vater und Sohn sind hier die bildhaften Begriffe für die einzigartige Beziehung zwischen Gott und Jesus. Auch kann die Geburt aus der Jungfrau nicht die Bedingung für die Sündlosigkeit Jesu sein. Denn weder ist die geschlechtliche Lust ein Mittel zur Übertragung der Sünde noch kann mit der katholischen Theologie eine Bewahrung Marias vor der Erbsünde gelehrt werden. Wie immer man aber die Geschichtlichkeit der Erzählungen bei Matthäus und Lukas beurteilen mag, sie enthalten, sei es als geschichtliches Ereignis oder als literarische Figur, ein gottgesetztes Zeichen, das deutlich macht, daß Gott bei Jesu Werden die gewöhnliche Ordnung, in der menschliches Leben entsteht, durchbrochen hat. Jesus durchbricht in seiner Person den sündigen Zusammenhang der Menschheit „in Adam". Es soll gesagt werden, daß hier durch Gottes Wirken der neue Mensch entstanden ist, in dem Gott einen neuen Anfang mit der Menschheit gemacht hat. So ist die Jungfrauengeburt ein Gleichnis, aber nicht eine reale Bedingung der neuen Schöpfung Gottes, und sie ist kein konstitutives Element der Christologie. Darum ist die Geburt Jesu aus der Jungfrau Maria nicht in den Rang einer Heilstatsache zu erheben. Die Kirche kann mit der unterschiedlichen Beurteilung dieser Frage durch die historische Exegese leben. Wer vom Standpunkt historischer Kritik den Ereignischarakter der jungfräulichen Empfängnis ablehnt, kann dennoch mit redlichem Gewissen den entsprechenden Satz des Glaubensbekenntnisses nachsprechen als eine gleichnishafte Fassung der Bedeutung Jesu als des neuen Adam. Denn die Geschichte der frühen Kirche zeigt uns, daß nur ein Teil des Urchristentums offenbar von Jesu vaterloser Zeugung wußte. Damit gehört zur ältesten Verkündigung und Bekenntnisbildung das natus ex Maria virgine nicht hinzu. Hingegen ist die Auferstehung Christi der wesentliche Inhalt der Verkündigung und der Grund des Glaubens. „Es hat nie eine Christusbotschaft gegeben, die nicht Osterbotschaft gewesen wäre, nie einen Christusglauben, der nicht Osterglaube war, wohl aber Christuszeugnis und Christusglauben ohne die Jungfrauengeburt. Was für damals gilt, hat auch heute sein Recht."[47]

[47] P. Althaus, Die christliche Wahrheit, Lehrbuch der Dogmatik, Gütersloh [8]1972, 437–443, hier 443.

2.4.3. Emil Brunner geht in seiner „Dogmatik" den umgekehrten Weg.[48] Für ihn sind es zunächst theologische Gründe, die gegen die „Jungfrauengeburt" sprechen, die dann im zweiten Schritt durch die historische Fragwürdigkeit der Evangelienberichte gestützt werden.

Zu Recht weist er auf die Unterschiedlichkeit des Präexistenz- und Inkarnationsgedankens bei Paulus und Johannes im Verhältnis zur Christologie bei Matthäus und Lukas hin. Der Gedanke der Menschwerdung des ewigen Gottessohnes könne nicht ohne weiteres harmonisiert werden mit der synoptischen Vorstellung von der Entstehung der Person, d. h. des Menschen Jesus aus Maria. Matthäus und Lukas gäben also keineswegs eine genauere Fassung des „Wie" des Inkarnationsgedankens. Wir hätten es zunächst mit unterschiedlichen Versuchen zu tun, das Geheimnis Jesu Christi zu deuten. Die synoptische Lehre sei darum eine Alternative, ja ein Gegensatz zur Lehre von der ewigen Gottessohnschaft des Logos und seiner Menschwerdung. Wenn Matthäus und Lukas aber tatsächlich von der Erzeugung der Person des Erlösers und nicht von seiner Menschwerdung als ewigen Gottessohn reden, so würde hier eine Christologie vorliegen, die aus grundsätzlichen Erwägungen von der Kirche abgelehnt werden müßte. Eine Kombination dieser beiden Lehranschauungen sei im kirchlichen Bekenntnis erst möglich geworden um den Preis einer Umdeutung der Erzählungen bei Matthäus und Lukas, insofern sie den angeblichen Modus der Inkarnation beschreiben sollen. Wenn es also bei Matthäus und Lukas in der Lehre von der jungfräulichen Geburt um die Erzeugung der Person des Erlösers gehen sollte, so könnte man an die Gottheit Jesu im Sinne der ewigen Gottessohnschaft nicht wegen, sondern nur im Gegensatz zur Lehre von der jungfräulichen Geburt glauben. Nach Brunner haben wir es im Grunde mit einem mißlungenen Versuch zu tun, die im Glauben angenommene Gottessohnschaft Jesu zu deuten. Sie komme auch, wie historisch ausweisbar sei, in der Lehre der Apostel nicht vor. Sie gehöre nicht zum ursprünglichen Kerygma der neutestamentlichen Kirche, insofern man sie auf den Kreis der ersten Apostel beschränkt. Aber auch zur Lehre von der wahren Menschheit Jesu sieht Brunner einen erheblichen Widerspruch. Kann ein vaterlos Gezeugter wirklich ein wahrer Mensch sein? Fehlt ihm nicht etwas wesentlich Menschliches, wenn er nicht gezeugt und geboren ist wie alle anderen Menschen auch? So erkennt Brunner in dieser Vorstellung einen doketischen Zug und eine Negativbewertung der geschlechtlichen

---

[48] E. Brunner, Dogmatik II. Die christliche Lehre von Schöpfung und Erlösung, Zürich ³1972, 372–379.

Zeugung überhaupt, was dem asketischen Denken des Hellenismus eher als dem biblischen Schöpfungsglauben entspreche. Darum habe diese Lehre auch stets der Förderung geschlechtsfeindlicher Strömungen gedient, wie sie auch als Stütze der Marienverehrung herangezogen worden sei, die der Bibel aber vollkommen fremd ist.

Diese theologischen Erwägungen dürfen, wie Brunner sagt, gegenüber dem Wortlaut der Heiligen Schrift deswegen angebracht werden, weil es mit der historischen Glaubwürdigkeit dieser Erzählung, die nur auf Maria persönlich zurückgehen kann, da sie allein es wußte, ob sie ohne Mann Jesus empfangen hat, nicht zum besten bestellt ist. Darum haben auch die theologischen Zweifel ihr Recht. Zwar verbiete sich ein apodiktisches Urteil, daß die ganze matthäische und lukanische Vorgeschichte unhistorisch sei, aber es ließen sich zahlreiche und gewichtige Gründe dagegen vorbringen: die Stammbäume Jesu, die bei ungezwungener Lesart auf einen männlichen Erzeuger hinweisen, das skeptische Verhalten der Familie Jesu ihm gegenüber (Mk 3,21), das Schweigen aller anderen biblischen Zeugen, die wahrscheinliche Einwirkung der falschen Übersetzung von Jes 7,14 in der Septuaginta, die paulinische Formel „geboren aus dem Samen Davids nach dem Fleisch" (Röm 1,3), die Erwähnung dieses Berichtes lediglich in den beiden Vorgeschichten bei Matthäus und Lukas, die insgesamt stark legendarische Züge aufweisen, das Fehlen dieser Überlieferungen bei Markus und bei Johannes. Das alles seien negative Indizien, die es einem gewissenhaften Historiker erschweren, von einer geschichtlichen Glaubwürdigkeit dieser Tradition zu reden. So kann E. Brunner sagen, daß er an die ewige Gottessohnschaft Jesu und an seine Menschwerdung nicht wegen, sondern trotz Mt 1 und Lk 1 glaubt. Dennoch verlangt er für diesen ersten Versuch der frühen Christenheit, das Geheimnis der Person Jesu zu deuten, eine ehrfürchtige Würdigung, denn hier soll, wenn offensichtlich denkerisch auch nicht recht gelungen, gezeigt werden, daß Jesus seine göttliche Autorität nicht durch irgendeine göttliche Inspiration empfangen hat, sondern sie schon in seinem Wesen besitzt. Deshalb setzt sich Brunner in seiner Kritik an der „Jungfrauengeburt" von denen ab, die an die Gottheit Jesu nicht glauben und in die adoptianischen Vorstellungen des theologischen Liberalismus abrutschen.

Bei seiner beachtenswerten Kritik bedenkt Brunner jedoch nicht, wie im Zusammenhang einer synoptischen „Christologie von unten" der Mensch Jesus in einem Sohnesverhältnis zu Gott als seinem Vater gedacht werden kann, ohne die Vermittlung des Präexistenz- und Inkarnationsgedankens, wo von dem „Sohn Gottes" im Sinn eines innergöttlichen Verhältnisses gesprochen wird. Diese verschiedenen Ansätze entsprechen durchaus beide dem christologischen Basissatz, daß Gott selbst in Jesus Christus eschatologisch gegenwärtig ist, wenn dies auch in einer erheblich voneinander abweichenden christologischen Grundkonzeption zur Darstellung kommt.

Beide Ansätze können sich gegenseitig ergänzen, da sie – auf der Ebene theologischer Reflexion gesprochen – den gleichen Sachverhalt, nämlich die Offenbarungseinheit zwischen Gott und Jesus, zum Ausdruck bringen. Dennoch hat Brunner insoweit Recht, als man nicht ohne weiteres den einen in den anderen Ansatz hinein völlig spannungsfrei auflösen kann.

2.4.4. Auch *Wolfhart Pannenberg* sieht in der „Legende" von der jungfräulichen Geburt Jesu einen unauflösbaren Widerspruch zur Christologie der Menschwerdung des präexistenten Gottessohnes. Denn im Sinne dieser Legende sei Jesus erst seit der Empfängnis Marias zum Sohn Gottes geworden, während er im Sinne der Präexistenz-Christologie schon ewig als Sohn bei Gott war. Der eigentliche Sinn dieser Erzählung geht gegenüber einer adoptianisch mißverstandenen Geist-Christologie, bei der das Gottessohnsein Jesu erst mit der Taufe im Jordan begonnen hat, dahin, daß Jesus von Anfang seiner Lebensentstehung an schon Gottes Sohn war. Die christologische Entwicklung mußte darüber hinaus aber zum Präexistenzgedanken kommen und damit zu einer letzten Verankerung der Gottessohnschaft Jesu in Gott selbst. Die gnadentheologische Auswertung der jungfräulichen Geburt Jesu aus Maria bei Karl Barth im Sinne des bloß empfangenden Menschen weist W. Pannenberg zurück, da diese Intention in der vorliegenden Legende noch gar nicht nachweisbar sei. Eine eigenständige mariologische Auswertung der Stelle finde sich erst bei Justin und Irenäus von Lyon mit der bekannten Eva-Maria-Parallele. Es sei gerade ein Zeichen einer ungebührlichen Verdrängung des Gedankens der Menschheit Jesu, wenn Maria zum Repräsentanten der glaubenden Menschheit Gott gegenüber gemacht werde. Maria könne allenfalls das Symbol für die glaubende Kirche sein, die trotz ihrer inneren Verbindung mit Christus diesem gegenübersteht. Maria sei eben nur ein Symbol des Glaubens. Mariologische Aussagen können darum nach der ihnen selbst innewohnenden Bedeutung nicht wie die christologischen Aussagen Auslegungen eines historischen Geschehens sein wollen. Pannenberg folgert daraus, daß die jungfräuliche Geburt Jesu als ein wunderbares Faktum am Anfang seines irdischen Daseins von der Theologie nicht aufrechtzuerhalten sei. Die Übernahme ins Glaubensbekenntnis erscheint ihm deshalb als äußerst

problematisch. „Nur um der doppelten antidoketischen und antiadoptiani-
schen Tendenz der Vorstellung willen ist es für unser heutiges Urteil erträg-
lich, daß die Jungfrauengeburt ihren Platz im gottesdienstlichen Bekenntnis
der Kirche hat, obwohl sie als *Theologumenon* aus historischen, aber auch
dogmatischen Gründen – wegen des Widerspruchs zur Präexistenz, den die
altkirchliche Theologie offenbar nicht bemerkt hat – nicht als endgültiger
Ausdruck der durch sie wahrgenommenen theologischen Anliegen gelten
kann."[49]

2.4.5. Bei *Edmund Schlink*, der sich der historischen und theologischen
Problematik bewußt ist, fällt eine größere Zurückhaltung gegenüber der
Kennzeichnung als reiner Legende auf.[50] Geschichtliche Bezüge seien
durchaus erkennbar. Gegenüber den zuvor dargestellten Positionen fügt er
differenzierend hinzu, daß trotz der fehlenden Bezeugung bei anderen
gewichtigen neutestamentlichen Schriftstellern die matthäische und lukanische Erzählung in das endgültige normative Schriftzeugnis wie auch in den
lebendigen Glaubensvollzug der Kirche eingegangen sei. Gerade die Glaubensbekenntnisse hätten von Anfang an eindeutig an einem geschichtlichen
Verständnis des natus ex Maria virgine festgehalten. Deshalb sei auch der
Weg zum ephesinischen Konzil mit der Bezeichnung Marias als Theotokos
gerechtfertigt, und im Sinne der altkirchlichen Theologie hätten auch die
Reformatoren an der Bezeichnung Marias als Gottesgebärerin und am
Glauben an ihre immerwährende Jungfräulichkeit festgehalten.

2.4.6. Die neuere Problematisierung des Themas in der katholischen Dogmatik ist im wesentlichen von der gleichen Fragestellung geprägt, wie sie
uns bei den genannten evangelischen Autoren begegnet ist. Es sind hier
nicht nur Auswirkungen rationalistischen Denkens, sondern gerade auch
die durch die historisch-kritische Exegese aufgegebene Fragestellung nach
der Geschichtlichkeit der berichteten Vorkommnisse wie auch die systematischen Fragen nach der Verbindung der Präexistenz- und Inkarnationschristologie mit der synoptischen Pneumachristologie und die Frage nach
dem vollen Menschsein Jesu, die diskutiert werden müssen. Angesichts
der komplexen Problematik kann das Bekenntnis auch zum somatischen
Aspekt der Jungfräulichkeit Marias nicht ohne weiteres zum Kriterium der

---

[49]   W. Pannenberg, Grundzüge der Christologie, Gütersloh [6]1982, 140–150, hier
149.
[50]   E. Schlink, Ökumenische Dogmatik. Grundzüge, Göttingen 1983, 283–288.

Rechtgläubigkeit gemacht werden, da die Skepsis diesem Punkt gegenüber ganz unterschiedliche Wurzeln haben kann[51].

Eine gewisse Entschärfung wird durch den Hinweis auf die Lehre des Zweiten Vatikanums von der Hierarchie der Wahrheiten zu erreichen versucht.[52] Die virginitas ante partum sei zum Beispiel nicht gleichrangig mit der Auferstehung Jesu als Grund und Zentrum des Christusglaubens.[53]

Es kann jedoch nicht um eine rein formale Nebeneinanderstellung dogmatischer Sätze im Sinne der Schuldogmatik gehen, auch nicht um eine rein mechanische Zuordnung der Sätze, die in wichtige und weniger wichtige eingeteilt werden. Das II. Vatikanum steuert einen ganz anderen Typ von Theologie an, der den Glauben in seinem organischen Zusammenhang darstellt und dabei jeweils von der Mitte ausgeht und auf sie hinzielt. Dabei zeigt sich, daß die Aussagen über Jesu Verkündigung des Reiches Gottes, sein Kreuz und seine Auferstehung innerhalb der neutestamentlichen Christologie eine andere Funktion haben als die Aussagen über die geistgewirkte Lebensentstehung Jesu aus Maria sowie die Präexistenz- und Inkarnationsaussagen. Bei letzteren geht es um die transzendentalen und realen Möglichkeitsbedingungen des geschichtlichen Heilswirkens Jesu. Sie sind selbst Geschichte, aber in dem Sinn, daß sie als vom transzendenten Gott her gewirkte Ereignisse die Voraussetzungen des heilsgeschichtlich Sich-Ereignenden sind. So kann auch der Hinweis auf die Auferstehung Jesu nur dem gegenüber überzeugend sein, der transzendentes Wirken Gottes nicht prinzipiell leugnet.

Eine andere Frage, die sich von der modernen Dogmenhermeneutik her ergibt, hat Karl Rahner als Alternative formuliert, ob nämlich das gleich-

[51] A. Müller/D. Sattler, Mariologie: HBD II, hg.v. Th. Schneider, Düsseldorf 1992, 164 u. Gabriele Schwarzwäller-Madl, Vom Finden der Wahrheit in der Heiligenschrift. Die Antwort der Kindheitsevangelien auf die Frage nach der Bedeutung des Jesus von Nazaret: Dem Ursprung Zukunft geben. Glaubenserkenntnis in ökumenischer Verantwortung (=FS W. Beinert), hg. v. B. Stubenrauch, Freiburg 1998, 25–48 scheinen die methodische Diastase zwischen historischer Wahrheit und der Wahrheit theologischer Bedeutung nicht ganz zu überwinden. Ist eine theologische Wahrheit ohne historisches Fundament denkbar und was unterschiede eine freihändige Interpretation von einer Projektion sine fundamento in re?

[52] Dekret über den Ökumenismus „Unitatis redintegratio" Nr. 11 (LThK.E II, 86ff.).

[53] Vgl. G. Lohfink, Gehört die Jungfrauengeburt zur biblischen Heilsbotschaft?, in: ThQ 159 (1979) 304–306.

bleibende lehramtliche Bekenntnis zur virginitas ante partum seit fast 2000 Jahren einfach nur die Schriftaussage wiedergeben will und die nähere Interpretation der historisch-kritischen Exegese überläßt oder ob das Lehramt damit einen bestimmten umgrenzten Inhalt mitlehrt, unabhängig von der Frage, wieweit er durch die historische und theologische Fragestellung als zwingend erwiesen werden kann.[54] Es ist ja z. B. auch die Frage, ob die konstante Lehre der Kirche von der Einheit des Menschengeschlechtes unbedingt mit der Lehre eines biologischen Monogenismus absolut verbunden ist, den das Lehramt für lange Zeit konstant vorgetragen hat, ohne daß er nach dem heutigen Verständnis zum verbindlichen Inhalt der Lehre von der Einheit der Menschheit vor Gott in Gnade oder Sünde gehören müßte. Allerdings meint Rahner im Falle des natus ex Maria virgine sagen zu müssen: „Es spricht alles dafür und eigentlich nichts dagegen, daß die kirchliche Lehre, das Glaubensbewußtsein der Kirche, diese Jungfrauengeburt absolut lehrt, gleichsam auch auf eigene Rechnung und Gefahr."[55] Hier ergeben sich nun aber die wichtigen Fragen des Zusammenhangs von historischer und theologischer Fragestellung, d. h. des Zusammenhangs des Glaubens, soweit er im ursprünglichen Offenbarungsereignis gründet und insofern er sich als er selbst im lebendigen Glaubensbewußtsein der Kirche ausdrückt und sich reflexiv und definitiv zu sich selber vermittelt.

Im Ergebnis seiner dem Gewicht der Frage angemessenen tiefgründigen Untersuchung stellt *Karl-Heinz Menke* fest, daß der innere Zusammenhang zwischen dem Faktum Inkarnation und dem Faktum der geistgewirkten Empfängnis Jesu der Jungfrau Maria nicht aus einer bloß theologisch-

---

[54] Der Hinweis G. Lohfinks auf die Interpretation von Gen 1 geht an der Sache allerdings etwas vorbei. Denn wenn hier auch zwischen eigentlicher Aussageabsicht und einer erzählenden Veranschaulichung unterschieden wird, so geht es doch gerade nicht um die Leugnung des Faktums der Schöpfung oder gar um die Behauptung, die Schöpfung selbst sei eine bloße Veranschaulichung des Gott-Welt-Verhältnisses. So ist es auch bei den Erzählungen von Matthäus und Lukas. Wenn sie das Heilsereignis selber nicht im Sinne einer Reportage vergegenständlichen können, so wollen sie doch gerade in und mit ihrer Darstellung auf das Ereignis selber verweisen, das allerdings nur im Glauben an das Wort Gottes selber als ein Geschehnis von Gott her aufgenommen werden kann. Was es für einen Sinn haben soll, die virginitas ante partum mit Hinweis auf die volle Menschheit Jesu in Frage zu stellen, sie aber auf der symbolischen Ebene als deren Veranschaulichung und als Ausweis seiner Gottessohnschaft auszugeben, bleibe dahingestellt.

[55] Vgl. K. Rahner, Dogmatische Bemerkungen zur Jungfrauengeburt: R. Kilian u. a., Zum Thema Jungfrauengeburt, Stuttgart 1970, 138.

interpretatorischen Reflexion erschlossen, sondern nur im Lichte der „Führungsgeschichte Gottes mit seinem Volk Israel entdeckt", also durch die Selbstoffenbarung Gottes dem Glaubenssubjekt Kirche zugänglich werden konnte: Die Beziehung, die der Sohn zum Vater im Heiligen Geist ist, muß Konstitutivum des Menschen Jesus von Anfang an sein; deshalb bezeichnet Barth – und ich schließe mich ihm an – die Inkarnation als den Schöpfungsakt, der sich durch die *creatio ex nihilo* des Anfangs nur duch das *ex Maria virgine* unterscheidet ... Soll die Einheit Jesu mit dem präexistenten Sohn nicht als Einheit zwischen differenten Personen mißverstanden werden, dann muß die Relation, die der Sohn zum Vater im Heiligen Geist ist, unter den Bedingungen von Raum und Zeit identisch sein mit der Personalität des Erlösers. Wenn einige Entwürfe der sogenannten „Geist-Christologie" die Einheit zwischen Jesus Christus und seinem Vater als vom Geist gewirkte Einheit differenter Personen begreifen, ist die jungfräuliche Empfängnis nicht mehr Ausweis der Identität des präexistenten Sohnes mit dem historischen Jesus, sondern nur noch metaphorischer Ausdruck des marianischen Glaubens. Jesus ist wahrer Mensch, weil er wahres Geschöpf dieser Welt (aus Maria) ist. Doch das „Wodurch" seines Geschöpfsseins ist nicht identisch mit dem „wodurch" aller anderen Menschen. Denn der Schöpfungsakt der Inkarnation schenkt dem Geschöpf Jesus den „Selbstand" (das Personsein) des innertrinitarischen bzw. präexistenten Sohnes. Die damit bezeichnete Einheit eines Geschöpfes mit Gott ist aus den Potentialitäten eines von der Schöpfung selbst hervorgebrachten (von Josef gezeugten und von Maria geborenen Menschen) nicht erklärlich."[56]

2.5. Die Problematisierung von der historisch-kritischen Schriftexegese her

2.5.1. Die sich hier stellende Problematik hat für eine theologische Betrachtung inhaltlich und methodisch die größte Relevanz. Es geht freilich nicht um den Nachweis der geistgewirkten Empfängnis als *historisches* Faktum. So wie „historisch" unter der Voraussetzung des neuzeitlichen Wissenschaftsbegriffes definiert ist, bedeutet es Zugang zu einer empirischen

[56] K.-H.Menke, Fleich geworden aus Maria. Die Geschichte Israels und der Marienglaube der Kirche, Regensburg 1999, 132–134; vgl. auch Bruno Forte, Maria, la donna icona del Mistero. Saggio di mariologia simbolica-narrativo, Milano 1989; Brendan Leahy, Il principio mariano nella chiesa, Roma 1999; G. L. Müller, Katholische Dogmatik. Für Studium und Praxis der Theologie, Freiburg i. Br. ⁴2001, 478–514. Wichtig auch: Franz Courth, Mariologie (=Texte zur Theologie. Dogmatik 6), hg.v. W. Beinert, Graz 1991.

Realität, in der a priori die transzendente Dimension von Wirklichkeit aus-geschlossen ist, sofern sich – durch sie vermittelt – spezifisches Handeln des transzendenten Gottes vergegenwärtigt. So ist es etwa unmöglich zu sagen, ob Jesus „historisch beweisbar" Wunder gewirkt hat. Empirisch feststellen läßt sich nur ein außerordentliches Wirken Jesu. Ob ihm die Qualität des Wunders zukommt, ist nur theologisch aufzuhellen. Dennoch können die geschichtlich greifbaren Phänomene des Wirkens Jesu aus der theologi-schen Fragestellung nicht ausgeklammert werden, so daß es hier zur Einheit einer geschichtlich-transzendentalen Betrachtung kommen muß.

Daß nun auch die Entstehung der Menschheit Jesu in Maria unmittelbar von Gott selbst gewirkt war, läßt sich empirisch und historisch prinzipiell nicht ermitteln. Ob Maria Jesus tatsächlich ohne das geschlechtliche Zutun eines Mannes empfangen hat, ist an sich eine historische Fragestellung. Sie ist aus praktischen Gründen historisch jedenfalls nicht mehr zu beweisen oder zu widerlegen. Auf der Ebene historischer Fragestellung könnte nur das persönliche Zeugnis Marias ausschlaggebend sein, aber auch dieses ließe dort, wo es unwiderstreitbar vorläge, noch verschiedene Deutungen oder Mutmaßungen zu. Die historische Fragestellung des Theologen kann darum nur unter dem Gesichtspunkt der Überlieferungsgeschichte der mat-thäischen und lukanischen Erzähleinheiten ins Spiel gebracht werden. Hat die frühe Gemeinde (oder Teilgemeinden bzw. einzelne Gemeindemitglie-der) durch Maria selbst eine beglaubigte Nachricht diesbezüglich erhalten?

2.5.2. Die Schwierigkeiten, die sich vom neutestamentlichen Befund her ergeben, waren verschiedentlich schon erwähnt worden. Kurz gesagt sind es noch einmal diese, daß diese Nachricht im frühen apostolischen Kerygma, besonders bei *Paulus*, nicht vorkommt. Gewiß besteht keine sachliche Spannung zur Aussage, daß Christus dem Fleische nach aus dem Samen Davids stammt (vgl. Röm 1,3), wobei die irdische Existenz Jesu gemeint ist und nicht ausdrücklich eine biologisch-genetische Abstammung Jesu aus Josef ausdrücklich behauptet wird. In der frühen vorpaulinischen Zwei-Stufen-Christologie geht es um eine Gegenüberstellung der irdischen Existenz Jesu und seiner vom Geist gewirkten Erhöhung beim Vater seit seiner Auferstehung, so daß Jesus in diesem Sinn der „Sohn Gottes" ist.[57]

---

[57] Vgl. H. Schlier, Der Römerbrief (=HThK VI), Freiburg-Basel-Wien 1977, 23–27.
Zu der Vorstellung, die das Thema der jungfräulichen Empfängnis für eine Rückprojektion der christologischen Sprache hält, die mit der Rolle des Hl. Geistes für die Einsetzung Jesu zum „Sohn Gottes" bei der Auferstehung (vgl.

Auch die Aussage von dem Geborenwerden des vom Vater gesendeten Sohnes Gottes in seiner irdischen Existenz aus einer Frau (Gal 4,4) will nicht den Lebensstand der Mutter Jesu als Frau im Gegensatz zur Jungfrau angeben, sondern auf die Realität des geschichtlichen Ereignisses in der Fülle der Zeit hinweisen, in dem durch Gottes eschatologische Tat der Sohn Gottes in eine irdisch-menschliche Existenz eingetreten ist.[58] Dies ist übrigens ein bedeutsamer heilsgeschichtlicher Zusammenhang, in dem die Mutter Christi, ohne daß ihr Name Maria genannt wird, vorkommt. Schon aus diesem Grunde ist ihre Erwähnung im Glaubensbekenntnis gerechtfertigt, insofern sie den geschichtlichen und eschatologischen Ereignischarakter der Menschwerdung Gottes verbürgt und bezeichnet.

Dennoch ist die Nichterwähnung der geistgewirkten Empfängnis bei Paulus auffällig. Es ist daraus zu folgern, daß er diese Erzählung entweder überhaupt nicht gekannt hat oder sie für das Christusbekenntnis nicht für erwähnenswert erachtete. Dafür, daß er sich polemisch von ihr absetzte, fehlt allerdings jeder Hinweis. Gegenüber weitreichenden systematischen Folgerungen für die Christologie wird man aber sehr zurückhaltend sein müssen, weil uns der eigentliche Grund, warum die virginitas ante partum bei Paulus nicht vorkommt, einfach nicht bekannt ist.

2.5.3. Auffälliger und einer eigenen Fragestellung wert, die von der nach Paulus verschieden ist, erscheint die Nichterwähnung der geistgewirkten Lebensentstehung bei *Johannes*.[59] Er schreibt nach den beiden Evangelisten Matthäus und Lukas, und so könnte die Nichterwähnung der virginitas ante partum als eine Korrektur aufgefaßt werden. Die Bezeichnung Jesu als „Sohn Josefs" (Joh 1,45; 6,42) einmal durch Natanaël, dann durch die ungläubigen Juden, ohne daß dies vom Evangelisten korrigiert wird (siehe oben 2.4.1.), ist allerdings zu unspezifisch, als daß man die Aussageabsicht des Evangelisten in Richtung auf eine blutsmäßige Abstammung Jesu von Josef herauslesen müßte. Es geht nur um die namentliche Kennzeichnung Jesu nach Josef, ohne daß hier allerdings ein Anklang in Richtung Pflegevater herauszuhören wäre. Entscheidender für die Fragestellung ist vielmehr, warum Johannes im Prolog bei der Stelle von der Inkarnation des

Röm 1,3; Apg 13,32) und bei der Taufe im Jordan zu tun hat, vgl. die Kritik von R. Schnackenburg, Rez. Mary in the New Testament, ed. by R.E. Brown et al., Philadelphia-New York 1978, in: BZ 23 (1979) 297–300.

[58] F. Mußner, Der Galaterbrief (=HThK IX), Freiburg-Basel-Wien ³1977, 269f.

[59] R. Schnackenburg, Das Johannesevangelium 1. Teil (=HThK IV/1), Freiburg-Basel-Wien ⁶1986, 15–32 (Verhältnis zu den Synoptikern).

Logos (Joh 1,14) nicht erwähnt, daß dieser das Fleisch ohne die Vermittlung elterlicher Zeugung nur aus einer Jungfrau heraus angenommen habe.

Für eine sachliche Betrachtung scheint der Hinweis angebracht, daß die theologische Konzeption einer „Christologie von oben", die mit dem Inkarnationsgedanken arbeitet, nicht notwendig bei der konkreten Weise der Entstehung der Menschheit Jesu ankommen muß. Wie noch zu zeigen sein wird, gehört der Topos von der virginitas ante partum aber konstitutiv zu einer „Christologie von unten", um die absolute, ohne geschöpfliche Vermittlung gegebene Konstitution des *Menschen* Jesus als „Sohn Gottes" denken zu können. Dem Verfasser des Johannesevangeliums geht es allerdings in erster Linie um die Aussage des Ereignishaften des einzigartigen Vorganges der Fleischwerdung des Logos des ewigen Vaters (vgl. Joh 1,14), nicht um die Veranschaulichung einer Idee. Der Logos, der in der Herrlichkeit beim ewigen Vater war, tritt jetzt in die niedrige Gestalt der irdisch menschlichen Existenz. Die Erwähnung der gottgewirkten Lebensentstehung aus einer Jungfrau würde gewiß den Gedankengang nicht stören. Er ist von der Zielsetzung der Aussage aber auch nicht logisch erfordert.

Ob bei Johannes mit der Nichterwähnung eine sachliche Kritik an den Synoptikern gegeben ist, hängt von der Frage ab, wieweit zwischen ihm und ihnen eine literarische Abhängigkeit besteht. Wahrscheinlicher dürfte die Annahme sein, daß die Gemeinsamkeiten mit den Synoptikern auf gemeinsame mündliche Traditionen zurückgehen, als daß Johannes sein Evangelium bewußt als Ergänzung oder gar Korrektur von Matthäus und Lukas verstanden hat. Ob ihm die Tradition von der virginitas ante partum bekannt war, dürfte schwer zu entscheiden sein. Daß er sie bewußt ausschloß und kritisierte, läßt sich von dem vorliegenden Evangelium her nicht belegen. Auch die Entgegensetzung einer Geburt entweder aus Gott oder aus dem Willen des Mannes (vgl. Joh 1,13), die für alle Gläubigen gilt, hat nichts mit der Relativierung einer eventuell bekannten „Jungfrauengeburt" zu tun. Gemeint ist eher die Gotteskindschaft, die nicht durch die natürliche Herkunft, sondern durch ein eigenes Handeln Gottes an uns in der Taufe, nämlich in der Wiedergeburt von oben, gewirkt wird (vgl. Joh 3,5). Die später vorkommende singularische Lesart des Verses 13, mit der man die jungfräuliche Lebensentstehung Jesu im Johannesevangelium finden wollte, ist sekundär und trägt zu unserer Fragestellung nichts bei.[60]

[60] Vgl. ebd. 240. Zur neueren Diskussion um eine singularische oder pluralische Lesart von Joh 1,13 vgl. R. Schnackenburg, Das Johannesevangelium 4. Teil. Ergänzende Auslegungen und Exkurse (=HThK IV/4), Freiburg-Basel-Wien 1984, 202.

2.5.4. Im ganzen gesehen ist die Nichterwähnung der geistgewirkten Empfängnis Jesu aus der Jungfrau Maria bei Paulus, bei Johannes und in der übrigen Briefliteratur des Neuen Testamentes auffällig gerade im Hinblick auf das Gewicht, das die beiden Evangelisten Matthäus und Lukas ihr geben.

(Es ist nicht sehr wahrscheinlich – wenn auch nicht prinzipiell auszuschließen –, daß diese Erzählung durch eine unmittelbare Nachricht von Maria oder dem engeren Familienkreis an die früheste Gemeinde weitergegeben worden ist und darum zum allgemeinen geschichtlichen Wissensstand der frühen Christenheit gehört hat.) Wir hätten also mit Paulus und Johannes eine bedeutsame urkirchliche Bekenntnistradition, die ihren Glauben an Jesus als den Christus gültig zum Ausdruck bringen kann, ohne den Rekurs auf diese Aussage. Auf jeden Fall hat dieser Bekenntnissatz nicht im gleichen Sinne zum frühesten urkirchlichen Kerygma gehört wie Kreuz, Auferstehung und Erhöhung Jesu, des „Sohnes Gottes". So scheint die Vorstellung der geistgewirkten Empfängnis nur das Ergebnis einer sekundären christologischen Reflexion zu sein.[61] Wenn es aber nur Reflexionschristologie sein soll, dann ist zu bedenken, daß die geistgewirkte Empfängnis als kontingentes Ereignis nicht aus einer bloßen theologischen Konstruktion heraus gesichert werden kann.

Dennoch ist zu beachten, daß nach heutiger allgemeiner Auffassung Matthäus und Lukas nicht selber die Urheber eines solchen Christologumenons waren, sondern daß sie diese Tradition, die wohl bis in die fünfziger und sechziger Jahre zurückreicht und in Palästina und in dem von dort her missionierten Syrien verbreitet gewesen sein mag, übernommen und im Sinne ihrer Christologie ausgestaltet haben unter Zuhilfenahme alttestamentlicher Motive und literarischer Gestaltungsformen.

Der Geschichtswert der Erzählungen im einzelnen ergibt sich aus der Untersuchung der Form- und Traditionsgeschichte sowie der redaktionellen Gesamtkonzeption[62]. Im einzelnen können die zahlreichen Versuche,

---

[61] Die Hypothese einer bloßen Reflexionschristologie vertritt A. Vögtle, Offene Fragen zur lukanischen Geburts- und Kindheitsgeschichte, in: ders., Das Evangelium und die Evangelien, Düsseldorf 1971, 52 gegen H. Schürmann, Das Lukasevangelium 1. Teil (=HThK III/1), Freiburg-Basel-Wien ³1984, 18–145, bes. 140–145 (zur Traditionsgeschichte von Lukas 1-2).

[62] Es ist bezeichnend, daß in manchen Kommentaren zu Mt 1-2 u.Lk 1-2 die beste und ausführlichste Untersuchung nach allen Regeln der philologischen, historischen und theologischen noch nicht ausreichend zur Kenntnis genommen worden ist: vgl. auch Franz Mußner, Maria. Die Mutter Jesu im Neuen Testament, St. Ottilien 1993. Munoz Iglesias, Los Evangelios de la Infancia I-IV (=B.A.C

Herkunft, Sinn und Reichweite der sogenannten „Kindheitsgeschichten"
zu klären, hier nicht näher diskutiert werden (Legende, Midrasch, Haggada,
christologische Homologese u. a.).[63]

508,479,488,509), Madrid [2]I, 1990; II 1986; II1987; IV 1990; ders., La concepción
virginal en Lc 1,26-38 hoy: Ephemerides Mariologicae 43 (1993, 175–187); vgl.
auch Ignacio de la Potterie, María en el misterio de la Alianza (=B.A.C. 533),
Madrid 1993.

[63] Vgl. A. Sand, Das Evangelium nach Matthäus (=RNT), Regensburg 1986, 63:
„Die richtige Beobachtung, daß für Mt nicht ein historisches Interesse die Abfassung seines ‚Prologs' bestimmte, veranlaßte viele Exegeten zu der Annahme,
in Mt 1 und 2 liege eine besondere literarische Gattung vor, die des Midrasch ...
Die etymologische Bedeutung dieses Begriffs ist: Deutung, Studium (der
Schrift); er gehört zeitlich in die jüdische Periode nach Jamnia, wo ein Midrasch
vor allem einen ‚Kommentar' zu einem Text der (atl.) Schriften meint. Vor diesem Hintergrund wird sowohl die Bestimmung ‚Kommentar eines Textes' (oder
einer biblischen Überlieferung) als auch die Bestimmung ‚Deutung vorgelegter
Ereignisse' mit Hilfe atl. Texte der literarischen Eigenart des mt. ‚Prologs' keineswegs gerecht ... Beide Kapitel können nicht als ein Kommentar zu einem
atl. Text angesehen werden. Zwar nimmt das AT gerade auch im ‚Prolog' des
Mt-Ev. einen großen Raum ein; aber der strukturelle Aufbau und die red.
Besonderheiten weisen auf verschiedene Überlieferungen hin, in die Themen
und Zitate des AT eingeflochten worden sind. ‚Vorgegeben' waren – wenn auch
nur in kleinem Umfang – frühchristliche Trad. über die ‚Anfänge' Jesu als des
Messias; verschiedene atl. Texte und Themen wurden dann herangezogen, um
diese Trad. zu bestätigen, ohne jedoch selbst die Basis für diese Überlieferungen
zu bilden. Damit ist keineswegs gesagt, daß die dem Mt vorgegebenen Stoffe
ausschließlich historische Fakten zum Inhalt haben ... Vielmehr sind Kap. 1 und
2 als der schriftliche Niederschlag eines Theologen ... anzusehen, dem einige
geschichtliche Aussagen über den Anfang Jesu zugekommen sind, die aber
bereits in die Form von Glaubensaussagen eingebettet waren und die dann Mt
neu interpretiert hat mit Zuhilfenahme atl. Texte und Motive und vor allem in
Auseinandersetzung mit gegenteiligen Meinungen innerhalb und außerhalb
seiner Gemeinde. Gerade ein Vergleich mit den aus der Gemeinde von Qumran
hervorgegangenen Midrashim macht die literarische, vor allem theologische
Andersartigkeit der mt. Darstellungsweise deutlich: Der Erfüllungsgedanke im
Kontext der Christologie des ersten Ev ... ist das Spezifikum, das es letztlich
unmöglich macht, den Prolog in ein bestimmtes literarisches Genus zu zwän-
gen. Wenn auch die Art der Darstellung dem ‚Midrash' stellenweise nahekommt,
so geht es dennoch nicht an, die midrashartige Darstellung bei Mt als freie (und
frei erfundene) Bearbeitung vorgegebenen Materials zu bewerten ...". Auch
J. Gnilka, Das Matthäusevangelium 1. Teil (=HThK I/1), Freiburg-Basel-Wien
1986, 60–62, hier 62, lehnt die Festlegung des literarischen Genus etwa von Matthäus 2 als Midrasch ab: „Was die Haggada von Mt 2 trennt, ist die eschatologische Dimension des Evangeliums."

Im Kern geht es um folgende Alternative: Wollen uns die Texte zu einem von Gott gewirkten Ereignis hinführen, das im Glauben an Jesus Christus als den absoluten eschatologischen Heilbringer notwendig enthalten ist, oder handelt es sich um ein der religiös-kulturellen Umwelt entlehntes literarisches Interpretament, um die Gestalt Jesu als eines eindrucksvollen Menschen und bedeutsamen Gottesmannes herauszustellen? Letzteres würde bedeuten, daß Jesus in die Reihe der göttlichen Menschen und Heroen gestellt würde, um der Heidenwelt seine Bedeutsamkeit in eben deren Denkmuster zu vermitteln, oder in die Reihe bedeutender alttestamentlicher Patriarchen und Propheten, die auch in einem besonderen Bezug zum Geist Gottes stehen (Überwindung der Unfruchtbarkeit der Eltern, die aber ihr Kind auf natürliche Weise zeugen; Erwählung vom Mutterschoß an), oder es ginge nur um ein Ausstechen des Konkurrenten Johannes des Täufers, indem man die Berufung durch den Geist nicht nur vom Mutterschoß an beginnen läßt, sondern durch eine grundsätzliche Entstehung durch den Geist überbieten will. Handelt es sich aber nicht nur um Reflexionschristologie, die mit interpretativen Mustern ohne geschichtlichen Wert arbeitet, sondern um ein heilsgeschichtliches Ereignis von Gott her, dann ist zu fragen, welche Struktur es hat und wie es in seiner Unterschiedenheit von den der natürlichen historisch-empirischen Forschung zugänglichen Ereignissen erfaßt werden kann.

3. Die Aussageintention des christologischen Prologs bei Matthäus und Lukas

Diese ergibt sich durch ihren Anschluß an die literarische Gattung des Evangeliums bei Markus, der mit einem Bekenntnis zu Jesus als dem Sohn Gottes einsetzt und die heilswirksame Tätigkeit Jesu von der Jordantaufe bis zu Kreuz und Auferstehung hin darstellt. Die innere Mitte Jesu ist bei Markus seine einzigartige Beziehung zu Gott in der für die Christologie so wichtigen Grundfigur der Abba-Relation (vgl. Mk 1,1; 1,11; 9,7; 14,35; 14,61f.; 15,39). Matthäus und Lukas wollen von diesem Ansatz einer Christologie von unten, wo das Sein Jesu als „Sohn Gottes" nicht von der Präexistenz oder von der Inkarnation her gedeutet wird, sondern die Gegenwart Gottes im Menschen Jesus bezeichnet, die letzte Grundlage des geschichtlichen Wirkens Jesu zur Sprache bringen.

Es geht ihnen an keiner Stelle um eine romantische Verklärung der „Kindheit" Jesu. Vielmehr wollen sie im Sinne gläubiger Erkenntnis Jesu Wesen klären und von daher seine geschichtliche Wirkung und seine Bedeutung für den Glauben erläutern.

Insgesamt kann man den in seinen Einzelelementen unterschiedlich zu bewertenden Erzählungskranz als ein christologisches Präludium begreifen, in die die wichtigsten Motive des Christusglaubens schon anklingen (Verhältnis zu Gott, die Vergegenwärtigung der Nähe Gottes als Immanuel, die in ihm geschehende Vergebung der Sünden und die neue Grundlegung der Gemeinschaft der Menschen mit Gott, seine universale Sendung zu Juden und Heiden und seine Verbindung mit der heilsgeschichtlichen Verheißung aus dem Alten Bund als Sohn Davids und als Sohn Abrahams u. a.). Trotz großer Unterschiede im einzelnen und in der theologischen Komposition stimmen beide Evangelisten in einer Reihe wichtiger Aussagen überein: davidische Abstammung, das angelobte Paar Josef und Maria, die Lebensentstehung Jesu durch Gottes heiligen Geist, nicht vermittels elterlicher Zeugung, sondern durch die Jungfrau Maria alleine, die Verkündigung des heilsbedeutsamen Namens Jesu durch den Offenbarungsengel, dann die Geburt Jesu in Betlehem unter Herodes und die Wohnung von Jesus, Maria und Josef in Nazaret. Diese erstaunlichen Übereinstimmungen weisen auf eine feste frühchristliche Tradition hin, die mit dem engeren Familienkreis Jesu in Verbindung gebracht werden muß (vgl. Lk 1,27; 8,18ff.; 11,27f).[64] Darum kann es sich bei den vorliegenden Erzählungen nicht lediglich um midraschartige Reflexion oder um fromme theologische Dichtung handeln, nur um vorweggebene theologische Ideen zu erläutern. Auch kann die Bezugnahme von Mt 1,23 auf Jes 7,14 LXX nicht als eine willkürliche Kon-

---

[64] Vgl. P. Stuhlmacher, Biblische Theologie des Neuen Testamemnts, Bd.1, Göttingen 1992, 189: „Mt 1,18-25 sind auf Josef hin konzipiert und wehren den Verdacht ab, das Gotteskind sei aus einem ehebrecherischen Verhältnis der Maria hervorgegangen ... Demgegenüber sind Lk 1,26-38 noch ganz unapologetisch, nach alttestamentlichem Formgesetz und in stark semitisierendem Griechisch formuliert (vgl. bes. V.32.35 mit 4Q 246) Der Text ist darum nicht als Spätbildung, sondern als frühe judenchristliche Tradition zu beurteilen ... Weder in Lk 1,26-38 noch in Mt 1,18-25 werden sprachliche Anleihen bei der griechischen Vorstellung gemacht, daß Heroen und große Philosophen von Göttern gezeugte Söhne irdischer Frauen seien (vgl. W. v. Martitz, ThW VIII,338f) ... Wir stehen vor einer judenchristlichen Redeweise, die zu ihrer Zeit zwar mannigfaltige religionsgeschichtliche Assoziationen möglich gemacht hat, aber in sich ganz eigenständig ist. Welche geschichtlichen Tatbestände ihr zugrundeliegen, läßt sich nicht sagen; sie hat nur immer wieder gegen den Vorwurf verteidigt werden müssen, Jesus sei aus einem Ehebruch der Maria hervorgegangen" (vgl. das Material bei R. Brown, The Birth of the Messiah, 1979, 534ff.).

struktion der Botschaft von der jungfräulichen Empfängnis Jesu gedeutet werden, denn offenbar fand Matthäus die Tradition von der virginitas ante partum in seinen Gemeinden schon vor, während die Deutung von Jes 7,14 auf Christus und Maria im Sinne einer Erfüllung der Verheißung auf sein exegetisches Konto geht. Ob die Traditionen, auf die Matthäus und Lukas zurückgriffen, selber schon zu einer voll reflektierten Christologie ausgeformt waren oder noch ohne diese Ausformung zunächst zur absichtslose Erzählung von Begebenheiten, läßt sich schwer entscheiden. Insofern führt eine rein historische Fragestellung nur bis an diese Quellen heran, ohne daß noch einmal die Brücke von diesen Quellen zum berichteten Ereignis selber hin geschlagen werden kann. Es ist aber festzuhalten, daß die von Matthäus und Lukas aufgegriffene Erzählung der geistgewirkten Lebensentstehung aus der Jungfrau Maria eindeutig als ein gottgewirktes Ereignis verstanden wurde und daß sie es als solches in ihre christologische Reflexion aufnahmen und der Gemeinde als Evangelium vorstellten.[65] Salvador

[65] Vgl. J. Ernst, Das Evangelium nach Lukas (=RNT), Regensburg 1977, 75: „Im Mittelpunkt der Verkündigungserzählung steht die Aussage von der geistgewirkten Lebensentstehung Jesu. Es ist nicht zu bestreiten, daß er sich für Lk, der den Text in der jetzt vorliegenden Gestalt verantwortet, um einen biologischen Sachverhalt handelt. Alle Versuche, die jungfräuliche Empfängnis nur als christologisches Interpretament zu verstehen, widersprechen eindeutig den Aussageabsichten des Autors ... Wenn im Sinne des Redaktors in der rhetorischen Frage V. 34 die Mitwirkung eines Mannes ausdrücklich ausgeschlossen wird, verbietet sich logischerweise die Annahme, es handele sich lediglich um das nicht objektivierbare Geschehen der Zeugung aus heiligem Odem, das auf der Ebene des Historisch-Vorfindlichen keinerlei Ansatzpunkte haben sollte. Die geschichtlich-übergeschichtliche Dimension der Gottessohnschaft Jesu soll ja gerade durch die behauptete jungfräuliche Empfängnis gestützt werden. Sosehr es richtig ist, daß eine ‚einseitig die historische und biologische Seite der Frage betonende(n) Deutung‘ (G. Schneider, Anfragen [an das Neue Testament, Essen 1971] 101) dem biblischen Text nicht gerecht wird, so wird man andererseits auch nicht übersehen dürfen, daß für den Autor die Faktizität ein Wesenselement der Aussage ist (vgl. auch H. Schürmann, Die geistgewirkte Lebensentstehung Jesu, in: [Einheit in Vielfalt] Festschrift H. Aufderbeck [=EthSt 32], Leipzig 1974, 158; J.A. Fitzmyer, The Virginal Conception of Jesus in the New Testament, in: TS 34, 1973, 568, verkennt diese klare Aussagerichtung, wenn er die Frage lediglich auf ‚the further angelic communication about the real character of the child to be born‘ abzielen läßt). ‚Daß der antike Mensch die Diskrepanz, die wir heute zwischen einem ‚Theologumenon‘ und dem historischen (hier biologischen) Faktum spüren, vermutlich gar nicht empfunden habe‘ (A. Vögtle, Offene Fragen [zur lukanischen Geburts- und Kindheitsgeschichte: ders., Das Evangelium und die Evangelien, Düsseldorf 1971], 53), ist eine immer wieder aufgestellte, aber durchaus nicht bewiesene Behauptung."

Munot Iglesias, der international anerkannte beste Kenner der Kindheits-geschichten, urteilt: „Die klare Bestätigung der jungfräulichen Empfängnis als Ereignis bei beiden Evangelisten in den Kindheitserzählungen zeigt die Zugehörigkeit dieses Elementes zur vorsynoptischen Tradition, und ganz konkret zur judenchristlichen Gemeinde im palästinischen Raum, hervor-gegangen aus Jerusalemer Priesterkreisen lange vor Lukas. So glaube ich gezeigt zu haben, daß Lukas 1-2 ein ihm vorliegendes hebräisches Original wiedergibt ... Mit ihrer Präsentation dessen, was beide Evangelisten erzählen – dies kann man überzeugend erklären – verbinden Mt und Lk die Überzeugung, daß sich ereignet hat, was sie bezeugen für uns, die wir an die göttliche Inspiration der Evangelisten glauben, daß Gott die Wahrheit des-sen garantiert, die sie uns lehren wollen und daß er damit auch die Histori-zität, d. h. den Ereignischrakter der geistgewirkten Empfängnis Jesu von Maria bestätigt. Entscheidend kommt es darauf an, Geist und Absicht des Autors festzustellen. Wir haben versucht, das, was Matthäus und Lukas als historische Dimension und Grundlage ihrer Evangelien herauszustellen mit Hilfe der Analyse des literarischen Genus, das sie benutzt haben. Auf diese Weise näherten wir uns, so weit wie möglich an das an, was wir als tatsäch-lich geschehen ansehen dürfen und sollen. Eine historische Überprüfung der Ereignisse über die Art und Weise der Präsentation bei Matthäus und Lukas hinaus dürfte schwierig, wenn nicht gar unmöglich sein, denn es fehlt schlechterdings jede außerevangelische Quelle." [66]

Indem die Kirche auf die Gesamtheit der neutestamentlichen Schriften zurückgreift, bekennt sie in ihrem Glauben, daß die virginitas ante partum, wenn sie auch im historischen Sinne nicht ein Einzelelement im frühesten apostolischen Kerygma war, dennoch einen unabtrennbaren Bestandteil des Evangeliums der Urkirche bildet. Dabei ist Urkirche nicht nur ein histori-scher Begriff, der sich einfach chronologisch an einem Sterbedatum der „Zwölf Apostel" festmachen läßt. Es ist vielmehr im wesentlichen Sinn ein theologisches Datum, des die gesamte urkirchliche Entwicklung in ihren verschiedenen Phasen, auch in die zweite und dritte Generation hinein, umfaßt, welche von der späteren Kirche im Rückblick als die normative Grundlage ihres Bekenntnisses aufgefaßt wird. Sie deckt sich im ganzen mit der durch die neutestamentlichen Schriften repräsentierten ersten, aber grundlegenden Periode der Geschichte der Kirche (vgl. etwa Eph 2,20; 1 Tim 6,20).

[66] Salvador Munoz Iglesias, Lo historico en los Evangelios de la Infancia: Estudios Marianos 64 (1998), 3–36, hier 35f.

Wie kann nun der genauere Sinn des christologischen Prologs der beiden Evangelien umschrieben werden? Die Evangelisten sind schon vor der Konzeption ihres Evangeliums von der fundamentalen Bedeutung Jesu für unser Gottesverhältnis überzeugt. Sie begreifen ihn als das eschatologische Wort Gottes über das Dasein aller Menschen. Bevor sie im Anschluß an die ihnen schon vorliegenden Quellen ihr Glaubensbekenntnis in christologischer Perspektive entfalten, versuchen sie eine Verdeutlichung von Jesu heils- und weltgeschichtlicher Bedeutung, und zwar durch die Stammbäume[67], die seine Verwurzelung in der alttestamentlichen Heilsgeschichte und seine heilsentscheidende Funktion für Juden und Heiden belegen. Es ist klar, daß sie dabei nicht einfach eine Reportage empirisch-gegenständlich faßbarer Begebenheiten geben wollen. Von ihrem schon zuvor geklärten Bekenntnis zu Jesus werden vielmehr die ihnen vorliegenden Erzählungen so geformt, daß von Christus selbst her der tiefere Sinn dieser Geschichten aufleuchten kann. Diese sind im einzelnen freilich von unterschiedlichem Gewicht.

Das wichtigste und entscheidende Einzelelement, um das sich in den christologischen Prologen alles andere gruppiert und auf das alles hinzielt, ist ohne jeden Zweifel die Aussage über die geistgewirkte Lebensentstehung aus der Jungfrau Maria. Denn hier handelt es sich um die Beschreibung der fundamentalen Relation Jesu zu Gott, woraus sich eine Wesensaussage für Jesus ergibt. Dazu gehört auch die Geburt, in der der so entstandene Christus als Herr und Erlöser vor der Welt offenbar wird. Die Evangelisten wollen hier allerdings nicht irgendeinen charakteristischen Zug an Jesus nur illustrieren, der eben auch unabhängig von dieser Illustration bestehen würde. Sie wollen vielmehr den realen Grund der Offenbarungseinheit Jesu mit Gott zum Ausdruck bringen. Ihnen liegt offensichtlich alles daran, den Ereignischarakter jenes Geschehens zu betonen, durch das die einzigartige Einheit von Jesus und Gott in der Geschichte bewirkt worden ist. Sie reflektieren nicht in einem naturphilosophischen Sinn oder in einer wissenschaftlich-empirischen Fragestellung auf eine isoliert gedachte biologische Möglichkeit dieses Geschehens.

Da es sich nicht um ein Geschehen im natürlichen Ursache-Wirkungs-Zusammenhang handelt, ist dieses Ereignis auch nicht ohne weiteres kate-

---

[67] Zu den Stammbäumen und vor allem zur sekundären und singulären Lesart des Kodex Syro-Sinaiticus, wo es heißt: „Joseph, mit dem die Jungfrau Maria verlobt war, zeugte Jesus, der Christus heißt", vgl. J. Gnilka, Das Matthäusevangelium 1. Teil (=HThK I/1), Freiburg-Basel-Wien 1986, 11.

gorialisierbar und adäquat in menschlicher Sprache zum Ausdruck zu bringen. Die Evangelisten verweisen allein auf die universale Kausalität des schöpferischen Handelns, das die Potentialitäten geschaffener Kausalität nicht ausschaltet und beiseite schiebt, sondern im Sinne des Wirkens Gottes überbietet (vgl. Lk 1,37). Die Evangelisten verkünden dieses Geschehen als ein vom transzendenten Gott her ergehendes Ereignis, das in der Welt Wirklichkeit wird. Seine innere Wahrheit und Struktur ist aber nur durch Gottes Wort zu erhellen (Offenbarungsengel). Zugänglich wird es im Glauben, der eine personale Relation zu Gott stiftet und in dem die Erkenntnismöglichkeiten des Menschen, die adäquat auf die materielle Welt in ihrem Wirklichsein bezogen sind, über sich hinausgehoben werden, um in ihrer transzendentalen Relation von der Ereignishaftigkeit des Wortes Gottes vollendet zu werden. Die Kernaussage lautet: Der Mensch Jesus entstammt nicht natürlicher elterlicher Zeugung, soweit sie als kreatürlich-vermittelnde Ursache den Menschen in die Subsistenz seiner individuellen geistig-materiellen Natur überführt. Die Einzigartigkeit des Menschseins Jesu besteht darin, daß es ganz ausschließlich im Wirken Gottes gründet, nämlich seines sich selbst mitteilenden Geistes und seiner sich in der Welt offenbarenden Kraft (Mt 1,18.20; Lk 1,34; 3, 23).

Mit Geist und Kraft Gottes ist hier allerdings nicht die dritte Person der Trinität gemeint. Die Stelle Lk 1,35: „Der heilige Geist wird über dich kommen und die Kraft des Höchsten wird dich überschatten. Deshalb wird auch das Kind heilig und Sohn Gottes genannt werden", zeigt vielmehr Anklänge an das Schöpfungsgeschehen Gottes im Wort und Geist (Gen 1,2) und dann an das Symbol der Offenbarungsgegenwart Gottes in der überschattenden Wolke (vgl. Ex 16,10; 34,5; Dtn 11,25; 1 Kön 8,10; Jer 4,13; Mt 17,5). Abwegig ist es daher, vom Heiligen Geist als dem biologisch-genetischen Vater Jesu zu sprechen, wie es auch nicht angeht, innerhalb der innertrinitarischen Relationen von einer Vaterrelation des Geistes zu Jesus zu sprechen. Auch das Wort „überschatten" hat nicht im mindesten mit einem geschlechtlichen Tun Gottes, wenn auch noch so subtiler Art, zu tun. Gott heißt nicht der Vater Jesu im Sinne einer geschlechtlichen Zeugung oder einer mysteriösen Befruchtung mit einem göttlich-übernatürlichen, aber doch subtil materiell gedachten Samen. Auch der Hinweis auf Ps 2,7: „Mein Sohn bist du, heute habe ich dich gezeugt" (vgl. Hebr 1,5; 5,5; Apg 13,33), auf den in den Evangelien in diesem Zusammenhang nicht einmal angespielt wird, kann nicht überzeugen, weil er schon im Alten Testament im Sinne einer Adoption des Königs zu Gott in einer Art Sohnesverhältnis verstanden wurde, allerdings auch dort ohne alle Anklänge an eine sexuelle und physiologische Zeugung. Es geht in unserer Erzählung vielmehr um das schöpferische heilsbegründende Wirken des transzendenten Gottes, der sich im Menschen Jesus als das Heil aller nahebringt.

„Der Gottessohn tritt dadurch ins irdische Leben ein, daß Maria von Gottes schöpferischem Geist erfüllt und zur Stätte der An- und Einwohnung Gottes auf Erden wird. Durch diese Einwohnung kommt es zur Verwirklichung der in Ps 2,6-7; Ps 110,3 angekündigten Geburt des Messias aus Gott. Der messianische Erlöser Israels geht ohne Zutun eines Mannes aus Maria hervor."[68]

Dieses schöpferische Wirken Gottes ist in sich nicht kategorialisierbar und darum auch „historisch" und „empirisch" nicht zu verifizieren. Es ist nur zugänglich in dem Ereignis selber, in dem Gott sich worthaft nahebringt, wenn dies auch noch einmal im menschlichen Wort und Verständnis vermittelt werden muß. Will man dies aber deshalb als eine „bloße" Reflexionschristologie verstehen, weil es historisch nicht verifizierbar ist, so müßte man dies auch für den Präexistenz- und den Inkarnationsgedanken tun, letztlich auch für den Schöpfungsgedanken und Gottes Heilswirken in der Welt überhaupt und schließlich für die Existenz Gottes selbst.

Der letzte Grund für die über alle immanenten Möglichkeiten von Gottes Schöpfung hinausgehende Lebensentstehung Jesu ist die Offenbarungseinheit Jesu mit Gott. Er heißt darum „heilig und Sohn Gottes". Der Titel *Sohn Gottes* erscheint hier als ein auch sonst im Neuen Testament auftauchender zentraler Würdenamen Jesu. Dieser Titel hat schon vom Alten Testament her eine religiöse Bedeutung und beschreibt die Beziehung des Volkes Israel als Gesamtheit zu Gott (vgl. Ex 4,22; Dtn 32,6.18; Jes 63,16; 64,7; Jer 31,9.20; Hos 11,1; Mal 1,6; 2,10) oder auch des Königs (2 Sam 7,14; Ps 89,27) bzw. des Messias (Ps 2,7; 110,3). Späterhin kann auch der fromme Jude in einem persönlichen Sinn Gott als seinen Vater ansprechen (Sir 23,1; 51,10; Weish 2,6). Die Bedeutung des Sohnestitels für Jesus kann jedoch nicht kontinuierlich aus dieser Linie abgeleitet werden: Jesus versteht Gott als seinen Vater in einem exklusiven Sinn. Die genauere Bedeutung muß daher von der Wirklichkeit Jesu her eruiert werden. Falsch wäre es, aus dem Begriff Sohn Gottes, der an sich eine vielfältige Bedeutung haben kann, die Wirklichkeit Christi herauszukonstruieren. Die Relation von Vater und

---

[68] Peter Stuhlmacher, Biblische Theologie des Neuen Testaments, Bd.1, Grundlegung. Von Jesus zu Paulus, Göttingen 1992, 189.

Sohn hat, wie die religionsgeschichtliche Verbreitung zeigt, schon einen natürlichen Symbolgehalt. Entscheidend ist nun aber, welcher der vielen Aspekte als Analogatum herausgegriffen wird, um die Gottesbeziehung eines Menschen zu verdeutlichen.

Schon innerhalb des Neuen Testamentes hat der Sohnestitel unterschiedliche Bedeutungen. In der Präexistenz- und Inkarnationschristologie bezeichnet er ein innergöttliches Verhältnis im Sinne einer Ursprungsrelation und einer Wesensgleichheit. Bei den Synoptikern ist das Analogatum der Aussage nicht von einer geschlechtlichen Zeugung her genommen, wie schon wiederholt deutlich gemacht wurde. Das Analogatum besteht vielmehr darin, daß *im Sohn der Vater repräsentiert* werden kann. Weil Gott sich in einem schöpferischen und heilsvermittelnden Tun in der Welt vergegenwärtigt – ein Handeln, das mit keiner kreatürlichen Tätigkeit zu vergleichen ist –, insofern er sich dazu die Menschheit Jesu erschaffend zu eigen nimmt, kann der Mensch Jesus, der ganz durch Gott existiert, auch der Repräsentant Gottes in der Welt sein.[69] In analoger Sprechweise wird

---

[69] Zu leicht macht es sich R. Pesch, Gegen die doppelte Wahrheit. Karl Rahner und die Bibelwissenschaft: Vor dem Geheimnis Gottes den Menschen verstehen. Karl Rahner zum 80. Geburtstag, hg. v. K. Lehmann, München-Zürich ²1984, 10–36, hier Anm. 38, wenn er mit H. v. Campenhausen das schon von Tertullian, Ambrosius, Augustinus, Johannes Chrysostomus und neuerdings H. U. von Balthasar und J. Ratzinger geäußerte Argument, Jesus könne nicht zwei Väter gehabt haben, als unbewiesen abtut. Gewiß heißt Jesus seinem Menschsein nach nicht „Sohn Gottes", weil er etwa von Gott in geschlechtlichem Zusammenwirken mit einem Menschen gezeugt worden wäre. Die Sohnschaft des Menschen Jesus gründet in der Teilhabe am Sohnsein des göttlichen Logos bzw. ihrer unmittelbaren Entstehung im eschatologischen Selbstmitteilungswillen Gottes. Jesus heißt darum im analogen Sinn Gottes „Sohn". Das tertium comparationis liegt darin, daß der Begriff „Sohn" die volle Repräsentation Gottes eben als seines „Vaters" meint. Das Menschsein Jesu entsteht nicht durch geschlechtliche Zeugung, sondern durch den Willen Gottes zu seiner Selbstaussage im Menschen Jesus. Somit ist Gott auch der Urheber und „Vater" des Menschen Jesus, jedoch nicht im Sinne geschlechtlicher Zeugung. Gott begründet das menschliche Dasein Jesu, in dem er sich eschatologisch in der Welt vergegenwärtigt, durch die Annahme, so daß der Mensch Jesus unmittelbar durch Gott realisiert ist. Jesus erfaßt sein Dasein auf der Ebene seines Selbstbewußtseins in Erkenntnis und Willen in der relationalen Einheit mit Gott. So kann er ihn „seinen" Gott und Vater nennen, wie dies keinem andern Menschen zukommt. Wenn nun aber alle Glaubenden Gott ihren Schöpfer und Vater nennen dürfen, dann ist dies kreatürlich vermittelt durch ihr Gezeugtsein von einem Elternpaar. Sie existieren nicht unmittelbar durch den Akt, in dem Gott Gott ist, sondern durch das von Gott verschiedene Sein, welches hinsichtlich der Entstehung eines mensch-

lichen Individuums durch einen geschlechtlichen Zeugungsakt eines menschlichen Elternpaares vermittelt wird. Da Gott aber das Menschsein Jesu, das uns konnatural sein muß, aus dem Ja-Wort Marias in der geist-leiblichen Einheit ihres personal zu bestimmenden Frauseins annimmt, ist Maria in Wahrheit die Mutter der Person Jesu, d. h. des Logos, der aus Maria das Menschsein annahm. Doch ist sie nicht Mutter, d. h. Entstehungsprinzip des Logos in seiner Gottnatur. Mutter Jesu wurde Maria aber nicht durch geschlechtliche Zeugung, sondern durch ihr Ja-Wort zum Selbstmitteilungswillen Gottes, der aus den reinen Möglichkeiten ihres Frauseins durch sein schöpferisches Wort seiner eschatologischen Selbstmitteilung die Frucht ihres Leibes, nämlich Jesus, entstehen ließ. Darum besteht die Menschheit Jesu nicht in einem geschöpflichen Subsistenzakt, der in der geschlechtlichen Zeugung gegeben ist, sondern in der Unmittelbarkeit des mit Gottes Wesen identischen Offenbarungswortes, das die aus Marias Leib angenommene Menschheit Jesu begründet und dauernd trägt. Somit ist Gott auch der unmittelbare Urheber der Menschheit Jesu, und Jesus hat das einzigartige Verhältnis zu ihm als seinem „Vater" (Abba-Relation). Maria ist die Mutter Jesu nicht der geschlechtlichen Zeugung nach, sondern durch Zustimmung zur Annahme und Entwicklung des Menschseins Gottes aus ihr (Schwangerschaft, Geburt, Erziehung). Der Begriff der Mutterschaft Marias darf nicht aus einem apriorischen Begriff heraus in seinen Einzelbestimmungen deduziert, muß vielmehr von der christologischen Realität her entwickelt werden. Gewiß gehört zur Personentstehung bei jedem Menschen außer Christus die geschlechtliche Zeugung durch ein menschliches Elternpaar – eben als die konkrete Vermittlung des Schöpfungswillens Gottes zum Dasein eines individuellen Menschen. Bei Jesus Christus aber ist die göttliche Hypostase des Logos der individuierende Träger der aus Maria angenommenen menschlichen Natur. Darum hat ihn Maria nicht auf dem Wege geschlechtlicher Zeugung empfangen. Sie hat ihn vielmehr als den Selbstmitteilungswillen Gottes zur Menschwerdung aus ihr empfangen. So ist sie nicht die Mutter (Miterzeugerin) einer kreatürlichen Personsubsistenz, sondern die Empfängerin und Gebärerin des Logos, der aus ihrem „Fleisch und Blut" menschliche Natur annahm. So muß man also sagen: Gott ist der ewige Vater des ewigen Sohnes und auch der „Vater" der menschlichen Natur des inkarnierten Logos, die nicht für sich, sondern nur durch die Selbstmitteilung Gottes besteht, d. h. in der Hypostase des Logos. Eben darum ist Gott der Erzeuger der Menschheit Jesu nicht durch geschlechtliche Zeugung, sondern allein durch die schöpferische Aktualität seiner eschatologisch-inkarnatorischen Selbstmitteilung. Maria ist die Mutter Jesu, aber nicht so, daß sie auf dem Wege geschlechtlicher Zeugung (als dem kreatürlichen Medium) die göttliche Person des Logos (als den Träger der Menschheit Jesu) miterzeugt, sondern so, daß sie den Logos durch dessen Selbstoffenbarung im Hören des Wortes und im Glauben empfängt, insofern er aus ihrer weiblich-mütterlichen Leiblichkeit die menschliche Natur annehmen will. Marias Verhältnis zu Gott im Empfangen des Logos ist nicht nach Analogie eines Mann-Frau-Verhältnisses auszulegen, sondern nach Maßgabe der Schöpfer-Geschöpf-Relation. Maria als Geschöpf empfängt den Logos, wobei sie durch ihre Weiblichkeit – anders als ein Mann – für die Entstehung einer menschlichen Natur disponiert ist. Sie ist also die Gebärerin des göttlichen Wortes und nicht

177

diese Beziehungsrealität in die Aussagerelation „Vater-Sohn" gebracht, ohne daß es berechtigt wäre, von den verschiedenen Implikationen einer menschlichen Vater-Sohn-Beziehung her nun das Gottesbild zu „konstruieren". Der Mensch Jesus ist nicht ein in einen Menschen verwandelter Gott. Er ist ganz radikal und kompromißlos als Mensch zu verstehen, der empfangen wird, der geboren wird, der leidet und stirbt. Jede substantielle Vergottung des Menschen wird Jesus nur auf die Ebene der heidnischen Theios-Aner-Gestalten herabziehen und damit der Aussageintention der Evangelisten diametral widersprechen. Jesu Sein als „Sohn Gottes" besteht darin, daß er als Mensch in einem absoluten (nicht durch kreatürlich-elterliches Mitwirken bedingten) Sinn ausschließlich durch Gott existiert und darum auch die eschatologische Heilsgegenwart Gottes als der Erlöser und als das Leben für jeden Menschen sein kann. So ist der Titel „Sohn Gottes" die Umschreibung für die menschlich vermittelte Gegenwart des ewigen Gottes selbst in diesem Menschen Jesus von Nazaret. Gott ist also nicht in einem (gegenüber den Propheten) nur quantitativ gesteigerten Sinn in diesem Jesus. *Gott ist selbst als der Mensch Jesus bei uns.*

Wahrscheinlich haben wir es hier nur mit einer Vertiefung der frühen Zwei-Stufen-Christologie zu tun (vgl. Röm 1,3f.). Der Mensch Jesus ist dem Geiste Gottes nach nicht nur in seiner Funktion und seinem Handeln als „Sohn

nur einer zunächst für sich subsistierenden Menschheit Jesu, die sekundär von Gott auch als menschliche Form seiner Selbstaussage angenommen (adoptiert) würde. Eine mehr als moralische Einheit von Gottheit und Menschheit in Jesus wäre sonst nicht möglich. Das eben war die Problematik, der sich das Konzil von Ephesus stellte. Die Gefahr des Adoptianismus und Nestorianismus liegt immer nahe, wo die christologische Notwendigkeit der Rede von Maria als Jungfrau und Gottesgebärerin nicht voll erkannt wird. Vgl. 11. Konzil von Toledo 675 (DS 536). Es ist selbstverständlich, daß zwischen dem Vater und dem Sohn noch eine Differenz besteht. Diese ist aber nicht durch die geschichtlich-inkarnatorische Existenz Jesu begründet, obgleich sie sich in ihr ausdrückt, sondern durch sein ewiges Wortsein, indem er aus dem Vater hervorgeht und so die Selbstunterscheidung Gottes als Vater, Sohn und Heiliger Geist begründet. Es ist also unmöglich, daß erst die Inkarnation die innere relationale Unterscheidung und Beziehung der göttlichen Personen hervorbringt. Das ewige Sohn-Gottes-Sein und die zeitliche Existenz Jesu in seinem Menschsein als „Sohn Gottes" kann man nicht so voneinander trennen, daß die Menschheit Jesu nicht mehr durch das Sein des Logos und deren innere Relation zu Gott existiert. Dies war die gutgemeinte, aber spekulativ nicht sehr tiefgründige Position des spanischen Adoptianismus im 8. Jahrhundert. Sie wurde zurückgewiesen durch Papst Hadrian I., Ep. „Si tamen licet" (DS 610f.); vom Konzil von Frankfurt i.J. 794 (DS 612ff.); von der Synode von Friaul i.J. 796/97 (DS 619).

Gottes" zu erkennen. Er ist es vielmehr seinem ganzen Sein nach von dem Anfang seiner Entstehung an. Darum müssen Matthäus und Lukas über die Geistverleihung bei der Taufe Jesu und der Bezeugung seines Sohnesverhältnisses zu Gott hinausgehen und eine Entstehungsgeschichte Christi verfassen. Sie versuchen also, eine funktional gedachte Christologie durch Aussagen über die Herkunft und das Wesen Jesu zu unterbauen. Die Gültigkeit der christologischen Fundamentalaussage, daß Jesus die menschliche Selbstrepräsentanz Gottes ist, mit der das christliche Bekenntnis in seinem eschatologischen Anspruch steht und fällt, hängt nun aber nicht einfach von der historischen Nachweisbarkeit einer Überlieferung Marias oder des engeren Familienkreises ab. Ohnehin konnte Maria in ihrem natürlichen Bewußtseinsinhalt allenfalls wissen, daß sie Jesus ohne menschlichen Zeugungsakt empfangen hat, aber daß der physisch nicht greifbare Grund hierfür der eschatologische Selbstmitteilungswille Gottes in der raum-zeitlichen Erscheinung des Menschseins Jesu ist, konnte auch sie nur im Glauben begreifen, dessen Prinzip und Urheber Gott (oder Gottes Geist) selber ist (vgl. Mt 16,17). Die theologisch gültige Aussage hängt nicht davon ab, ob es gelingt, diese Tradition bis zu Maria zurückzuverfolgen. Marias persönliches Zeugnis hat nicht den Rang des apostolischen Zeugnisses. Deshalb muß der innere Zusammenhang der jungfräulichen Empfängnis Jesu mit der apostolischen Verkündigung und Tradition aufgezeigt werden.

Die Erkenntnis dieses von Gott selbst initiierten Geschehens hängt nicht von der historischen Überprüfung der Glaubwürdigkeit umlaufender einzelner Nachrichten ab, sondern von deren Verbindung mit dem Ursprungsereignis des kirchlichen Christusbekenntnisses in der Auferstehung Jesu, die zugleich auch das Entfaltungsprinzip der biblischen und kirchlichen Christologie in ihrem Ideal- und Realgehalt darstellt.

„Von Jesus dem ‚Sohn Gottes', ist im Judenchristentum vor (und neben) Paulus nicht nur im Blick auf seine Erhöhung und sein messianisches Zukunftswerk gesprochen worden, sondern man hat auch Jesu irdische Wirksamkeit und Herkunft unter dem Aspekt der messianischen Gottessohnschaft gesehen. Dies kommt vor allem in den nachösterlich ausgestalteten Berichten von Jesu *Taufe und Verklärung* (Mk 1,9-11Par; 9,2-10Par) sowie in den Erzählungen von der wunderbaren Geburt *Jesu aus der Jungfrau* in Lk 1,26-38 und Mt 1,18-25 zum Ausdruck. In den Erzählungen von Taufe und Verklärung wird Jesus zweimal durch eine Gottesstimme als Gottes ‚*geliebter Sohn*' bezeichnet (Mk 1,11;9,7) Der Wortlaut dieser umfassenden Prädikationen stützt sich auf Gen 22,2; Ps 2,7 und Jes

42,1;44,2. Sie geben Jesus im Anschluß an das urchristliche Messias-bekenntnis unter Zitation der Heiligen Schriften als den von Gott erwählten Messias und Gottesknecht zu erkennen. Da sie mit Jesu messianischem Sohnesbewußtsein übereinstimmen, sind die Prädikationen *Ausdruck einer sich mit Ostern bewahrheitenden christologischen Erkenntnis* und nicht Dokumentationen einer erst nach Ostern neu auf Jesus projizierten Gottessohnanschauung ... Die Bekenntnisrede von der *Geburt Jesus aus der Jungfrau* ist eine judenchristliche Besonderheit, die in den messianischen Texten des Alten Testaments und Frühjudentums zwar vorbereitet, aber noch nicht vorgegeben war ... In Lk 1,26-38 und Mt 1,18-25 wird die Geburt Jesu ins Licht der messianischen Verheißungen gerückt und von ihnen her ‚drittweltlich' gedeutet: Nachdem die Osterzeugen in dem Erhöhten den *Christos* und ‚Sohne Gottes in Macht' zu sehen, wurde seine irdische Herkunft von den Verheißungstexten her ausgeleuchtet und eine kühne neue Bekenntnisrede geschaffen: *Jesus ist als der messianische Gottessohn der Sohn der von Gott gemäß Jes 7,14 erwählten Jungfrau.*"[70]

4. Die Auferstehung Jesu als Ursprungsereignis des Glaubens und Entfaltungsprinzip des christologischen Credo

Den Ursprung des Glaubens sehen wir nicht einfach in historischen Überlieferungen vom vorösterlichen Jesus, die nach eigenem subjektivem Ermessen „geglaubt" wurden, aber auch nicht nur in den nachösterlichen Überzeugungen der Gemeinde, insofern diese zu rein von der rationalen oder sentimentalen Subjektivität bedingten „Deutungen" gelangt ist. Das Ursprungsereignis aller Christologie besteht in der Identifikation des sich als auferstandenen Herrn bezeugenden Christus mit dem vorösterlichen Jesus. Auf der Basis dieses Bekenntnisses nimmt jede reflektierende Christologie ihren Anfang. Christologie ist in diesem Sinne aber nicht subjektive Reflexion über ein gegenüberliegendes objektives Geschehen, zu dem man auch ohne Glauben einen adäquaten Zugang hätte. Im Gegensatz zu der hier insinuierten Subjekt-Objekt-Spaltung muß die sprachlich-reflexive Gestaltung des Glaubens als das kreatürliche Medium des Offenbarungsereignisses selbst begriffen werden.

[70]   Peter Stuhlmacher, Biblische Theologie des Neuen Testaments. Bd.1. Grundlegung. Von Jesus zu Paulus, Göttingen 1992, 188–190.

Der Glaube ist ein inneres Moment am Offenbarungsereignis, das der sich bezeugende auferstandene Herr als die subjektive Bedingung der Möglichkeit seiner Erkenntnis durch uns voraussetzt und uns mitteilt, so daß wir ihn durch den von ihm selbst ermöglichten Glauben auch erkennen können. In der Begegnung mit dem Herrn als dem Auferstandenen geht darin dem Glaubenden auch auf, wer Jesus in letzter Hinsicht im Hinblick auf Gott ist. Ist nun der Glaubende von dieser grundsätzlichen Konstitution seines Glaubens durch die Begegnung mit dem auferstandenen Herrn überzeugt, dann weiß er auch, daß die reflexive Entfaltung dieses Glaubens vom Geist des Auferstandenen selbst geleitet wird. Hierzu gehört nun auch die Überzeugung, daß die Erkenntnis der Offenbarungseinheit Jesu mit Gott im Licht des Auferstehungsereignisses ihren ursprünglichen Grund im Ereignis der durch Gott unmittelbar begründeten Menschheit Jesu hat, durch die er sich selbst eschatologisch der Welt mitteilt. „Glaube" nicht nur im profanen Sinn des Wortes, sondern in einem theologisch reflektierten Sinn ist also nicht die Überzeugung von Fakten, die zuvor durch eine profane historische Forschung eruiert worden sind. Glaube ist vielmehr die Erhebung des kreatürlichen Bewußtseins auf die Ebene Gottes, damit der Mensch durch Gottes Geist konkrete geschichtliche Ereignisse als Medien (Realsymbole) erkennt, durch die Gott sich uns nahe bringt. Das Ereignis der Auferstehung Jesu und seiner Selbstbezeugung begründet darum also die innere Einheit von Offenbarung und Glaube.

Wir verstehen die Auferstehung Jesu eben nicht nur als eine formale Bestätigung Jesu durch Gott hinter der Bühne der Weltgeschichte, die nun auch noch einmal vor dem Vorhang proklamiert wird. In diesem Sinn ist eine räumlich-zeitlich gedachte Trennung von Transzendenz und Geschichte, von Jenseits und Diesseits unmöglich. Es gibt nicht im Sinne eines neuartigen Zwei-Stockwerk-Denkens eine historisch beweisbare Basis und einen theologischen Überbau, der von der subjektiven Befindlichkeit des Interpreten abhängig ist, also auch keinen allgemein-verbindlichen Anspruch hat. In der Tat begreift die natürliche Vernunft in ihrem eigenen Vollzug nur die materielle Welt in ihrem Wirklichsein und verwendet dabei die Methoden der verschiedenen Wissenschaften. Der Glaube spielt sich nicht auf einem Stockwerk darüber ab. Hier ist dieselbe Vernunft tätig, die in ihrer transzendentalen Verfaßtheit so vom Wort und Ereignis Gottes ergriffen worden ist, daß sie Gott selbst in den Ereignissen seines geschichtlichen Handelns erkennt. Die daraus sich ergebende theologische Vernunft kann darum nicht in eine rein historische und in eine rein theologische

Abteilung aufgegliedert werden, sondern es ist die *eine theologische Vernunft*, die sich *geschichtlich-transzendental* vollzieht. In diesem Sinn wird ihr die Auferstehung Jesu Christi als geschichtliches Ereignis faßbar, ohne daß es auf die gleiche Ebene wie die profanen Geschichtsereignisse gestellt werden muß und ihrem Verifikationsschematismus zu unterwerfen wäre. Die Auferstehung Jesu darf nicht als ein einzelner isoliertes Geschehen in der Lebensgeschichte Jesu aufgefaßt werden. Sie ist vielmehr im Zusammenhang der ganzen Dynamik des Selbstverständnisses und des Auftretens Jesu zu verstehen als der Höhepunkt der Selbstmitteilung Gottes im Menschen Jesus in der Geschichte und seiner bleibenden geschichtlichen Gegenwart – vermittelt in Geist, Wort, Sakrament und Kirche. Und zu ihr gehört (ihr innerlich geeint) der Glaube der Auferstehungszeugen und der Glaubenden in der kirchlichen Gemeinschaft.

Der Glaube ist also nicht entstanden durch eine äußere Sammlung einzelner historisch verbürgter Nachrichten über Jesus. Er enthält auch nicht ein Bündel gleichsam vom Himmel „heruntertelefonierter" einzelner Wahrheiten. Er ist vielmehr seine mit dem Offenbarungsereignis in Jesus Christus und dem Heiligen Geist mitgegebene und von ihm angeeignete kreatürliche Präsenzform. Weil der Glaube aber die kreatürliche Vergegenwärtigung der einen Selbstmitteilung Gottes ist in der Pluralität ihrer inneren Bezüge, darum hat der Glaube selber Prozeßcharakter, indem er sich wegen der geschichtlichen Verfassung des menschlichen Geistes selbstreflexiv in seinen eigenen Grund vortasten muß, sich sprachlich abklärt und in den kulturell bedingten Vorstellungskategorien – sie darin aber noch einmal überbietend – zum Ausdruck bringen muß. Darum kennt schon das Neue Testament verschiedene christologische Modelle. Denn der Glaube als transzendental-apriorische Eröffnetheit für das Geschichte gewordene Mysterium an sich kann sich auf der Ebene des reflexiven Ausdrucks nie adäquat sprachlich einholen. Die Christologie ist darum nicht nur eine bloße Konstatierung einzelner Fakten. Christologie geschieht gleichsam als Prozeß, in dem die Theologie sprachlich und gedanklich sich das vergegenwärtigen will, was sie als Totalität im Glauben angenommen hat. Gerade die Vielfalt der sich ergänzenden und bereichernden christologischen Modelle des Neuen Testamentes gehört mit zur Normativität der sich bildenden Glaubensgestalten in der einen apostolischen Kirche. Ihr jedoch hat sich die nachfolgende Kirche für immer unterstellt.

Insgesamt darf man sagen, daß sich vom biblischen Offenbarungs- und Glaubensverständnis her die Alternative zwischen historischer Faktizität und theologisch-subjektiver Interpretation als überholt erweist. Genaugenommen sagt sie, daß Wirklichkeit an sich zwar konstatiert wird, aber nicht „erkannt" werden kann und daß ihr vom beliebigen Standpunkt des Interpreten aus die Bedingungen vorgeschrieben werden, unter denen sie dem Verstand erscheint. Damit aber wäre trotz aller Rede von Offenbarung der Mensch immer nur mit sich selber konfrontiert. Eine Begegnung mit Gottes Wirklichkeit, seinem Geschichtshandeln und seiner Wahrheit wäre ausgeschlossen. Die genannte Alternative, die einer dualistisch ansetzenden Erkenntnismetaphysik entspringt, kann nicht an die Heilige Schrift und den Glauben der Kirche, wie er sich geschichtlich entfaltet hat, herangetragen werden. Der Zugang zu den inneren Intentionen des Bekenntnisses im Rahmen des von ihm selbst her zu entwickelnden eigenen Wirklichkeitsverständnisses wird dadurch viel eher verstellt.

Ist aber die Auferstehung Jesu, das Ursprungsgeheimnis, in dem der Glaubende die Totalität Christi erfaßt, ein Ereignis von Gott her, dann hat auch die Konstitution der Menschheit des Erlösers in der hypostatischen Union im Zeichen der Geburt aus der Jungfrau Maria Ereignischarakter, insofern die reale Möglichkeitsbedingung von der Realität, zu der sie disponiert, mitgetragen wird. Der Gegensatz von christologischem Faktum und einer reinen (lediglich subjektiv interpretierenden) Reflexionschristologie ist in einer geklärten Hermeneutik christologischer Aussagen überholt. Wenn die Auferstehung zu Recht als Höhepunkt der geschichtlichen Offenbarungseinheit verstanden wird, dann muß nach dem Ursprungsprinzip dieser Einheit gefragt werden. Dieses liegt in der Konstitution der Menschheit Jesu in Empfängnis und Geburt aus Maria, wodurch der Mensch Jesus, der in einer Sohnesrelation zu Gott steht bzw. an der Sohnesrelation des ewigen Wortes in Gott partizipiert, zur Selbstoffenbarung Gottes wird.

Es ist in dieser Perspektive der Einheit von Offenbarung und Glaubensgeschichte noch einmal nach dem genauen Stellenwert der geistgewirkten Lebensentstehung Jesu innerhalb der synoptischen Pneumatologie zu fragen.

5. Die Eigenart und die Bedeutung der synoptischen Pneumachristologie

Alle neutestamentlichen Christologien beziehen sich auf die geschichtlich-eschatologische Offenbarungseinheit Jesu mit Gott, den er in einem exklusiven Sinn seinen „Vater" nannte. In der paulinischen Präexistenz- und der johanneischen Inkarnationschristologie ist die Einheit Jesu mit Gott in dem ewigen Sohn Gottes, d. h. im ewigen gottgleichen Logos, gegeben.[71] Der Sohn oder das Wort Gottes stehen schon „vor" der menschlichen Existenzweise in einer inneren Beziehung zu Gott (vgl. Gal 4,4; Röm 8,3; Phil 2,6-11; Joh 1,1; 1 Joh 4,19; vgl. Hebr 1,3). Es ist also das ewige Wort Gottes, welches zu seinem göttlichen Sein hinzu auch die menschliche Seinsweise annimmt. Die Menschheit Jesu ist hier so konzipiert, daß sie in die Sohnesrelation des Logos zum Vater aufgenommen wird und durch sie existiert. Einer solchen Christologie widerspricht nun keineswegs die Vorstellung, daß Gott in Jesus das Menschsein aus einer Jungfrau angenommen hat. Es läßt sich mit ihr vielmehr verbinden. Denn da der Logos die unmittelbare Subsistenz der so angenommenen Menschheit ist, kann die menschliche Natur nicht noch einmal durch eine kreatürliche Subsistenz („Personsein"), wie sie durch die geschlechtliche Zeugung (im schöpfungstheologischen Sinn) vermittelt wird, getragen sein. Dieser hier kurz skizzierten Linie ist die patristische Christologie im wesentlichen gefolgt.

Die Synoptiker hingegen entwickeln eine Christologie von einem anderen Konzept her, indem sie nicht von der Trinität, d. h. von einer nicht durch Schöpfung und Geschichte vermittelten Einheit von Gott und „Gottessohn" her denken und damit den Gedanken der Sendung des ewigen Sohnes ins Fleisch einbringen. Man könnte dieses Konzept als eine „Christologie von unten" bezeichnen, da es beim Leben Jesu und seinem öffentlichen Wirken ansetzt.

Dabei ist auf das Mißverständnis der Rede von einer verschiedenen Konzeption der Christologie von oben oder von unten einzugehen. Es handelt sich nicht um Begriffe und Ideen, aus denen ein Gedankengebäude errichtet wird. Vielmehr gehen sowohl die Präexistenzchristologie wie die Christologie der in der Sohnesrelation Jesu zum Vater verankerten Menschheit Jesu von einem realen Anhaltspunkt aus. Denn Theologie kann nie von Begriffen und gedachten Möglichkeiten zur Realität kommen, sondern nur von der im Glauben bezeugten Realität des Heilshandelns Gottes ausgehen und es in seiner inneren Logosgestalt einsichtig zu machen versuchen. Da alle biblischen Schriftsteller von dem einen und selben Mysterium der Selbstoffenbarung Gottes im fleischgewordenen Wort ausgehen, sind alle sogenannten ntl. Christologien aufeinander hin offen und in der von ihnen

---

[71] Vgl. R. Schnackenburg, Das Johannesevangelium 1. Teil (=HThK IV/1), Freiburg-Basel-Wien ⁶1986, 290–302 (Der Präexistenzgedanke).

bezeugten Realität miteinander verbunden. Darum steht es niemanden frei, sich je seine ntl. Christologie auszusuchen, und sie zum Maßstab zu machen, was er von den anderen Überlieferungen annehmen und ausscheiden will.

Die Synoptiker setzen nicht einfach den Glauben schon voraus, sondern wollen zeigen, wie die Jünger, die dem Menschen Jesus begegnet sind, dazu kamen, um auch uns auf den selben Weg zu führen.

Am Menschsein Jesu besteht hier keinerlei Zweifel. Es stellt sich jedoch die Frage, wie dieser Mensch so in Verbindung steht mit Gott, daß er die menschliche Selbstvergegenwärtigung Gottes sein kann. Die Synoptiker setzen also breit vom Menschen Jesus her an und schildern seine Geschichte. Doch dieser Mensch Jesus steht für sie in dieser eigenartigen Relation zu Gott, den er seinen Vater nennt (Abba-Relation).[72] Nur so ist dieser Mensch Jesus in einem exklusiven, unbedingten und endzeitlichen Sinn der „Gott-mit-uns". Diese Relation ist nicht von Jesus ausgehend auf Gott hin entworfen worden, so daß der Mensch sein Verhältnis zu Gott bestimme. Jesus nannte nicht Gott seinen Vater, um Gott für sein religiöses Programm oder seine mystisch-religiöse Erfahrung des Transzendenten in Beschlag zu nehmen. Was für Jesu Selbstbewußtsein entscheidend war nach dem Zeugnis der Apostel, war vielmehr, daß er sein Selbstsein im Ursprung seiner Existenz ganz der Sendung vom Vater her verdankt wußte, dem er in vollkommenen Gehorsam sein ganze Existenz darbrachte. Wir haben also keine Christologie von unten, die in sich selbst nicht schon die Unableitbarkeit eine Initiative „von Oben" bezeugte. Wie aber kann dieser Sachverhalt, der mit dem Bild einer Vater-Sohn-Relation ausgedrückt wird, in der Tat Gottessohnschaft meinen, wenn diese Redeweise nicht nur adoptianisch mißverstanden oder bloß metaphorisch ausgelegt sein soll? Dieser Mensch muß darum unmittelbar durch Gott existieren, wenn er die heilshafte Nähe Gottes sein soll. Die Synoptiker vertreten so zwar keine Inkarnationschristologie im Sinne eines theologischen Typus. Gleichwohl reden sie aber der Sache nach von einer Menschwerdung Gottes, nur eben nicht von einer Inkarnation des ewigen Wortes als der zweiten „Person" in Gott. Warum greifen nun Matthäus und Lukas unabhängig voneinander die ihnen schon bekannten Traditionen von der unmittelbar gottgewirkten Begründung des

---

[72] Vgl. J. Jeremias, Abba. Studien zur neutestamentlichen Theologie und Zeitgeschichte, Göttingen 1966, 15–80; H. Schürmann, Gottes Reich – Jesu Geschick. Jesu ureigener Tod im Lichte seiner Basileia-Verkündigung, Freiburg-Basel-Wien 1983.

Menschen Jesus auf und gestalten sie theologisch aus im Sinne ihrer christologischen Konzeption?

Diesen Vorgang begriff die Kirche als ein Wirken des Heiligen Geistes selbst, weshalb die Heilige Schrift als ein Zeugnis der konstitutiven Zeit der Offenbarung und der ihr unmittelbar zugehörigen ersten Glaubensreflexion „inspiriert" genannt werden muß. Wenn es von der Auferstehung Jesu her, zu der die Begründung des Glaubens als Moment an ihr gehört, wegen des Prozeßcharakters menschlichen Denkens und Glaubens eine Pluralität christologischer Konzeptionen gibt und notwendigerweise geben muß, dann ist es möglich, daß in der einen biblischen Konzeption ein konstitutives Element an der Gesamtwirklichkeit zur Sprache gebracht wird, das in einer anderen theologischen Sicht nicht oder nur am Rande vorkommt. Wir finden im Neuen Testament also nicht einen mit historischen Mitteln zu eruierenden Kern von Glaubenssätzen, der von rein subjektiven Deutungen überlagert ist. Das Offenbarungsereignis in seinem inneren Zusammenhang ist ohne den Glauben mit der zugehörigen Reflexionsstufe nicht zu erreichen. Darum bringen die neutestamentlichen Theologien das Ereignishafte der Offenbarung selbst zur Sprache. Es geht ihnen also niemals um die Interpretation einzelner zunächst heilsneutraler Fakten, sondern um die Erhellung des von Gott herkommenden Ereignisses, in dem die Offenbarungseinheit des Menschen Jesus mit Gott dauernd gründet.

Ohne die Lehre von der geistgewirkten Lebensentstehung Jesu, und zwar unter Ausschluß der Vermittlung geschlechtlichen Zutuns, d. h. also ohne die Lehre von der Menschwerdung aus der Jungfrau allein, die seine Mutter wird, kann der Mensch Jesus nie so „Sohn Gottes" sein, daß sich in ihm Gott selbst als das Heil vergegenwärtigt. Darum muß jede „Christologie von unten" unfehlbar in die Sackgasse einer Adoptions- oder bloßen Bewährungschristologie geraten, wenn sie den Ereignischarakter des conceptus de spiritu sancto ex Maria virgine nicht festhält. Ein Interpretament oder Christologumenon ohne eine Grundlage in der Realität Christi kann darum niemals genügen. Die Halbierung der Rede von der Jungfräulichkeit Marias in eine symbolische und in eine biologische Dimension liegt nicht nur nicht im Sinne der Evangelisten, sie widerspricht dem Text – ganz abgesehen davon, daß diese Denkfigur von einer dualistischen Anthropologie herkommt und im biblischen Denken keinen Ansatz hat. Das Biologische ist nämlich kein vom Ganzen des Menschen real abtrennbarer Bereich, sondern nur eine logische Abstraktion, in der der eine und ganze Mensch unter einem Teilaspekt betrachtet wird. Matthäus und Lukas haben nicht ohne

Grund das markinische Evangelium durch eine tiefere Bestimmung von Sein und Sendung Jesu erweitert und die Menschheit Jesu in einer ursprünglichen Relation zu Gott begründet, die im eschatologischen Selbstmitteilungswillen Gottes entsteht. Darin sehen sie auch eine untrennbare Einheit von Christologie und Soteriologie. Somit ging der Weg der frühen Christologie nicht von einer etwa „adoptianisch" gedachten Gottessohnschaft von der Jordantaufe her zu einem immer früheren Zeitpunkt, zunächst bis zur Geburt und dann bis zur Präexistenz, zurück. Die Präexistenzchristologie[73], die älter ist, und die Pneumachristologie stellen vielmehr zwei unterschiedliche christologische Typen dar, und erst in ihrem Zusammenhang mit der Inkarnationschristologie bilden sie zusammen das ganze neutestamentliche Christuszeugnis, in dem die Kirche ihren Glauben ausgedrückt findet und dessen Norm sie sich für immer unterstellt hat.

Was aber hat es mit der These auf sich, die Pneumachristologie mit der Begründung der „Gottessohnschaft" Jesu durch die geistgewirkte Empfängnis und die jungfräuliche Geburt stehe im Widerspruch oder in Spannung zur Menschwerdung des präexistenten Gottessohnes und erweise sich auch als überflüssig für die Aussage der Christologie? Dagegen ist zu sagen, daß eine Verletzung der logischen Regeln des „Widerspruchsprinzips" der philosophischen Erkenntnistheorie nur dann vorliegt, wenn von demselben Sachverhalt unter der gleichen Rücksicht etwas Entgegengesetztes behauptet wird. Das ist aber hier nicht der Fall. Bei der Pneumachristologie geht es um die „Sohnschaft" des Menschen Jesus. Bei der Inkarnationschristologie ist aber der ewige göttliche Logos als der ewige „Sohn" Gottes bezeichnet.

Die Synoptiker fragen, wie dieser konkrete Mensch die eschatologische Selbstaussage Gottes sein kann. Ihre Antwort lautet: Weil er in einer ihn absolut konstituierenden Relation zu Gott steht, der ihm „Vater" ist und der sich in ihm als der „Sohn" repräsentiert. Die geistgewirkte Empfängnis Jesu in der Jungfrau Maria ist die durch den Sachverhalt geforderte und von ihm auch getragene innere Bedingung. Bei der Inkarnationschristologie ist vom innertrinitarischen Verhältnis von Gott zu sich selbst als Vater und Sohn/Wort die Rede. Dieser ewige göttliche Logos sagt sich nun auch in der angenommenen menschlichen Wirklichkeit aus, so daß die menschliche Natur Christi an der Sohnschaft des ewigen Logos partizipiert und in ihr Wirklichkeit geworden ist.

[73] Damit ist keineswegs gesagt, daß der Präexistenzgedanke schon das Ganze der paulinischen und johanneischen Christologie ausmacht oder gar die Heilsereignisse von Kreuz und Auferstehung in den Hintergrund drängt.

Im ersten Fall geht es also um die Gottessohnschaft des Menschen Jesus, die durch die im Zeichen der jungfräulichen Empfängnis gegebene Relation Jesu zu Gott gründet. Im zweiten Fall ist die Rede von der ewigen Sohnschaft des Logos, der eine menschliche Natur annimmt und konstituiert (was später nur anders ausgedrückt wird in der Lehre von der hypostatischen Union). Eine Aufnahme dieses Glaubens an die geistgewirkte jungfräuliche Lebensentstehung Jesu ist darum in dieser Perspektive alles andere als überflüssig. Sie wird an einer besonderen Stelle in die Inkarnationschristologie integriert. Es geht nicht um ein bloßes Gegenüber von Gott und Jesus mit der Frage, wie ein Geschöpf die Selbstvergegenwärtigung Gottes sein kann, sondern es wird gefragt, wie der göttliche Logos eine menschliche Natur annehmen kann, ohne daß die beiden Naturen nur moralisch miteinander verbunden werden.

Es geht in dem Bekenntnis zur jungfräulichen Lebensentstehung Jesu allein durch Gottes Geistesmacht und nicht durch die Eigenmacht der Kreatur (eben der Mutter Jesu als Jungfrau) um die „Wie-Frage" in einem ganz besonderen Sinn. Da von einer natürlichen oder gar mythologischen Parthenogenese nicht die Rede sein kann, läßt sich das gemeinte Ereignis auch nicht unter die Gegenstände der gewöhnlichen Erkenntnis (empirisch, historisch, biologisch, symbolistisch) einordnen. Das „Wie" der Selbstmitteilung des ewigen Gottes in der angenommenen Menschennatur ist seiner Realisierung wie auch seiner Erkenntnismöglichkeit nach nicht aus der kreatürlichen Wirklichkeit, also aus der geschöpflichen Vernunft abzuleiten. Sie wird bewirkt durch den Heiligen Geist Gottes allein und wird auch nur im Glauben allein zugänglich – eben als das Geheimnis des menschgewordenen Gottes schlechthin. Letztlich kann die „Notwendigkeit des Dogmas von der Jungfrauengeburt" – wie Karl Barth in dem bedeutenden Abschnitt „Das Wunder der Weihnacht" in der „Kirchlichen Dogmatik" sagt – „nicht von dem Für und Wider literarischer, traditionsgeschichtlicher und historisch-biologischer Fragen abhängig sein". Im Lichte der Inkarnationschristologie erkennen wir die Lehre von der virginitas ante partum nicht als eine Wiederholung der Wirklichkeit der Fleischwerdung des Logos, sondern „das Geheimnis dieser Wirklichkeit, ihre Unbegreiflichkeit, ihren Charakter als den eines Faktums, in welchem Gott allein durch Gott gehandelt hat und in welchem Gott auch allein durch Gott erkannt werden kann. Das Dogma von der Jungfrauengeburt ist also nicht eine Wiederholung oder Umschreibung des vere Deus vere homo, obwohl das in seiner Weise auch ausspricht, erklärt und beleuchtet, sondern es sagt (sozusagen ein formales Dogma zur nötigen Erläuterung jenes materialen): wenn das geschieht, was der Name Immanuel sagt, wenn also Gott zu uns kommt als unsereiner, um das Unsrige, ja um an unserer Stelle wir selbst zu sein: wahrer Gott und wahrer Mensch, dann ist das wohl ein wirkliches, im Raum und in der Zeit als Geschichte in der Geschichte sich vollziehendes Ereignis. – In ihm geschieht ja Offenbarung Gottes an uns, in ihm geschieht ja unsere Versöhnung – aber das Geschehen, bei dem auf alles Warum? und Woher? und Wie? nur zu antworten ist, daß hier Gott mit sich selber anfängt. Das Dogma von der Jungfrauengeburt ist also das Bekenntnis der grenzenlosen Verborgenheit des vere Deus vere homo und des durch dieses vere Deus vere homo von uns geforderten grenzenlosen Staunens der Ehrfurcht und der Dankbarkeit. Es streicht die letzte etwa noch verbliebene Möglichkeit, das vere Deus vere homo geistig, als eine Idee oder als eine eigenmächtige Deutung, etwa im Sinne der doketischen oder ebionitischen Christologie zu verstehen. Es läßt nur das geistliche Verständnis des vere Deus vere homo übrig, d. h. jenes Verständnis, in welchem Gottes eigenes Werk in Gottes eigenem Licht gesehen wird."[74]

6. Die geistgewirkte Lebensentstehung Jesu aus der Jungfrau Maria als wesensnotwendiges Element des Christusbekenntnisses

Die Christologien des Neuen Testaments stehen für die Kirche nicht zur individuellen Auswahl bereit. Eine wesentliche Aussage bei der Bildung des biblischen Kanons ist es ja geradezu, daß die Kirche als Glaubensgemeinschaft das vielstimmige Zeugnis der für sie normativen Urkirche annimmt und in ihm das Eine und Ganze ihres Christusglaubens erkennt. Methodisch unanfechtbar war darum der bei Ignatius von Antiochien um die Wende zum 2. Jahrhundert zu erkennende Schritt, die ihm bekannten Konzeptionen der Pneuma-Christologie und der Inkarnations-Christologie innerlich zu verbinden, was auch für die Glaubensbekenntnisse der Frühen Kirche maßgeblich wurde. Das Neue Testament und das Bekenntnis der Frühen Kirche verstehen darum die geistgewirkte Lebensentstehung Jesu als ein von Gott her gewirktes Ereignis. Es ist als solches nur im Glauben zu erfassen und wird zeichenhaft sichtbar in der Empfängnis und in der Geburt Jesu aus Maria, insofern das Ergebnis dieses Handelns nicht auf

[74] K. Barth, Kirchliche Dogmatik I/2, Zollikon 1938, 193f.

kreatürliche Möglichkeiten zurückgeführt werden kann und darum auf Gott selbst verweist.[75]

Dieses im Glauben zu erfassende und sich im Wort der Offenbarung kundgebende Geschehen kann nicht zur Disposition einer Possibilientheologie stehen. Der Glaube ist nicht abhängig von der Frage, ob Gott auch anders seine geschichtliche Selbstmitteilung hätte vollziehen können. Alle geschichtlichen Ereignisse, auch sofern sie unmittelbar von Gott her geschehen, sind kontingent. Nur in seinem eigenen Wesen ist Gott von metaphysischer Notwendigkeit. Der heilsgeschichtliche Bezug des Glaubens zu Gott muß darum immer von der Positivität der sich welthaft ereignenden Freiheit der Selbstmitteilung Gottes ausgehen. Die spekulative Theologie kann nicht den Sinn haben, hinter die Freiheit und Logik Gottes zurückzugehen und sie von ihren eigenen Überlegungen her zu steuern. Sie vermag

[75] Damit ist nicht gesagt, daß die hypostatische Union von der Empfängnis und Geburt Jesu aus der Jungfrau Maria abhängig wäre. Vielmehr muß umgekehrt gesagt werden, daß die hypostatische Union die Begründung der Menschheit Jesu ohne die geschöpfliche Vermittlung der Zeugung ist und daß darum für Jesus nur die Empfängnis ohne die instrumental-ursächliche Eigentätigkeit der Natur in Frage kommt. Vgl. K. Barth, Die kirchliche Dogmatik I/2, Zollikon 1938, 215: „Die Formel: conceptus de Spiritu sancto füllt also sozusagen den durch die Formel natus ex Maria virgine bezeichneten Hohlraum aus. Sie nennt den Grund und Gehalt, während jene die Form und Gestalt des Wunders und Zeichens nennt." Vgl. auch J. Ratzinger, Die Tochter Zion, Einsiedeln 1977, 50: „Die jungfräuliche Geburt ist der notwendige Ursprung dessen, der der Sohn ist, und der darin auch erst der messianischen Hoffnung einen bleibenden und über Israel hinausweisenden Sinn gibt." Bemerkenswert ist auf dieser Seite auch die Anm. 9: „Ich möchte damit die Grenze meiner oft zitierten Äußerung in: Einführung in das Christentum (München 1968), 225, deutlich herausstellen, wonach Jesu Gottessohnschaft das Herkommen aus einer normalen Ehe an sich nicht ausschließen würde. Ich wollte damit nur ganz deutlich den Unterschied der biologischen und der ontologischen Ebene des Denkens herausstellen und klarmachen, daß die ontologischen Aussagen von Nikäa und Chalkedon als solche nicht mit den Aussagen über die jungfräuliche Empfängnis identisch sind. Daß zwischen beidem – der Personeinheit Jesu mit dem ewigen Sohn des ewigen Vaters und der irdischen Vaterlosigkeit des Menschen Jesus – bei aller Unterschiedenheit der Ebenen eine tiefe, ja unlösbare Entsprechung besteht, sollte damit nicht bestritten werden, wurde aber – wie ich einräume – von mir auch nicht deutlich genug erwähnt; insofern besteht die Kritik von Balthasar … zu Recht. Jedem, der nicht nur die erwähnte Passage auf S. 225 meines Werkes, sondern einen ganzen Abschnitt S. 222–230 liest, muß aber auch ohnedies offenkundig sein, daß die Anwendung meiner Ausführungen bei R. Pesch, Das Markusevangelium I (Freiburg 1976), 323, dem Sinn meiner Überlegungen konträr entgegensteht."

nur auf der positiven Grundlage der inneren Sinnbezüge der Offenbarung, wie sie im Ganzen der Heiligen Schrift vorgegeben sind, diese zu erhellen versuchen, um ihre innere Konsequenz einsichtig zu machen. Dabei ist aber noch einmal zu sagen, daß die positive Theologie nicht rein historisch arbeitet. Sie ist schon Theologie und muß methodologisch geschichtlich-transzendental ansetzen.

Zunächst gehen wir von der Einsicht aus, daß Matthäus und Lukas bei aller Verschiedenheit ihrer christologischen Konzeption und literarischen Gestaltung schon vor der Abfassung ihrer Evangelien mitsamt ihren christologischen Präludien von der Offenbarungseinheit Jesu mit Gott, seinem „Vater", überzeugt waren. Das „Sohnes-Verhältnis" Jesu zu Gott ist durch den Heiligen Geist, d. h. Gottes Offenbarungsgegenwart, vermittelt. Wie aber kann Jesus die menschliche Vergegenwärtigung des Heiles Gottes, seines Reiches, der Sündenvergebung, der Erlösung und des ewigen Lebens sein, wenn er nur ein Geschöpf ist wie jedes andere, das Gott irgendwann als Propheten in seinen Dienst nahm? Darauf geben nun Matthäus und Lukas die Antwort, daß Jesus in seinem menschlichen Sein unmittelbar durch Gott existiert. Eben deswegen ist Gott in seiner ganzen Fülle in Jesus und durch Jesus in der Welt so gegenwärtig, daß er, Gott, nicht mehr anders gedacht werden kann als durch seine Selbstvergegenwärtigung in Jesus und daß umgekehrt Jesus nicht mehr anders begriffen werden kann als aus dem Ursprung der ihn konstituierenden Relation zu Gott. Warum schließt dies nun aber eine natürlich-elterliche Zeugung aus? Einer theologischen Betrachtung enthüllt sich dies nur im Lichte des biblischen Schöpfungsglaubens sowie einer theologisch-anthropologischen Reflexion auf das, was mit Schöpfung überhaupt gemeint sein kann.

Gott ist, biblisch gesprochen, der Schöpfer jedes einzelnen Menschen. Gott selbst begründet die Menschwerdung jedes individuellen Menschen. Anthropologisch formuliert heißt dies, daß wir durch den einen Seinsakt existieren, der von Gott gesetzt ist. Dieser ist jedoch noch einmal von Gott selbst absolut verschieden, so daß wir nicht durch den Akt existieren, durch den Gott selbst existiert und Gott ist und durch den er sich heilsgeschichtlich in Jesus, ohne sich zu verendlichen und zu vergeschöpflichen, in der Endlichkeit als er selbst vergegenwärtigt.

Die letzte Wirklichkeit, aus der heraus wir existieren, ist also von Gott gesetzt, und insofern leben wir durch Gottes Leben und Liebe. Aber sie unterscheidet sich von Gott noch einmal unbedingt, anderenfalls wir mit

191

Gottes Leben zusammenfallen müßten oder im pantheistischen Sinn nur bestimmte Momente am Selbstvollzug Gottes wären. Dieser von Gott unwiderruflich uns geschenkte, aber von ihm selbst verschiedene Seinsakt ist, genaugenommen, die Subsistenz oder die Hypostase des individuellen Menschen. Sie in der traditionellen Sprachregelung mit „Person" wiederzugeben ist problematisch, da wir heute bei Person spontan an Selbstbewußtsein und Freiheit denken. Schwieriger noch wäre es, die Person mit „Seele" wiederzugeben, denn es ist gerade nicht das psychische oder intellektuelle Moment am Menschen gemeint. Die Subsistenz ist keineswegs identisch mit dem Selbstbewußtsein und dem freien Willen des Menschen welche zur menschlichen Wesensverfassung gehören, sondern wird durch die Wesenstiefe der geistigen Natur des Menschen, die Seele, in der Aktivierung ihrer Vermögen von Verstehen und Wollen als der tragende Grund der Individualiät erkennbar, in der der Mensch konstitutiv in Herkunft und Hinordnung auf Gott bezogen ist. Diese Momente des menschlichen Selbstvollzugs in der menschlichen Natur sind dauernd durch die „Hypostase" getragen. In seinem aktuellen Bewußtsein verinnerlicht sich der Mensch aber den Seinsakt, durch den er von Gott her existiert. ER weiß sich darin dauernd auch auf Gott bezogen und von ihm herkommend, und er *glaubt* sich so als Geschöpf Gottes, den er im analogen Sinn seinen Vater, d. h. seinen Schöpfer, nennen kann. Auch das kreatürliche Selbstbewußtsein Jesu und seine Freiheit entfalten sich lebensgeschichtlich im Glauben und vertrauenden Bezug auf seine Subsistenz, die aber von unserer Existenzweise darin unterschieden ist, daß er unmittelbar aus Gott existiert und er unmittelbar in seinem Selbstvollzug in Bewußtsein und Handeln auf Gott als „Vater" bezogen ist.

In der Schöpfungsordnung, wie sie uns in der Heiligen Schrift begegnet, sind nun die menschlichen Eltern konkret als vermittelnde Zweitursache in den Schöpfungsakt einbezogen, der die subsistierende Existenz verleiht. Sie stellen keineswegs einfach nur in einem materiellen Sinne den Leib bereit, in den dann eine bereits vorgefertigte, von Gott eigens geschaffene Person einzieht. Das vermittelnde Geschehen der menschlichen Zeugung ist durchaus personbildend. Die traditionelle Redeweise von der unmittelbaren Erschaffung der Geistseele durch Gott meint zwar das Richtige, wenn sie an den von Gott verliehenen Subsistenzakt denkt, der durch die elterliche Zeugung vermittelt wird. Aber die Ausdrucksweise ist äußerst mißverständlich, da sie vor dem gedanklichen Hintergrund eines Leib-Seele-Dualismus so aufgefaßt werden kann, daß die Eltern nur einen Leib zeugen, während Gott unabhängig davon eine geschaffene Seele eingießt und diese beiden Aktionen nur im Sinn einer prästabilierten Harmonie aufeinander bezogen sind. Vielmehr ist das Tun der Eltern selbst ermächtigt, den von Gott getragenen Schöpfungsakt unter den raum-zeitlichen Bedingungen der Schöpfung zu realisieren.

Wahrscheinlich ist dies auch die tiefere Ahnung in vielen Religionen, daß die elterliche Zeugung irgend etwas mit der göttlichen Welt zu tun hat, weshalb in der ganzen Bandbreite von grobsinnlichen bis zu subtilen Vorstellungen Gott oder die Götter bei der Zeugung beteiligt gedacht werden. Durch das ganz eigene biblische Gottesbild ergibt sich jedoch ein gänzlich veränderter Verstehensrahmen. Theologisch gesehen ist die elterliche Zeugung die kreatürliche Vermittlung des göttlichen Schöpfungsaktes, d. h. ein Zeichen, das die Kraft hat zu bewirken, was es bezeichnet, und damit ist die elterliche Zeugung das Realsymbol des Schöpfungsaktes eines personalen Menschen. (Empirisch ist freilich der göttliche Schöpfungsakt nicht nachweisbar, aber im Sinne einer transzendentalen Reflexion auf die Möglichkeitsbedingungen geistig-personalen Seins logisch aufzuhellen.) Dies bedeutet nun aber auch, daß Gott durch einen in natürlicher Zeugung entstandenen und von ihm geschaffenen Menschen sich selbst in seiner unmittelbaren Wirklichkeit nicht vergegenwärtigen kann, weil der geschaffene Akt, durch den der Mensch existiert, ihn als Geschöpf auch noch einmal radikal von Gott unterscheidet. Eine menschliche Natur kann nur dann die Vergegenwärtigung Gottes in der Geschichte sein, wenn sie unmittelbar durch den Akt existiert, durch den Gott Gott ist, in dem er sich auch selbst geschichtlich mitteilen will. Andernfalls gäbe es in Jesus zwei Subsistenzakte, indem er einmal unmittelbar durch Gott existiert und zum anderen indem er durch einen geschaffenen Subsistenzakt existiert, durch den er von Gott radikal getrennt wird.[76] In diesem Sinn könnte Jesus von Gott nur im Sinne eines Propheten erwählt werden und letztlich im adoptianischen

---

[76] Vgl. Thomas v. Aquin, S. th. III q. 33 a. 3: „Deus assumpsit sibi id quod est hominis; non autem praeexistit id quod est hominis quasi per se subsistens, antequam susciperetur a Verbo. Si autem caro Christi fuisset concepta antequam susciperetur a Verbo, habuisset aliquando aliquam hypostasim praeter hypostasim Verbi Dei. Quod est contra rationem incarnationis, secundum quam ponimus Verbum Die esse unitum humanae naturae, et omnibus partibus eius, in unitate hypostasis; nec fuit conveniens quod hypostasim praeexistentem humanae naturae, vel alicuius partis eius, Verbum Dei sua assumptione destrueret. Et ideo contra fidem est dicere, quod caro Christi prius fuerit concepta, et postmodum assumpta a Verbo Dei.

Sinne „Sohn Gottes" heißen. Darum kann die absolute Differenz von Schöpfer und Geschöpf nur überwunden werden, wenn Gott selbst der Subsistenzakt Jesu ist, ohne daß seine menschliche Natur substantiell vergottet wird oder Gott sich in eine Kreatur verwandeln soll. Die beiden Naturen werden nicht durch sich, sondern durch den verschiedenen Bezug zum Logos, d. h. durch eine ewige und eine zeitliche Relation, auseinandergehalten und als verschiedene aufeinander bezogen.

Will eine Christologie sich nun zu dem unfaßbaren Ereignis der geschichtlich-eschatologischen Selbstmitteilung Gottes im Menschen Jesus bekennen, dann muß sie auch sagen:

Die menschliche Natur entsteht nicht durch den von der elterlichen Zeugung vermittelten Schöpfungsakt Gottes, wodurch der Mensch in ein von Gott radikal verschiedenes Sein gerufen wird, wenn er darin auch noch einmal radikal auf ihn bezogen ist. Die menschliche Wirklichkeit Jesu im ganzen Umfang der menschlichen Natur entsteht vielmehr im Akt des Willens Gottes, sich selbst geschichtlich zu vergegenwärtigen. Sie subsistiert unmittelbar durch Gott selbst.

Auf dem Hintergrund einer sich dann entfaltenden Trinitätstheologie kann man nun von hier aus vielleicht noch besser sagen: Die menschliche Natur Jesu existiert durch das Sein des Logos in der ihn konstituierenden Relation zum Vater. Die elterliche Zeugung ist innerhalb einer Pneumachristologie wie dann auch in einer Inkarnationstheologie sachlich ausgeschlossen, weil sonst die Menschheit zweifach subsistieren würde, einmal durch Gott selbst und dann durch einen von ihm radikal verschiedenen allgemeinen Schöpfungsakt. Die menschliche Natur Jesu ist nur insofern geschaffen, als sie im Akt der Annahme, d. h. der inneren Zueignahme und Selbstaussage Gottes in die Welt hinein besteht (und als solche mit Gottes Wesen nicht vermischt ist). Sie entsteht, besteht und wirkt im Akt des Willens Gottes, sich selber im Medium des Menschlichen mitzuteilen und zu vergegenwärtigen. Obwohl nun die elterliche Zeugung (in dem notwendigen Zusammenwirken des männlichen und weiblichen Prinzips) nicht zum Zuge kommt, so ist doch der Mensch auch in der Menschwerdung Gottes engagiert, um so uns Menschen gleich zu werden. Die Analogie zur Schöpfung wird zu Recht gesehen. Der Bezug ist jedoch allein auf den Schöpfungsakt, nicht jedoch auf das Was-Sein des so Geschaffenen gegeben.

Hier ist nun aber auch von der Jungfrau Maria die Rede. Sie ist insofern Jungfrau, als sie nicht durch sich selber einen Menschen hervorbringen

194

kann. Aber sie muß Mutter sein, weil nur durch das Empfangen-, Getragen-, Genährt- und Geborenwerden als Kind die Konnaturalität Jesu mit uns Menschen von Anfang an begründet werden kann. Deshalb gehört zur existenzbestimmenden Mitte Marias im Bezug auf Gott die innerlich zusammenhängende Personalbestimmung als „Jungfrau *und* Mutter". Entscheidend für das Verständnis der Aufgabe Marias dürfte es sein, daß zuvor schon jeder mögliche Leib-Seele-Dualismus und damit eine Isolierung von biologischen und theologischen Aussagen überwunden wird. Maria ist selbst vor Gott Person, die sich aufgrund ihrer Erwählung und im Sinne der ihr zugedachten Aufgabe menschlich-fraulich verwirklicht. Darum wird sie nicht zuerst auf einer isoliert gedachten biologischen Ebene engagiert, sozusagen als eine Leihmutter. Sie empfängt vielmehr den sich in seinem Wort vergegenwärtigenden Gott in der Perspektive ihres personalen Glaubens. Aus der inneren Mitte ihres antwortenden Glaubens nimmt Gott in Maria, d.h. in ihrer personal-wirklichen Leibhaftigkeit, das Menschsein an. Aus der inneren Tiefe ihres personalen Glaubens ereignet sich ihr Mutterwerden in ihre Leiblichkeit hinein und nicht umgekehrt. So ist sie die Mutter des Herrn durch ihren vom Heiligen Geist gewirkten Glauben. Eine abgetrennte biologische Verifikation des göttlichen Schöpfungswirkens ist nicht möglich und auch nicht einzufordern. Im theologischen und anthropologischen Sinn kann übrigens die Unvergleichbarkeit ihrer Empfängnis nicht „unnatürlich" genannt werden. Umgekehrt wäre es gerade gegen die Natur des natürlichen Zeugungsaktes, mit dem wesentlich die personbildende kreatürliche Subsistenz mitgegeben ist, wenn Gott aus ihm ein materielles Substrat hervorgehen ließe, dem er seine eigene Subsistenz „unterschiebt". .

So können wir abschließend die geistgewirkte Lebensentstehung Jesu als ein nur im Glauben aufzufassendes Ereignis von Gott her begreifen, das sich in der jungfräulichen Mutterschaft Marias das *Realsymbol* seiner geschichtlichen Selbstvermittlung im Menschsein Jesu schafft.

Am Ende dieser schwierigen Überlegungen zu einem komplexen Sachverhalt ist zu sagen, daß sie das Mysterium der Menschwerdung Gottes nicht auflösen und deshalb auch denjenigen nicht überzeugen können, der im Grunde immer schon eine Adoptionschristologie vertritt oder der die ganze Dogmenentwicklung der Christologie als ein langsames Hochsteigern eines eindrucksvollen Propheten in göttliche Höhen begreift. Wer sich aber dem absolut Neuen und menschlich Unerrechenbaren des wirklichen Kommens des transzendenten Gottes in unsere Welt nicht verschließt, wer wirklich zu ermessen versucht, was Selbstmitteilung Gottes im Menschen Jesus bedeutet, dem mögen die vorgelegten Gedankengänge eine Hilfe für sein Glaubensverständnis sein. Das Wunder der Empfängnis des Menschen Jesus aus der Jungfrau Maria ist ein implizites Moment am umfassenderen Ereignis und Wunder der Gegenwart Gottes im Menschen Jesus, den die Gemeinde als ihren Messias bekennt. Es ist allerdings das Wunder, in dem ein Mensch, Maria, befähigt wurde, in der Tat „Gott zur Welt zu bringen".

Abschließend können wir mit Karl Rahner sagen: „Wie immer jemand über die biologische Wirklichkeit des Werdens Jesu denken sollte, wenn er genau und dabei von Jesus rechtgläubig denkt und wenn er nicht übersieht, daß Gebären und Geborenwerden zwei Aspekte desselben Vorganges sind, dann muß ein solcher auf jeden Fall sagen: bei aller echten Menschlichkeit der Menschwerdung Jesu ist er anders geworden, als wir werden. Denn Werden ist von dem her zu bestimmen, was das Ergebnis des Werdens ist. Es besteht eine absolute Korrelation zwischen der adäquaten Eigentümlichkeit des Gewordenen und des Werdens selbst. Durch dasselbe Werden können nicht zwei ganz verschiedene Gewordene entstehen. Und wenn die Gewordenen verschieden sind, dann ist eben auch ihr Werden verschieden. Deshalb muß man notwendigerweise sagen: bei aller echten Menschlichkeit des Werdens Jesu ist er auf andere Weise geworden als wir. Ist Jesus der Gottessohn, dann ist sein Werden selber gottmenschlich, während unseres menschlich ist. Es kann hier nun nicht der augustinische Satz interpretiert werden: Assumendo creatur, d. h. der Akt der Annahme der Selbstaussage Gottes, die die menschliche Wirklichkeit Jesu ist, hat als ein inneres Moment das Werden der menschlichen Wirklichkeit Jesu bei sich, sofern dieses Werden die schöpferische Tat Gottes ist. Dieses ist von daher gewiß anders als unseres. Es bedeutet einen schöpferischen Neuanfang aus der ursprünglichen Initiative Gottes und nicht die einfache Fortsetzung der Geschichte aus den Mitteln der Welt."[77]

---

[77] K. Rahner, Dogmatische Bemerkungen zur Jungfrauengeburt: R. Kilian u. a., Zum Thema Jungfrauengeburt, Stuttgart 1970, 141.

II. Virginitas in partu

1. Vorüberlegungen zur Geschichtlichkeit der Offenbarungserkenntnis

Die seit Beginn des 4. Jahrhunderts in verschiedenen Variationen begegnende Dreierformel von der Jungfräulichkeit Marias vor, in und nach der Geburt (semper virgo/Aeiparthenos), die bis zum 6. Jahrhundert hin allgemein kirchlich rezipiert wurde, bedarf einer differenzierten Betrachtung. Die virginitas ante partum ist eine streng christologische Aussage und hat ein unvergleichlich größeres Gewicht gegenüber den beiden anderen Teilaussagen. Theologisch-methodisch ist sie leichter zugänglich, da sie eindeutig aus der Heiligen Schrift zu erweisen ist. Die beiden anderen Teilaussagen stellen Schlußfolgerungen des Glaubenssinnes der Kirche dar (sensus fidelium), die jedoch selbst eine Grundlage in der Offenbarung haben müssen. Jedoch haben diese Entwicklungen zu mehr mariologisch akzentuierten Aussagen nur ein Recht, wenn das im Glauben gesprochene Ja-Wort Marias zur gottgewirkten Empfängnis Jesu eine geschichtliche Grundlage besitzt. Gemeint ist jedoch nicht, daß die lukanische Verkündigungsszene als die naturalistische Reportage eines gegenständlich-anschaulichen Vorganges aufgefaßt werden müßte. Im Sinne einer geschichtlich-transzendentalen Auslegung ist jedoch gefordert, daß der individuelle und geschichtliche Mensch Maria, vermittelt in einem kreatürlichen Erkenntnisbild, wirklich von Gottes Wort angesprochen wurde, so daß sie in diesem Sinn das Ja-Wort zur Menschwerdung Jesu, des „Gottessohnes", sagen konnte und es auch frei wollte. Dadurch besteht ihre Existenz und ihre ganze Geschichte in einer besonderen Beziehung zu Jesus und damit zu Gott. Dieses ist nun die Voraussetzung dafür, daß man von der Jungfräulichkeit der Mutter Jesu nicht nur hinsichtlich eines geschlechtlichen Umgangs mit einem Mann und der Befruchtung durch einen materiellen Samen sprechen konnte, sondern daß die sie prägende Korrelation zu Gott im Glauben auch auf das Heilsereignis der Geburt Jesu bezogen werden mußte. Der innere Zusammenhang von Empfängnis, Schwangerschaft und Geburt ist nicht ein rein biologischer Vorgang, der mit dem geist-leiblich verfaßten Menschen an sich gar nichts zu tun hätte. Insofern man anthropologisch richtig die geistig-materielle Integrität dieses Vorganges begreift, muß man auch sagen, daß Maria, die als Jungfrau empfangen hat, auch als Jungfrau gebiert. Und so ist die Geburt Jesu vom Gedanken der Jungfräulichkeit und der Mutterschaft her auszulegen. Die Väter sahen dies von dem Ausdruck des Glaubensbekenntnisses „natus ex virgine" her ebenso begründet wie von Jes 7,14 LXX, wo es heißt, daß die Jungfrau empfangen *und* gebären wird.

Auf die Schwierigkeit, hinsichtlich des Geburtsvorganges zugleich von Jungfräulichkeit und wirklicher Mutterschaft zu sprechen ohne doketische und gnostische Abschwächungen, wird noch näher einzugehen sein. Auf jeden Fall kann gesagt werden, daß die Väter die Jungfräulichkeit Marias in der Geburt als eine notwendige Konsequenz aus der Jungfräulichkeit in der Empfängnis betrachteten im Sinne einer Konsequenz als Ableitung aus dem konstitutiven Ereignis der Jungfräulichkeit, die sich durch Gottes Offenbarungswillen und die persönliche Übernahme seitens Marias ergibt. Den Ansatz zu einer Lehre von der Jungfräulichkeit Marias nach der Geburt in ihrem ganzen Leben ergab sich aus der Betrachtung des Charakters des Ja-Wortes Marias.[78] Bei der Entfaltung dieser Lehre spielt gewiß die Hochschätzung des asketischen und jungfräulichen Lebens eine große Rolle; dennoch darf man diesen Faktor nicht als den allein maßgeblichen ansetzen. Von seinem Wesen her ist das christliche jungfräuliche Lebensideal keine Geschlechtsabwertung oder gar Leibfeindlichkeit, wie es in grob vereinfachenden Darstellungen der patristischen Entwicklung gelegentlich erscheint. Das schließt nicht aus, daß es auch einen falschen Zungenschlag in der Begründung der Ehelosigkeit um des Himmelreiches willen (vgl. Mt 19,11f.) bzw. um der „Sache des Herrn willen" (1 Kor 7,32) gegeben hat.

Die Ausbildung der Lehre von der Jungfräulichkeit Marias in und nach der Geburt wäre aber allein vom Jungfräulichkeitsideal her nicht möglich gewesen, wenn nicht entscheidend die christologische Entwicklung das Bewußtsein der Alten Kirche geprägt hätte. Gerade um der Christologie willen kommt es ansatzweise zu einer Ausbildung des mariologischen Themas. Die Hauptfrage der Christologie besteht, nachdem die Integrität der göttlichen und der menschlichen Natur feststeht, in der Frage der Einigung. Die Antwort, daß die Hypostase des Logos das Prinzip der Einigung ist, bedeutet nun auch, daß das absolute Subjekt, das Maria geboren hat, nicht ein bloßer Mensch in kreatürlicher Subsistenz war, sondern daß sie den inkarnierten Gott-Logos empfangen, in ihrer Schwangerschaft getragen und auch geboren hat.

---

[78] Es ist zu beachten, daß die Betonung der bleibenden Jungfräulichkeit Marias bei den Vätern sich zunächst auf die Geburt Jesu selber bezieht. Erst in einem weiteren Gedankenschritt wird zudem die Jungfräulichkeit Marias während ihres Ehelebens mit Josef auch nach der Geburt Jesu einbezogen.

Maria selbst ist in diesem Vorgang nicht eine biologische Durchgangs-station, sondern selber geprägt als Person von ihrer personalen Beziehung zum inkarnierten Logos. Darum ist die Lehre von der hypostatischen Union mit der Aussage von Maria als Gottesgebärerin (Theotokos) ver-bunden und in ihrem Lichte auch zur Sprache zu bringen. Es ergibt sich von ihr her die mariologische Zentralaussage von Maria als jungfräulicher Gottesmutter. Maria ist nicht ein physikalisches, sondern ein personales Instrument, und dies war auch der Grund für die Aufnahme des Theo-tokos-Titels in Ephesus (431) und Chalzedon (451). Diese Zentralaussage ist nun auch das Fundamentalprinzip der mariologischen Entwicklung und das entscheidende Bewegungsmoment für die nun mächtig anwachsende Marienverehrung in Ost und West gewesen.

Von dem Ursprung des Theotokos-Titels in der Christologie zeigt sich auch, daß die Marienverehrung in ihrem theologischen Ursprung wenig mit der Übertragung von heidnischen Vorstellungen von Erdmutter-Gottheiten oder Götter-Müttern zu tun hat.[79] Der Begriff „Mutter Jesu" ist biblischen Ursprungs. Erst in Verbindung mit dem Theotokos-Gedanken nimmt er den Sinn von Mutter Gottes an, eben weil Jesus, der Herr, wahrer Gott ist. Ein Bezug zur Idee der Mutter-Gottheiten ist ausgeschlossen. Die Ent-wicklung der Mariologie war aber nicht nur Sache allein der gelehrten Theologie und einer fachexegetischen Schriftbetrachtung. Das sich ausbil-dende Glaubensbewußtsein der Kirche wirkt auf den Selbstvollzug der Kir-che hin in ihrem Bekennen, Glauben und Beten. Von daher wird umgekehrt wieder der Glaubenssinn des Gottesvolkes gebildet. Das sich formierende Glaubensbewußtsein weiß sich insofern auf die Schrift bezogen, als das mariologische Grundprinzip in ihr verankert erscheint. Die exegetischen Fragen um die „Brüder und Schwestern Jesu" werden gesehen, jedoch in diesem Licht als sekundär empfunden und als behebbar angenommen. Die einzelnen biblischen Stellen hierzu sind schon ausführlich in der Alten Kir-che behandelt worden, besonders in der Auseinandersetzung des heiligen Hieronymus mit Jovinian und Helvidius[80]. Die rein historische Frage, ob Maria nach der Geburt Jesu weitere Kinder geboren hat, ist bis heute über die damals schon ausgetauschten Argumente und Gegenargumente nicht hinausgekommen. Wie die Kirche dennoch zu einem festen Glaubens-bewußtsein von der virginitas post partum gelangt ist ohne die moralische Gewißheit einer historischen Verifikation dieser Lehre, ist das Problem

---

[79]   Th. Klauser, Art. Gottesgebärerin, in: RAC 11, 1071–1103.

[80]   Vgl. G. Söll, Mariologie (=HDG III/4), Freiburg-Basel-Wien 1978, 75.78f.

einer theologischen Erkenntnislehre, denn hier muß grundsätzlich das Verhältnis von Offenbarung und menschlichem Verstehen, von Gotteswort und Kirche, Schrift und Tradition und kirchlicher Bekenntnisbildung bedacht werden.

Bei den entscheidenden Fragen der Jungfräulichkeit Marias in der Geburt und nach der Geburt kann es in diesem Zusammenhang aber nicht um physiologische Details oder bloße historische Fakten gehen, denn in diesem Sinne könnte der Glaube in einer rein profanen Frage nach Fakten nichts entscheiden. Die Gewißheit der Kirche in der Bekenntnisbildung hängt bei den einzelnen Lehraussagen auch wesentlich von der religiösen Bedeutung ab, die sie enthalten. Die religiöse Relevanz der Lehre von der Jungfräulichkeit Marias in und nach der Geburt ist so aber auch umgekehrt ein Schlüssel zur theologischen Interpretation. Gewiß handelt es sich hier, will man die Bekenntnisaussagen näherhin klassifizieren, nicht um konstitutive Heilswahrheiten, sondern um illustrative Aussagen. Ihnen fällt die Aufgabe zu, die konstitutiven Aussagen zu verdeutlichen, das allgemeine Glaubensbewußtsein zu bereichern, indem die Fülle des Heilshandeln Gottes im menschlichen Leben anschaulich wird, und dem religiösen Selbstvollzug der Kirche in Liturgie und Frömmigkeit (Marienverehrung) den Horizont vorzugeben.

Wie aber kann es über die Schrift hinaus, die immer als die Grundlage aller Bekenntnisbildung angesehen wird, Explikationen geben, die nicht in ausgesprochener Deutlichkeit in der Schrift enthalten sind?

Dies hängt mit dem Wesen einer geschichtlichen Offenbarung zusammen. Darin erweist sich die Mariologie nur als ein Spezialfall einer allgemeinen Dogmenentwicklung, die zum Wesen der geschichtlichen Offenbarung hinzugehört. Die Schrift enthält keine Summe von einzelnen vom Himmel herunter durchgegebenen Offenbarungssätzen. Sie stellt aber auch nicht immanentistisch nur die Spiegelung religiös-mythischer Gefühlszustände dar. Die Offenbarung Gottes in Jesus Christus ist zu verstehen im strengen Sinne des Wortes als ein gott-menschliches Ereignis. Das heilswirksame Handeln Gottes und das Wort seiner Selbstmitteilung sind immer nur in der Gestalt des Menschlichen gegenwärtig und niemals ohne sie. Die menschliche Aufnahme und die reflektierende Umsetzung des Wortes Gottes in menschliches Verstehen und Begreifen ist der Struktur des Menschen gemäß notwendig geschichtlich verfaßt. Der menschliche Geist ist aber auch so konzipiert, daß er den absoluten Anspruch der Wahrheit in der Einmaligkeit des geschichtlichen Ereignisses in der Tat aufnehmen kann, d. h., daß er den in Christus ergangenen eschatologischen Anspruch Gottes rezipieren und sich definitiv zu ihm zu entscheiden vermag. Zugleich bedarf es der zeitlichen Erstreckung des sozialen Resonanzraumes, damit alle Implikationen und subtileren Zusammenhänge reflex ins Bewußtsein treten können. Dieser Vorgang geschieht jedoch nicht nur in einer ungestörten und harmonischen Evolution nach dem Bild organischer Entwicklung. Zu ihm gehören auch die sich notwendig ergebenden Auseinandersetzungen, die zum geistigen Leben und damit auch zum Glaubensleben gehören. Die Dogmenentwicklung hat darum auch agonalen Charakter (vgl. 1 Kor 11,19).

Der Glaubende steht also vor dem Gott der Offenbarung in der Spannung zwischen der Einmaligkeit des Christusereignisses und dessen Entfaltung in der Glaubensgeschichte. In der theologischen Erkenntnislehre wird dies in der Verhältnisbestimmung von Schrift und Tradition bedacht. Sie stehen jeweils für das Prinzip der Einmaligkeit und für das Prinzip der Entwicklung des Einmaligen. Die Entwicklung führt freilich nicht inhaltlich über die einmalige und unwiederholbare geschichtliche Offenbarung hinaus, die in Christus vollendet („abgeschlossen") ist. Sie entwickelt vielmehr den Inhalt dieser Offenbarung zu sich selbst in der Form eines reflektierenden Bewußtseins, das sich in seinem Grund selbst einholt. Diese Entwicklung ist notwendig, denn eine geschichtliche Offenbarung kann gerade nur in der Gestalt der in der Geschichte sich entfaltenden Glaubensantwort sie selbst bleiben. Wichtig ist nun: Die geschichtliche Trägerin des Glaubens ist die Kirche als ganze. Sie trägt das Prinzip der Definitivität der Offenbarung in sich. Sie bezieht sich in diesem Sinn auf die Schrift zurück als dem Zeugnis ihres Glaubens in ihrer ersten grundlegenden Phase, nämlich der apostolischen Ur-Kirche. Sie entwickelt in ihrem Geist aber auch die neuen Ausdrucksformen des Glaubensinhalts. Die Kirche kann das aber nur, wenn sie in beiden Funktionen des geschichtlichen Rückgriffs und des eschatologischen Vorgriffs auf die Wahrheit Geschöpf des Heiligen Geistes ist. Wir können darum keineswegs die Schrift von der Kirche isolieren. Das ist schon rein im Blick auf die Entstehung der Schrift umöglich. Sie ist in ihren Einzelteilen Niederschlag des Glaubens der frühen Kirche und deshalb auch immer geschichtlich-transzendental auszulegen. Da sie im Kanon zusammengefaßt wird als das inspirierte Wort Gottes, anerkannt und ihrem Inhalt nach zur Norm der Dogmenentwicklung erklärt wurde, erweist sie sich selbst noch einmal als Werk des sich entfaltenden Glaubensbewußtseins der Kirche. Man kann also nicht mit rein profanwissenschaftlichen

Methoden erst den Offenbarungssinn erheben wollen und dann mechanisch mit einem späteren Stadium der Entwicklung vergleichen. Man kann die Dogmenentwicklung auch nicht in dem beliebten Bild von „Kern und Schale" begreifen. Es geht nicht um einen unveränderlichen, fixierbaren Kern, um den sich alle möglichen geschichtlichen Variationen ranken. Vielmehr gehört die Geschichtlichkeit als innere Dimension schon zur Selbstvergegenwärtigung der eschatologischen Offenbarung. Theologisch muß darum im übergreifenden Zusammenhang dieser geschichtlichen Auffassung der Offenbarung der dynamische Zusammenhang von Schrift und Tradition, von Glaubensbekenntnis der Kirche und transzendentem Geistwirken erkannt werden.

Innerhalb einer theologisch aufzufassenden Schriftexegese hat die historische Methode als Teilelement den Sinn, den Literalsinn der Schriftstellen zu erheben und die Aussageabsicht der Verfasser deutlich zu machen. Eine isoliert angewendete historische Methode wird nicht den Glauben als solchen rekonstruieren können. Sie kann dem Glauben nur helfen, sich mit dem Stadium seiner ursprünglichen Manifestation in der Urkirche zu vermitteln. Sich auf die Heilige Schrift beziehen, darf nicht dazu verleiten, sich einer reinen Immanenz von Literatur-Interpretation zu verpflichten, denn schon die biblischen Schriftsteller verstehen sich nicht als Profanhistoriker und Schöpfer von profaner Literatur. Sie wollen uns im Glaubenslicht, das vom Heiligen Geist geschenkt wird, auf das geschichtliche Ereignis Christi beziehen. Der Struktur der neutestamentlichen Schriften nach kann es darum nur eine geschichtlich-theologische Auslegung geben nicht *nach* der Exegese, die den Stab an die Systematik weiterreichen würden, sondern schon als Exegese.[81] Aber es gibt auch eine Selbsttranszendenz der Schrift von ihrer literarischen Konzeption auf den angezielten Inhalt, weil der Glaube überhaupt nicht eine intellektuelle Beschäftigung mit sich selbst ist, sondern eine Erkenntnis des Geheimnisses Gottes und Jesu Christi. Jede Reflexion des Glaubens hat darum nur den Sinn, um so entschiedener sich mittels der Heiligen Schrift auf das Mysterium des Wortes Gottes beziehen zu lassen.

Eine besondere Problematik der Exegese und Dogmengeschichte besteht darin, daß auch der intellektuell redliche Wissenschaftler, der seine eigenen erkenntnis-theoretischen, kulturell bedingten Verstehensvoraussetzungen kritisiert, in seiner Fragerichtung bestimmt bleibt von den Problemstellun-

---

[81] Vgl. F. Courth, Historisch oder theologisch – eine falsche Alternative, in: ThGl 68 (1978) 283–296.

gen einer bestimmten Zeit und von den gegenwärtigen Plausibilitätsstrukturen. Bei der Beachtung der frühen mariologischen Bekenntnisentwicklung fließt darum auch immer der konfessionelle Standpunkt ein. Der katholische Dogmengeschichtler wird leicht zu einer Überinterpretation der Quellen neigen, wie umgekehrt der protestantische zu einer Minimalisierung der Aussagen verleitet wird. Die historisch-kritische Fragestellung, wie sie seit der Aufklärung die Geschichtswissenschaft und auch die Theologie beherrscht, verführt gelegentlich zu einer überheblichen Haltung gegenüber der typologischen Exegese der Väter und ihrer Sicht des inneren Zusammenhangs von Offenbarung und kirchlich-konziliarer Lehrentwicklung. Die Theologie der Kirchenväter ist aber von ihren eigenen Voraussetzungen her zu erfassen und zu klären.

Die Aussagen der Väter auch zur Mariologie und ihre Rezeption im Glaubensbekenntnis der Kirche (Symbolum und Dogma) sind nicht mit den Methoden der gegenwärtigen Exegese gewonnen worden. Den frühen Vätern des 2. und 3. Jahrhunderts lag außer dem Alten Testament nicht ein fertiges Neues Testament als historisch-literarisches Forschungsobjekt vor. Wenn es auch schon einen festen Bestand als apostolisch geltender Schriften gab, so war ihre unmittelbare Quelle doch der aktuelle Glaube der Kirche. Dieser drückte sich auch aus im Taufbekenntnis, in der Katechese, in der Liturgie und der Spiritualität. Erst im 3. Jahrhundert können wir hinsichtlich des Neuen Testamentes von einem sich langsam ausbildenden Schriftprinzip im späteren Sinne des Wortes sprechen. Dieses wurde freilich nicht im Gegensatz zu dem Prinzip der Auslegungs- und Glaubenstradition der Kirche gesehen, sondern gerade in seiner inneren Verbindung mit ihr. Damit kam aber auch dem Einfluß des Glaubenssinns des Gottesvolkes auf die Bekenntnisbildung und die endgültige Rezeption durch die Bischöfe und die Konzilien ein entscheidendes Gewicht zu. Der Heilige Geist als Lebensprinzip der Kirche war darum in diesem Verständnis nicht nur einmalig am Beginn der Kirche bei der Ausbildung der Schrift lebendig, um ihre Auslegung einer rein profanen Vernunft zu überlassen, sondern der Heilige Geist bleibt selber das Prinzip der Einheit von Offenbarung, Schrift und Kirche und damit auch der Garant der reflexiven Glaubensentwicklung, sofern sie von der Kirche definitiv rezipiert wird. Die definitive Rezeption der Lehrentwicklung im Glaubensbekenntnis ist das kreatürliche Medium des transzendenten Wirkens des Heiligen Geistes.

2. Die theologische Bedeutung der
virginitas in partu

Die Daten der Dogmengeschichte zu dieser Lehre sind bekannt und brauchen hier im einzelnen nicht entwickelt zu werden.[82] Einige Elemente seien aber doch kurz angesprochen. Zum ersten Mal wird die Lehre von einer virginitas in partu und wohl auch post partum im Protoevangelium des Jakobus um die Mitte des 2. Jahrhunderts vertreten. Wenn diese Schrift auch zu den Apokryphen gerechnet wird, so gilt es dennoch zu unterscheiden zwischen häretischen Apokryphen und solchen in den Gemeinden umlaufenden Schriften, die zwar nicht kanonische Geltung erlangten, aber in der Form religiöser Erbauungsliteratur zum ersten aktuelle Vorstellungen in der Kirche zum Ausdruck brachten und zum andern einen Einfluß hatten auf das sich entwickelnde Glaubensbewußtsein der Gläubigen und gerade auch der Theologen. Es geht hier im Anschluß an das Matthäus- und das Lukasevangelium um die Jungfräulichkeit Marias im vollen Sinn des Wortes. Hinsichtlich der virginitas in partu handelt es sich um den Gedanken der Schmerzlosigkeit bei der Geburt und der Wiederverschließung des Schoßes Marias nach der Geburt.[83]

Hier ist auch der Ansatz für den Gedanken gegeben, daß Maria nach der Geburt Jesu keine weiteren Kinder mehr hatte. Die in der Schrift begegnenden „Brüder und Schwestern Jesu" werden als Kinder Josefs aus erster Ehe bezeichnet, während später Hieronymus die Deutung als Vettern Jesu vorträgt. Gegenüber der judaisierenden und gnostisch-dualistischen Richtung mußte die Realität der Menschwerdung Christi festgehalten werden. Von daher stellte sich die Aufgabe, die Jungfräulichkeit Marias in der Geburt so zu konzipieren, daß sie die Natürlichkeit der Geburt nicht ausschloß und die echte Mutterschaft Marias gegenüber Christus nicht beeinträchtigte. Bei Tertullian finden wir eine scharfe Wendung gegen jede Vorstellung einer Scheingeburt, d. h. eines bloßen Hindurchgangs des himmlischen Erlöserkindes *durch* Maria im Gegensatz zur Annahme des

---

[82] G. Söll, Mariologie (=HDG III/4), Freiburg-Basel-Wien 1978, 24-30.33.38.46f. 52-60.67.74.81.105-10.

[83] Unter dem Stichwort „apertio vulvae" wurde hier vor allem die Stelle Lk 2,23 diskutiert (Jede männliche Erstgeburt soll dem Herrn geweiht sein) in Verbindung mit Ex 13,12 (Erkläre alle Erstgeburt als mir geheiligt. Alles, was bei den Israeliten den Mutterschoß durchbricht, bei Mensch und bei Tier, gehört mir).

leibhaftigen Menschseins *aus* Maria.[84] Schon bald heißt es in den Glaubens-bekenntnissen, daß Christus nicht *durch* Maria (hindurch), sondern *aus* Maria empfangen und geboren wurde. Alle großen Theologen des 3., 4. und 5. Jahrhunderts vertreten die Jungfräulichkeit Marias in und nach der Geburt und damit ihre immerwährende Jungfräulichkeit (Clemens von Alexandrien, Origenes, Ephräm der Syrer, Athanasius, Basilius der Große, Gregor von Nyssa, Gregor von Nazianz, Zeno von Verona, Cyrill von Jerusalem). Epiphanius von Salamis verteidigt die immerwährende Jung-fräulichkeit Marias gegen die häretische Sekte der Antidikomarianiten.[85] Im Sinne der immerwährenden Jungfräulichkeit Marias erklärten sich auch Ambrosius von Mailand,[86] Augustinus[87] und Hieronymus in der Auseinan-dersetzung mit Jovinian[88] und danach alle orthodoxen Väter. Die Synode von Mailand (390) unter dem Vorsitz von Ambrosius sowie eine römische Synode unter Papst Siricius (393) trägt die virginitas in partu offiziell als kirchliche Glaubenslehre vor.[89] Man beruft sich dabei auf den Satz des Glaubensbekenntnisses: natus ex Maria virgine. Ausdrücklich wird die virginitas in partu auch gelehrt in der Epistula Dogmatica ad Flavianum des Papstes Leo I. (DS 294) sowie dann im Canon 6 des 2. Konzils von Kon-stantinopel im Jahre 553 (DS 427) und schließlich auf der Lateransynode (649) unter Papst Martin I. in Canon 2-4 (DS 502-504). Die unbestrittene allgemeine Anerkennung, die die immerwährende Jungfräulichkeit Marias, besonders nach dem Konzil von Chalzedon gefunden hat und die auch die virginitas in partu einschließt, kann mit zahlreichen Hinweisen bei den

---

[84] Der oft angezogene Text bei Tertullian, De carne Christi 23 (CCL 2, 914: „Pepe-rit enim, quae ex sua carne, et non peperit, quae non ex viri semine, et viro quan-tum a viro, non virgo quantum a partu.") spricht keineswegs gegen eine theolo-gisch abgeklärte Lehre von der virginitas in partu, sondern seiner Intention nach gegen ein doketisches Mißverständnis der Geburt Christi. Die gleiche Vorsicht ist auch in der Frage geboten, ob Tertullian, De monogamia 8 (CCL 2, 1239) und De virginibus velandis (CCL 2, 1216) die virginitas post partum ignoriert.

[85] Epiphanius v. Salamis, Panarion III, haeres. 78 u. 79 (GCS 37, 452–485).

[86] Ambrosius, De inst. Virg. 8,52 (PL 16, 1320); Ep. 42,4f. (PL 16, 1173).

[87] Augustinus, Ep. 137, 2,8 (CSEL 44, 107); De haeres. 82 (CCL 46, 337: „Virgini-tatem Mariae destruebat [h. e. Jovinianus] dicens eam in pariendo fuisse cor-ruptam"); vgl. Isidor v. Sevilla, Etymol. VII, 5, 46 u. 57 (BAC 433.698.700).

[88] Hieronymus, Adversus Jovinianum (PL 23, 221–352).

[89] Vgl. Ch. J. Hefele – H. Leclercq, Histoire des conciles d'après les documents originaux II, Paris 1907, 78ff.; vgl. J. A. Aldama, La condenación de Joviniano en el sínodo de Roma: Eph. Mariol. 13 (Madrid 1963) 107–119.

Kirchenvätern sowie in der bischöflichen, päpstlichen und konziliaren Lehre belegt werden.[90]

Wenn auch die verschiedenen Zeugnisse des kirchlichen Lehramtes im einzelnen noch einmal unterschiedlich zu bewerten sind hinsichtlich ihres Gewichtes, ihres Aussagewillens und ihrer Letztverbindlichkeit, so kann doch im ganzen auch im Hinblick auf die spätere Lehrentwicklung gesagt werden, daß die virginitas in partu zum sicheren Glaubensbewußtsein der Kirche gehört und vom ordentlichen und außerordentlichen Lehramt vorgetragen wird.

Allerdings müssen wir für eine heutige Interpretation sagen, daß nicht alle Einzelelemente, welche die Tradition oder auch einzelne Theologen mit der virginitas in partu verbunden haben, deswegen auch definitiver Bestandteil der Lehre sind. Gewiß kann man auch hier nicht einfach zwischen einer geistigen und biologischen Seite eine glatte Trennungslinie ziehen. Wenn man von der Einheit in geistiger und leiblicher Existenz des Menschen ausgeht, ist die personale Bezeichnung der Jungfrau Maria als Mutter Christi auch so zu denken, daß sie einen leibhaftigen Ausdruck findet. Dennoch ist es schwierig, die integritas corporis der Jungfrau im Geburtsvorgang zu beschreiben. Später fragt im 9. Jahrhundert Ratramnus von Corbie zu Recht, wie von einer „Unverletztheit" der Geburtswege die Rede sein kann, wenn die Wahrheit der Mutterschaft Marias nicht in Frage gestellt wird.[91] Konkret geht es also um die Einzelelemente der Nichteröffnung der Geburtswege, der Nichtverletzung des Hymen und der nichteingetretenen Geburtsschmerzen. Diese physiologischen Einzelbestimmungen können aber in sich nicht die Substanz der Glaubensaussage sein, sondern es sind Elemente, durch die die Realität der virginitas in partu als einer nur im Glauben greifbaren Wirklichkeit bezeichnet werden soll. Allerdings besteht

---

[90] Nachweise bei K. Rahner, Virginitas in partu. Ein Beitrag zum Problem der Dogmenentwicklung und Überlieferung: Schriften zur Theologie IV, Einsiedeln-Zürich-Köln ⁵1967, 173–205 in Auseinandersetzung mit A. Mitterer, Dogma und Biologie der Heiligen Familie nach dem Weltbild des Hl. Thomas von Aquin und dem der Gegenwart, Wien 1952.

[91] Ratramnus, De nativitate Christi (PL 121, 82) wandte sich gegen die manichäische Meinung, die Geburt Christi sei wegen des Eingangs in die Welt durch die geöffnete Gebärmutter der Jungfrau (per virginalis ianuam vulvae) etwas Schimpfliches. Vielmehr sei, so sagt Ratramnus, in der Natur nichts Beschämendes. Maria hat Christus darum ohne Beeinträchtigung ihrer Jungfräulichkeit gemäß den allgemeinen Gesetzen der Natur (partus naturalis) im wahren Sinne des Wortes „geboren" – praeter inviolatam pudorem. Vgl. K. Vielhaber, Art. Rat(h)ramnus, in: LThK² VIII, 1001f.

unter den Vätern und den späteren Theologen keine Einigkeit über den näheren Zusammenhang des gemeinten Inhaltes mit seinem Ausdruck im Körperlichen. Es kann auch hier nicht von einer isoliert biologischen Betrachtung ausgegangen werden, um nun von einem noch einmal physiologisch eingeengten Begriff von Jungfräulichkeit her apriorisch zu bestimmen, was die Personalaussage über Maria als „Jungfrau" und Gottesgebärerin heißen soll. Vielmehr ist umgekehrt von ihrer personalen Relation zu Christus, den sie ohne Mann empfangen hat, auszugehen, um von daher ihre Geburt als eine Realität der durch Christus gegebenen neuen Welt der Erlösung zu beschreiben. Mit der Betonung der realen Menschwerdung Gottes sagen die früheren Kirchenväter die Wirklichkeit der Geburt Christi und damit auch der Kreatürlichkeit des Geburtsvorganges aus. Sie verweisen im Hinblick auf die wahre Mutterschaft Marias gern auf Lukas 11,27, wo es heißt, daß selig der Leib ist, der Jesus getragen, und die Brust, die ihn genährt hat. Da nun aber auch die Geburt selbst ein geistig-personaler Vorgang ist, in dem die Mutter auch aktiv dem Kind das Leben schenkt und umgekehrt in ihrem ganzen Sein vom Kind geprägt wird (damit sie überhaupt Mutter heißen kann), muß man auch sagen, daß Maria auch in ihrer konkreten Verfaßtheit durch den von ihr geborenen Jesus, den Messias, bestimmt wird. Dieser ist kein anderer als der, den die Kirche als den Mensch gewordenen Gottessohn bekennt. Geburt ist ein Ereignis, das in allen Dimensionen nicht isoliert physiologisch oder nur in einem übertragenen geistigen Sinn gedeutet werden kann. Geburt kann als ein personaler Vorgang nur in einer umfassenden Anthropologie geklärt werden. Sie ist nicht nur ein passiver Vorgang, in dem etwas mit der Mutter geschieht, sondern ein Ereignis, in dem die Mutter selbst aktiv tätig wird. Gerade auch bei Maria muß dieser personale Vorgang noch einmal durch die Nähe Christi und durch seine Gnade geprägt sein, so daß der von ihr getragene Geburtsvorgang ganz in ihre begnadete Personalität integriert ist.

Von der für die Alte Kirche so bedeutsamen Eva-Maria-Parallele her findet man zur theologischen Aufhellung dieses Ereignisses bei den Strafworten über Eva in Gen 3,16 die Rede von den Beschwernissen („Verletzungen"), d. h. den „Schmerzen der Frau durch die Geburt". Damit will nicht gesagt sein, daß nicht die Geburt selber ein in der Schöpfungsordnung vorgesehener und damit natürlicher Vorgang ist. Dennoch gibt es eine Differenz zwischen einer Natürlichkeit der Schöpfung, die mit Gott in der Einheit der Gnadengemeinschaft lebt, und der jetzt erfahrenen Welt in ihrer konkreten Phänomenalität des Leidens und Sterbens, die so vom Schöpfer nicht gewollt sind. Dies betrifft auch den Geburtsvorgang. So werden bestimmte Belastungen und Gefahren, die die Geburt mit sich bringt, nicht als dem Menschen gemäß erfahren. Sie werden im Zusammenhang mit der Lehre von der Erbschuld und ihren Folgen als Ausdruck der Entfremdung des Menschen von seinem Ursprung erfahren (Pönalitäten). Es gibt offenbar also auch im Akt des Gebärens (wie bei allen anderen anthropologischen Grundvollzügen) eine Differenz der Passivität der Widerfahrnis, dem die Gebärende unterworden wird, und ihrem inneren Willen zur Aktivität, d. h. zur personalen Integration des ganzen Geschehens. Diese Differenz wird in einem anthropologischen Sinn als „Schmerz" erfahren, was jedoch nicht einfach nur ein physiologisch beschreibbares Element ist, soweit es überhaupt richtig ist, das Physiologische vom personalen Vorgang zu isolieren.

Durch ihr Ja-Wort zur Botschaft von der Entstehung der Menschheit des Erlösers ist Marias Verhältnis zu Jesus auch in der Geburt neu und anders bestimmt. Es steht schon im Horizont der neuen Heilsverheißung. Wenn hier vom Wunder der Geburt Jesu gesprochen wird, dann kann dies freilich nichts mit mirakulösen Vorgängen zu tun haben. Außerdem steht Maria – auch unter Berücksichtigung der späteren Lehre von ihrer Bewahrung vor der Erbschuld im Hinblick auf die Verdienste Christi – nur in einem infralalpsarischen Weltzusammenhang. Im Hinblick auf die biblisch bezeugte Lehre von der Kreuzesnachfolge Marias (Lk 2,35; Joh 19,25) muß auch die Rede von der Bewahrung Marias vor „Schmerzen" in der Geburt in eschatologischer Perspektive interpretiert werden. Auch die Lehre vom Urstand und den negativen Folgen der Sünde kann nicht einfach empirsch-naturalistisch ausgelegt werden. Andererseits ist die Lehre von den Sündenfolgen nicht deswegen schon theologisch hinfällig, weil man natürlich nicht realistisch annehmen kann, daß „vor" dem Sündenfall die Rosen keine Dornen und die Tiger keine Reißzähne gehabt hätten.[92] Es geht hier um die

[92] Überhaupt ist zu beachten, daß das „Vor" oder „Nach" der Ursünde nicht chronologisch ausgelegt werden kann. Nicht die Zeit begründet den Unterschied von Urstand und Erbschuld, sondern die nichtvollzogene Annahme der Selbstmitteilung Gottes, durch die das personale Geschöpf existieren sollte. Urstand und Ursünde sind wohl geschichtlich, aber nicht einfach als Ereignis auf der Zeitachse der Geschichte, sondern als ein die Heilsgeschichte oder Unheilsgeschichte eröffnendes Ereignis des Selbstvollzuges transzendentaler Verbundenheit mit dem Schöpfer in der Gnade bzw. deren Verweigerung. Jede Darstellung des Gemeinten im Zeitschema kann nur einen veranschaulichenden Charakter haben, dieses jedoch nicht so vergegenständlichen, daß es zum adäquaten Objekt empirisch-kategorialer Weltbetrachtung wird.

personal-gnadenhafte Relation des Menschen zu Gott bzw. um deren Verlust, der sich im Menschen auch bis in seine somatische Konstitution und seine sozialen und materiellen Lebensbedingungen hin auswirkt.

Sowenig es sinnvoll ist zu fragen, ob „vor" dem Sündenfall der Mensch überhaupt nicht hätte in einem biologischen Sinn sterben müssen mit dem notwendigen vorausgehenden biologischen Abbau der Lebenskraft, sowenig ist es auch sinnvoll zu fragen, ob die Mütter ohne physiologische Schmerzen hätten gebären können. Denn gemeint ist das Grundverhältnis zu Gott, der für den Menschen Leben ist und dessen Verlust „Tod" bedeutet, und dies wirkt sich auch in den konkreten Daseinsbedingungen des Menschen aus, wie sie symbolisch und exemplarisch in Gen 3 vorgestellt werden. Gewiß gehören die in der Geburt empfundenen Wehen zum natürlichen Vorgang der Geburt, sofern sie durch eine für den Geburtsvorgang notwendige Kontraktion des Mutterschoßes entstehen. In diesem Sinne kann von einer Schmerzfreiheit Marias auch nicht die Rede sein. Von Gen 3 her ist im anthropologischen Sinne mit „Schmerz" denn auch eine konkret erfahrbare, die personale Integrität berührende „Erscheinung" des Verlustes der Gemeinschaft mit Gott und der daraus resultierenden Beeinträchtigung einer integralen Vermittlung mit der Welt gemeint. Von einem solchen „Schmerz" ist Maria frei, so wie etwa der Getaufte durch Christus vom Tod, nämlich der Gottesferne und der Störung des gemeinschaftlichen Zusammenlebens, befreit wird. Diese streng theologische Aussage fanden die Väter bezeugt in Jes 66,7-10. Dort ist in bildlicher Redeweise von einem plötzlichen Einbruch der endzeitlichen Heilswirklichkeit gesprochen: „Noch ehe die Frau ihre Wehen bekommt, hat sie schon geboren, ehe die Wehen über sie kamen, brachte sie einen Knaben zur Welt." Dieses Ereignis bringt eine unerhörte Freude mit sich, nämlich die Freude über das messianische Kommen Gottes in der Endzeit. Freilich handelt es sich hier um eine typologische (nicht allegorische) Exegese. Diese Auslegung baut auf der Analogie der Heilsereignisse im Alten und im Neuen Testament auf.

Handelt es sich nun auch – von der Inkarnation her gedacht – um einen „natürlichen" Geburtsvorgang und nicht etwa um ein Verlassen des Mutterschoßes außerhalb der normalen Geburtswege und ohne die damit physiologisch notwendig gegebenen Begleiterscheinungen, dann muß auch der eigentliche Glaubensinhalt der virginitas in partu christologisch in der Beziehung von Maria zu ihrem Kind, das der Sohn Gottes ist, interpretiert werden und eschatologisch in der Gegenüberstellung von alter Welt und der mit Christus anbrechenden neuen Heilszeit. Dem Glauben selbst kann darum an einer klinisch-physiologisch gedachten Schmerzfreiheit oder an einer etwa empirisch nachprüfbaren Unverletztheit des Hymen nicht gelegen sein. Soweit hier einzelne Theologen ausführliche Theorien entwickeln zu müssen meinten, ist das von ihnen selber zu verantworten. Zum verbindlichen Glauben gehören sie nicht. Leitlinie der Auslegung kirchlicher Lehre, die von der heilsrelevanten Tatsache, nicht von isoliert gedachten gynäkologischen Besonderheiten ausgeht, ist die Bedeutung für den Glauben.[93] Auch die von den Vätern angezogene Auslegung von Ez 44,1-2 auf Maria hin, daß sich ihr von Gott auf wunderbare Weise geöffneter Schoß nach der Geburt auch wieder verschlossen habe (clausa vulva), ist eher Ausdruck einer heilsrealistischen Auffassung der virginitas in partu als die Behauptung eines außergewöhnlichen physiologischen Zustandes, der für sich betrachtet nur Gegenstand eines mirakulösen Interesses wäre, aber nichts mit dem theologischen Begriff der wunderbaren Geburt zu tun hat. Wenn zur Lehre von der virginitas ante partum die Lebensentstehung Jesu ohne männliches Zutun konstitutiv hinzugehört und darum eine Unterscheidung von subjektiv-theologischer Deutung und biologischem Faktum an der Sache vorbeigeht, dann kann nicht ohne weiteres gefolgert werden, daß die in der Lehre von der virginitas in partu von einer breiten Traditionslinie genannten einzelnen physiologischen Elemente ebenso konstitutiv etwa den Begriff der Jungfräulichkeit Marias im Geburtsvorgang ausmachen müßten.

Bei der virginitas ante partum geht es um den Akt der hypostatischen Union, der von dem Schöpfungsakt Gottes, durch den wir als seine Geschöpfe entstehen, radikal verschieden ist. Bei der Geburt Jesu hingegen geht es um seine Konnaturalität mit uns, weshalb der Geburtsvorgang als „natürlich" zu bezeichnen ist, jedoch von der personalen Heilsrelation

---

[93] Der Verdacht, hier weiche die moderne Interpretation des Dogmas vor den unwiderleglichen Einsichten der Gynäkologie zurück, weil sie sich nicht auf die Alternative („War jetzt das Hymen nach der Geburt vorhanden oder nicht?") einläßt, ist nicht begründet. Am Recht einer solchen Alternative, die den Glaubensinhalt an anatomischen Einzelheiten fixiert bzw. auch der Lächerlichkeit preisgeben will, läßt sich durchaus zweifeln. Der Realismus des Glaubens ist nicht identisch mit den Zeichen, an denen er verdeutlicht werden soll. Wenn z. B. der auferstandene Herr vor den Augen der Jünger ein Stück gebratenen Fisch ißt (vgl. Lk 24,42), so geht es dem Evangelisten um die Verdeutlichung der Realität der leiblichen Auferstehung Jesu. Wenn nun auch das physische Essen nicht selbst Gegenstand des Glaubens ist, so ist aber auch umgekehrt nicht zu folgern, daß die leibliche Auferstehung Jesu als Glaubensinhalt zu bestreiten wäre, unabhängig davon, wie sie im einzelnen zu interpretieren ist.

zwischen Jesus und Maria, was nicht eine spiritualistische Verdünnung des realen Gehaltes der Aussage darstellt.

Nach biblischem Zeugnis und der im Glauben der Kirche definitiv verankerten Überzeugung hat Maria allein durch Gottes transzendentes Heilswirken den Erlöser ohne männliches Zutun in ihrem Schoß empfangen und geboren, und darum ist die spirituelle und theologische Schlußfolgerung, daß in dem so geprägten Sinn von Jungfräulichkeit die Mutter Jesu auch Jungfrau im Vorgang der Geburt war, gerechtfertigt. Aber nicht die gynäkologischen Details, die im einzelnen unterschiedlich gewertet wurden, bestimmen den Inhalt dieses Glaubenssatzes, sondern vom Glaubensinhalt her ist das wahre Muttersein Marias so auszusagen, daß ihre Grundrelation zu dem sich offenbarenden Gott („Jungfräulichkeit") nicht aufgehoben, d. h. „verletzt" wird.[94] Darum ist ihre Geburt in der Ganzheitlichkeit ihrer personalen, geistigen und leiblichen Aspekte in der Tat ganz natürlich. Dabei ist aber zu beachten, daß die Bedeutung des Terminus „natürlich" theologisch ausgelegt sein will. Gemeint ist nicht urständliche Natürlichkeit und auch nicht die durch die Gottentfremdung gegebene desintegrierte Natur, das meint nämlich „ihre Schmerzen", sondern die in Christus wiederhergestellte und erneuerte Natur, insofern sich auch die Kennzeichen der Hoffnung auf ihre Vollendung in sich trägt. So kann abschließend zum Thema der virginitas in partu gesagt werden: „die Lehre der Kirche sagt mit dem eigentlichen Kern der Tradition: die (aktive) Geburt Marias ist (von dem Kind und seiner Mutter her), so wie ihr Empfangen, von der Gesamtwirklichkeit her (als ganzer menschlicher Akt dieser ‚Jungfrau') auch in sich (und nicht nur von der Empfängnis her ...) dieser Mutter entsprechend und

---

[94] Die konziliare und liturgische Redeweise von „unversehrter und unverletzter Jungfräulichkeit Marias" (DS 503, 571) bedeutet, entgegen einer verbreiteten Fehlinterpretation, keineswegs, daß die Geburt an sich irgend etwas Beschämenswertes oder Sündiges an sich hat, sondern nur, daß die natürlicherweise gegebene Aufhebung der Jungfräulichkeit durch die geschlechtliche Empfängnis (vgl. Thomas v. Aquin, S. th. III q. 31 a. 5: „Femina autem quae ex mare concipit, non est virgo") und die daraufhin folgende Geburt eben wegen der andersgearteten Empfängnis Marias auch eine andere Weise der Geburt zur Folge hat, die ihre Jungfräulichkeit als Personalrelation zu Gott und zu Christus nicht aufhebt. Der sich hier leicht entzündende Argwohn, hier sei wieder einmal ein die Sexualität abwertendes Moment am Werke – mag er auch in anderen Zusammenhängen nicht ohne jeden Grund sein –, ist bei der Deutung der Jungfräulichkeit Marias fehl am Platze. Weder eine Abwertung der Geschlechtlichkeit noch eine angestrengte „Leibfreundlichkeit" tragen zur vorliegenden theologischen Fragestellung etwas bei.

darum einmalig, wunderbar, ‚jungfräulich', ohne daß wir aus diesem Satz (der in sich verständlich ist) die Möglichkeit haben, *sicher* und für *alle* verpflichtend Aussagen über *konkrete Einzelheiten dieses Vorgangs abzuleiten.*"[95]

III. Virginitas post partum

Zum Verständnis des theologischen Inhalts des mit der Jungfräulichkeit Marias nach der Geburt Gemeinten ist auf die Überlegungen zum mariologischen Grundprinzip und die allgemeinen Überlegungen zurückzuverweisen. Das Ziel kann nur sein, eine Erläuterung der Heilsaussage im Ganzen des Glaubens zu erreichen: Dies ist aber nur einer geschichtlich-transzendentalen Auslegung möglich. Zu unterscheiden hiervon ist die rein historische Überlegung. Denn der Inhalt der virginitas post partum kann nicht einfach nur der sein, daß Maria nach der Geburt Jesu keine weiteren Kinder mehr gehabt habe und daß somit die im Neuen Testament an verschiedenen Stellen erwähnten „Brüder und Schwestern Jesu" nicht Verwandte Jesu ersten Grades bzw. leibliche Kinder von Maria und Josef gewesen seien; ein solches Faktum wäre ja an sich für das Heilsverständnis irrelevant. Die virginitas post partum als Glaubensaussage und die Tatsache, daß die genannten Brüder Jesu nicht leibliche Kinder Marias waren, verhalten sich zueinander wie Dogma und dogmatisches Faktum. Mit factum dogmaticum ist eine äußere Tatsache gemeint, die nicht selber Bestandteil des Glaubens ist, aber für ihn eine notwendige äußere Voraussetzung darstellt. So gehört z. B. die Historizität des Konzils von Nizäa nicht zum christologischen Grundbekenntnis dieses Konzils. Dennoch wäre der Glaube von Nizäa als authentischer Ausdruck des Glaubens der Kirche hinfällig, wenn historisch bewiesen wäre, daß dieses Konzil niemals stattgefunden hat. Deshalb muß sich eine theologische Auseinandersetzung um den theologischen Sinn der Jungfräulichkeit Marias nach der Geburt bis zu ihrem Lebensende hin mit der rein profanhistorischen Frage auseinandersetzen, ob die in den Evangelien genannten Brüder Jesu wirklich ihre Söhne sind, ohne die in diesem Bekenntnissatz gemeinte Glaubensaussage auf die historische Fragestellung zu verkürzen oder sie gar mit dieser zu identifizieren. Allerdings wäre es von einer tief einschneidenden Konsequenz für die Erkennt-

---

[95] K. Rahner, Virginitas in partu, Schriften zur Theologie IV, Einsiedeln-Zürich-Köln ⁵1967, 205.

nislehre katholischer Theologie, wenn sich eindeutig die Brüder Jesu als leibliche Kinder Marias historisch nachweisen ließen.[96] Dieses träfe nicht nur den einen Punkt, sondern es würde die Überzeugung vom inneren Zusammenhang des Geistwirkens bei der Entstehung von Schrift und Kirche und der Überlieferung im Glaubensleben der Kirche und ihrer definitiven Rezeption in Konzilien und im allgemeinen Glaubensbewußtsein der Kirche (sensus fidelium) in Frage stellen. Der Ernst der hier entstehenden Fragestellungen kann kaum entschärft werden durch den nicht zu bestreitenden Hinweis, daß die katholische Lehre von der virginitas Mariae post partum natürlich nicht ein fundamentaler Bestandteil des kirchlichen Glaubens ist, sondern lediglich verdeutlichend zu den zentralen mariologischen Aussagen hinzutritt. Über diese formal-theologische Frage hinaus steht auch inhaltlich das mariologische Fundamentalprinzip zur Debatte.

Die seit der Auseinandersetzung des Hieronymus mit Helvidius immer neu geführte Diskussion um die entsprechenden Bibelstellen braucht hier nicht neu ausgebreitet zu werden, denn die Argumente beider Seiten, die entweder die Brüder Jesu als leibliche Söhne Marias verstehen oder sie als Vettern Jesu bzw. Kinder Josefs aus erster Ehe auffassen,[97] sind erschöpft. Im einzelnen sind für eine heutige exegetische Betrachtung die Erwähnung der Brüder unterschiedlich zu bewerten. Die Rede bei Paulus von den Brüdern des Herrn (1 Kor 9,5) und von Jakobus als dem Herrenbruder, wie ein stehender Titel lautet (Gal 1,19; vgl. Jak 1,1, Jud 1), beruht wohl nicht auf einer biographischen Kenntnis des Apostels oder einer betonten Aussageabsicht, daß er von Verwandten Jesu ersten Grades sprechen will. Auch die bei Matthäus berichtete Aufforderung an Josef, Maria, seine Verlobte, als seine Frau zu sich zu nehmen (Mt 1,20) oder die Redewendung von Vater und Mutter

---

[96] Vgl. R. Schnackenburg, Matthäusevangelium 1,1 – 16, 20 (=Die Neue Echter-Bibel, Neues Testament I/1), Würzburg 1985, 132: „Auch einige neuere kath. Exegeten neigen zu der bei den Protestanten herrschenden Ansicht, daß die Tradition von wirklichen Geschwistern Jesu sprach. Aber ist diese Tradition historisch zuverlässig? Wahrscheinlich wußte auch Mt darüber nicht näher Bescheid. Für die kath. Auffassung von der immerwährenden Jungfräulichkeit Marias würde sich daraus eine ernste Schwierigkeit ergeben. Die Frage bedarf, auch hermeneutisch und dogmatisch, noch weiterer Erörterung."

[97] Vgl. Hieronymus, Adv. Helvidium de Mariae virginitate perpetua (PL 23, 183–206); Augustinus, De haeres. 84 (CCL 46, 338): „Helvidiani, exorti ab Helvidio, ita virginitati Mariae contradicunt, ut eam post Christum alios etiam filios de viro suo Joseph peperisse contendant". Die Behauptung, daß Maria von Josef Kinder geboren habe, widerspricht also als solche dem kirchlichen Glauben (!) an die bleibende Jungfräulichkeit Marias.

Jesu (Lk 2,33.48) bzw. seinen Eltern (Lk 2,27.48) sagen nach der theologischen Erzählabsicht der beiden Evangelisten einerseits nichts gegen die Tatsache der jungfräulichen Lebensentstehung Jesu noch andererseits etwas über eine geschlechtlich vollzogene Ehe nach der Geburt Jesu. Dies gilt auch für die umstrittene Formulierung Mt 1,25 (Josef erkannte sie aber nicht, *bis* sie ihren Sohn gebar). Diese will nichts über Ereignisse der folgenden Zeit aussagen.[98] Matthäus gibt nicht beiläufig eine historische Information, sondern er beschließt seine Erzähleinheit, indem er vom Ende her auf das Erzählte rückblickt und in diesem Sinn noch einmal betont, daß Jesus nicht durch Josef geschlechtlich gezeugt wurde.

Jeweils noch einmal anders sind die Perikopen von den ungläubigen Verwandten Jesu zu beurteilen und vom Aufenthalt Jesu in Nazaret, wo ihn seine Landsleute mit seinen Brüdern in Verbindung sehen. Bei der Perikope von den wahren Verwandten Jesu (Mk 3,31-35; Mt 12,46-50; Lk 8,19-21) haben wir es nicht mit einer absichtlich oder beiläufig erwähnten Notiz über den eigentlichen Verwandtschaftsgrad dieser „Brüder" zu tun. Denn nach hebräischem und aramäischem Sprachgebrauch bezeichnet das Wort Bruder Verwandte ersten und zweiten Grades, also Brüder und Vettern. Dies könnte auch in die griechische Übertragung eingegangen sein (vgl. Gen 13,8; 14,14; 24,48).[99] Dem Evangelisten geht es an dieser Stelle nicht um biographische Informationen, sondern um die Antithetik von blutsmäßiger und geistlicher Verwandtschaft mit Jesus im Glauben, die allein ausschlaggebend ist. Auch die hier anklingende Stelle von den ungläubigen Brüdern bei Joh 7,3-12 ist nicht als eine biographische Information zu lesen (vgl. Joh 2,12). Der Evangelist hat die „Brüder Jesu", wie auch immer sie in blutsmäßiger Beziehung zu Jesus stehen mögen, hier als die Vertreter des Unglaubens und der „Welt" vorgestellt. Sie stehen in diesem Evangelium völlig am Rande. Auch Apg 1,14, wo von der Versammlung der Apostel, der Frauen und Maria, der Mutter Jesu, zusammen mit seinen Brüdern die Rede ist, ist so unspezifisch, daß sie zur historischen Fragestellung nichts beiträgt.

Anders verhält es sich bei dem Aufenthalt Jesu in der Synagoge von Nazaret (Mk 6,3), da die Nazarener Anstoß an Jesu messianischem Anspruch

---

[98] A. Vögtle, Mt 1,25 und die virginitas B. Mariae Virginis post partum, in: ThQ 147 (1967) 28–39, hier 39: „Rein exegetisch kann man demnach jedenfalls soviel konstatieren: Die Aussage Mt 1,25a läßt sich als solche sehr wohl mit der virginitas post partum vereinbaren."

[99] Vgl. H. Ringgren, Art. אָח (hebr.), in: ThWAT I, 205–210.

genommen haben, weil er für sie der „Sohn der Maria"[100] war und der Bruder von Jakobus, Joses (bei Mt 13,55: Josef), Judas und Simon und weil sie alle seine Schwestern, die bei ihnen wohnen, kennen (vgl. Mt 13,54-58) und er darum doch ein gewöhnlicher Zeitgenosse sein muß. Zu beachten ist jedoch, daß bei Markus 15,40 eine von der Mutter verschiedene Maria genannt wird als Mutter von Jakobus dem Kleinen und Joses (vgl. auch Mk 16,1; Mt 27,56). Sollte Mk 6,3 und 15,30 von den gleichen Personen die Rede sein, wird Jakobus und Joses eine andere Mutter zugewiesen als Jesus. Unwahrscheinlich ist es, daß von Maria, der Mutter des Jakobus und des Joses gesprochen wird, wenn die Mutter Jesu gemeint gewesen wäre.[101]

Hat nun Markus bei der Erwähnung von vier namentlich genannten „Brüdern" ein biographisches Wissen um den genaueren Verwandtschaftsgrad zu Jesus und Maria im Auge gehabt und stellt er dies bewußt in einen christologischen Aussagezusammenhang? Es könnte sein, daß Markus der Skepsis der Nazarener gegenüber der vollmächtigen Lehre Jesu und seiner außerordentlichen Weisheit und den durch ihn geschehenen Wundern das Gewicht auf die wahre Menschlichkeit dieses „Propheten und Gottessohnes" legen will. Aber diese originelle These L. Oberlinners ist eine theo-

---

[100] Zur ungewöhnlichen Benennung Jesu nach der Mutter Maria vgl. J. Gnilka, Das Evangelium nach Markus I (=EEK II/1), Zürich 1978, 231f.: „Darum kann vermutet werden, daß im Bericht vordergründig die Landsleute Jesus beschimpfen, hintergründig aber eine Glaubensaussage angedeutet ist, die auf die Jungfrauengeburt Bezug nimmt. Für diese Deutung sprechen die grundsätzliche Frage nach dem Ursprung Jesu am Anfang und vielleicht auch die Tatsache, daß es Markus vermeidet, den Vater Jesu zu erwähnen. Was Markus noch nicht kennt, ist eine Lk 1,26ff. vergleichbare Perikope. Die vier Brüder Jesu tragen Patriarchennamen. Das mag für eine fromme Gesinnung seiner Familie zeugen. Vielleicht werden die Namen der Schwestern nicht angeführt, weil diese verheiratet sind. Es ist aber kaum anzunehmen, daß nur diese noch am Ort ansässig sind. Die Formulierung könnte es nahelegen. Bei der parallelen Struktur der Sätze ist aber ‚hier bei uns' auch auf die Mutter und die Brüder zu beziehen. Der Verweis auf die Familienangehörigen gibt noch nicht zu erkennen, wie diese über ihren Bruder Jesus denken. Die Verwurzelung Jesu in der kleinbürgerlichen Familie trägt hier nur dazu bei, daß die Landsleute Jesus ablehnen und seine Lehre nicht akzeptieren. Das Ärgernis, das sie nehmen, ist gleichbedeutend mit ihrem Unglauben.

[101] Vgl. H. Ringgren, Art. אָח (hebr.), in: ThWAT I, 206: „Die Vollbruderschaft wird mitunter durch den Zusatz ‚Sohn (derselben) Mutter' hervorgehoben. (Deut 13,7; Ri 8,19; Ps 50,20 …)."

logische Auslegung, die auch theologisch beurteilt sein will.[102] Markus geht es hier wohl kaum um das Verhältnis von Gottheit und Menschheit in Jesus. Es ist problematisch, diese Perikope unmittelbar im Horizont der Inkarnationsauffassung und der späteren Zwei-Naturen-Lehre zu interpretieren. Die Tatsache des Menschseins Jesu steht für eine Aszendenzchristologie in keinem Zweifel, es geht ja gerade darum, wie dieser konkrete Mensch in einer besonderen Relation zu Gott stehen kann.[103] Grundsätzlich ist von der Christologie her zu sagen, daß eine individuierte Menschennatur durch leibliche Brüder und Schwestern nicht ergänzt oder bestätigt wird (was allerdings eine Bereicherung des Menschseins auf der Ebene psychologischer Erfahrungen nicht ausschließt). Eine Betonung der vollen Menschheit Jesu wäre für Markus wohl wichtig gewesen, wenn er sich gegen den Doketismus wenden wollte. Dies aber ist nicht ersichtlich.

In einer rein historischen Betrachtungsweise kann angesichts des theologischen Charakters der Quellen aber auch nicht positiv bewiesen werden, daß Jesus keine leiblichen Geschwister gehabt hat.[104] Die Kombination von

---

[102] Vgl. L. Oberlinner, Historische Überlieferung und christologische Aussage. Zur Frage der „Brüder Jesu" in der Synopse (=Forschung zur Bibel 19), Stuttgart 1975, kommt das Verdienst zu, seit der Kontroverse des Hieronymus mit Helvidius erstmals ein neues Argument vorgelegt zu haben. Er sieht klar, daß bei dem Charakter der neutestamentlichen Schriften als Glaubensquellen das Problem nicht einfach historisch-biographisch, sondern theologisch gelöst werden muß. So kommt er zur Folgerung: „Unter Würdigung der einzelnen Gesichtspunkte, die für eine sachgerechte Erklärung und Begründung der in der Nazarethperikope enthaltenen biographischen Angaben grundlegend sein sollten, dürfen wir abschließend feststellen, daß für die diese Erzählung tradierenden Glieder der ersten christlichen Gemeinden das Bewußtsein der Vollmenschlichkeit Jesu auch in der Existenz leiblicher Geschwister sich manifestierte, wobei zumindest das Wissen um leibliche Brüder Jesu zugrunde gelegt werden darf" (ebd. 338). Erstaunlich ist jedoch hier, daß von einer theologischen Idee her (der Vollmenschlichkeit Jesu) auf das Vorhandensein von Brüdern Jesu im ersten Verwandtschaftsgrad als historischer Basis der theologischen Aussage geschlossen wird. Dieser Schluß ist allerdings theologisch und anthropologisch keineswegs zwingend.

[103] Vgl. J. Gnilka, Das Evangelium nach Markus I (=EKK II/1), Zürich 1978, 233f.: „Wie Glaube und Unglaube auseinandergehen, zeigen die divergierenden Antworten auf die Fragen nach seiner Herkunft an: ‚that's Mary's boy' oder ‚dieser Mensch war der Sohn Gottes' (15,39). Markus legt darüber hinaus Wert darauf, daß der Auftritt in Nazaret zur Schulung für die Jünger wird."

[104] Vgl. J. Gnilka, ebd. 234f.: „Historisch stringent läßt sich weder die eine noch die andere Annahme beweisen."

Mt 3,31-35, wo von den vielen Geschwistern Jesu die Rede ist, mit Lk 2,41-52, wonach Maria mit mehreren Kindern nicht an einer Wallfahrt hätte teilnehmen können, überzeugt nicht, ebensowenig der Hinweis auf Joh 7,2-5, wonach die jüngeren Geschwister dem älteren Bruder gegenüber sich nicht so respektlos verhalten können. Erstaunlich, aber ohne historische Beweiskraft ist die Tatsache, daß die Brüder und Schwestern Jesu nie Söhne Josefs oder gar Marias genannt werden. Auch der beliebte Hinweis auf Joh 19,26, wo der sterbende Jesus vom Kreuz herab Maria seinen Lieblingsjünger als deren „Sohn" anvertraut, was nur unter der Voraussetzung gelte, daß Jesus der einzige Sohn Marias war, führt nicht weiter, denn auch hier geht es nicht um eine neutrale historische Information, sondern um eine theologische Aussage über die Beziehung von Maria zu dem Lieblingsjünger. Die Vermutung von einem frühen Tod Josefs, von dem während des öffentlichen Auftretens nicht mehr die Rede ist, ist nicht grundlos, aber auch nicht beweisbar. Das bedeutet auch, daß die daraus gezogene Folgerung, nach der Maria sich unter den Schutz der nächsten Verwandten begeben habe, woraus sich in dieser entstehenden Großfamilie die Redeweise von den Brüdern gebildet habe, die auch in die griechische Fassung der Evangelien eingegangen sei, letztlich eine Hypothese bleiben muß.[105] Auf der rein historisch-biographischen Ebene bleibt die Frage unentscheidbar, wenn jeweils auch gute Gründe für die eine oder andere Position vorgebracht werden. Zwingend sind sie nicht.

Auch der Appell an das unbefangene Urteil des („aufgeklärten") Lesers kann hier nicht den letzten Ausschlag geben. Wenn R. Pesch die angebliche Umdeutung der offensichtlich als leibliche Brüder und Schwestern verstandenen Personen auf Stiefgeschwister bzw. Vettern und Basen abhängig sein läßt von von einem biologischen Verständnis der „Christologumena von Zeugung aus heiligem Geist und Jungfrauengeburt"[106] (sic!) – ganz abgesehen von der Frage der Realität der geistgewirkten Lebensentstehung –, ist

---

[105] Im Sinne einer historischen Beweisbarkeit, daß es sich bei den Brüdern Jesu nicht um leibliche Brüder handelt, ist die minutiöse Studie von J. Blinzler, Die Brüder und Schwestern Jesu (=SBS 21), Stuttgart 1967, heranzuziehen.

[106] R. Pesch, Das Markusevangelium I (=HThK II/1), Freiburg-Basel-Wien ⁴1984, 322–325 (Exkurs: Zur Frage der Brüder und Schwestern Jesu), hier 323; vgl. ebd. 453–462. Vgl. dazu auch die Stellungnahme von K. Rahner, Jungfräulichkeit Marias: Schriften zur Theologie XIII, Einsiedeln-Zürich-Köln 1978, 361–377. Vgl. auch R. E. Brown, u. a., Maria im Neuen Testament. Eine Gemeinschaftsstudie von protestantischen und römisch-katholischen Gelehrten, Stuttgart 1981, 58–67, 229.

zunächst zu sagen, daß nicht die Empfängnis oder die Geburt als solche der Ausgangspunkt der Entwicklung einer Lehre von der virginitas post partum waren, sondern die Glaubensbereitschaft Marias, in dem sie sich ganz in den Dienst Gottes gestellt hat, was schließlich auch von ihrer personalen Mitte her den Bedeutungssinn von „Jungfräulichkeit" erschließt. Peschs Zweifel, „ob ein dogmatischer Zwang, der die historische Untersuchung beinträchtigen könnte, existiert",[107] ist hinsichtlich der Frage nach den Brüdern Jesu durchaus auch umkehrbar: Es existiert auch kein historischer Zwang, der die dogmatische Untersuchung beeinträchtigen kann.

Allerdings erscheint mehr als fragwürdig, ob es der theologischen Methode entspricht, in dieser Weise „historisch" und „dogmatisch" einander entgegenzusetzen. Wenn man sich aber auf eine rein historisch-biographische Frageebene begibt, muß man auch die Unentscheidbarkeit der Frage einräumen, ob die „Brüder und Schwestern Jesu" leibliche Kinder Marias waren. Der Glaube kann nicht abhängig sein von dem unbedingten Nachweis, daß die „Brüder Jesu" nicht leibliche Kinder Marias waren.

Die mariologische Fragestellung der Alten Kirche darf nicht verwechselt werden mit einem profan-historischen Verlangen nach allem möglichen Detailwissen. Der immer neu auftauchende Verdacht, von einer vorweg eingenommenen dogmatischen Position her komme es zu einer manipulierenden Umdeutung historisch gesicherter bzw. möglicher oder wahrscheinlicher Nachrichten in der Bibel, ist unbegründet, denn für sich genommen, ist die biblische Rede von den „Brüdern Jesu" entgegen einem ersten Augenschein kein wirklicher Beweis für ein Verwandtschaftsverhältnis ersten Grades bzw. dafür, daß es sich um von Maria geborene Kinder handelt. Für die spirituelle und theologische Entwicklung des Gedankens der virginitas post partum war vielmehr die christologische Grundüberzeugung ausschlaggebend, daß es sich bei Jesus nicht um einen beliebigen Propheten

---

[107] R. Pesch, Das Markusevangelium I (=HThK II/1), 323. Die hämische Bemerkung von M. Goguel, Jesus, Paris ²1950, 200 („Il n'y a pas de problème des frères de Jésus pour l'histoire; il n'y en a que pour la dogmatique catholique"), die die ältere protestantische Ansicht wiedergibt, wäre selbst noch einmal auf ihre „dogmatischen" Voraussetzungen zu befragen, insofern sie implizit von einem Gegensatz zwischen Geschichte und Dogma ausgeht – einem der großen Postulate der alten protestantischen Kontroverstheologie im Gewande des Historismus. Zu beachten ist hier nicht nur die Formulierung im vorökumenischen Geist, sondern auch der mangelnde Sinn für eine wirkliche Geschichtlichkeit des Dogmas, wobei eben die Geschichte das Dogma nicht widerlegt, sondern das Dogma sich in Geschichte auslegt.

handelt, sondern daß er in Wirklichkeit das menschgewordene ewige Wort selber ist bzw. daß in seiner menschlichen Wirklichkeit sich Gott so repräsentiert, daß Jesus absolut und ausschließlich durch Gott subsistiert. Als Folgerung drängt sich damit unmittelbar auf, daß die Gottesmutterschaft Marias nicht eine bloß biologische Indienstnahme, sondern eine gesamtpersonale Beziehung auf Gott ist, die ihre ganze geist-leibliche Existenz und ihren geschichlichen Weg umfaßt, prägt und bestimmt.

Der Glaube an die auch nach der Geburt bleibende Jungfräulichkeit der Theotokos, die in der Spontaneität ihrer Glaubenshingabe gründet, ist denn auch in der Alten Kirche nicht aufgrund isolierter historischer Bibelstudien entstanden. Sieht man einmal von den Hinweisen in der volkstümlichen, nicht-kanonischen Literatur aus dem 2. Jahrhundert (Protoevangelium des Jakobus) ab, dann wird diese Frage erst im 3. Jahrhundert zum Thema.[108] Zum 4. Jahrhundert hin wird es nun allgemeine Glaubensüberzeugung, daß Maria auch nach der Geburt jungfräulich gelebt hat, d. h., ihr ganzes Leben vom ewigen aus ihr Mensch gewordenen Gottessohn geprägt war und daß sie eben als Folge davon mit Josef auch keine Kinder hatte. Sekundär ist dann die Frage, wie man die „Brüder Jesu" auffaßt, entweder als Kinder Josefs aus erster Ehe, wie es das Protoevangelium des Jakobus tut und im Anschluß daran Clemens von Alexandrien und Origenes, oder als Vettern Jesu, wie der Westen seit Hieronymus.[109]

Das Grund-Folge-Verhältnis darf man hier nicht umkehren. Nicht weil man zuvor die Brüder Jesu als nichtleibliche Brüder erklärt hat, ist man zum Glauben an die virginitas post partum gelangt, sondern weil man aus christologischen und mariologischen Grundaussagen den inneren Charakter des Glaubens an die jungfräuliche Gottesmutterschaft Marias analysiert hat, ist man zur Folgerung gekommen, daß auch ihre Ehe mit Josef eine andere Bedeutung hatte. Diese Auffassung war deshalb mit der Schrift vereinbar, weil sich bei einer genauen Analyse herausstellte, daß dieser Sicht nichts ernsthaft entgegensteht. So stellt Hieronymus fest, „daß Gott aus einer Jungfrau geboren ist, glauben wir, weil wir es lesen; daß Maria nach der Geburt ehelichen Verkehr gepflogen habe, glauben wir nicht, weil wir es nicht lesen".[110]

---

[108] Vgl. Anm. 72. Zur umstrittenen Frage, ob noch Tertullian (und Irenäus v. Lyon) von den Brüdern Jesu annahm, sie seien leibliche Kinder Marias gewesen, vgl. J. Blinzler, Die Brüder und Schwestern Jesu (=SBS 21), Stuttgart 1967, 139–141.

[109] Hieronymus, Adv. Helvidium 19 (PL 23, 213).

[110] Vgl. G. Söll, Mariologie (=HDG III/4), Freiburg-Basel-Wien 1978, 75. 79.

Der Widerstand gegen diese sich rasch durchsetzende Überzeugung des *Glaubens* war gering und marginal. Die Gründe, die die Gegner vorbrachten, waren nicht im modernen Sinne des Wortes historisch-kritische Erwägungen und Berücksichtigungen in der Schrift genannter Nachrichten. Sie widerstanden der sich ausbildenden Glaubensüberzeugung der Kirche, wobei sie rein instrumental auf einzelne Bemerkungen der Schrift zurückgriffen, die dem ersten Anschein nach ihre Vorstellungen zu bestätigen schienen. Zu nennen sind nur der Arianer Eunomius und die Antidikomarianiten, sodann Jovinianus und der Bischof von Naissus, Bonosus von Sardika. Eine Synode von Capua im Jahre 391 verurteilt, wohl unter Mitwirkung des hl. Ambrosius von Mailand im Auftrag des Papstes Siricius' I., den Bonosus wegen dieser Lehre. Die Sekte der Bonosianer erhält sich offenbar bis ins 7. Jahrhundert hinein in Gallien und Spanien und verschwimmt dann mit den Strömungen des arianischen Adoptianismus. Gegen die Leugnung der virginitas post partum durch Helvidius hat Hieronymus 381 eine scharfe Polemik verfaßt: „Adversus Helvidium de Mariae virginitate perpetua". Im späten Mittelalter stellen wahrscheinlich auch die Lollarden, eine Sekte in England, die Glaubensaussage in Frage. Mit der betonten gesamtkirchlichen Rezeption des Glaubens an die beständige Jungfräulichkeit des Gottesgebärerin Maria vor, in und nach der Geburt auf dem 2. Konzil von Konstantinopel (553) und der Lateransynode (649) ist ein Schlußpunkt unter die diesbezügliche Dogmenentwicklung gezogen.

Wie kann dieser Vorgang theologisch beurteilt werden? Die Väter des 3., 4. und 5. Jahrhunderts beriefen sich nicht einfach auf historische Zeugnisse der Bibel. Sie beriefen sich auch nicht auf mündlich tradierte Nachrichten, die, historische gesehen, bis zu Maria zurückreichen. Ihr Ansatz entstammt glaubender Überlegung. Sie begriffen die Jungfräulichkeit Marias als eine Aussage über ihre ganzmenschliche, personal und heilsgeschichtlich bedeutsame Bezogenheit auf den Gott der Offenbarung. Der Einzigartigkeit dieser Empfängnis und Geburt entspricht auch die Einzigartigkeit der Beziehung Marias auf Gott, so daß ihre Jungfräulichkeit die Mitte ihrer Gottesbeziehung ausmacht. Auch im Hinblick auf das christliche Ideal der Jungfräulichkeit um des Himmelreiches willen (Mt 19,12) und des evangelischen Rates zu dieser christlichen Lebensform „um der Sache des Herrn willen" (1 Kor 7,25-38) formten sich mariologische Ideen der Väter aus. Es geht um die ganzheitliche Indienstnahme Marias für die Sache Gottes. Dies ist im Hinblick auf Gott zu sagen. Da Maria in einer wirklichen Ehe mit Josef lebte, ist dies in diesem einmaligen Fall so auszudrücken, daß ihre Ehe mit der jungfräulichen Lebensform verbunden sein kann.[111] So entspringt auch die christliche Gestalt der Jungfräulichkeit nicht dem Gegensatz zur Ehe oder gar dem Motiv einer Befreiung des höheren geistigen Lebens aus niederen materiellen Bindungen, sondern einem inneren Akt des personalen Glaubens und Liebens, der sich freilich auch bis in die Leiblichkeit des Menschen hinein bewähren muß.

Nach dem Glauben der Alten Kirche kann man die geist-leibliche Indienstnahme Marias für das Heilswirken Gottes in der Menschwerdung des Logos nicht einfach punktuell denken. Maria wurde nicht in einer dramatischen Ausnahmesituation Mutter des inkarnierten Logos, um hinterher ein „normales" Familienleben zu führen. Ihre Jungfräulichkeit steht zur Ehe mit Josef nicht in einem zeitlichen Abfolgeverhältnis. Auch hier muß theologisch der Zusammenhang als bleibende Personalbestimmung begriffen werden, denn auch umgekehrt war die Inkarnation Christi aus der Jungfrau nicht mehr mit einer zeitweiligen Suspension der Ehe mit Josef erkauft. Marias glaubendes Ja-Wort bestimmt ihre ganze Lebensgeschichte. Somit ist ihr Leben ganz auf Christus ausgerichtet und steht vollkommen in seinem Dienst. Der Einwand, daß zur Ehe, gerade auch im christlichen Verständnis, der leiblich-geschlechtliche Vollzug gehört, kann hier nicht überzeugen. Denn wie die Jungfräulichkeit Marias nicht von einem apriorischen Begriff von Jungfräulichkeit (und schon gar nicht nur isoliert von der physiologischen Seite her) gewonnen werden darf, so darf auch der Inhalt der Ehe von Josef und Maria nicht von einem apriorischen Begriff von Ehe her festgelegt werden. So wie in diesem einzigartigen, unvergleichlichen und unwiederholbaren Fall der menschgewordene Gott nicht aus den Möglichkeiten der Kreatur (eben in der geschlechtlichen Zeugung) hervorgehen konnte, so ist auch Maria als die jungfräuliche Theotokos so in eine entsprechende einzigartige Relation zu Gott eingetreten, daß von ihrer Ehe mit Josef so gesprochen werden muß, daß die Personalbezeichnung als Jungfrau und Gottesgebärerin nicht doch wieder eingeschränkt oder gar aufgehoben wird.

Die theologische und lehramtliche Tradition war sich bewußt, daß es sich hier um Konvenienzgründe handelt, die durch rein historische Nachrichten nicht einfach gestützt, aber auch nicht bezweifelt werden können. Die Historie kann die eigentliche Glaubensaussage ebensowenig stützen wie ihr den Boden entziehen. Der rein historische Nachweis, daß Maria von Josef keine Kinder hatte, wäre im übrigen auch noch kein Beweis für die leiblich

---

[111] Siehe dazu die Überlegung bei Thomas v. Aquin, S. th. III q. 29 a. 2.

nichtvollzogene Ehe, und aus diesen Gründen sind die historische und die den Glauben anzielende theologische Fragestellung nicht ganz aufeinander zurückzuführen. Glaube ist, wenn wir ihn theologisch betrachten, ja nicht einfach die Überzeugung von „historisch" belegten oder wahrscheinlichen Fakten, auch nicht soweit diese Tatsachen von der Heiligen Schrift ausgesagt werden. Denn die Schrift selbst will nicht einfach historische Quelle sein. Sie ist, wie schon oft gesagt, selbst Glaubenszeugnis, das innerhalb der Glaubensgemeinschaft der Kirche entstanden und auch nur in dem vom Geist gewirkten Glauben auszulegen ist. Daß für die spätere Kirche die Schriftautorität mit ihrem bezeugten Glaubensinhalt wahr ist, kann nicht Gegenstand eines historischen Beweises sein. Dies sagt uns nur der Glaube selbst. Glaube ist nämlich zu begreifen als die Wirkung des Heiligen Geistes in uns aufgrund des Glaubenszeugnisses der „Apostel" und der mit ihnen beginnenden Kirche. Da das Wirken des Geistes nicht auf die Entstehung der Kirche beschränkt ist, sondern sich in der davon ausgehenden weiteren Geschichte der Auslegung und Umsetzung fortsetzt, darum ist es auch auf die Erhellung und die Explikation bisher nur implizit mitgeglaubter Aspekte bezogen. Ob jemand nun der kirchlichen Überlieferung und dem definitiven Ausdruck des Glaubens im Bekenntnis der Kirche zur virginitas post partum zustimmt, hängt weniger von einer historischen Absicherung ab als vielmehr von dem Begriff des Glaubens und der inneren Geschichtlichkeit seiner sprachlich-reflexen Vermittlung. Glaube beinhaltet nach katholischem Verständnis eben auch das Vertrauen, daß der Heilige Geist als das transzendente Prinzip des Glaubens die Kirche auf dem Weg zur Wahrheit ihres Bekenntnisses führt und die Kirche dort, wo sie im Konsensus der Gläubigen und im lehramtlichen Urteil der Bischöfe und der Konzilien definitiv ihre Überzeugung zum Ausdruck bringt, nicht in die Irre gehen läßt. So ist das Bekenntnis zur virginitas post partum auch ein Bekenntnis zur inneren Einheit von Offenbarung und Kirche, von Schrift und Tradition, von Heiligem Geist und Glaubensbekenntnis.

Die Kirche bekennt in ihrem Glauben an die bleibende Jungfräulichkeit der Gottesgebärerin vor, in und nach der Geburt, daß das ewige, uns unerreichbare Geheimnis Gottes wirklich in die Welt eingetreten ist und sich im Menschen vergegenwärtigt, daß das ewige Wort Gottes unsere menschliche Wirklichkeit angenommen hat, indem es empfangen und geboren wurde, gelitten hat und gestorben ist, um in Gott verherrlicht zu werden als der „Erstgeborene der ganzen Schöpfung" (Kol 1,15). Inkarnation bedeutet aber nicht nur ein geschichtliches Handeln Gottes gegenüber den Menschen, sondern ein Handeln mit dem Menschen, indem der Mensch in Gottes Handeln hineinengagiert wird. Der Einzigartigkeit der Menschwerdung Gottes entspricht aber auch die Einzigartigkeit dieses Engagements des Menschen, wie es in Maria, der jungfräulichen Gottesgebärerin, gegeben ist. Der Ganzheit des eschatologischen Wortes, das Mensch werden will, entspricht die Ganzheit der Antwort des Menschen, aus dem es das Menschsein annimmt, d. h. aus der Person Marias (in Glaube, Leiblichkeit, Lebensgeschichte). Der Glaube und die ganze Existenz Marias sind also zur Menschwerdung Gottes nicht akzidentelle Momente. Sie sind vielmehr die von der Inkarnation getragene kreatürliche Realität, mit der sich Gott erlösend vereinigt hat. Darum steht Maria, wie es die Tradition ausdrückt, in einem ganzheitlichen Hingabe-Verhalten zu Gott als „Braut Christi". Das ist der Grund, warum man aus christologischen und in der Folge mariologischen Gründen von einer bleibenden Jungfräulichkeit Marias sprechen muß. Maria ist darin durch ihren Glauben Vorbild aller Glaubenden, ohne daß sie einfach nachgeahmt werden könnte. Die Unwiederholbarkeit des nur ihr zukommenden Charismas entrückt Maria aber keineswegs den „gewöhnlichen" Christen. In der Wechselwirkung der verschiedenen Gnadengaben wird nicht nur die Gemeinschaft der Glieder des Leibes Christi in der Gemeinschaft aller Lebenden und Verstorbenen, die zu ihm gehören, aufgebaut, sondern darin erscheint auch die universale Geschichtsmacht und die Geist-Gegenwart Gottes in seiner Kirche, der alles in allen bewirkt (1 Kor 12,6).[112]

IV. Thesen zur Mariologie

1. Gott hat jeden Menschen um seiner Erwählung willen geschaffen (vgl. Eph 1,4). Die geistig-personale Schöpfung besteht nur aus dem einen Grund, damit Gott sich ihr als Leben mitteilt. Die Gnade, durch die der Mensch mit Gott verbunden ist, spezifiziert zugleich den je besonderen Dienst im Vollzug der Heilsgeschichte und im Aufbau des Reiches Gottes und im Leben der Kirche. Marias besonderes Charisma ist ihre heilsgeschichtliche Sendung, die Mutter Jesu, des Mensch gewordenen ewigen Gottessohnes zu werden.

[112] Vgl. insgesamt hierzu G. L. Müller, Gemeinschaft und Verehrung der Heiligen. Geschichtlich-systematische Grundlegung der Hagiologie, Freiburg-Basel-Wien 1986; K. Rahner, Mut zur Marienverehrung: Schriften zur Theologie XVI, Zürich-Einsiedeln-Köln 1984, 321–335.

2. Die mariologische Fundamentalaussage heißt: Maria ist die jungfräuliche Gottesgebärerin. Aus ihrer Person (in geist-leiblicher Einheit) ist die Hypostase des göttlichen Logos als Mensch geboren worden (in der hypostatischen Einheit von göttlicher und menschlicher Natur).

3. Inneres Prinzip der Mariologie in der Begründung wie in der dogmengeschichtlichen Entfaltung ist der Glaube Marias. Ihr freies Ja-Wort steht der Gnade nicht autonom gegenüber, und es bedeutet auch nicht Mitwirkung trotz der Gnade. Es geht um ein Mittun aufgrund von Gnade. Je begnadeter der Wille ist, um so freier wird er. Marias begnadeter Wille ist selbst erst Wirkung der in der hypostatischen Union gegebenen inkarnatorisch-eschatologischen Selbstmitteilung Gottes an die Menschheit. Geschaffene Freiheit ist Selbsttranszendenz des Menschen als Liebe im Sinne der Antwort auf den uns entgegenkommenden Gott, der sich uns in seiner Selbstmitteilung schenkt und zugleich darin unsere Antwort als Liebe ermöglicht. Diese Antwort ist freier Wille in seinem sich transzendierenden Selbstvollzug, der so zur vollzogenen Freiheit wird. Sich vollziehende Freiheit als Einheit mit Gott in der Gemeinschaft der Liebe, als ihre Frucht, ist Erlösung.

4. Maria darf darum die Erst- und Vollerlöste genannt werden (K. Rahner). Zugleich ist sie die exemplarisch Erlöste, und sie ist so Typos des Christseins durch Glauben aufgrund der Gabe des Heiligen Geistes. Im Sinne der Nachfolge Jesu Christi verdeutlicht sie die Gleichgestaltung des Glaubenden und Liebenden mit Leiden, Kreuz, Tod und Verherrlichung des auferstandenen Herrn.

5. Im Hinblick auf ihre heilsgeschichtliche Rolle ist Maria durch die Erlösungsgnade Jesu Christi von der „Erbschuld" bewahrt worden. Als exemplarisch Erlöste ist sie in ihrem Tod in die Vollgestalt der Auferstehungsherrlichkeit Jesu Christi aufgenommen worden (Kurzfassung: mit „Leib und Seele"), „denn alle, die er im voraus erkannt hat, hat er auch im voraus dazu bestimmt, an Wesen und Gestalt seines Sohnes teilzuhaben, damit dieser der Erstgeborene von vielen Brüdern sei. Die aber, die er vorausbestimmt hat, hat er auch berufen, und die er berufen hat, hat er auch gerecht gemacht, die er aber gerecht gemacht hat, die hat er auch verherrlicht" (Röm 8,29f.). So ist auch Marias Amt der Fürbitte für die pilgernde Kirche begründet. Sie steht mit der ganzen Kirche in der umfassenden Gemeinschaft der Heiligen. Mit den vollendeten Heiligen zusammen ist sie Zeichen der Hoffnung, die jeden Christen erfüllt. Und als Typos von Kirche in

Glauben und Nachfolge (Jungfrau und Mutter) verdeutlicht sie die leiblich-soziale Dimension der göttlichen Heilsvermittlung.

6. Die schöpfungstheologische Signifikanz der Differenzierung des Menschen in das männliche und weibliche Geschlecht (in Unterscheidung und Beziehung) ist in Maria in Richtung einer heilsgeschichtlichen Signifikanz überboten. Maria ist als Frau die Repräsentantin der Menschheit als ganzer, die in Jesus Christus Gottes Gnade empfängt, bewahrt und in der Nachfolge Jesu gestaltet. Wenn Paulus die Bedeutung Christi für die Menschheit durch die Adam-Christus-Antithetik verdeutlicht, so konnte sich die frühe Kirche im Recht fühlen, die Bedeutung Marias durch eine Eva-Maria-Antithetik zu verdeutlichen. Maria wird so zur Verkörperung der reinen Gnade und des vollen Glaubens. Sie darf in diesem Sinn auch „Mutter der Glaubenden" genannt werden. Jesus Christus, das Wort Gottes an uns, ist Mensch geworden als Mann, aber in der Pro-Existenz für alle Menschen, denen er das göttliche Leben vermittelt. Maria als Frau hat den Gott-Menschen empfangen, geboren, genährt und im Leben begleitet, um antwortend darin die Pro-Existenz aller Glaubenden für Gott und für die Brüder und Schwestern in der Gemeinschaft der Kirche darzustellen.

7. Die Zukunft der Mariologie liegt wohl in der marianischen Typologie des Glaubens. Der Glaubende erkennt Maria als Bild des Glaubens. Er sieht sich in die geschichtliche, kirchliche, eschatologische und universale Dimension des neuen Seins in Jesus-Christus hineingenommen, d. h. in die Communio Sanctorum. Dieser Hinweis befreit den Glauben von aller rationalistischen Verengung, wie er ihn auch vor dem Abgleiten in den Irrationalismus bewahrt. Maria vermittelt dem Glauben die Dimension der Freude darüber, daß das ewige Wort Gottes als *der* Mensch zur Welt gekommen ist, der aufgrund seiner Sendung von Gott, seinem ewigen Vater, alles neu macht (Offb 21,5).

In der Gestalt Marias erkennt der glaubende, hoffende und liebende Christ die erste Widerspiegelung der Herrlichkeit der Gnade Gottes, die in Jesus Christus aufgeleuchtet ist. In dieser begnadeten Frau darf er auch das Schöne in Schöpfung und Geschichte und in der erwarteten Vollendung des ewigen Lebens erkennen. So ist – theologisch gesprochen – die Mariologie die erste Veranschaulichung des „pulchrum" der Herrlichkeit Gottes, die in Christus aufleuchtet, das der Kern christlicher Anthropologie sein muß und eigentlich nur ein anderes Wort ist für die Ankunft Gottes beim Menschen „zum Lob seiner herrlichen Gnade" (Eph 1,6).

ANFANG IN GNADE.
ZUR EMPFÄNGNIS DER GOTTESMUTTER MARIA OHNE ERBSCHULD

1. Des Menschen wegen nach Maria fragen

Mancher Christ, der sich Sorgen macht um die Weitergabe des Glaubens, wird sich fragen, ob unter den gegenwärtigen Umständen nicht eine Konzentration auf die ganz zentralen Aussagen über Gott, Jesus Christus und das ewige Leben notwendig ist. Soll man die Ausdifferenzierung in abgeleitete Einzelaussagen nicht zurücknehmen, um so dem Glauben eine durchsichtigere Form zu geben und so seine Annahme zu erleichtern? Gerade auch unter ökumenischer Rücksicht – wenigstens was das Verhältnis zur Reformation angeht – müßten sich einige Probleme leichter bewältigen lassen. Denn die Einsicht in den inneren Zusammenhang der Lehre über Maria mit dem Ganzen und der Mitte des christlichen Glaubens setzt nicht nur ein ganzes Ensemble biblischer, dogmengeschichtlicher und lehramtlicher Kenntnisse wie auch eine reflektierte theologische Methode voraus, sondern auch ein in Meditation und Frömmigkeit entwickeltes Sensorium für die subtile Stimmigkeit des christlichen Bekenntnisses. Dies kann aber nicht mehr allgemein vorausgesetzt werden. Eine Gegenfrage stellen heißt nicht, diese Sorgen nicht leichtfertig abtun, wenn sie daran erinnert, daß der Glaube nicht eine Summe von Wahrheiten ist, der durch die Verringerung ihrer Zahl leichter wird. Glaube bringt vielmehr die Gemeinschaft mit Gott selbst. In Gott wird auch die innere Einheit aller einzelnen Glaubensaussagen erkennbar. Auch die von der Mitte her abgeleiteten Elemente führen dann nicht vom Wesentlichen weg. Sie können auch eine tiefere Einsicht vermitteln und so einen Anreiz bieten, sich um so mehr mit Gott in seinem Heilswirken in Liebe zu identifizieren. Von den Mariendogmen und der Marienfrömmigkeit erhofft die Kirche eine geistige und effektive Verlebendigung unserer Gemeinschaft mit Gott, der in Jesus Christus für immer die menschlich vermittelte Erfüllung jedes Menschen geworden ist. Maria ist die Person, an der deutlich wird, warum bis in alle Ewigkeit keine Anthropologie mehr ohne das Stichwort „Gnade" gelingen kann. Das Dogma von der Unbefleckten Empfängnis Marias, d.h. ihrem Eintritt ohne die Erbschuld ins individuelle Dasein durch die Erlösungstat Christi, sagt im Prinzip nur, daß vom Menschen nicht gesprochen werden kann ohne seine theologische Grundbestimmung. Freilich ergeben sich aus Marias besonderem Dienst beim Erlöserwirken Jesu charakteristische Unterschiede zu den übrigen Menschen. Dadurch wird Maria aber nicht aus dem gemeinsamen Menschsein herausgenommen, sondern um so mehr darauf bezogen. Sie erbringt einen stellvertretenden Dienst für alle. Alle besonderen Gnadengaben, Sendungen und Dienste dienen dem Aufbau des Leibes Christi und kommen allen Gliedern zugute (1 Kor 12,4; Eph 4,16).

2. Der Dienst Marias an der Menschwerdung Gottes zum Heil

Die ganze Mariologie ist vom Zentralereignis bestimmt, daß Maria die Mutter Gottes werden sollte, das freie jungfräulich-hingebende Ja-Wort aber nur aus der Fülle der Gnade, der unmittelbaren Gegenwart Gottes sprechen konnte (vgl. 1,26-38). Erst von der Mitte her ging die glaubende Betrachtung hin zum Anfang und zum Ende des Lebens Marias, die von der Präsenz Gottes bestimmt sein muß. In der langen Vorgeschichte der beiden marianischen Dogmen von der Unbefleckten Empfängnis und der Himmelsaufnahme Marias war immer wieder die Frage nach der Bezeugung in der Heiligen Schrift gestellt worden. Es handele sich beide Male um Tatsachen, die man aber eben nicht deduzieren könne. In der Tat darf man aus Begriffen nicht Konsequenzen als Realitäten ausgeben. Aber die Erwählung Marias zur Mutter des Herrn ist kein Begriff, sondern eine Wirklichkeit. Und aus ihr dürfen die Bedingungen ihrer Möglichkeit als real expliziert werden. Unter der Voraussetzung der Einheit des Handelns Gottes ist diese Ausfaltung im Glaubensweg der Kirche möglich, in welchem gerade das Gesamtzeugnis der Schrift von Glauben, Gnade, Erlösung das Bild von Maria aufzuhellen vermag (vgl. Röm 12,6). Wenn schon das Ereignis der Menschwerdung Gottes, die Annahme des Daseins bis zu Leiden und Tod durch keinen geschaffenen Verstand auszuschöpfen ist, und immer Gegenstand des Staunens und der Faszination bleiben wird, dann kann das Geheimnis, daß er sein Menschsein aus einem Menschen, aus einer Frau, annimmt, nicht weniger Anlaß der Bewunderung sein. Jesu Geburt bedeutet nicht ein alltägliches Ereignis, das mit seinem Sein als Erlöser gar nichts zu tun hätte. Darum ist Maria als seine Mutter auf ihn auch nicht nur privat, natürlich, psychologisch bezogen, sondern auf ihn als den zu unserer Erlösung menschgewordenen Gott. Maria ist eben nicht nur die Mutter eines berühmten Menschen. Das Bekenntnis zur Gottheit Christi ist in Frage gestellt, wenn Maria nur einen Menschen geboren hat und nicht den inkarnierten Sohn Gottes. Wo das *theotókos* des Konzils von Ephesus (431) nicht ernstgenommen ist, wird man dem Sog einer Christologie nicht entkommen, die in Jesus nur einen „Gottesmann" sieht. Maria hat in einer nur ihr zukommenden Weise Anteil an seiner Menscheit und seiner Geschichte bis zu Kreuz und Auferstehung, durch die die Erlösung verwirklicht wurde. So muß sie selbst auch in ihrem eigenen Menschsein von Christus und der durch ihn vollbrachten Erlösung bestimmt gedacht werden. Ihr Ja-Wort bezog sich nicht auf die biologische Seit des Mutterwerdens allein. Es war eine ganzheitliche Selbsthingabe an Gott, der aus ihr Mensch werden wollte uns zum Heil.

3. Der absolute Beginn des Menschseins in Gnade

Wie kann aber eine Kreatur diese freie Selbstbestimmung auf Gott hin verfügen, ihn selbst in seinem Menschwerdungswillen empfangend, ohne von Gott schon ganz umgriffen worden zu sein? Die Gnade folgt nicht der Freiheit als ihr Lohn, sondern geht der Freiheit voraus, um sie erst auf Gott hin zu eröffnen. So einmalig die Inkarnation Gottes ist, so einmalig muß auch die Gnade sein, die der Freiheit Marias vorausgeht, damit sie sich im Glauben ganz öffnen lassen kann für den Dienst am Heilswerk Christi, der nur ihr aufgetragen ist. Gnade muß in diesem Zusammenhang begriffen werden als Selbstmitteilung Gottes. Gnade ist hier Gott als sich selbst Gebender. Wird Maria vom Engel als „Begnadete" angesprochen, so wird damit zum Ausdruck gebracht, daß sie nicht nur unter einem wohlgesonnenen Einfluß Gottes steht. Sie ist in ihrer ganzen Existenz nicht ohne die Selbstmitteilung Gottes als unmittelbaren Grund ihres Daseins zu verstehen. Wäre Maria zeitlich irgendwann vor der Empfängnis Jesu nur von der Sünde, die ja Entzogenheit Gottes als Heil meint, gereinigt worden, dann hätte ihre Natur aufgrund der in diesem Leben nie ganz aufzuarbeitenden Folgen der Sünde nie die vollkommene Disposition bieten können, um sich restlos auf Gott hin verfügen zu lassen. Gerade wegen der heilsgeschichtlich begründeten Teilhabe an der Menschheit Christi, ist Maria eben durch ihn vor der Sünde bewahrt worden. Als die Ersterlöste ist sie auch die vollkommen Begnadete. An Maria wird erst die Universalität der Gnade Christi deutlich. Hier zeigt sich, daß es Geschöpfe nur gibt um der Gnade willen. Erst die volle Verwirklichung in der gnadenhaften Gemeinschaft mit Gott bringt die menschliche Natur ganz zu sich, d. h. zu sich in der unbehinderten und darum freien Selbsttranszendenz zur liebend-dialogischen Begegnung mit Gott. Daß Maria im Hinblick auf ihren Dienst an der Menschwerdung Gottes und der Erlösung vor der Erbschuld bewahrt blieb, mindert ihre Menschlichkeit nicht und rückt sie in keine Ferne zu uns. Sündersein ist nur scheinbar ein Zeichen des Menschlichen. Die Sünde trennt die Menschen voneinander und mindert die Möglichkeiten des Menschseins. Der Anfang Marias noch vor aller eigenen Aktivität in Bewußtsein und Willen in der reinen Selbstgabe Gottes zeigt, wie sehr Gnade Eröffnung, Ermöglichung und Steigerung der menschlichen Freiheit bewirkt, die auf Vereinigung in der Liebe hinzielt.

Jeder Mensch darf sich in seinem Anfang, in seiner Mitte und seinem Ziel von der Selbstverschenkung Gottes bestimmt wissen. Er ist schon vor seiner Erschaffung erwählt und aus Liebe bestimmt, durch Gnade am Sohnesverhalten Christi zum Vater im Geist teilzuhaben (vgl. Eph 1,3-5). Im Lichte des Dogmas von der Immaculata Conceptio Mariae wird dies unübersehbar, wenn bei uns auch erst durch die Taufe die Befreiung aus dem Menschheitsverhängnis der verlorenen Gottesgemeinschaft sich ereignet, aber nun auch so, daß wir in der Wiedergeburt aus Geist und Wasser (Joh 3,5; Tit 3,5) unseren „Anfang" absolut durch Gottes Selbstgabe gewinnen. Darum wird Maria in der Gemeinschaft der Heiligen als Person verehrt, in der die Herrlichkeit der Selbstmitteilung Gottes aufscheint. Aber der Glaube hat auch in sich eine marianische Vollzugsform, indem jeder Christ in die Relation zu Gott in Wort und Glaube eintritt. Die Lehre von der Empfängnis Marias ohne Erbschuld kann vor einer moralisierenden Verflachung des Christusereignisses bewahren und die reine Gnadenbegründung christlicher Existenz aufzeigen. Aber je mehr von der Gnade die Rede ist, desto mehr darf von der Freiheit der Kreatur gesprochen werden. Wo Gott dem Menschen nahekommt, da steigert sich in der Freiheit das Menschsein zu einer Empfänglichkeit, daß er mit Maria das allerfreieste Ja, das je gesprochen worden ist, mitsprechen kann, damit Gott auch in ihm Mensch werden und Christus in ihm Gestalt annehmen kann (Röm 8,29). Denn die, die Gottes Wort hören und befolgen, finden in der Nachfolge Jesus als Bruder, Schwester und Mutter (vgl. Lk 8,2 1; Mt 11,27).

In der Zukunft wird der Glaube nicht durch eine Reduktion durchsichtiger und attraktiver werden. Wichtiger ist eine entschiedene Konzentration auf das personale Verhältnis Gottes zum Menschen. Gott teilt nicht abstrakte Wahrheiten mit, sondern sich selbst. Die Geschichte der Selbstmitteilung Gottes führt uns zu Personen hin. Gott ist immer ein Gott von Personen, als Gott Abrahams, Isaaks, Jakobs, als Gott und Vater Jesu Christi. Gottes Zuwendung zu Maria im Hinblick auf die Menschwerdung des ewigen Wortes ist ein Höhepunkt seiner heilsgeschichtlichen Selbstvermittlung an die Menschheit. Maria steht stellvertretend-urbildlich für die Menschen vor Gott, der zu unserem Heil Mensch werden will. Menschsein bedeutet Existenz aus der vorgegebenen Gabe des Geschöpfseins und der Selbstgabe Gottes als Heil. In dieser Hinsicht geschieht im Beginn des Daseins Marias in einmaliger Weise das, was in abgeleiteter Form jedes durch Jesus Christus bestimmte menschliche Leben begründet: sein absoluter Anfang ist Gnade, ist Gott selbst.

GOTTESMUTTERSCHAFT

1. Problemanzeige

Zusammen mit dem Titel „heilige Jungfrau" ist Gottesmutter der wichtig-ste Würdetitel für Maria, die Mutter Jesu, den die Kirche als den Mensch gewordenen Sohn Gottes kennt. Sachlich entspricht er dem Begriff Gottes-gebärerin (theotokos, Deipara), hebt aber gegenüber der Beschränkung auf den Geburtsakt mehr die bleibende personale Relation Marias zu Jesus hervor. Der aus der Profangräzität seit dem 2. Jahrhundert nach Christus bekannte Terminus *theotokos*.[1] wird mit Sicherheit erstmals von dem Bischof Alexander von Alexandrien (312–328) in einem offiziellen Zirku-larschreiben an mehrere Bischöfe im Jahr 322 als ein christologischer terminus technicus bezeugt.[2] Darin wird das Glaubensbekenntnis der Alex-andrinischen Kirche dargelegt, das mit der apostolischen Tradition über-einstimme. Der christliche Gebrauch dieses Wortes reicht also zeitlich wei-ter zurück. Die gegen Arius gerichtete Synode von Antiochien (324/25) zitiert das Alexandrinische Symbolum und hebt die christologische Sinn-spitze hervor: „Der Sohn Gottes, der Logos, ist aus der *theotokos* Maria geboren und Fleisch geworden."[3] Der spezifisch christologische Gebrauch von *theotokos* hebt sich sachlich und terminologisch von den römischen, griechischen und ägyptischen Mythologien ab, die von einem ganz anderen Hintergrund her von Muttergöttinnen oder Göttermüttern sprechen und dies mit *meter theion* wiedergeben.[4] Erst durch die Auseinandersetzung des Cyrill von Alexandrien mit Nestorius wurde der Titel auch im Westen bekannt. Johannes Cassian übersetzt ihn in seiner Schrift „De incarnatione

---

[1]   Lidell/Schott, Lex.⁹, Suppl.

[2]   Theodoret von Cyrus, hist. eccl. 1,4,1/61: GCS 20,15.

[3]   L. Abramowski, Die Synode von Antiochien 324/25 und ihr Symbol: Z.K.G.86, 1975, 356–366, hier 357.

[4]   Vgl. Epiphanias v. Salamis, Panarion III, haer. 79: GCS 37,475–485.

Domini contra Nestorium" (CSEL 17,247, 3; 249, 22) mit genitrix Dei oder mater Dei. Die Aufnahme der Mutter-Konnotation im *theotokos*-Titel hat seinen Bezug jedoch nicht in den mythologischen Göttermüttern, sondern im biblischen Sprachgebrauch, wo von der Mutter Jesu (Mt 2,11.13; 12,46.48f.; 13,55; Mk 6,3; Lk 1,60; 2,34f. 48.51; Apg 1,14; Joh 2,1.3.12; 6,42; 19,25-27) und der Mutter des *Kyrios* (Lk 1,43) die Rede ist. Eben dieser Jesus, der durch das Wirken des Geistes Gottes als Mensch in Maria gezeugt und empfangen wird, ist der wesensgleiche Logos Gottes, der die menschliche Natur annahm, die von Maria geboren wurde (Deus natus) und der am Kreuz wahrhaft gelitten hat (Deus passus). Da Maria die Mutter Jesu ist, des wahrhaftigen ewigen Sohnes Gottes, darum hat sie auch den Gott-Logos zur Welt gebracht und darum ist die *theotokos* auch die mater Dei. Oder umgekehrt gesagt: Weil der Herr Jesus wirklicher Gott ist, darum muß auch die mater domini im wahrhaften Sinn mater Dei genannt werden. Damit ergibt sich der Sinn dieses Begriffes aus der Analyse seiner Bestandteile: nämlich der Tätigkeit des Gebärens und dem Subjekt, *Jesus=kyrios=theios* ist. Seit der Zurückweisung des Monophysitismus wird im Osten der Titel *meter theiou* gegenüber *theotokos* gebräuchlicher, um dadurch die umfassende personale Relation Marias zum Gottmenschen zu verdeutlichen.

2. Der christologische Horizont des Gottesmutter-Titels

Wichtiger noch als diese terminologischen Beobachtungen ist die gegenüber der religiösen Ideenwelt des antiken Heidentums völlig inkommensurable christologische Sachthematik. Der *Theotokos*-Titel erwuchs nicht aus den psychologischen Gesetzmäßigkeiten der Marienverehrung, die es zu Beginn der großen christologischen Auseinandersetzungen um das Konzil von Nicäa lediglich in den ersten Anfängen gab, sondern er entstammt unmittelbar dem Umkreis der christologischen Reflexion. Und erst von daher entstand eine aus biblischen Motiven genährte und an die Formen der Märtyrer- und Heiligenverehrung angelehnte Weise einer praktizierten Marienverehrung. Die gesamte ur- und frühchristliche Entwicklung steht unter der Leitfrage: Wer ist Jesus im Bezug zu Jahwe, dem einzigen und wahren Gott, sowie im Bezug zum eschatologisch-universalen Heilswillen Gottes allen Menschen gegenüber. Besteht nun aber das Spezifikum des christlichen Gottesglaubens, d. h. sein irreduzibles Wesen in der Tatsache, daß der eine Gott, als Ursprung und Ziel der gesamten Schöpfung von Welt und Mensch, seine innere Selbstaussage (seinen Logos) in der vom Logos angenommenen menschlichen Natur Jesu in der Welt vergegenwärtigt hat (sowie ein Vater in seinem Sohn gegenwärtig ist), dann ergeben sich für die Gotteslehre und Christologie insgesamt drei Hauptprobleme: Es muß nämlich zum ersten die wahre Gottheit Jesu gewahrt werden sowie seine wahre und volle Menschheit wie dann auch zum dritten ihr Einigungsprinzip bedacht werden muß, das in der Hypostase des göttlichen Logos selbst gegeben ist. Wo die Inkarnation des Logos und die sie voraussetzende hypostatische Union als das Zentralproblem des heilsgeschichtlich sich auslegenden Gottesglaubens erfaßt werden, ist die Thematisierung der Rolle Marias für die Explikation der Christologie unabweisbar. Eine rein adoptianische Christologie oder die Sicht Jesu als eines bloß prophetischen Gottesmannes wird keine Mariologie hervorbringen abgesehen vielleicht von einer idealtypischen Veranschaulichung eines allgemeinpsychologischen Mutter-Kind-Bezuges.

Dogmengeschichtlich war es also kein Zufall, daß der Streit um das Recht des *Theotokos*-Titels zeitlich und sachlich aufs engste mit der Auseinandersetzung um die *Homoousie* des Logos und seine hypostatische Union mit der Menschennatur Jesu verbunden war.

3. Biblische Voraussetzungen

Rein zahlenmäßig sind die biblischen Aussagen zur Bedeutung Marias für die Explikation der Christologie gering, dafür aber der Sache nach von erheblichem Gewicht.

Paulus sieht die Fülle der Heilszeit gekennzeichnet durch die Sendung des Sohnes Gottes in die Welt, damit wir als die Brüder und Schwestern Jesu an seinem Sohnesverhältnis zum Vater aufgrund der Gnade des Heiligen Geistes teilnehmen. Der Sohn hat seine menschliche Existenzweise dadurch, daß er aus einer Frau geboren wurde, dem Gesetz unterstellt war, damit er die loskaufte, die unter dem Gesetz standen (Gal 4,4). Bei Matthäus erscheint Maria als die Jungfrau, die nicht durch das geschlechtliche Zutun eines Mannes, sondern durch das schöpferisch, heilstiftende und offenbarende Wirken des Heiligen Geistes (Mt 1,18) Jesus empfängt und gebiert, der der Sohn Gottes heißen soll. Dieser ist ein wahrer Mensch (und kein götter-menschliches Mischwesen), der aber aufgrund seines unmittelbar von Gott gesetzten Anfangs in einer einzigartigen Sohnesrelation zu Gott als seinem Vater steht (Mt 1,21; 11,25-27). Er ist nicht nur ein von Gott getrennt existierender Bote. Sein Menschsein ist nichts anderes als die geschichtliche Vergegenwärtigung Gottes selbst als das Heil, und darum ist er der Messias (Mt 1,1), der Erlöser des Volkes von seinen Sünden (Mt 1,21), der Immanuel, der Gott-mit-uns (Mt 1,23; 2,4) und der Hirt und König Israels (Mt 2,2.6) oder der Sohn des lebendigen Gottes (Mt 16,16). Für Lukas ist es ein unumstößliches Glaubensbekenntnis der Urgemeinde, daß der durch Gottes Heiligen Geist aus der Jungfrau Maria ins menschliche Dasein verfügte Jesus der Messias, der *Kyrios* (Lk 2,11), der Erlöser und damit der Sohn des Höchsten oder der Sohn Gottes ist (Lk 1,26-37). In ihm und in keinem anderen ist das Heil, d. h. Gott selbst, für alle Menschen ohne Ausnahme zu finden (Apg 4,12). Maria ist darum als Jesu Mutter auch die Mutter des Kyrios (Lk 2,11). Vom Heiligen Geist erfüllt kann ihre Verwandte Elisabet ihr entgegenrufen: „Gesegnet bist du mehr als alle anderen Frauen, und gesegnet ist die Frucht deines Leibes" (Lk 1,42). Und wegen ihres Glaubens (Lk 1,45; 11,28) wird Maria von allen Generationen selig gepriesen (Lk 1,48), weil sie die selig zu preisende Frau ist, die in ihrem Leib den Messias, in dem Gottes Reich machtvoll angebrochen ist (Lk 11,20), getragen und an ihrer Brust genährt hat (und damit auch sein wahres Menschsein verbürgt). Bei Johannes begegnet Maria, die Mutter Jesu, am Beginn der Offenbarung seiner göttlichen Herrlichkeit (Joh 2,11) und bei der Vollendung der Offenbarung göttlicher Herrlichkeit in Jesu Kreuzestod (Joh 19,25). Jesus ist dabei der, der von sich sagt, daß er und der Vater eins sind (Joh 10,30) und daß, wer ihn gesehen hat, den Vater gesehen hat (Joh 14,9).

4. Theologiegeschichtliche Entwicklungen bis zur konziliaren Bekenntnisbildung

Auch die Lehre von der Gottesmutterschaft Marias partizipiert an der lebendigen und geschichtlichen Auseinandersetzung um die geistige Realität und Identität des christlichen Glaubens. Die christliche Theologie ist mehr als eine literaturwissenschaftliche Interpretation eines statisch vorgegebenen heiligen Textes der Bibel. Die Theologie bringt unter den jeweiligen geistes- und kulturgeschichtlichen Bedingungen die personale Wirklichkeit Jesu Christi, des Mensch gewordenen Gottessohnes, der für uns gestorben und auferstanden ist, zur Sprache. In ihrem betenden und bekennenden Glauben (Symbolum, Liturgie, Katechese) ist die Kirche mit der heilsgeschichtlichen Selbstvergegenwärtigung in seinem Wort verbunden.

Dabei sind AT und NT das maßgebende Dokument der konstitutiven Phase der Offenbarungsgeschichte und insofern Bezugspunkt der reflexiven Darlegung und Explikation des Glaubensinhaltes. Auf dieser Basis mußte die frühe Theologie im Kampf mit der häretischen Verflachung das Christus-Mysterium auf einer höheren Reflexionsstufe darbieten, um seinen Gehalt unter den gegebenen geistigen Bedingungen festhalten zu können. Zugleich wird der Glaube dadurch in seine eigene Fülle eingeführt und auf dem Weg seiner Geschichte bereichert (vgl. Eph 3,18f.).

a) Der Bezug auf die Geburt des ewigen Gottlogos aus der Jungfrau Maria als Sicherung der wahren Menschheit Jesu

Bis zur großen arianischen Krise zu Beginn des 4. Jahrhundert galt es, die wahre Menschheit Jesu herauszuarbeiten. Gegen Arius hingegen mußte seine wahre Gottnatur festgehalten werden und damit auch die Frage der Einheit der beiden Naturen thematisiert werden. Die etwa am Ende des ersten Jahrhunderts sich abzeichnende sogenannte Adoptionschristologie (die mit der biblischen Zwei-Stufen-Christologie, vgl. Röm 1,3f. nicht zu verwechseln ist) muß hier außer Betracht bleiben, weil sie mit der Leugnung der Gottheit Christi das Christentum in seiner Essenz aufhebt. Gefährlicher waren indes die gnostischen und doketischen Christologien, weil sie die wirkliche Präsenz Gottes in Jesu Menschsein aufhoben bzw. abschwächten. Hingegen hoben die Väter die Entstehung der Menschheit Jesu aus dem Menschen Maria hervor. Der vom Heiligen Geist gewirkte Akt der Entstehung des Menschseins Jesu weist auf seine absolute Herkunft von Gott und seine Einheit mit ihm, so daß Gott selbst das Subjekt des Heilshandelns in Christus ist (vgl. 2 Kor 5,19), während die aus Marias Leib entstandene Menschheit Jesu die Konnaturalität der menschlichen Natur Christi verbürgt, insofern Jesus wirklich einen beseelten und leidensfähigen menschlichen Leib angenommen hat. Wegen dieses soteriologischen Momentes ist die wahre Geburt aus der Jungfrau so bedeutsam (bei der jüdischen Polemik gegen die Jungfrauengeburt geht es eigentlich um die Bestreitung der wahren Messianität Jesu[5]). Die heftige Polemik der gebildeten Heiden mißversteht die jungfräuliche Geburt Jesu als ein beliebiges Naturwunder ohne überhaupt den christologischen Sinn der Aussage zu erreichen (vgl. Origenes, Contra Celsum). Immerhin wird deutlich, daß die

---

[5] Vgl. Justin, Dial. c. Judaeo Tryphone.

Geburt Jesu aus der Jungfrau Maria nicht in einen heidnisch-mythologischen Horizont der von Göttern und Menschen gezeugten Heroen einbezogen werden kann. Dabei geht es entweder um die Erhebung von Menschen in die Sphäre der Götter oder um die Erscheinung von Göttern in Menschengestalt. Thema der Christologie ist dagegen die Menschwerdung, d.h. die Selbstvergegenwärtigung des einzigen und absoluten Gottes in der angenommenen Menschheit Jesu als das Heil des Menschen, ohne seine Gottheit aufzuheben oder die Menschheit Jesu nur als die Bühne oder Attrappe seiner Erscheinung zu mißbrauchen.

Für Ignatius von Antiochien ist die wirkliche und wahrhafte Geburt Gottes als Mensch in unserem Herrn Jesus Christus (vgl. IgnEph 7,2) durch die Jungfrau Maria ein entscheidendes Kennzeichen des Christentums (vgl. IgnEph 18,2; 19,1; IgnSm 1,1-2; IgnPhld 6,1). Irenäus von Lyon entlarvt die doketischen und dualistischen Lehren des Marcion und der Gnosis der Valentianer darin, daß diese alles mögliche, aber nur nicht die Fleischwerdung des Logos lehren. Sie unterscheiden den leidenslosen Logos – Christus von dem leidensfähigen menschlichen Jesus, dem natürlichen Sohn Josephs und Marias. Andere lassen irrtümlicherweise den Logos durch Maria wie durch einen Kanal hindurchlaufen. Alle aber sperren sich dem Glauben, daß der ewige Logos des Vaters aus Maria ein wirkliches und leidensfähiges Fleisch angenommen habe (adv haer. III.11,3).

Daß die Geburt des Logos *aus* der Jungfrau (die alte Präposition „durch" wird wegen des gnostischen Mißverständnisses von nun an vermieden) zu dem festen Glaubensbestand der Kirche gehört, bezeugen Clemens von Alexandrien, Origenes, Hippolyt von Rom und Tertullian. Für die großen Kirchenväter des 3. und 4. Jahrhunderts steht die Geburt Jesu aus der Jungfrau Maria ohnehin außer jeder Frage. Eine gewisse Problematik konnte durch das *Logos-Sarx*-Schema entstehen. Gegenüber dem Apollinarismus mußte klargestellt werden, daß der göttliche Logos nicht die oberste Stufe der menschlichen Seele einnimmt, sondern daß der aus Maria geborene Jesus seinen Leib (Körper) und seine menschliche Seele aus Maria angenommen hat (daß also auch gegen Origenes Jesu menschliche Seele keineswegs präexistiert hat) und daß dieser vollständige Mensch in der Hypostase des ewigen Logos subsistiert, d.h. durch den Akt der Annahme Gottes als Mensch verwirklicht ist. Daraus folgt, daß Maria also die wirkliche Gebärerin des Logos ist, nicht insofern er überhaupt in Gott und als Gott existiert, sondern insofern er in ihr die menschliche Natur angenommen hat und so auch das Subjekt des Geborenwerdens des Menschen Jesus aus

Maria ist. Im Symbolum-Nicäno-Konstantinopolitanum steht darum Maria als die Bürgin der wirklichen Inkarnation, d. h. der Tatsache, daß der ewige Logos in der angenommenen Menschheit Jesu wirkliche Geschichte vom Geborenwerden bis zum Leiden und zum Sterben auf sich genommen hat und selbst das Subjekt dieser Geschichte Jesu ist (DS 150).

b) Der Bezug auf den Theotokos-Titel als Ausweis der hypostatischen Union

Der *Theotokos*-Titel bringt ein sich aus der kirchlichen Theologie ergebendes Sachproblem konsequent zur Sprache. Es geht also keineswegs um eine begrifflich-spekulative Rechtfertigung einer (vielleicht aus mythologischen Schemata herkünftigen) auf die historische Gestalt Marias übertragenen archetypischen Disposition. Als Terminus technicus kirchlicher Bekenntnissprache begegnet der Titel bei den alexandrinischen Gegnern des Arius (Petrus von Alexandrien, Athanasius) und wird im Osten im 4. Jahrhundert Allgemeingut.[6] Die antiochenischen Theologen (Diodor von Tarsus, Johannes Chrysostomus, Theodor von Mopsuestia) verwenden ihn nicht bzw. nur zurückhaltend. Auch die westlichen Väter (Hieronymus und Augustinus) gebrauchen das lateinische Äquivalent Deipara (Dei genitrix) nicht. Lediglich Ambrosius[7] ist hier zu nennen. Jedoch besteht an der Zustimmung zur Sachaussage kein Zweifel, da sie die Lehre von der hypostatischen Union annehmen und die daraus folgende Idiomenkommunikation richtig anwenden. Da der *Theotokos*-Titel nur ein Spezialfall der Idiomenkommunikation ist, kommt der gemeinte Sachverhalt in jeder christologischen Konzeption vor, die die Einheit der göttlichen und der menschlichen Natur Jesu in der Person des Logos gegeben sieht. Schon Ignatius von Antiochien lehrt klar den Realgehalt des *Theotokos*-Gedankens (ohne freilich den Titel zu verwenden) wenn er auf die eine Person Jesus Christus die menschlichen und die göttlichen Prädikate bezieht (IgnEph 7,2). Darum heißt es klar: Unser Gott, Jesus, der Christus, wurde von Maria im Schoß getragen nach Gottes Heilsplan aus Davids Samen und doch aus heiligem Geiste; er wurde geboren und getauft, um durch sein Leiden das Wasser zu reinigen (IgnEph 18,2). Der genaue Sinn präzisierte sich aber erst, als es im Gegenzug zu Arius und Apollinaris von Laodizea darum ging, die Bezeichnung Jesu als Gott zu klären. Die Arianer bezeichnen den Logos als Gott in

---

6   Vgl. das Gebet „Unter deinem Schutz und Schirm", Ephräm der Syrer, Cyrill von Jerusalem, Epiphanius von Salamis.

7   In Hexaemeron V, 20,65: PL 14,248; De virg.II, 2,7: PL 16,220.

einem uneigentlichen Sinn. Sie akzeptierten den verbreiteten Sprachgebrauch von Maria als Theotokos im Sinne der Gebärerin eines leidensfähigen „geschaffenen" Gottes. Gegenüber der apollinaristischen Lehre von der Annahme eines seelenlosen Menschen durch den Logos mußte der Hinweis auf Maria die Konsubstantialität der Menschheit Jesu mit unserem Menschsein noch einmal belegen. Auf der Basis aber der nicänischen Lehre von der Homoousie des *Logos-Theos* konnte nun aber der wahre Sinn des *Theotokos* herausgearbeitet werden. Neben Basilius dem Großen und Gregor von Nyssa kommt hier Gregor von Nazianz das Hauptverdienst zu. In seiner 3. theologischen Rede (PG 36,77) und in seiner Epistola 101 (PG 36,181) entwickelt er in vollster gedanklicher Klarheit die Idiomenkommunikation und den Sinn von *Theotokos*: „Wenn jemand die heilige Maria nicht als Gottesgebärerin annimmt, dann ist er von der Gottheit getrennt. Wenn jemand … behauptet, daß zuerst der Mensch Jesus gebildet worden sei und dann der Gott erst subsistierte … wenn jemand zwei Söhne einführt, einen aus Gott, dem Vater, und einen zweiten aus der Mutter, und nicht einen und denselben, der soll aus der Sohnschaft fallen, die den Rechtgläubigen verheißen ist. Es sind nämlich zwei Naturen, Gott und Mensch, … nicht zwei Söhne und nicht zwei Götter …" (PG 36,181). Die menschliche Natur Jesu ist also allein aus Fleisch und Blut Marias gebildet worden, aber so, daß sie im Prinzip und von Anfang an im göttlichen Logos subsistiert. Es ist der Logos, der ewig aus dem Vater seiner Gottheit nach hervorgeht und der in der Zeit als Mensch aus Maria geboren wird. Es gibt daher nicht zwei Söhne Gottes, sondern nur den einen, der ewig als Gott aus dem Vater hervorgeht und zeitlich aus Maria geboren wird als Mensch. In Christus ist der eine und derselbe, der in den zwei verschiedenen Naturen der Gottheit und der Menschheit nach existiert. Die hier gewonnene Position erfuhr auch eine lehramtliche Bestätigung im Lauf der Auseinandersetzungen Cyrills von Alexandrien mit Nestorius, als das *Theotokos* zum Prüfstein der Christologie überhaupt wurde.

Nestorius ist an der Antiochenischen Trennungschristologie orientiert. An der Vollständigkeit der beiden Naturen Christi besteht hier kein Zweifel. Sie sollen jedoch nicht miteinander vermischt werden. Ihre Verbindung wurde als willensmäßige (moralische) Einheit gesehen und als eine Art Einwohnung Gottes in einem Tempel interpretiert. Theodor von Mopsuestia verstand Maria als eine *Anthropotokos* der menschlichen Natur Jesu nach, aber auch als *Theotokos* entsprechend der Beziehung dieses Menschen zu dem ihm innewohnenden Gott (De incarnatione 15: PG 66,992). In ähnlichem Sinn spricht Nestorius von Maria, die als Gebärende nur einen Menschen geboren haben kann. Der Titel *Theotokos* ist allenfalls gerechtfertigt im Hinblick auf den Gott-Logos, der in dem aus ihr geborenen Menschen wohnt.[8] Als Kompromiß zwischen dem *Anthropotokos*, bei dem die Gottheit Christi unterschlagen werden kann und dem *Theotokos*, das im Sinn eines mythologischen Entstehens des Logos seiner Gottheit nach aus Maria mißverstanden werden kann, schlägt er sein berühmtes *Christotokos* vor. Er entgeht dabei aber kaum einer Lehre von den zwei Söhnen. Nestorius erfaßte freilich nicht das Zentralproblem der Christologie, daß trotz der wesenhaften Unveränderlichkeit Gottes von einem Werden Gottes selbst in der angenommenen menschlichen Natur (Geburt, Leiden, Tod, Auferstehung) gesprochen werden muß, soll von einer wirklichen Menschwerdung Gottes zu unserem Heil die Rede sein und Christus nicht nur als ein Gott-tragender Mensch aufgefaßt werden, womit die radikale Ankunft Gottes selbst beim Menschen unmöglich wird. Das von Cyrill erneut vorgetragene *Theotokos* steht darum für die mit der hypostatischen Union gegebene konsequente Anwendung der Idiomenkommunikation. Wenn der ewige Gott-Logos in der Zeit wirklich das Menschsein angenommen hat, dann hat er auch eine wesentliche Eigenschaft der menschlichen Natur, nämlich das Geborenwerden, angenommen. Maria hat also nicht einen menschlichen Sohn geboren, der vom ewigen Sohn nur adoptiert worden wäre oder mit ihm per modum inhabitationis vereinigt worden ist. Es gibt nur den einen und selben ewigen Sohn Gottes, der seiner Gottnatur nach ewig aus dem Vater geboren wird und eben als dieser ewig aus dem Vater Geborene nun auch aus Maria als Mensch geboren wird. Die Person des ewigen Logos ist aus Maria als Mensch geboren worden. Der einzige Sohn des Vaters ist wirklich darum auch der Sohn Marias, und Maria ist nicht nur die Mutter eines Menschen, den der Logos aufgenommen hat, sondern sie ist die Mutter des Gottlogos selbst, der die Hypostase der aus ihr bereiteten menschlichen Natur darstellt. Und darum erweist sich der *Theotokos*-Titel als der Ort des Offenbarungseides für jede kirchliche Christologie, die an der wirklichen Selbstmitteilung Gottes in Jesus festhalten will.

---

[8] Nestoriana ed. F. Loofs, Halle 1905, 165–168.

c) Die Aufnahme des Theotokos-Titels in das kirchliche Glaubensbekenntnis

Bedeutsam in dieser Auseinandersetzung sind das Mahnschreiben Papst Coelestins I. an Nestorius, der zum Widerruf aufgefordert wird (ACO I/2,15); sodann der Brief Cyrills an Nestorius, der auf der Reichssynode von Ephesus (431) als kirchliche Lehre angenommen wurde. Bedeutsam sind ebenso die 12 Anathematismen Cyrills (DS 250–263), die ebenfalls allgemeine Anerkennung fanden.[9] Wichtig ist auch die Unionsformel von 433 (DS 272). Nach der weiteren begrifflichen Klärung der hypostatischen Union[10] formuliert schließlich erstmals ein ökumenisches Konzil, das Konzil von Chalcedon (451) die hypostatische Union mit Hilfe des *Theotokos*-Titels, in dem vom Sohn Gottes gesagt wird: „Der eine und selbe ist wesensgleich dem Vater der Gottheit nach und wesensgleich auch uns seiner Menschheit nach …Vor aller Zeit wurde er aus dem Vater gezeugt seiner Gottheit nach, in den letzten Tagen aber wurde derselbe für uns und um unseres Heiles willen aus Maria, der Jungfrau, der Gottesgebärerin, der Menschheit nach geboren" (DS 301; NR 178). Seither gehört der *Theotokos*-Titel zum maßgeblichen Bekenntnis. Wiederholt wurde er vor allem vom 2. Konzil von Konstantinopel (553) im Canon 2 (DS 422) und besonders Canon 6 (DS 427); von der Lateransynode (649) in den Canones 3 und 4 (DS 503, 504); vom 11. Konzil von Toledo (675) im Glaubensbekenntnis (DS 533–541). Eine Zusammenfassung der Väterlehre zum *Theotokos*-Titel bietet Johannes von Damaskus.[11]

Auch die Reformation hält (trotz der Kritik an der mißverstandenen Gebetsmittlerschaft Marias und der Heiligen am Bekenntnis zur Gottesmutterwürde Marias wie auch an ihrer immerwährenden Jungfräulichkeit fest, weil die Grundlagen des altkirchlichen Christusglaubens (die Homoousie des Logos, hypostatische Union und die Idiomenkommunikation) im wesentlichen nicht angetastet werden.[12] Erst die Aufgabe der

---

[9] Anathematismus 1: „Wer nicht bekennt, daß der … Emmanuel in Wahrheit Gott und die heilige Jungfrau deshalb Gottesgebärerin ist, weil sie das fleischgewordene, aus Gott entstammte Wort dem Fleische nach geboren hat, der sei ausgeschlossen": DS 252; NR 160.

[10] Vgl. den dogmatischen Brief Leos des Großen an Flavian: DS 290–295.

[11] De fide orthodoxa III,12:PTS12, 133–137.

[12] Vgl. CA III: BSLK 54; Schm.Art. I. Teil: BSLK 414; Form Concord. Sol.Decl. VIII: BSLK 1024.

christlichen Grundlehren (Trinität Gottes und Inkarnation) in den religionsfeindlichen Richtungen der Aufklärung sowie in der Religionskritik im 19. Jahrhundert (in Wiederanknüpfung an den Rationalismus der Socinianer des 16. Jh.) hat den theologischen Gehalt des Glaubens an Maria als Gottesmutter zersetzt und die zahlreichen reduktionistischen Theorien, die auf eine Übernahme mythologischer Schemata im frühen Christentum hinauslaufen, eingeleitet.

5. Die Gottesmutterschaft Marias als mariologische Grundaussage

Mit den großen Konzilien der Alten Kirche ist insgesamt die Bekenntnisentwicklung zum anstehenden Thema zum Abschluß gekommen. Die Theologie versuchte jedoch, die im Begriff der jungfräulichen Gottesmutter gegebenen Implikationen freizulegen, um sie für die mariologische Fragerichtung fruchtbar zu machen: Was ist über die Funktion der Verdeutlichung der Christologie hinaus nun über Maria selbst zu sagen?

a) Die hypostatische Union als Ursprung der Gottesmutterwürde Marias

Die Annahme der menschlichen Natur durch das göttliche Wort ist Ursprung, Bezugspunkt aller von Gott verliehenen Gnade. Darum entspringt die einzigartige Würdigung einer geschaffenen Person, Mutter Gottes zu werden, der Inkarnation selbst. Die Gottesmutterschaft Marias ist darum Wirkung, jedoch niemals Grund der Inkarnation. Die Gottheit des Sohnes Gottes ist Ursache der Gottesmutterschaft Marias, jedoch keinesfalls ihre Wirkung. Gott setzt in seinem inkarnatorischen Willen zur Selbstmitteilung die Annahme der menschlichen Natur aus der Heiligen Jungfrau als reales Medium voraus. Die menschliche Natur Jesu selbst ist durch die hypostatische Union mit dem Logos unendlich geheiligt. Aber auch die Person, in der der Logos physisch und geistlich (im Glauben) das Menschsein angenommen hat, steht aufgrund der sie heiligenden Gottesnähe in einer persönlichen Gnadenrelation zu ihrem Schöpfer und Erlöser, die alle andere Kreatur überragt.[13] Diese besondere Heiligungsgnade setzt sich die Rechtfertigungsgnade und Gotteskindschaft per adoptionem voraus bzw. umfaßt sie, insofern im Inkarnationsgeschehen die Person Maria in Existenz und

---

[13] Vgl. z. B. Anselm Canterbury, De conceptu virginali,18: Schmitt II, 159; Thomas von Aquin S.th. III q. 37a. 2 ad 2; ebd. q.27a. 5.

Vollzug von Gott engagiert wird und so ihr Dasein um der Menschwerdung Gottes willen hat, so wie jeder Glaubende seine natürliche Existenz um der Gnade willen von Gott empfangen hat (vgl. Röm 8,29f.; Eph 1,4). Die Vorherbestimmung zur Gottesmutterschaft setzt aber als ein von ihr getragenes Moment und als ihren freien Vollzug die ermöglichende und bedingende Heiligungsgnade im Sinne einer Bewahrung von der Erbschuld voraus und eröffnet so einen engagierten Mitvollzug mit Jesu Schicksal in Leiden, Tod und Auferstehung. Die von Gabriel Biel[14] kontroversdiskutierte Frage, ob Maria sich durch ein meritum de congruo oder ein meritum de condigno die Gottesmutterwürde habe verdienen können, wird man entsprechend dem allgemeinen Grundsatz beantworten und ad acta legen müssen, daß es Verdienste überhaupt nur gibt aufgrund der Gnade.[15] Maria wurde durch den freien Entschluß Gottes gewürdigt, Mutter Gottes zu werden. Sie hat aufgrund dieser Erwählung sich in der Glaubenshingabe zur Mutterschaft bereitet und sich dabei der Herausforderung des Mutterseins gestellt und sich aufgrund der Gnade bis zum Kreuz Christi hin bewährt.[16] Die besondere Beziehung des Schöpfers zu dem Geschöpf Maria, die sich aufgrund der hypostatischen Union in der Realität der Gottesmutterschaft Marias verwirklicht, ist theologisch die entscheidende Aussage über Maria, aus der sich alle Explikationen der Mariologie ergeben.

b) Die Relation der Gottesmutter zum trinitarischen Gott

Die Inkarnation, die Marias Gottesmutterwürde begründet, ist das Werk des dreieinigen Gottes. Jedoch von ihr wird nicht der trinitarische Gott geboren, sondern nur der Logos als Sohn Marias.[17] Daraus folgt, daß die Relation der Gottesmutter nicht zur allgemeinen (etwa vortrinitarisch gedachten) Wesenheit Gottes gegeben ist, sondern auf Gott gemäß der Verschiedenheit der göttlichen Personen in der Ordnung der Relationen hin zu interpretieren ist. Dem Sohn des ewigen Vaters ist Maria Mutter seiner menschlichen Natur nach (nicht jedoch seiner göttlichen Natur nach). Zum Menschen Jesus hat Maria eine reale Relation: Insofern die Person des Logos das Subjekt der göttlichen Natur ist, besteht vom Logos zu Maria

[14] In III Sent. dist. IV a.3 DOB III p.2; Gabriel Vasquez, In III Summa theol. disp. XXIII c.2 und Franz Suarez, In III S.th. t.2,I,sect.2n.6sq.

[15] Vgl. Thomas von Aquin S.th.I-IIq. 114.

[16] Vgl. Thomas von Aquin, De verit. q.29 a.6; S.th. III q.2 a.11 ad 3.

[17] Vgl. 11. Toletanum: DS 535.

nur eine relatio rationis, weil die reale Relation des Logos zum Vater einem Geschöpf nicht mitteilbar ist und unmittelbar mit seiner Gottheit zusammenfällt. Die Mitteilung einer realen Relation würde eine innere Vergottung des Geschöpfs bedeuten. Nur Maria hat als Geschöpf hingegen eine reale Relation zum trinitarischen Gott als ihrem Schöpfer. Darum ist der Logos als der Gott der Schöpfer gleichsam Vater Marias, hinsichtlich der Inkarnation aber der wahre Sohn Marias.[18]

Hinsichtlich des Vaters darf Maria als Geschöpf die Tochter Gottes genannt werden (wie übrigens jedes andere personale Geschöpf). Der Vater bewirkt auch ursprünglich die Inkarnation des Sohnes aus Maria. Der Sohn, der ewig aus dem Vater hervorgeht, wird zeitlich, d. h. in der angenommenen Menschennatur aus Maria geboren. Gott der Vater ist das einzige Subjekt, das den ewigen und zeitlichen Hervorgang des Sohnes trägt. Jesus kann aus diesem Grunde nicht noch einmal einen menschlich-biologischen Vater haben, weil sonst der Logos nicht unmittelbar Subjekt der menschlichen Natur Jesu sein könnte, insofern die menschlich-elterliche Zeugung als eine kreatürliche Instrumentalursache zwischen Gottes Selbst-mitteilungswillen, der der unmittelbare Subsistenzgrund der angenommenen menschlichen Natur ist, und den Menschen Jesus, der durch einen vom Logos verschiedenen kreatürlichen Existenzakt bestehen würde, treten müßte und damit das soteriologische Grunddatum der unmittelbaren Gegenwart Gottes selbst in der Menschheit Jesu zerstören würde. Maria als Geschöpf (Tochter Gottes) steht zum Vater in der spezifischen Relation, daß sie die Mutter seines ewigen Wortes in der menschlichen Natur werden darf.

Hinsichtlich des Heiligen Geistes ist zu sagen, daß Maria auf ihn bezogen ist, insofern der aus dem Vater und Sohn hervorgehende Geist als ihre gegenseitige Liebe subsistiert und insofern die Inkarnation als Offenbarung der trinitarischen Liebe bewirkt wird. Jedoch ist der Heilige Geist nicht der Vater des Menschen Jesus, weil der Logos, seiner Gottheit und seiner angenommenen Menschheit nach, ursprünglich aus dem Vater allein hervorgeht.[19] Da der Heilige Geist bei der Inkarnation die Gottesmutterschaft Marias in letzter Tiefe als eine reale Relation Marias zur Trinität ereignet und er darin die Inkarnation als Geschenk der Liebe aufhellt, darf Maria mit biblischen Bildern auch als Tempel des Heiligen Geistes bezeichnet

---

[18] Vgl. 11. Toletanum: DS 536.
[19] Vgl. 11. Toletanum: DS 529.

werden.[20] In Weiterführung dieses Begriffs wird auch von der geistlichen Brautschaft Marias in bezug zum Heiligen Geist gesprochen seit dem 13. Jahrhundert.[21]

c) Die Relation der Gottesmutter zu den Jüngern Christi, der Kirche

Die besondere Relation Marias zu Jesus Christus ist auch durch Christi Verhältnis zur erlösten Menschheit mitbestimmt, insofern Christus Ursprung und Prinzip der Erlösung (Haupt der Kirche) und der heilsrelevanten Verbindung der Glieder der Kirche untereinander ist (Gegenwart Christi als Leib der Kirche). Die Tatsache, daß Maria mittels der Bewahrung vor der Erbschuld der erst- und vollerlöste Mensch ist, hindert nicht, sondern begründet gerade ihre Mittätigkeit an der Vereinigung der Menschheit mit Gott. Freilich unterstützt Maria dabei nicht die Mittlerschaft Christi, die in der Dimension der Versöhnung aufgrund der hypostatischen Union einzigartig und nicht ergänzungsfähig ist (vgl. Tim 2,5; 1 Joh 2,1f.; Hebr 7,25). Aber sie hilft wegen der sozialen Verbundenheit der Glieder (im Für- und Miteinander) bei der persönlichen Aufnahme und Umsetzung der alleingenügsamen Gnade Christi für die Auferbauung der Kirche, die als Ganze und ihren einzelnen Gliedern Christus, ihrem Haupt, zur Vollendung entgegenwächst (vgl. Eph 4,13-16). Da jeder dem anderen durch sein eigenes Charisma dient (vgl. 1 Petr 4,10) hat Maria die einzigartige Gnade der Gottesmutterschaft nicht nur als persönliche Heiligung empfangen, sondern damit sie anderen nützt (vgl. 1 Kor 12,7). Durch die Gnade der Gottesmutterschaft ist Maria zu einem hervorragenden Glied am ekklesialen Leib Christi geworden, und zwar so, daß sich ihre Mutterschaft nicht nur auf den geschichtlichen Jesus bezieht, sondern auch auf Christus, insofern er das Haupt der Kirche ist und damit auf die Kirche selbst, die aus dem Wirken Jesu als das neue Volk Gottes, Tempel des Heiligen Geistes und als Leib Christ hervorgeht (vgl. Eph 4,16;5,26). Diese hier angedeuteten Zusammenhänge sind in der Heiligen Schrift nicht vollständig zum Ausdruck gebracht. Sie legen sich im Hinblick aber auf die heilsrelevante Wirklichkeit

---

[20] Johannes von Damaskus, Oratio 1 In Matth 9: PG 96,676; Anselm von Canterbury, De conceptu viriginali 18: Schmitt II, 159; Thomas von Aquin, S.th. III q 35 a.5; q 32 a.1.

[21] Vgl. auch Leo XIII, Enz. „Divinum illud": DS 3327; II. Vatikanisches Konzil, Dogmatische Konstitution „Lumen gentium" Nr. 53, wo allerdings nur von Maria als dem Heiligtum des Heiligen Geistes die Rede ist.

der Gemeinschaft der Heiligen nahe sowie auch im Hinblick auf den sozialen Charakter der heiligenden Gnade. Dabei erscheint Maria schon bei den frühen Vätern als Typos der Kirche im Sinne der Jungfrau und Mutter. Erstmals im 12. Jahrhundert sind alle diese Gedankenansätze in eine Synthese gebracht worden.[22] Das II. Vatikanische Konzil nennt Maria Mutter in der Gnadenökonomie, die mit dem irdischen Leben Jesu nicht endet, sondern das Wirken Christi auf die Kirche bis zum Ende der Zeit begleitet. Darum wird Maria mit den Titeln, Fürsprecherin, Beistand, Mittlerin, Helferin um ihr Gebet angerufen – freilich in einer anderen Dimension als von der Mittlerschaft Christi gesprochen wird –. Denn keine Kreatur kann überhaupt in einer Reihe mit Christus aufgezählt werden. Der Gedanke der geistlichen Mutterschaft Marias ist wie die Marien- und Heiligenverehrung überhaupt für unser Verhältnis zu Gott in Jesus Christus nicht konstitutiv, sondern frei konsekutiv, sofern aus seiner Überfülle diese Form der Frömmigkeit als ein förderliches Element in Spiritualität und Gebetsleben der Kirche und der Gläubigen entspringt (vgl. LG 60–62). Die Gottesmutterschaft Marias in bezug auf die geschichtliche Verwirklichung der Inkarnation ist dabei allerdings konstitutiv (wenn auch von Gottes Selbstmitteilung getragen), während die geistliche Mutterschaft den Mitchristen gegenüber nur eine freie Zugabe in der Realisierung des Heilsweges und für die Gläubigen ein freies Angebot der Hilfe darstellt.

6. Die Christlichkeit des *Theotokos*-Gedankens und die Versuche einer religionsgeschichtlichen Ableitung

Ist der *Theotokos*-Titel die konsequente Versprachlichung einer Realität des originären Christentums oder handelt es sich bei dem katholischen Marienglauben nur um ein Konglomerat heterogener außerchristlicher religiöser Ideen und Praktiken, die sich an der theologisch-irrelevanten historischen Maria zu einem Mythos verdichtet haben? Die reformatorische Kritik an der Marienverehrung glaubte noch, den *Theotokos*-Titel als christliche Idee festhalten zu können, während die Anrufung Marias als Helferin und Mittlerin der Gebete auf heidnische Einflüsse zurückgeführt werden könne, die Maria zu einer Art „Göttin" gemacht haben.[23] Der radikale Flügel der Aufklärung und die Religionskritik (D. Hume, K. Marx, L. Feuerbach, S. Freud)

---

[22] Vgl. Pseudo-Ambrosius: PL 17,876 CD.

[23] Luther, Schm. Art.8 II/2: BSLK 424f.

sprachen nicht mehr von einem partiellen Synkretismus in der Mariologie, sondern übertrugen das reduktionistische Schema der Erklärung auf die Grundlehren des Christentums überhaupt (Trinität als die christliche Variante eines triadischen Polytheismus, die hypostatische Union als die Uridee einer Gott-menschlichen Vereinigung, das ewige Leben als die Hoffnung auf eine Selbstvergöttlichung). Für die religionsgeschichtliche Schule (E. Norden, W. Bousset, E. Brunner-Traut) können die wesentlichen Züge des Christentums in Lehre, Kult und Frömmigkeit auf hellenistische, orientalische und ägyptische Einflüsse zurückgeführt werden, die sich um den Kern des historischen Jesus (als eines prophetisch-religiösen Menschen unbedingten Gottvertrauens) im Laufe der Geschichte angelagert haben. Insbesondere gilt der Marienkult als ein signifikanter Fall des frühchristlichen Synkretismus. Zwar sind die vielfältigen Versuche, die dogmatische und spirituelle Mariengestalt auf eine einzelne Göttin zurückzuführen, gescheitert. Dafür aber gilt, daß über gnostische Einflüsse und allgemeine heidnische Empfindungsschemata von allen Seiten her der Marienmythos gespeist wurde und die Einzelzüge der Jungfrau, Gottesmutter, Göttin, Himmelskönigin, Muttergöttin und Erdmuttergottheit zusammengewachsen sind: Die Jungfrau stamme von der ephesinischen Artemis. Des weiteren habe das Bild der Athene Alkmenes eingewirkt, die Jungfrau und Mutter zugleich war, dann die Göttermutter von den elusinischen Mysterien her, Demeter als Fruchtbarkeitsgöttin; das Bild Jesus und Maria stamme von dem Bild Isis mit dem Horusknaben usw. So „ist die Göttin Maria in der Hauptsache eine christliche umgenannte Isis, wobei nur einige der erotischen Züge des Isismythos weggelassen sind."[24] Als Beweise werden ikonographische Parallelen angezogen, die Verwendung ähnlicher Epitheta, z. B. in den Isis-Hymnen und im Marianischen Hymnus Akathistos u.ä.[25] In der Gegenwart ist eine neue positive Bewertung des Mythos zu beachten (E. Drewermann), wobei entgegen der These einer archetypischen Entwicklung der religiösen Inhalte nach dem metaphysischen und historischen Realitätsgehalt der Glaubensaussagen zu fragen ist.

Die christliche Theologie wird in der Behauptung der Originalität des Theotokos-Prädikates für Maria sich nicht um phänomenologische Details

---

[24] C. Schneider, Geistesgeschichte des antiken Christentums I, München 1954, 243.

[25] Wesentlich gründlicher als die kühne Kombinatorik Schneiders geht vor: E. Lucius, Die Anfänge des Heiligenkults in der christlichen Kirche, hg. v. Aunrich, Tübingen 1904; Nachdr. Frankfurt a. M. 1966.

streiten. Gerade aufgrund der menschlichen Dimension des christlichen Glaubens sind prinzipiell immer sprachliche und ideelle Bezüge zum religiösen, philosophischen und kulturellen, historischen und gesellschaftlichen Kontext erkennbar, anderenfalls das Christentum diametral aus einer ganz anderen Welt auf die Erde verpflanzt sein müßte. Die christliche Theologie muß dabei grundsätzlich hermeneutisch ansetzen, wenn nach der historischen und ideellen Basis einer solchen Parallelisierung oder genealogischen Ableitung gefragt wird. Sie wird dabei folgendes gelten machen können:

1. Der religionsgeschichtliche Vergleich setzt phänomenologisch an. Er darf nicht von einem apriorischen-formalen Religionsbegriff ausgehen und die einzelnen geschichtlichen Religionen auf immer gültige, psychisch-mythische Grundmuster reduzieren wollen, die sich nur in verschiedenen kulturellen Gestaltungen (in Lehre und Kult) objektivieren. Das Spezifikum jeder Religion darf nicht a priori überspielt werden. Es ist nicht zu übersehen, daß das Christentum sich gerade nicht als ein Mythos versteht und bewußt nicht im Bezugssystem der Wirklichkeitserfassung des Mythos interpretiert werden will. Es versteht sich als Korrespondenzgestalt zum Wort Gottes. Ob diesem Anspruch und Selbstverständnis Wahrheit zukommt, kann eine allgemeine Religionswissenschaft nicht entscheiden.

2. Die ideelle Integrität des Christentums ist im Auge zu behalten. Der Glaube an den einen Gott als den Schöpfer der Welt macht eine Vergottung eines Geschöpfes schlechthin unmöglich. An der Geschöpflichkeit Marias bestand in der rechtgläubigen Theologie (wie an allen offiziellen Dokumenten kirchlicher Selbstdarstellung abzulesen ist) nie ein Zweifel. Eine ganz andere Idee ist die Vorstellung der Vergöttlichung des Menschen durch die Gnade, insofern er personal in die Gemeinschaft des dreieinigen Gottes als Mitliebender hineingenommen wird. Im umfassenden Referenzrahmen christlicher Aussagen gehört Gott nicht zu einem generischen Wesen der Götternaturen. Die Götter sind im Grunde nur personifizierte ideale Weltgestalten, in denen sich die mit der menschlichen Geistnatur gegebene transzendentale Verwiesenheit auf das Geheimnis des Daseins überhaupt ausdrückt. Im Christentum ist Gott vielmehr der Eigenname für das absolute Geheimnis, das sich dem Menschen frei und personal zur Begegnung darbietet. Dabei ist eine Verwischung der Schöpfer-Geschöpf-Differenz ausgeschlossen. Die Begegnung des Geschöpfs mit Gott ist geschichtlich und ereignet sich in der Dimension der Gnade, in der Gott das Geschöpf in seiner Freiheit anspricht und durch die Gabe seiner göttlichen

Liebe vollendet. In diesem Zusammenhang stehen auch die christologischen und mariologischen Aussagen. Konkret ist festzuhalten, daß die mariologische Reflexion sich aus der Christologie und nicht aus einer schon vorweg gegebenen Marienverehrung mit ihren emotionalen und affektiven Beziehungen entwickelt hat. Darum steht die Marienfrömmigkeit unter dem kritischen Anhalt des Mariendogmas. Dabei muß nicht bestritten werden, daß viele Christen ein mythologisches Verhältnis zu Maria und zu Christus oder zu Gott de facto hatten. Dies bedeutet aber nicht, daß das mythische Erleben das kirchliche Bekenntnis erzeugt hätte. Die theologischen und historischen Daten sagen genau das Gegenteil. Wenn Maria aus christologischem Interesse den *Theotokos*-Titel erhält, dann ergibt sich der Sinn aus dem schöpfungstheologischen, christologischen und soteriologischen Zusammenhang. Freilich muß hier der theologische Begriff aus der allgemeinen menschlichen oder der schon reflektierten philosophischen oder religiös schon geprägten Sprachwelt übernommen werden. Aber hier liegt nicht der vorweg gegebene Begriff den christlichen Inhalt fest, sondern der Begriff muß selber vom Inhalt her, den er ausdrücken soll, neu gedeutet werden.

3. Ob es überhaupt eine mythologische Grundkategorie mit angeborenen urbildhaften Wirklichkeitserfassungen gibt, muß dahingestellt bleiben. Einem reflektierten Weltzugang stellt sich die Sache wohl so dar: Aufgrund seiner sinnenhaften Welterfahrung gewinnt der Mensch erst seine Kategorien, Vorstellungs- und Handlungsschemata durch eine begriffliche oder durch eine ästhetische Abstraktion. Darum ist auch unsere Versprachlichung der transzendenten Wirklichkeit (was immer sich einer darunter vorstellt) von der Weltgebundenheit der Sprache abhängig. Gott heißt in vielen Religionen Vater, Herr, König, obwohl wesentlich verschiedene Inhalte damit verbunden sind. Wenn im Mythos weibliche Götter Kinder gebären oder Frauen als Muttergottheit Inbegriff und Versinnbildung der Fruchtbarkeit der Erde oder der Geschlechtlichkeit des Menschen sind oder in irgendeinem Sinn die Schönheit des Daseins überhaupt repräsentieren (als Jungfrau, Königin, Herrscherin), dann liegt wegen der prinzipiell verschiedenen Rahmenbedingungen bei Maria ein inkommensurabler Sinngehalt vor. Maria gilt als Gottesmutter nicht wegen theogamer Vorstellungen und auch nicht als Veranschaulichung einer ästhetischen Grundkategorie, wenn uns das biblische Zeugnis berichtet von einer Realität, daß nämlich der Schöpfer aus ihr das Menschsein annehmen will (ohne seine Gottheit zu verlieren oder die menschliche Natur zum Mummenschanz sei-

ner Verkleidung zu machen), um als er selbst dem Medium der angenommenen menschlichen Natur als eschatologische Heilsgegenwart unter uns zu sein. Dies schließt aber eine geschlechtliche Zeugung des Menschen Jesu aus, weil ansonsten der Mensch Jesu in einer doppelten Subsistenz bestünde und damit eine Selbstmitteilung Gottes unmöglich wäre und das Menschsein Jesu mit Gott letztlich gar nichts zu tun hätte. Mutter Jesu, des Herrn, und des dem Vater wesensgleichen Gottessohnes und damit Gottesmutter wird Maria genannt, weil Gott selbst aus ihr als Mensch geboren wird. Im Mythos begründet die göttliche Natur der Mutter (bzw. das Begattetwerden einer menschlichen Frau durch einen Gott) die irgendwie geartete Göttlichkeit des Kindes. Es geht bei den Königen und Machthabern und Heroen letztlich um eine Vergötterung eines Menschen. Bei der Inkarnation geht es aber gerade um die Menschwerdung des einen und einzigen Schöpfers und Gottes aller Welt. Der mit dem Titel Gottesmutter ausgedrückte Sachverhalt drückt also einen ganz anderen Sachverhalt aus als der Mythos und steht in einem inkommensurablen hermeneutischen Bezugsrahmen. Weitere Epitheta Marias (z. B. Königin der Heiligen, Mittlerin der Gnaden, Mutter der Barmherzigkeit, Schönste der Frauen usw.) stehen auf einer ganz anderen Ebene als die christologischen Titel Gottesmutter und Jungfrau. Es handelt sich dabei um Bezeichnungen (auch in poetischen Metaphern) ihrer ekklesialen Funktion bezüglich der geschichtlichen Weggenossenschaft mit der Jüngergemeinschaft Christi, der Kirche. Diese Titel und Bezüge haben ihre Basis in den gnadentheologischen und anthropologischen Einsichten, insofern Maria wegen ihrer Gnadenfülle die Vollendung des Menschen durch Gott real, aber auch prototypisch darstellt. Im ganzen ist festzustellen: Der theologische Inhalt des Gottesmuttergedankens für Maria ergibt sich konsequent aus der Mitte des christlichen Glaubens an Gott den Schöpfer von Welt und Mensch und an seine wahre Menschwerdung in Jesus Christus. Will man die mariologischen Aussagen auf eine Entstehung im Mythos reduzieren, dann muß man konsequent die Grundaussagen der Trinität und der Inkarnation selbst auf die Mythologie als dem letzten transzendentalen Ursprung menschlicher Geistestätigkeit zurückführen. Aber darüber bedürfte es einer fundamentaleren Auseinandersetzung. Der theologisch und kirchlich präzise festgehaltene Sinn des Gottesmuttertitels findet in den antiken Mythen keinen Anhalt und kann aus ihnen heraus auch keineswegs in seinem Sinn entwickelt und entfaltet werden. Sprachliche und kulturelle Anklänge an die hellenistische Welt und an die Sprachwelt des Menschen überhaupt sind selbstverständlich. Das Christentum bewahrt aber im geschichtlichen Wandel der Darstellung seine

Inhalte, seine Grundidee, solange es die vorgegebenen Philosophien und kulturellen Ausdrucksformen zum Instrumentarium macht und nicht von ihnen dominiert wird, sondern diese von ihrem Inhalt her sich assimiliert.

Literatur

W. Beinert, Die mariologischen Dogmen und ihre Entfaltung: Handbuch der Dogmengeschichte, hg. v. W. Beinert u. H. Petri, Regensburg 1984, 232-314; T. Klauser, Art. Gottesgebärerin: RAC 11, 1071-1103; P. Imhof; E. Lorenz, Maria Theotokos bei Cyrill von Alexandrien, München 1981; G. Grillmeier, Jesus der Christus im Glauben der Kirche I, Freiburg – Basel – Wien [2]1986; A. Serra – S. Meo – D. Sartor, Art. Madre di Dio: Nuovo dizionario di Mariologia, hg. v. S. de Fiores – S. Meo, Turin 1985, 806–830; G. Söll, Mariologie: HDG III/4, Freiburg-Basel-Wien 1978 (passim); E. Krebs, Gottesgebärerin, Köln 1931

MEDIATRIX:
MITTLERIN DER GNADE

Die Idee der universellen Mittlerschaft Marias bildet einen wichtigen Bestandteil der Marienverehrung. Er umfaßt zwei Aspekte: einmal die geschichtliche Beteiligung Marias an der Inkarnation und dem Erlösungshandeln ihres Sohnes Jesus Christus am Kreuz, insofern sie durch ihren Glauben und ihre Nachfolge stellvertretend für die Menschheit die Erlösungsgnade Gottes für alle Menschen frei angenommen hat, und zum anderen ihre aktuelle Fürbitte beim erhöhten Herrn, in der sie die aktuellen Gnaden Gottes an jeden Menschen miterbittet, d. h. indem sie durch ihr Gebet die freie Annahme der Gnade in dem personalen Selbstvollzug des Betenden durch ihre mitmenschliche Solidarität mitträgt und anzeigt. Da die aktuellen Gnaden aber nicht als Zusatz zu der einen geschichtlichen Selbstmitteilung Gottes, sondern nur als deren Auswirkung in die Pluralität menschlicher Lebensvollzüge interpretiert werden können, darf man die beiden genannten Aspekte formell nicht voneinander trennen.

1. Biblische Hinweise

In seinem Mensch gewordenen Wort ist Gott das Subjekt der geschichtlich-eschatologischen Heilsverwirklichung. Aus diesem Grunde heißt der Sohn Gottes, Jesus Christus, allein der Mittler zwischen Gott und den Menschen (1 Tim 2,5; Hebr 8,15; 1 Joh 2,1f.), insofern er in seiner menschlichen Natur alle Menschen umfaßt und sie geschichtlich und aktuell in die Unmittelbarkeit zu Gott vermittelt. Dabei geht es um eine personal-dialogische Einheit der Liebe, in der Gott Ursprung und Inhalt des Heils ist, zu der aber von Seiten des Menschen die von der Gnade getragene kreatürliche Weise der Annahme gehört. Die Gnade Gottes in Jesus Christus impliziert darum die von ihr getragene, aber nicht suspendierte Antwort der Freiheit. In dem Akt der Menschwerdung, in dem Gott sich der Menschheit als universales

Heil schenken will, wird die Freiheit Marias zur glaubenden Selbsthingabe erst befähigt. Und in der Einheit von Gnade und Freiheit ist sie die jungfräuliche Gottesmutter. In die Struktur der Erlösung geht also als ein ihr innerliches Moment das vom Heiligen Geist getragene Ja-Wort Marias mit ein. Daß Maria „voll der Gnade" ist, findet die Entsprechung im vollen Glauben Marias (vgl. Lk 1,28.38). Maria gehört also ganz auf die Seite Christi, nicht indem sie ihn in seinem Werk unterstützt, sondern indem an ihr die volle Resonanz der Gnade in der Kreatur sichtbar wird. Darum steht sie auch stellvertretend für die die Gnade empfangende Menschheit, indem sie das, was sie empfangen hat, auch austeilt, weil jedem seine Gnadengabe nur gegeben wird, damit sie anderen nützt (vgl. 1 Kor 12,7). Die Verbindung Marias mit Jesus ist allerdings nicht nur auf die Geburt zu begrenzen. Maria ist aufs engste verbunden mit dem Leiden Jesu (vgl. Lk 2,35) und dem Anfang und dem Ende der Offenbarung der göttlichen Herrlichkeit Jesu bei der Hochzeit von Kana (Joh 1,11) und bei seinem Sterben am Kreuz (Joh 19,25). Außerdem ist Maria verbunden mit dem Geschehen der Sendung des Heiligen Geistes auf die junge Kirche, die sich durch die Begegnung mit dem auferstandenen Herrn endgültig ausgebildet hatte (vgl. Apg 1,14).

Allgemein kann gesagt werden, daß im neutestamentlichen Verständnis die Fürbitte der Glieder der Kirche füreinander eine große Rolle spielt. Sie begrenzt nicht das Tun Christi für seine Kirche, sondern sie entfaltet es in das Zusammenleben der Kirche und zeigt die Verantwortung des einzelnen für die Brüder und das Gesamtschicksal der Kirche. So hofft Paulus, daß durch sein Gebet die Juden gerettet werden (Röm 10,1). Die Gemeinde soll für den Apostel beten, daß sich das Wort ausbreitet (2 Thess 3,1) und sich ihm eine Tür für das Wort auftut (Kol 4,3). Im Gebet füreinander (Apg 8,24; Eph 6,18; Hebr 13,18) vertieft sich die Verbundenheit der Gemeinde in Christus (2 Kor 9,14) und vervielfacht sich der Dank an Gott (Röm 1,9; 2 Kor 1,1; 1 Thess 1,2; Phil 4,22; Eph 1,15; Kol 1,3.9). Das Fürbittgebet erwirkt nicht die Gnade der Rechtfertigung, aber es ist hilfreich für das Wachsen in der Vollkommenheit auf Christus hin (Kol 4,12). Denn das Gebet des Gerechten vermag nach dem Beispiel Elijas viel, wenn es nur inständig ist (Jak 5,16). In der Tat ist Jesus unser Beistand beim Vater, wenn einer der Brüder gesündigt hat, weil er allein die Sühne für die Sünden der ganzen Welt ist (1 Joh 2,1f.). Aber gerade durch ihn, der unsere Gebete erhört und unsere Fürbitten, die seinem Willen entsprechen, im voraus schon erfüllt hat, sehen sich die Christen aufgefordert, für den Bruder zu beten, dessen Sünde nicht eine Sünde zum Tode war. Auf das Fürbittgebet hin wird Gott dem Sünder das Leben des Sohnes und des Vaters geben (1 Joh 5,16). Denn einen großen Dienst tut, wer seinen von der Wahrheit abirrenden Bruder zur Umkehr bewegt (Jak 5,19f.). Der wechselseitige Dienst als Verwalter der vielfältigen Gnade Gottes geschieht im Festhalten an der Liebe, die viele Sünden zudeckt (1 Petr 4,8ff.; Jak 5,20) und die Gemeinde mit Gott und den Brüdern im ewigen Leben vollendet.

In der nachneutestamentlichen Zeit wird dieser Gedanke in der wechselseitigen Verbundenheit im einen Heilsweg nur erweitert, indem auch die himmlische Kirche der vollendeten Heiligen mit einbezogen wird, denn die Verstorbenen sind von der irdischen Kirche nicht getrennt, sondern durch ihre Gemeinschaft mit dem Auferstandenen Herrn um so tiefer mit ihr in der Liebe verbunden (vgl. Röm 14,8f; Hebr 12,22-24; Offb 6,9-11).

2. Geschichtliche Entwicklungen

Entscheidend für die Formung des Mediatrix-Gedankens ist die frühpatristische Eva-Maria-Antithetik geworden.[1] So wie Eva, die Stammmutter der Menschheit, durch ihren Ungehorsam (Unglauben) für sich und für die Menschheit zur Ursache des Unheils geworden ist, so ist Maria durch ihren Glauben (Gehorsam), indem sie Gott als die Mensch gewordene Gnade in Leib und Seele hinein aufgenommen hat und ausgetragen hat, zur Ursache des Heils für sich und für die neue Menschheit in Christus geworden.[2] Diese Sicht, daß durch Eva der Tod und durch Maria das Leben kam, blieb auch für die spätere Patristik leitend, die Maria als die Mutter der (in Christus) Lebenden verstand.[3]

Es bedeutet nur eine vertiefende Weiterführung dieses Gedankens, wenn die Rolle Marias durch die Begriffe der Mitwirkung (cooperatio) und der Mittlerschaft ausgedrückt wird. Für Augustinus hat Maria durch ihre Liebe mitgewirkt, daß die Gläubigen in der Kirche geboren werden als Glieder

---

[1] Justin, Dial. 100: PG 6,711; Tertullian, De carne Christi 17: CChr.SL 2,905.

[2] Irenäus von Lyon, Adv. haer. III,22,4: Harvey 2,123.

[3] Epiphanius v. Salamis, Panarion III, haer. 78,18: PG 42,728f.; vgl. Cyrill v. Jerusalem. Cat. 12,5,15: PG 33,741; Hieronymus, Ep. 22,21: PL 22,408; Joh.Chrys., Hom. in S. Pascha 2: PG 52,768; ders., Expos. in Ps 44,7: PG 55,193; Augustinus, De agone christ. 23: PL 40,303; Petrus Chrysologus, Sermo 140: PL 3,576; Beda Venerabilis, Homil 1 u. 2: PL 94,9 u. 16.

des Leibes, dessen Haupt Jesus Christus ist.[4] In diesem Sinn kann Maria auch ausdrücklich die universelle Mittlerin und Austeilerin (dispensatrix) der Gnaden und Ursache des Lebens genannt werden.[5] Zu beachten sind auch die zahlreichen Preisungen Marias wegen der Fülle ihrer Gnaden in den religiösen Hymnen. In dem berühmten Hymnus „Akathistos" wird Maria als „Brücke von der Erde zum Himmelreich" und als Versöhnung der ganzen Welt gepriesen.[6] Bei Paulus Diakonus wird Maria erstmals als Mediatrix bezeichnet. Sie ist als Fürsprecherin der Sünder „Mittlerin zwischen Gott und den Menschen."[7]

Die mittelalterliche Theologie bleibt ganz auf dieser Linie und versucht den Anteil Marias am Erlösungsgeschehen gedanklich und sprachlich tiefer zu fassen. Größte Aufmerksamkeit findet die Zustimmung Marias zu ihrem Einbezogenwerden in das Inkarnationsgeschehen. In diesem Sinn kommt der Gedanke des Mittuns Marias bei der Erlösung im Sinne der Corredemptio auf.[8] Anselm von Canterbury (Oratio 4–7: Schmitt III, 13–25) weiß, daß alle Gaben Gottes in Jesus Christus (Versöhnung des Sünders, neues Leben, Bewahrung im Endgericht) auch durch Maria, die uns Christus geboren hat, zu uns gekommen sind. Wer daher gegen den Sohn sündigt, sündigt auch gegen die Mutter. Wer umgekehrt die Fürbitte der Mutter erlangt (ex opere operantis – und sich so mit ihr versöhnt), hat auch die Versöhnung mit dem Sohn. Dies ist der Ansatz des Gedankens „durch Maria zu Jesus". Er steht darum auf einer anderen Ebene als die trinitarische Gebetsstruktur „durch den Sohn im Heiligen Geist zum Vater" und darf mit diesem nicht im Sinne eines Instanzenzuges hintereinander geschachtelt werden.[9]

---

[4] De sancta virg.6,6: PL 40,399.

[5] Andreas von Kreta, In nat. Mariae: PG 97,813, 865, 1108; Germanus v. Konstantinopel, In dormit. Mariae II: PG 97,349; Johannes von Damaskus, In dormit. Mariae 1,8: PG 96,713; ebd. 705, 717,744; Theodor v. Studion, In dormit. Deiparae hom. 5,2: PG 99,721.

[6] Vgl. G.G. Meersemann, Der Hymnus Akathistos im Abendland I, Fribourg 1958, 100–127.

[7] PL 73, 682; AktaSS Febr I, 48f.).

[8] Vgl. Fulbert von Chartrès, Sermo 9: PL 141,336f.; Petrus Damiani, Sermo 45: PL 144,741,743; Sermo: 11: PL 144,558.

[9] Vgl. auch Bernhard von Clairvaux, Sermo 2 in assumpt. B.M.: Leclerq V, 229; ders. Sermo 2 in die Pentecostés: Leclerq V, 166f.; ders. In nat. B.M. : Leclerq V, 275–288; Ep. 174: Leclerq VII, 389: „Magnifica gratiae inventricem, mediatricem salutis, restauratricem saeculorum".

Beliebt wird auch die Metapher von Maria als Brücke, Aquädukt oder Himmelsleiter des Heils (im Anklang an das Bild der Jakobsleiter: Gen 28,10-22).[10]

Bei Thomas von Aquin findet sich eine umfassende Reflexion der heilsgeschichtlichen Rolle Marias. Aufgrund der hypostatischen Union ist Christus in seinem Erlösungshandeln die Totalursache des Heils. Aufgrund seiner Gottheit ist er das einzige Subjekt des göttlichen Heilswirkens, aber in seiner menschlichen Natur, die er von seiner Mutter Maria empfangen hat, ist er das von Gott angenommene kreatürliche Medium, wodurch die Menschen in die Einheit mit Gott vermittelt werden. Darum ist Christus in der hypostatischen Union „principaliter et effective" der einzige und vollendete Mittler der Menschen zu Gott. Da aber seine Menschheit das vom Logos bleibend getragene Medium ist, können diejenigen, die aufgrund seiner Gnade zu Gliedern des Leibes geworden sind, zu „cooperatores" an der Vereinigung der Menschen mit Gott werden, aber jedoch nur „dispositive et ministerialiter". Sie ergänzen nicht Christi Mittlerschaft, sondern bringen sie in der Dimension des geschichtlichen und gesellschaftlichen Lebens der Kirche zur Darstellung.[11]

Wenn nach dem scholastischen Verständnis der Rechtsgrund der Erhörung der an die Heiligen gerichteten Bitten in ihren Verdiensten liegt, dann ist hinzuzufügen, daß die Verdienste der Heiligen nicht die Gnade und die Hilfe Gottes für die Bittenden erst hervorrufen, sondern daß umgekehrt die Verdienste allein Wirkungen der Gnade sind, d. h. nichts anderes als ihre volle Ankunft im Freiheitsvollzug des Menschen.[12] In seiner universalen Heilsfürsorge konnte Gott, ohne seine Allursächlichkeit hinsichtlich der Versöhnungsgnade in Frage zu stellen, die Austeilung vieler Gaben an die Fürbitte der Brüder binden, damit die Gemeinschaft aller im Heil und im

---

[10] Zu vergleichen sind hier etwa: Richard v. St. Viktor, In Cant. Cant. 26: PL 196,483; Adam v. St. Viktor, Seq. 25: PL 196,1502. Den Begriff von Maria als Mithelferin (coadiutrix) und Gefährtin (socia) Jesu im Heilswerk bilden Albertus Magnus (Mariale: Op. Omn. 37,81); Bonaventura, Sermo 6 de annunt. B.M. (Opera Omnia 9,705); Bernhardin v. Siena, Sermo 7,1,3 in fest. B.M. (Opera omnia 4, Paris 1635,126); Antonin v. Florenz (S.th.IV, tit. 15,cap. 14,2); Dionysius Cart., De praeconio et dig. Mariae 3,25 (Opera Omnia 35, Tournai 1908, 563); Gabriel Biel, De festis B.M. v. 15, Brescia, 1583, 82.

[11] Vgl. S.th.IIIq.26.

[12] Vgl. S.th.I-II q.114.

Weg zum Heil sichtbar werde.[13] In der universalen Ordnung der Gnade setzt Gott die freie Annahme seitens der Kreatur voraus, weil ohne die freie Hingabe die Gnade nicht sie selbst wäre, nämlich Ursache, Mittel und Inhalt der Vereinigung Gottes mit der Kreatur in Gestalt einer dialogisch-personalen Liebe. Darum geht auch ursprünglich das Ja-Wort Marias in die geschichtliche Gestalt des Erlösungsgeschehens ein. Weil Marias Konsensus stellvertretend für die ganze menschliche Gemeinschaft ausgesprochen wurde[14] hat ihre von Christus getragene und in seiner Mittlerschaft implizierte Heilsfürsorge für uns den Charakter einer dispositiven Mittlerschaft der Fürbitte im Sinne einer sich auf alle Menschen universell weitenden Dimension.

Die aktuelle Vermittlung des Gebetes geschieht aber nicht durch einen je neuen Einsatz Marias und der Heiligen im Himmel, sondern sie ist nichts anderes als der bleibende Affekt der Liebe, indem ihre Einigung mit Gott im Leben und die Vollendung dieser Einheit im Tod eine Verendgültigung zu ewiger Aktualität erfahren hat. Darum will Maria in vollkommener Angleichung an den universalen Heilswillen Gottes selbst das Heil der pilgernden Kirche, die als ekklesialer Leib Jesu Christi gleichsam auch aus ihrem Ja-Wort heraus geboren worden ist.[15] Da Maria als Gottesmutter die Fülle der Gnaden, die uns in der Menschheit Christi von Gott geschenkt wird, empfangen und der Welt im Geschehen der Geburt dargeboten hat, geht von ihr gleichsam auch alle Gnade auf die Kirche über (dispensatrix). Dabei übertrifft Maria wegen dieser einzigartigen Verbindung mit der Inkarnation alle Heiligen, indem sie als die universelle Mittlerin des Gebets aller Glieder der Kirche zum Haupt hin angesprochen werden kann, wie sie ja auch umgekehrt tätig ist bei der Zueignung der Gnade vom Haupt zu den Gliedern des Leibes Christi hin – freilich im Sinne der rezeptiven, instrumentalen und dispositiven Mittlerschaft.[16]

Marias universelle Stellung als Mittlerin der aktuellen Gnaden wird von den Theologen in verschiedenen Bildern festzuhalten versucht. Bonaventura versteht Maria als Pforte des Himmels.[17] Das Bild vom mystischen Leib ausdeutend wird Maria (allerdings in einem etwas mißglückten Vergleich)

---

[13]   Vgl. S.th.II-II q.25a.1 ad 3; S.c.g.III, cap. 117.

[14]   Vgl. S.th.IIIq.30a.

[15]   Vgl. Suppl.q.72.

[16]   Vgl. S.th.III q. 27 a. 5 ad 1.

[17]   Comment. in Luc 1,70; 2,37: Op. Omnia 7,27; 52.

als Hals zwischen Christus als Haupt und den Gläubigen als Leib vorgestellt (Jakobus a Voragine, Bernhardin von Siena). Trotz der Fragwürdigkeit
dieses Bildes ist doch der damit gemeinte Sachverhalt weitgehend zum
Gemeingut der Theologie geworden (Gabriel Biel, Robert Bellarmin,
Dionysius Petavius, Franz Suarez, J.B. Bossuet). Schließlich ist dieser
Gedanke auch in päpstliche Enzykliken eingegangen.[18] Die Verwendung
dieses Gedankens in lehramtlichen Texten bedeutet jedoch keine Dogma-
tisierung des Mediatrix-Titels, gar im Sinne der Miterlöserschaft Marias.

Für die Theologie vor dem II. Vatikanum ergab sich die Alternative einer
mehr christotypischen (Maria steht auf der Seite Christi, des Hauptes, der
Kirche gegenüber) oder einer mehr ekklesiotypischen Sicht (Maria steht als
das vornehmste Glied der Kirche mitbetend Christus, dem Haupt, gegenüber). Im 8. Kapitel der Kirchenkonstitution versucht das Konzil dagegen
Marias Rolle geschichtlich und aktuell im Geheimnis Christi und der Kirche zu situieren. Der mißverständliche Titel „corredemptrix", der an sich
nur die universale Tätigkeit Marias als Mittlerin ausdrücken will, wird vermieden. Das Konzil bekennt über die Aufgabe Marias bei der Inkarnation
und im Leben des geschichtlichen Jesus hinaus die Mutterschaft Marias für
die Kirche, die in der geschichtlich-ekklesialen Gnaden-ökonomie fort-
dauert. Da sie mit Christus engstens vereint ist (aufgrund ihrer Vollerlösung
in der leiblichen Aufnahme in den Himmel), sorgt sie betend für die pilgernde Kirche, von der sie unter den Titeln „Fürsprecherin, Helferin, Beistand, Mittlerin" (LG 62) angerufen werden kann. Dies darf jedoch nicht
univok im Blick auf die Mittlerschaft ausgesagt werden. Die umfassende
Mittlerschaft Christi bedarf keiner Ergänzung, aber sie trägt selbst noch
einmal die analoge Teilhabe an ihr (z.B. im Priestertum der Gläubigen oder
der ordinierten Priester), so daß die interpersonalen Vermittlungen nicht
einen Zusatz zur Mittlerschaft Christi darstellen, sondern deren Auswirkungen auf der Ebene des personalen Mit-Seins der Glieder des Leibes
Christi. In diesem Sinne kommt Maria eine untergeordnete Aufgabe zu,
damit durch ihre Mitwirkung, die aus der Quelle des Mittlertums Christi
geschöpft wird, die Gläubigen tiefer mit Christus verbunden werden. Die
engste Verbindung Marias mit Person und Werk Jesu Christi bedingt auch,
daß sie die aktuelle Fürbitte aller Heiligen übertrifft und in diesem Sinne die
Mutter aller Gläubigen, die auf dem Weg zur Vollendung in ihr das Urbild

---

[18] Leo XIII., Enz. Jucunda semper, 1894: ASS 27, 177–184; Pius X., Enz. Ad diem
illum 1904: ASS 36, 449–462; Benedikt XV. führte die Messe und das officium
von Maria als Mittlerin der Gnaden ein.

der Einheit des Menschen mit Gott in Glauben, Hoffnung und in der Liebe erkennen, genannt werden darf (LG 65).

3. Ökumenische Fragestellungen

Die Kritik an der Anrufung der Heiligen und die Idee der aktuellen universellen Mittlerschaft Marias ist der mit äußerster Schärfe vorgetragene Haupteinwand der Reformation gegen die katholische Mariologie und Hagiologie. Maria als Mittlerin erscheint dem reformatorischen Hauptartikel von der Alleinursächlichkeit Gottes (solus Deus) und der einzigen Vermittlung der Rechtfertigungsgnade durch die Mittlerschaft Jesu Christi (solus Christus) und der einzigen Zueignung der Gnade durch den Glauben ohne alles verdienstliche Mittun des Geschöpfes (sola gratia) diametral zu widersprechen. „Anrufen" heißt: sein Heilsvertrauen allein auf Gott zu setzen und von ihm die Versöhnung zu erwarten, die ihren Grund allein in Gottes Gnädigkeit hat und nicht etwa in einer Aktion Gottes, die durch unsere oder der Heiligen Verdienste ausgelöst wird. Deshalb heißt es – nach Luther – aus Maria eine Abgöttin machen[19], wenn man sich Christus als strengen Richter vorstellt, von dem man zur (mütterlich-milden) Maria fliehen muß, damit sie als Fürbitterin für die Sünder ihn erst gnädig stimme und seinen Zorn dämpfen müsse, damit er uns in Gottes Gericht bewahre.[20] Hinter dieser Kritik steht die Vorstellung eines Instanzenzuges, als ob man durch Maria zu Christus und durch Christus erst zum Vater gelangen könne, indem man sich als armer Sünder zunächst an die uns menschlich näherstehende Maria wendet, die als Mutter Jesu bei ihm einen größeren (psychologisch gedachten) Einfluß geltend mache. Entscheidend ist hier die (vermeintliche) Aufhebung der Unmittelbarkeit der Seele zu Gott durch die vermittelnde Stufenordnung vieler Heiliger (die oft sogar als eine Art platonischer Mittelwesen zwischen Gott und den Menschen gedacht werden). Die katholische Kontroverstheologie vor und nach dem Konzil von Trient hat dagegen die protestantischen Einwände als Mißverständnis der katholischen Sicht zurückgewiesen und ihre Übereinstimmung mit der patristischen und scholastischen Tradition zu erweisen versucht. Wahrscheinlich setzen die reformatorische Kritik an der spätmittelalterlichen Idee und Praxis der Heiligenverehrung sowie die katholische Verteidigung die gleichen

---

[19] WA 30/II,348.
[20] WA 30/II,312; Apologia Confessionis 21: BSLK 239;319.

Prämissen voraus und ziehen nur die entgegengesetzten Konsequenzen. Für eine gegenwärtige Verständigung müßte klar sein, daß der nächstliegende hermeneutische Bezugsrahmen der Rede vom Mittlerdienst Marias und der Heiligen nicht unmittelbar in der Christologie und der Soteriologie, sondern in der Ekklesiologie zu suchen ist. Es geht einmal um die Struktur des Gott-Mensch-Verhältnisses und zum anderen um die geschichtlich-kirchliche Vermittlung des Christusereignisses. Gottes Vergebung in Christus ist mehr als die Deklaration der Versöhntheit des Menschen mit Gott, der nur im Glauben passiv aufzunehmen hätte. Es geht vielmehr um eine realgeschichtliche Begegnung. Dabei ist Gott die Totalursache des Heils, aber so, daß die kreatürliche Freiheit durch die Selbstmitteilung Gottes erst zu ihrem Vollzug in einer personal-dialogischen Begegnung mit Gott kommt. Darum gehört die kreatürliche Rezeption der Gnade zur geschichtlich-inkarnatorischen Gestalt des Heils und seiner dialogischen Verwirklichung mit hinzu. Die freie menschliche Annahme ist das von Gott selbst getragene Medium seiner geschichtlich faßbaren Gegenwart, wie sie ursprünglich und Ursprung gebend in der hypostatischen Union von Gottheit und Menschheit in Christus gegeben ist. In davon abhängiger Weise ist die freie und begnadete Antwort des Menschen Folge und Ausdrucksgestalt der Gnade Christi. Marias freies Ja-Wort zum inkarnatorischen Offenbarungswillen ist somit selbst Folge und Ausdrucksgestalt der Selbstmitteilung Gottes als Wahrheit und Gnade. Und darum hat die geschichtliche und kirchliche Vergegenwärtigung der Gnade Christi immer auch eine marianische und hagiologische Dimension. In diesem und nur in diesem Sinn kann darum Maria zu Recht mit der Tradition „Mittlerin der Gnade" genannt werden, insofern darin ihre solidarische Bezogenheit auf das Heil aller ihrer Brüder und Schwestern im Glauben angezeigt wird. Was den Vollzug der Marienverehrung durch den einzelnen betrifft, gibt es sicher unterschiedliche Möglichkeit der Art und Intensität. Die mariologischen Dogmen sind natürlich ein verpflichtender Teil des kirchlichen Glaubensbekenntnisses. Ebenso feiert die Kirche im liturgischen Jahr Marienfeste. Dabei darf allerdings nicht übersehen werden, daß die doxologische Richtung der Dogmen und Feste dem Heilshandeln Gottes in Jesus Christus gilt. Das gläubige Verhältnis zu Maria als Mittlerin kommt darum nicht zum Mittlertum Christi von außen hinzu, sondern wird von diesem iniziiert und getragen. Aber insofern dieses Mittlertum Christi das zwar gandenhaft vorbereitete, aber dann doch menschliche freie Ja der Magd voraussetzt, gilt die Verehrung auch Maria. Sie selber drückt diesen Zusammenhang im Magnificat aus: Die Tat Gottes schließt ein, daß

„alle Geschlechter" die niedrige Magd seligpreisen werden. Ebenso preist Elisabeth, erfüllt vom Heiligen Geist, Maria selig als „die Mutter meines Herrn" (Lk 1,42f.48). Das Mittlertum Marias, das ganz dem Mittlertum ihres Sohnes dient, kann wegen der objektiven Stellung der neuen Eva in der Heilsgeschichte nicht prinzipiell geleugnet oder ignoriert werden, doch kann es im Leben des Einzelnen – gerade wegen der Dienstfunktion im Werk Christi – mehr oder weniger zurücktreten, auch wenn nach der Erfahrung der Kirche (z. B. der Heiligen und der Orden) eine Hervorhebung dieses Dienstes der Magd des Herrn gerade die Christusfrömmigkeit fördert und geistlich befruchtet.

Literatur

H. M. Köster, De corredemptione mariana in theologia hodierna (1921–1958): Marianum 24 (1962) 158–182; H. Volk, Maria, Mutter der Gläubigen, Mainz 1964; K. Rahner, Der eine Mittler und die Vielfalt der Vermittlung: ders. Schriften zur Theologie 8, Einsiedeln-Zürich-Köln 1967, 218–235; C.A. de Ridder, Maria als Miterlöserin. Die Diskussion über die Mitwirkung der Mutter Gottes am Erlösungswerk Christi in der heutigen römisch-katholischen Theologie, Göttingen 1965; G. Söll, Mariologie: HDG III/4, Freiburg-Basel-Wien 1978; A. Müller, Maria und die Erlösung: MySal 3/2,499–510; ders. Glaubensrede über die Mutter Jesu. Versuch einer Mariologie in heutiger Perspektive, Mainz 1980, 115–135; W. Beinert, Die mariologischen Dogmen und ihre Entfaltung: Handbuch der Marienkunde, hg. v. W. Beinert, u. H. Petri, Regensburg 1984, 232–314; H. Petri, Maria und die Ökumene: ebd. 315–359; J. Galot, Maria, La donna nel'opera salvezza, Roma 1984, 239–292; G. L. Müller, Gemeinschaft und Verehrung der Heiligen. Geschichtlich-systematische Grundlegung der Hagiologie, Freiburg-Basel-Wien 1986; ders. Marien- und Heiligenverehrung. Eine Ausformung der theologischen Anthropologie aus katholischer Sicht: Cath, (M) 40 (1986) 165–186; E. Dublanchy, Art. Marie: DThC 9/2 (1927), Sp. 2339–2474 (Lit.); S. Meo, Art. Mediatrice: Nuovo Dizionario di Mariologia, ed. S. de Fiores e. S. Meo, Torino ²1986, 920–935 (Lit.); F. Courth, Marianische Gebetsformeln, ebd. 363–403; B. Kleinheyer, Maria in der Liturgie: ebd. 404–439.

JUNGFRAUENGEBURT

Dem Begriff nach bedeutet Jungfrauengeburt die Befruchtung einer weiblichen Eizelle ohne männlichen Samenzelle (Parthenogenesis). Eine bei Pflanzen und einigen Tieren biologisch mögliche ungeschlechtliche Fertilisation ist beim Menschen ohne Substitution der materiellen Zeugungsursachen (Chromosomen, Gene) bislang undenkbar. In der christlichen Theologie ist Jungfrauengeburt die Kurzbezeichnung für das im Glauben bekannte singuläre Ereignis der Menschwerdung des ewigen Sohnes Gottes: Jesus Christus, der als Mensch (!) empfangen ist vom Heiligen Geist, ohne männlichen Samen, „sine virili semine", geboren von der Jungfrau Maria.[1]

I: Religionsgeschichtlich ist Jungfrauengeburt die Bezeichnung für mythologische Erzählungen. Sie handeln von der biologischen Zeugung bestimmter Gottkönige (ägypt. Pharao), von fingierten Gestalten oder von geschichtlichen Personen, die von Göttern mit Menschenfrauen gezeugt werden[2] oder stellen Allegorien dar auf die mit der Geburt eines göttlichen Retterkindes erwartete Goldene Friedenszeit.[3] Beeinflußt sind die politischen Gründungsmythen von der altägyptischen Königsideologie, wo der König als „Sohn der Götter" gilt, weil ein „göttlicher Geist sich einer Frau nähert und ein paar Keime des Werdens in sie hineinlegt."[4] Im Text „Segnungen des Gottes Ptach für Ramses II." heißt es: „Ich (=Ptach) bin dein Vater, ich erzeugte dich, so daß dein ganzer Körper göttlicher Natur ist. Denn ich verwandelte meine Gestalt in die des Bockes von Mendes und wohnte deiner Mutter bei."[5] Die Frage nach Parallelen und Abhängigkeiten

---

[1] Vgl. DH 10; 44; 62; 150, 189; 301; 368; 503; 533; 547; 619; 1337.

[2] Vgl. Plat., Krat. 16d; Plut., Alex. 2: Alexander d. Gr. von Jupiter Amun.

[3] Verg., 4. ecl.: „Schon kehrt die Jungfrau zurück ... das Reich des Saturn, schon steigt ein neuer Sproß hernieder vom Himmel ...".

[4] Plut., Numa 4.

[5] Zit. n. Gnilka, 27; vgl. K. Berger u. C. Colpe, 113ff.; 127ff.

der Geburtsgeschichte Jesu ist eine Frage nach dem historisch nachweisbaren Einfluß und die nach hermeneutischen Grundsatzüberlegungen zum Wert religionsgeschichtlicher Vergleiche. D. F. Strauß interpretierte „die Geschichte Jesu als Mythos" (I, 173). Jesu Geburt aus der Jungfrau gilt ihm nur als eine Variante in der „Entwicklung urchristlicher Ideen, gebildet in der absichtslos dichtenden Sage" (I, 75). In der ägyptischen und griechisch-römischen Kulturwelt (oder in außerbiblischen Religionen, z. B. die Zeugung Buddhas von einem Elefanten) sei es ein Schema gewesen, die Wirkung von großen Männern mit der „Zeugung durch Götter" zu erklären und sie als „Gottessöhne" vorzustellen. Die „religionsgeschichtliche Schule"[6] versuchten, diese These zu untermauern. Der religionsgeschichtliche Vergleich darf jedoch nicht vorschnell Abhängigkeiten unterstellen, ohne den historisch und sachlich inkommensurablen Kontext der biblisch-heilsgeschichtlichen Botschaft zu berücksichtigen (Gottesverständnis; Geschichtsbegriff; unmythologisches schöpfungstheologisches Wirklichkeitsverständnis). Hintergründig wirksam ist zudem oft das dualistische Weltbild der Neuzeit (Gegensatz zwischen objektivem, empirisch faßbarem Faktum und subjektivem Interpretationsmuster) sowie das deistische Gottesverständnis und mechanistische Weltbild, in dem eine geschichtliche Wirksamkeit Gottes nicht vorkommen kann bzw. mit Kategorien physikalischer Kausalität beschrieben wird.

II: Biblisch. Da Mt und Lk christologisch nicht bei der Sendung und Inkarnation des präexistenten Sohnes ansetzen (wie Paulus und Joh), sondern das Persongeheimnis Jesu aus seiner Lebensgeschichte erschließen wollen, haben sie die in die Ursprünge der Jerusalemer Gemeinde, zu der Maria und Jesu Verwandte gehören (Mk 3,21.31; 6,3; Apg 1,14), zurückreichende Tradition von der durch Gottes *pneuma* und *dynamis* (Lk 1,35) gewirkten Empfängnis Jesu aus der Jungfrau Maria ohne geschlechtlichen Mitwirkung ihres verlobten Ehegatten Josef aufgegriffen und ihren literarischen Vorlagen (Mk u. Q) vorangestellt (Mt 1,18-25; Lk 1,26-38). Das noch im griechischen Text durchschimmernde aramäische Sprachkolorit und die atl. Ideenwelt weisen auf die Lebenszeit Jesu bzw. die palästinische Urgemeinde zurück.[7] Ein historischer Bezug zur ägyptischen Königs-

---

[6] H. Greßmann; W. Bousset; H. Leisegang; G.C. Schneider; E. Norden; M. Dibelius, 3–79; E. Brunner-Traut: Pharao u. Jesus als Söhne Gottes, 31–59; R. Bultmann (Entmythologisierung) und C.G. Jung (Veranschaulichung archetypischer Grundmuster Jungfrau und Mutter).

[7] F. Mußner, 73–96.

mythologie, der über das hellenistische Judentum vermutet wurde, ist historisch höchst unwahrscheinlich und in der Sachaussage inkommensurabel, da die bei Philo von Alexandrien († 65 n. Chr.; Cher. 40-52) angesprochenen wunderbaren Geburten (Sara, Rebekka u. a.). kraft „göttlichen Samens" nicht von Jungfrauengeburt sprechen, sondern eine Tugendallegorie der jungfräulichen Seele darstellen (vgl. auch Gal 4,23; Joh 1,13; 1 Joh 3,9). Von dem um 80/90 n. Chr. voll ausgebildeten Christusbekenntnis her wollen Mt und Lk den nicht-menschlichen Ursprung des Menschen Jesus in Gott, seinem Abba, als ein durch Gottes Pneuma gewirktes Ereignis erschließen. Gott ist dabei nicht der biologische Vater (wie im Mythos), der ein götter-menschliches Mischwesen oder eine physische vergottete Menschennatur begründen würde, sondern (analog) Vater, insofern er in einem mit seinem Wesen identischen Schöpferhandeln die kreatürlichen Ursachen der natürlichen Zeugung (vgl. Gen 1,28; Weish 7,1f) substituiert und so den Menschen Jesus durch eine unmittelbare Relation zu ihm als „Sohn des Höchsten" (Lk 1,32) konstituiert. Die literarische Gattung der Verkündigungserzählung bei Mt und Lk unterscheidet sich von den mit dem öffentlichen Wirken Jesu ansetzenden synoptischen Erzählstoff. Sie gehören aber zum Evangelium und wollen mit den zentralen Aussagen zu Empfängnis und Geburt die menschliche Existenz des Messias auf ein spezifisches Wirken Gottes zurückführen. Wenn auch die Entstehung der Verkündigungserzählung sich nicht mehr bis zum Ursprung in dem berichteten Ereignis historisch rekonstruieren läßt und auch eine Deskription des prinzipiell unanschaulichen Wirkens Gottes nicht beabsichtigt sein kann, so darf doch kein Zweifel am Aussagewillen der Evangelien bestehen: Sie wollen, ausgehend von der Erkenntnis der alle menschliche Möglichkeiten überschreitenden Auferweckung Jesu und der damit gegebenen Offenbarung Jesu als Gottes eigener Sohn (vgl. Röm 1,3f), von einem nur im Glauben zugängliche tatsächliche und nur Gott allein mögliche Wirken sprechen. Mt und Lk Vorgeschichte sind nicht Legende, Midrasch oder Mythos. Sie beabsichtigen nicht, mit bereitliegenden Interpretationsmustern die Wirkung einer historischen Gestalt bloß subjektiv zu erschließen. Im Rahmen der literarischen Gattung „Evangelium" als Einheit von Geschichte und Kerygma bezeichnet man sie am besten als „Christus-Homologese".[8] Die Verheißung Jes 7,14 ist nicht ursächlich für das Bekenntnis zur Jungfrauengeburt, vielmehr Reflexionszitat und im Sinn von LXX (*„parthenos"*) als Hinweis auf Jungfrauengeburt verstanden worden (es fehlt zudem der Bezug auf die

---

[8]   H. Schürmann, 20f.

Geistgewirktheit der Empfängnis). Das Kind Marias heißt „Sohn Gottes" (Lk 1,35): Gemeint ist nicht die Gottessohnschaft des innergöttlichen Logos, was den Präexistenzgedanken voraussetzt. Die menschliche Natur wird auch nicht substanzhaft vergottet vorgestellt. Vielmehr wird sie durch eine von Gott begründete Relation, nämlich durch die der Sohnschaft in ihrer relationalen Einheit mit Gott und ihrer bleibenden Verschiedenheit von ihm (in der Schöpfer-Geschöpf-Differenz), als die Basis der geschichtlichen Sendung Jesu aufgefaßt. Das Verständnis des davidischen Messias als „Sohn Gottes" wird jedoch schon bei den Synoptikern und bei Q transzendiert. D. h., die Sohnesrelation, die das menschliche Sein Jesu trägt, verweist in die innere relationale Wirklichkeit von „Vater, Sohn und Geist" (vgl. Mt 11,25; 28,19; Lk 2,49; 10,21ff.). Gottes schöpferische Wirksamkeit überwindet zwar im AT gelegentlich die Grenzen menschlicher Fruchtbarkeit (Unfruchtbarkeit, Alter), um eine natürliche Empfängnis zu ermöglichen (Gen 18,14; Ri 13,1-25; 1 Sam 1,9-11; Jer 32,27; Lk 1, 5-25). Bei Jesu Empfängnis aber ereignet sich die absolute Überwindung fehlender kreatürlicher Potentialität (Lk 1,34: „Wie soll das geschehen, da ich keinen Mann erkenne?"): ein Mensch wird gezeugt von der Macht Gottes, dem „nichts unmöglich" ist (Lk 1,37; 18,27; vgl. Gen 18,14; Jer 32,27; Mk 10,27). Die Rede vom Schatten Jahwes und Überschatten seines Geistes (Lk 1, 35) enthält keinen sexuellen Anklang; beschrieben wird Gottes schöpferische Macht (Gen 1,2) und seine Herrlichkeit, die durch die „Wolke" leuchtet, mit der er Israel auf dem Heilsweg leitet (Ex 24,12-18).

III: Theologie- u. Dogmengeschichte: Die Jungfräulichkeit Marias vor der Geburt (virginitas ante partum) wird von allen Vätern ohne Ausnahme gelehrt und gehört seit dem 2. Jahrhundert fest zum Credo, für dessen christologische Artikel die Zusammenfügung der Inkarnations- und Präexistenz sowie der synoptischen Christologie von der im Pneuma begründeten Wirklichkeit des Menschen Jesus kennzeichnend ist.[9] An außer- und innerchristlichen häretischen Auffassungen stehen dem entgegen: (1.) Die seit dem Anfang des 2. Jahrhundert nachweisbare *Adoptionschristologie*, etwa der Ebioniten[10]: Jesus ist ein bloßer, von Josef und Maria gezeugter Mensch, auf den erst bei der Taufe im Jordan der Prophetengeist herabkommt. Andere verbanden die Adoptionschristologie mit der Jungfrauengeburt. (2.) Christliche Spielformen der *Gnosis:* der himmlische Christus-Logos steigt auf den Menschen Jesus herab, der von Josef und Maria

---

[9]   Vgl. zuerst Ignatius v. A. (Eph. 7,2).

[10]   Eusebius, h.e. III,27.

gezeugt ist. Einer dualistischen Sichtweise, die dem guten Demiurgen die Materie als Prinzip des Bösen entgegenstellte, mußte eine Berührung Gottes mit der Materie geradezu als Greuel erscheinen. Deshalb galt den Vätern die Jungfrauengeburt als Beweis der wahren Menschwerdung Gottes und der integren menschlichen Natur Jesu (Irenäus, haer. III, 16.21) Marcion und Kerdon schieden deshalb aus dem Lk-Evangelium die christologische Homologese („Kindheitsgeschichte") aus.[11] (3.) Die *jüdische Kritik:* Justin bekennt dem Juden Tryphon gegenüber die Tatsache und Einmaligkeit der Jungfrauengeburt[12] und weist die Assoziation zurück, Jesu Empfängnis ohne Zutun eines menschlichen Vaters könne mit heidnischen Sagen und Mythen parallelisiert werden.[13] Kirchliche Lehrautoritäten (Bischöfe, Synoden, Päpste) haben seit dem 2. Jahrhundert stets nicht nur jede spiritualistische oder symbolisch-metaphorische Deutung der geistgewirkten Empfängnis Jesu, sondern auch ein Verständnis im Sinne der „Theogamie" zurückgewiesen. Erst seit dem 16. Jahrhundert beginnt die Jungfrauengeburt als Bestandteil des Credo und ihre heilsrealistische (analoge) Deutung wieder zweifelhaft zu werden, zuerst bei den Sozinianern, die einen großen Einfluß auf die europäische Bildung gewinnen. Ihnen gegenüber verteidigt Papst Paul IV. (1555) das Geheimnis der Trinität, der Gottessohnschaft Jesu und die Jungfrauengeburt: Den katholischen Glauben verläßt derjenige, der behauptet, „daß unser Herr ... dem Fleische nach im Schoße der seligsten und immerwährenden Jungfrau Maria nicht vom Heiligen Geist, sondern wie die übrigen Menschen aus dem Samen Josephs empfangen worden sei" (DH 1880). Die historische Kritik des 19. Jahrhunderts stellte den historischen Aussagewert von Mt und Lk 1-2 in Frage. Entscheidend wurde auch das neue wissenschaftlich-empirische Weltbild mit der Frage, ob eine „Durchbrechung" der biologischen Zeugungsgesetze (vgl. die Entdeckung der weiblichen Eizelle) überhaupt möglich und theologisch sinnvoll zu behaupten sei. Dazu gehört die dogmatische Frage, ob Jungfrauengeburt nicht die Menschheit Jesu verkürze, ob nicht eine natürliche Zeugung Jesus noch klarer in die Reihe der Menschen stelle und somit die Jungfrauengeburt eher als symbolische Veranschaulichung einer Glaubensgegebenheit

---

[11] Irenäus, haer. I, 27.

[12] dial. 48,2;100.

[13] Vgl. auch die Übersetzungsfragen zu Jes 7,14 bei Aquila, Symmachus, Theodotion mit „junge Frau", statt Jungfrau nach LXX und die rabbinische Interpretation, Jesus entstamme einem Ehebruch mit dem römischen Soldaten Panthera (Origenes, Cels. I,32).

zu interpretieren sei. Oder steht hinter Jungfrauengeburt nur ein überholtes aszetisches Ideal?

IV: Systematatisch-theologisch: Die systematatische Aussage baut auf einem heilsrealistischen Verständnis der Offenbarung auf. Dazu ist eine Hermeneutik der Unvergleichlichkeit des Wirkens Gottes in seiner Schöpfung und des wesentlich davon verschiedenen Wirkens der Geschöpfe zu entwickeln, gerade auch im Dialog mit den empirischen Wissenschaften, die die Mentalität des modernen Menschen weithin bestimmen. Die menschliche Existenz Jesu verdankt sich nicht der zweitursächlichen Vermittlung des Schöpferwirkens Gottes, wie dies bei der natürlichen Zeugung aus Mann und Frau der Fall ist. Deshalb „fehlt" dem Menschsein Jesu aber nichts, denn eine menschliche Natur wird nicht durch die Summe ihrer materiellen Bedingungen geschaffen, sondern durch Gottes Seinsverleihung, die im Fall Jesu durch den unmittelbaren (nicht durch elterliche Zeugung vermittelten) Selbstmitteilungsakt Gottes geschieht. Dieser Akt begründet aber nicht erst die ewige Sohnschaft des Logos, sondern zeigt, daß das Menschsein Jesu in einer von Gottes Geistkraft frei gesetzten Relation zu Gott dem Vater konstituiert ist, so daß trotz der Unterscheidung von ewiger Sohnschaft des Logos und der zeitlichen Sohnschaft des Menschen Jesus nicht in einem „nestorianischen" Sinn von „zwei Söhnen" gesprochen werden kann: von einem „natürlichen" der Gottheit und einen „adoptierten" der Menschheit nach (DH 272f; 595, 610-619). Der menschliche Mittler der Basileia kann nicht von Menschen (auch nicht zweitursächlich) aus eigenen Möglichkeiten hervorgebracht („gezeugt"), sondern nur als „Gabe" von Gott empfangen werden, weshalb ihn seine Mutter als Jungfrau im personalen Akt des Glaubens an das Wort Gottes empfängt, das die Wirklichkeit schafft, die es verkündet. Gott läßt in seiner souveränen Schöpferkraft die menschliche Natur Jesu aus dem glaubenden Ja-Wort Marias und aus der materiellen Disposition ihrer weiblichen Leiblichkeit entstehen. Wegen der singulären Form der Erschaffung des Menschseins Jesu ist ein exklusives transzendentales Verhältnis des Menschen Jesus zu Gott gegeben (assumendo creatur). Die transzendente Ursache der Lebensentstehung Jesu in Maria ist gegenständlich empirisch nicht faßbar. Nur die Auswirkung im Geschöpflichen ist erkennbar, insofern die Empfängnis ohne Zutun eines Mannes zustande kommt. Dieses Heilsereignis erschließt sich im Heiligen Geist, der Jesus als den Sohn kraft der Auferweckung *von den Toten* beglaubigt (Röm 8,11) und den Glauben an ihn erst ermöglicht (1 Kor 12,3; Lk 1,35.37; Mt 1,20).

Literatur

G. Söll, Mariologie: HDG II/4 Fr 1978; G. L. Müller, Was heißt: Geboren von der Jungfrau Maria?, Fr ²1991; H. Schürmann, Lk-Ev. (=HThK III/1), Fr ²1982; J. Gnilka, Matthäusevangelium (=HThK I/1), Fr. 1986; F. Mußner, Das semant. Universum in der Verkündigungsperikope: ders., Maria, die Mutter Jesu im NT, St. Ottilien 1993, 73–96; D. F. Strauß, Das Leben Jesu I, 1830; Nachdr. 1984; E. Norden, Die Geburt des Kindes, L 1924; M. Dibelius, Jungfrauensohn u. Krippenkind, Hd. 1933; K. Berger u. C. Colpe, Religionsgeschichtliches Textbuch, Gö 1987; E. Brunner-Traut, Gelebte Mythen, Da ³1988.

HYPOSTATISCHE UNION

Der Begriff hypostatischen Union ist die begriffliche Fassung der Lehre von der Menschwerdung Gottes, wie sie in der Alten Kirche ihre endgültige Gestalt gefunden hat (vgl. II. Konzil von Konstantinopel, 553; DS 424 u. ö.). Damit von einer echten Selbstmitteilung Gottes gesprochen werden kann, muß das mit Gott identische Wort, das sich mitteilt, auch der metaphysische Träger (Hypostase, Person) der Menschheit Jesu sein, durch das und in dem er sich mitteilt; anderenfalls wäre der Mensch Jesus nur der äußerlich autorisierte Überbringer einer Botschaft Gottes (Adoptianismus) oder ein bloßes Medium der Vermittlung, das aber mit dem nichts zu tun hat, was vermittelt wird (Doketismus; Nestorianismus). Christi Menschheit aber entsteht und besteht im Akt der Selbstaussage Gottes in seinem ewigen Wort (Sohn) in die Welt hinein; und sie ist identisch mit der Geschichte und der Vollendung der heilshaften Selbstzusage Gottes in Christi Leben, Kreuz und Auferstehung. Die sich die menschliche Natur im Akt der Annahme erwirkende göttliche Hypostase des Sohnes ist damit der Grund dessen, was angenommen wird: nämlich die Menschheit Jesu. Insofern aber der Selbstmitteilungswille Gottes im Logos der Grund der angenommenen Menschheit Jesu ist, ist er auch der Ursprung der menschlichen, personalen, d. h. geistigen und leiblichen Bedingungen und Voraussetzungen, aus denen eine konkrete menschliche Natur angenommen wird: nämlich ein schon existierender konkreter Mensch. Nach dem biblischen Zeugnis (Mt 1,20; Lk 1,34f.; 3,23) und der allgemeinen kirchlichen Lehre hat Gott im Akt der Einigung des Logos mit der Menschheit die menschliche Natur allein aus Maria angenommen ohne einen geschlechtlichen Zeugungsakt bzw. die Verbindung mit einem männlichen Samen. Gott nimmt also allein aus dem geistigen Sein Marias (der Empfänglichkeit ihres Glaubens) und deren leiblichen Äußerung (Jungfräulichkeit) das Menschsein an. Eine Konstitution der Menschheit Jesu durch eine natürlich-geschlechtliche Zeugung hätte dem Menschen Jesus eine kreatürliche Subsistenz verliehen, die ihn in einer personalen Gegenüberständigkeit (und nicht nur Verschiedenheit) zu Gott gebracht hätte, so daß die Menschheit Jesu als die reine Verlautbarung des sich mitteilenden ewigen Wortes unmöglich gewesen wäre. Die Indienstnahme des Glaubens und des Leibes Marias (eben in der konkreten Disposition als Frau für das Werden und Entstehen eines Menschen) und damit ihr wahres Muttersein bedeutet für die hypostatische Union, daß Maria im Bezug zu Gott und zu seinem Heilswillen der Menschheit gegenüber ganz in Anspruch genommen wird. Ihre Existenz und ihre Lebensgeschichte sind ganz bestimmt von der von Gott gewollten und getragenen Relation zu Jesus Christus, dem menschgewordenen Sohn Gottes und damit zu deren Grund, der hypostatischen Einigung. Bei der Abwehr der Vorstellung einer bloß moralischen Einheit von göttlicher und menschlicher Natur in Christus („Nestorianismus") hatte sich eine präzise Beschreibung der Gottesmutterwürde Marias als Kriterium für das richtige Verständnis der hypostatischen Union erwiesen (Konzil von Ephesus, 431; DS 251). Umgekehrt ergibt sich daraus, daß die gesamte Glaubenslehre über die heilsgeschichtliche Bedeutung Marias und ihre aktuelle Rolle im kirchlichen Leben von der hypostatischen Union her entwickelt werden muß bzw. der Geist-leiblichen Beanspruchung Marias für die Inkarnation und deren geschichtliche Vollendung in Kreuz und Auferstehung Christi. Maria kann natürlich nicht, da sie ein bloßes Geschöpf ist, Ursache der Inkarnation sein. Vielmehr konstituiert der Akt der hypostatischen Einigung das, was angenommen wird (die menschliche Natur Jesu); aber sie verwirklicht auch das, woraus die Menschheit Jesu angenommen wird (nämlich den Glauben Marias als personaler und heilsrelevanter Akt sowie auch die Gestaltwerdung dieses Glaubens in der jungfräulichen Empfängnis und Mutterschaft Marias). Marias Bedeutung für die Inkarnation kann nicht nur auf die äußerlichen Umstände bei ihrer Verwirklichung reduziert werden. Maria gehört vielmehr zum Geschehen und zum Ergebnis der hypostatischen Einigung bleibend als von ihr mitkonstituierte Realität hinzu, wodurch diese Realität geschichtlich präsent geworden ist und präsent bleibt. Da der Logos ohne Maria nicht das ist, was er geworden ist, ist umgekehrt Maria auch nicht Mensch, ohne daß ihr Menschsein wesentlich durch das bestimmt wäre, was aus ihr geworden ist: Der Mensch Jesu, der Mittler zwischen Gott und allen Menschen (auch Marias), der sich zum Lösegeld hingegeben hat für alle (vgl. 1 Tim 2,5). Insofern Marias heilsgeschichtlich situierte Existenz von ihrer Inanspruchnahme für die Verwirklichung und die Wirklichkeit der Inkarnation voll und ganz bestimmt ist, ergibt sich auch aus der hypostatischen Union ihre Befreiung von der Erbschuld (insofern sie nur aufgrund der Gnade ihr Glaubens-Jawort sprechen konnte) und schließlich die volle Realisierung der Erlösung am Ende ihres Lebensweges als voll-menschliche und ganzheitliche Aufnahme und Umsetzung der Gnade im Glauben (eben die Vollendung Marias mit Leib und Seele in der himm-lischen Herrlichkeit). Aus dem inneren Zusammenhang von hypostatischer Union und der aus ihr heraus sich ergebenden und ihr zugehörigen Stellung Marias in der Heilsgeschichte ergibt sich aber auch die Marienverehrung. Marias als geschichtlicher Person erinnert sich der Christ, weil aus ihr auch sein Erlöser geboren wurde und weil Gott Marias Glauben zu einem Rea-lisierungsmoment seiner geschichtlichen Selbstmitteilung an die Mensch-heit gemacht hat. Da Marias Glaube zur geschichtlichen Wirklichkeit des Heils und zu seiner bleibenden Gegenwart gehört, kann der Christ auch nur durch die Teilnahme an diesem vom Heiligen Geist geschenkten und getragenen Glauben mit Gott in Jesus Christus vereint werden (Maria als Vorbild des Glaubens) und in der persönlichen Verbundenheit mit ihr (Gemeinschaft der Heiligen) im Glauben gefördert und vollendet werden (Fürbitte Marias).

FLEISCH GEWORDEN AUS MARIA

Rezension zu K. H. Menke, Fleisch geworden aus Maria. Die Geschichte Israels und der Marienglaube der Kirche, Regensburg: Pustet 1999.

Kommt die Rede auf Jesu Geburt aus einer Jungfrau, geraten Religionslehrer ins Schwitzen. So mancher Priester läßt am Sonntag, wenn nicht nur die ganz Frommen da sind, die Erwähnung der Jungfrau im Hochgebet lieber weg und vermeidet am 4. Advent eine Predigt zum Thema aus Angst, als ein „Konservativer" oder gar Fundmentalist verschrien zu werden. Ganze Heerscharen von Erwachsenenbildnern bemühen sich mit Erfolg, die im Studium gelernte Unterscheidung von symbolischem Verständnis und biologischem Mißverständnis zu popularisieren. Dutzendemale schon hat der Rezensent von Kollegen aus Fakultäten und Akademien gehört, daß man die diesbezüglichen Aussagen Drewermanns und Ranke-Heinemanns zwar der Form nach mißbillige, dem Inhalt nach aber gar keine andere Auslegung als wissenschaftlich noch vertretbar zugelassen werden könne. Spott und Hohn ergießen sich ohne Unterlaß in verschiedenen Medien über unaufgeklärte Christen, die an naturwissenschaftlich unmöglich erwiesenen Vorstellungen und prüde am Jungfräulichkeitsideal festhalten. (Penetrant ist hier die stete Verwechselung der jungfräulichen Empfängnis Jesu mit der Empfängnis Mariens ohne Erbsünde, die mit dem Ideal vorehelicher sexueller Enthaltsamkeit und der Lebensform der Ehelosigkeit um des Dienstes am Reich Gottes zu einer unentwirrbaren Ideosynkrasie katholischer Leibfeindlichkeit verwurstelt werden.) In dieser dem Heilsrealismus des katholischen Glaubens nicht günstigen Stimmung möchte mancher mit dem hl. Hieronymus entnervt aufseufzen, der am Tiefpunkt der arianischen Krise den Erdkreis der Vorherrschaft dieses seines Wesensgehalts beraubten Christusglaubens verfallen sah. Überblickt man aber vom Standpunkt der 2000 Jahre siegreichen Geschichte des kirchlichen Credo her all die Auseinandersetzungen um das Bekenntnis zum dreieinigen Gott, zur Inkarnation seines Wortes, zur leiblich-realen Auferstehung Christi von den Toten, dann darf man sich mit dem Wort eines anderen Kirchenvaters trösten: „Securus judicat orbis terrarum", d. h. das biblisch gut bezeugte und im Glaubensbewusstsein der Kirche immer als real festgehaltene Bekenntnis zur von Gottes Geist gewirkten Empfängnis des ewigen Sohnes Gottes als Mensch aus der Jungfrau Maria wird die Krise seiner Akzeptanz wohl durchstehen auch gegenüber einer säkularisierten Geistesverfassung, für die ebenso wie für die Gnosis, den Doketismus und Adoptianismus der ersten Jahrhunderte eine Menschwerdung Gottes schlechterdings undenkbar scheint.

Mit persönlichem Mut, ausgestattet mit der notwendigen exegetischen und dogmengeschichtlichen Sachkenntnis, aber auch mit der philosophischen und theologischen Reflexionsfähigkeit, die zur Bewältigung eines so anspruchsvollen Themas unerläßlich sind, bringt der Bonner Dogmatikprofessor das „heiße Eisen" in eine überzeugende Form.

Zu Recht stellt er in der „Einführung" (S. 11–20) die Mariologie in das Spannungsfeld theologischer Erkenntnislehre. Die entscheidende These, die sich durch die ganze Ausführung hindurchzieht, lautet, daß alle Glaubensaussagen des mariologischen Dogmas, allen voran das Grundbekenntnis zur jungfräulichen Empfängnis Jesu, in ihrem Ursprung und in ihrer Ausprägung nur aus der Gesamtprägung des religionsgeschichtlich so unvergleichlichen Glaubens des Gottesvolkes Israel verstanden werden können. Dieser „Israel-Horizont" (Franz Mußner) äußert sich nicht nur in einigen kulturgeschichtlichen Besonderheiten oder speziellen Denkformen Israels, sondern zentral in seinem Gottesverständnis, seiner Auffassung der Welt als Schöpfung Gottes und in seiner Sicht des Menschen als Person und Gemeinschaftswesen, dessen Religion nicht ein magisch-mythologisches oder abstrakt-begriffliches Verhältnis ist zu einem höheren Prinzip. Vielmehr ist der Mensch das geschichtlich-gesellschaftliche Wesen, dem Gott in freier Berufung inmitten der Geschichte begegnet, indem er sich als der personal-relationale Gott der Liebe in seinem heilschaffenden Wort und in seinem Leben schenkenden Geist-Handeln antreffen läßt.

Aufgrund dieser Voraussetzung, nämlich daß das AT den Schlüssel zum Verständnis der neutestamentlichen Aussagen über Maria darstellt, kann Menke im ersten der beiden Hauptteile unter dem Titel „Maria in der Geschichte Israels" (S. 23–69) das mariologische Bekenntnis bei Lukas, Matthäus und Johannes in der historischen und theologischen Aussage darlegen. An Detailaussagen sind hervorzuheben: zuerst die sich unter den Exegeten durchsetzende Meinung, daß Jesaja 7,14 LXX nicht die Erzählung von der geistgewirkten Empfängnis Jesu evoziert hat, sondern daß es sich um ein Applikationszitat handelt, das den Glauben an die geistgewirkte Empfängnis schon voraussetzt und die heilsgeschichtliche Kontinuität, in der Jesus steht, herausstellen will (vgl. S. 44); dann die ziemlich überzeugende Begründung für die singularische Lesart Joh 1,13. Denn es ist bemerkenswert: sämtliche Zitationen der Stelle bei den Kirchenvätern vor der ältesten Handschrift formulieren einhellig singularisch. Auch ein Sachgrund kann geltend gemacht werden, insofern die pluralische Wendung gar keinen vernünftigen Sinn ergibt. Denn was soll es heißen, daß Gott denjenigen, die aus Gott geboren *sind*, Macht gab, Kinder Gottes zu *werden*. Statt dessen schlägt Menke vor: „Allen aber, die ihn aufnahmen, gab er Macht, Kinder Gottes zu werden, allen, die an seinen Namen glauben – ER, der nicht aus dem Blut, nicht aus dem Willen des Fleisches, nicht aus dem Willen des Mannes, sondern aus Gott geboren ist" (S. 50). Die Gründe für die Durchsetzung der pluralischen Lesart sind wahrscheinlich im Kampf gegen den Doketismus zu suchen, der die Wendung „nicht aus dem Blut" gegen die wahre menschliche Natur Christi ins Spiel gebracht hat. Für das Johannesevangelium ist mit der singularischen Lesart noch nicht zwingend die jungfräuliche Empfängnis als ein direkt bezeugter Glaubensinhalt bewiesen, aber doch die gegenteilige Meinung, Johannes ignoriere die virginitas ante partum, stark relativiert, zumal die Aussage, er sei der „Sohn Josefs" bei Johannes (1,45; 6,42, wie auch schon bei Lk 3,23) nur als Meinung der Leute referiert wird. Es hat auch keinen Sinn, mit der Methode einer Substraktionsexegese als glaubensverbindlich oder historisch verifizierbar nur das gelten zu lassen, was sich explizit bei allen biblischen Traditionszeugen nachweisen läßt.

Interessant ist auch, wie Menke die in aller Gegensätzlichkeit doch gleichen unklaren Voraussetzungen der Kontroverse der Exegeten Schürmann und Vögtle herausarbeitet. Beide meinten, das Ja oder Nein zur Faktizität der jungfräulichen Empfängnis Jesu von einer historisch gesicherten Nachricht Marias oder der Verwandten Jesu an die Apostel oder Evangelisten abhängig machen zu sollen. Gegenüber diesem Verständnis von Offenbarung als Summe von Einzelnachrichten, wobei wenigstens auf seiten Vögtles eine Reduktion der Realität göttlichen Handelns auf ein mit empirisch-historischem Instrumentarium verifizierbaren geschichtlichen Vorgängen vorzuliegen scheint, macht Menke die innere Einheit der Offenbarung als Selbstmitteilung Gottes in Jesus Christus geltend. Aus der Perspektive der Glaubensgemeinde ist eine gewisse Unterscheidung, ja zum Teil Gegenläufigkeit von Realgrund und Erkenntnisgrund gegeben. Wenn im Licht des Osterereignisses die Einheit des vorösterlichen Jesus (mit seinem Anspruch, die eschatologische Präsenz der Herrschaft Gottes, seines Vaters, zu sein) und des erhöhten Herrn durch Gott im Heiligen Geist verbürgt wird, warum soll dann die Erkenntnis der wirklichen Inkarnation des Logos und seiner Fleischwerdung aus der Jungfrau Maria nicht selbst die vom Heiligen Geist geschenkte Einsicht in den Realgrund der geschichtlich-eschatologischen Selbstmitteilung Gottes in Jesus als Heil und Wahrheit für jeden Menschen sein? Wieso ist die Erkenntnis der Auferstehung von Gott gewirkt, während die Inkarnation und die virginitas ante partum nur rein menschliche Spekulationen über eine natürlich-religiöse, wenn auch besonders intensive Beziehung zu einem personal oder impersonal gedachten Transzendenzgrund sein sollen (vgl. S. 69)? Leugnet man aber überhaupt die Möglichkeit des Handelns Gottes in der Geschichte und auf geschichtliche Weise, zerfällt das biblische Zeugnis und der kirchliche Glaube in eine inkommensurable Summe subjektiver religiöser Vorstellungen, die ohne jede Bedeutung wären für die Suche des Menschen nach Wahrheit und Heil, die er sich niemals selbst schaffen kann. Theologie wäre nichts weiter als eine Spielart der Archäologie und Altphilologie.

Mit dieser offenbarungstheologischen und bibelhermeneutischen Kernfrage kommt Menke vom biblischen Befund zur systematischen Reflexion im 2. Hauptteil. Die unter dem Titel „Der Marienglaube der Kirche" (S. 70–178) behandelten Mariendogmen von der Bewahrung Marias vor der Erbschuld und der leiblichen Aufnahme in Gottes Herrlichkeit sowie auch die Stellung Marias in der Glaubensgeschichte und Frömmigkeit haben ihre Rechtfertigung nur dann, wenn die Realität der jungfräulichen Empfängnis Jesu aufgewiesen werden kann. Dieser Auseinandersetzung stellt sich der Verfasser mit großer Umsicht (S. 70–134).

Für die Schrift und die gesamte Glaubenstradition der Kirche stand immer der Literalsinn der jungfräulichen Empfängnis Jesu fest. Dem gnostischen Apriori, wonach die göttliche und geistige Sphäre nichts mit Welt und Fleisch zu tun haben könne, stellten die Apostolischen Väter und Apologeten die Realität der Fleischwerdung des göttlichen Wortes entgegen. Gegenüber den Aporien einer adoptianistischen Christologie, die nur die Benutzung eines von Josef und Maria gezeugten Menschen kennt, betonte besonders Irenäus, daß die Offenbarung nicht eine inter-personale Beziehung zwischen der Person Gottes und der Person des Menschen Jesus ist, sondern wirkliche Selbst-mitteilung Gottes im Fleisch (S. 78). Auch die

Kritik an der jungfräulichen Geburt Jesu von der sogenannten Bewußt-seins- oder Geistchristologie her (Schleiermacher, Küng, Schoonenberg, Hick u. a.), und damit die Charakterisierung der „Kindheitsgeschichten" als Legenden, Theologoumena oder fromme Poesie, insofern das Fehlen des menschlichen Vaters als Leibfeindlichkeit gedeutet oder das Nichtgetra-gensein der menschlichen Natur Jesu Christi als Verkürzung der Mensch-heit kritisiert wird, kann eine Nähe zum gnostischen Horror vor der Fleischwerdung und zum idealistisch-platonischen Verständnis der Reli-gion als fortschreitende Vergeistigung nicht ganz verbergen, wie Menke gut herausarbeitet (vgl. S. 105ff.; 116). Denn eine Reduktion der Person auf Bewußtsein und der Gottessohnschaft Jesu auf ein gesteigertes Gottes-bewußtsein ist ebenso fragwürdig wie die Meinung abwegig bleibt, einer menschlichen Natur ohne menschliche Person fehle irgend etwas. Wenn die Person der individualisierende Träger einer menschlichen Natur ist, die ohne diese Person nur als Begriff vorkommt, dann kann die Person nicht ein integraler Bestandteil der geistigen Natur des Menschen sein, sonst müßte gegen alle Logik das Individuelle eine Wesensbestimmung des All-gemeinen sein. Die Ablehnung der jungfräulichen Empfängnis Jesu oder die Reduktion auf ein bloßes Interpretament ist in der Bewußtseinschristologie primär von idealistisch-platonischen Vorentscheidungen bedingt und erst sekundär von exegetischen Daten (z. B. daß, wenn schon Paulus oder das Markusevangelium ohne dieses Theologoumenon auskommen, man es nicht für heutige Christen verpflichtend zu glauben vorlegen könne). Von großer Bedeutung ist auch der gelungene Aufweis der unbegründeten Prä-missen der vielen religionsgeschichtlichen Vergleiche, die alle auf eine Rela-tivierung hinauslaufen und erweisen sollen, daß die jungfräuliche Empfäng-nis Jesu nicht Tatsachencharakter hat, sondern als die Applikation eines religiösen Grundmusters zur Veranschaulichung des göttlichen Hinter-grunds bedeutender Menschen der Geschichte oder des Mythos gedient habe. Menke kann gut zeigen, wie verfehlt die Interpretamente sind, die mit gnostischem, bibelfremdem Vokabular arbeiten, z. B. der „heiligen Hoch-zeit", d. h. sexueller Verbindung himmlischer und irdischer Kräfte, und irre-führende Termini wie „Geistzeugung" und „Jungfrauengeburt" einbringen. Leider hat sich der letztere Begriff, da man seine gnostische Herkunft vergessen hat, auch in den theologischen Sprachgebrauch eingeschlichen.

Daß die jungfräuliche Empfängnis Jesu nicht ein austauschbares Modell zur Beschreibung der Gottesbeziehung Jesu ist, sondern eine Aussage, bei der die Realität der Inkarnation auf dem Spiel steht und damit die Frage, was

Christentum überhaupt ist, war nicht nur den alten Kirchenvätern im Kampf gegen Gnosis und Doketismus klar. Die bedeutendsten Theologen des 20. Jahrhunderts (Barth, Rahner, Balthasar), die den christlichen Glauben nicht nur als ein Modell sahen, wie Menschen die Welt religiös anders deuteten, sondern als das Resultat der Tatsache, daß Gott die Welt verändert hat, haben die Realität der jungfräulichen Empfängnis Jesu als Moment an der Inkarnation und als Zeugnis für die Fleischwerdung Gottes bekräftigt. Ihnen schließt sich Menke an: „Als Ausweis der nicht durch die Verschmelzung von Samen und Eizelle vermittelten *Selbst*mitteilung Gottes ist die Parthenogenesis keine bloße Metapher des marianischen Gehorsams, sondern geschichtliches Faktum. Würde Gott sich im adoptianistischen Sinn einer von Josef gezeugten und von Marias geborenen Person nachträglich mitteilen, dann wäre eine solche ‚Selbstoffenbarung‘ nicht Fleischwerdung Gottes selbst, sondern der innertrinitarische Sohn würde sich im Medium einer anderen Person der Welt mitteilen (vgl. atl. Propheten). Die jungfräuliche Empfängnis ist (…) nicht Ausdruck dualistischer Leibfeindlichkeit, sondern das Gegenteil: Ausdruck der wahren Fleisch-Werdung des innertrinitarischen Sohnes" (S. 127).

Das vorliegende Buch ist ein großes Stück Theologie, unerläßlich für Christologie, Mariologie und Theologische Anthropologie.

NACHWEIS DER ERSTVERÖFFENTLICHUNG

Die Verehrung der Heiligen in der Sicht der katholischen Dogmatik, in: Limburg, H., Rennings, H. (Hrsg.), Beglaubigtes Zeichen. Selig- und Heiligsprechungen in der Kirche, Würzburg 1989, S. 11–28.

Die Marien- und Heiligenverehrung. Eine Ausformung der theologischen Anthropologie aus katholischer Sicht, in: Cath 40 (1986), S. 165–186.

Der theologische Ort der Heiligen. Überlegungen zum ekklesiologischen Ansatz des II. Vatikanischen Konzils, in: ZThK 108 (1986), S. 145–154.

Maria – Urbild der Kirche als Gemeinschaft der Glaubenden. Bisher unveröffentlicht.

Geboren aus Maria der Jungfrau. Die theologische Interpretation von der geistgewirkten Empfängnis Jesu. Bisher veröffentlicht als: Was heißt: Geboren von der Jungfrau Maria? Eine theologische Deutung (=QD 119), Freiburg ²1991 (überarbeitet).

Anfang in Gnade. Zur Empfängnis der Gottesmutter Maria ohne Erbschuld, in: L'Osservatore Romano. Wochenausgabe in deutscher Sprache, 24. Juli 1987, Nr. 30/31, S. 8.

Gottesmutterschaft, in: Marienlexikon, Bd. II, hrsg. von Bäumer, R., Scheffczyk, L., St. Ottilien 1989, S. 684–692.

Maria als Mittlerin der Gnade (mediatrix), I. Katholische Theologie, in: Marienlexikon, Bd. VI, hrsg. von Bäumer, R., Scheffczyk, L., St. Ottilien 1992, S. 487–491.

Hypostatische Union, in: Marienlexikon, Bd. III, hrsg. von Bäumer, R., Scheffczyk, L., St. Ottilien 1991, S. 277f.

Jungfrauengeburt, I. Religionsgeschichtlich, II. Biblisch, III. Dogmen- und theologiegeschichtlich, IV. Systematisch-theologisch, in: LThK[3] V, 1996, Sp. 1090–1095.

Fleisch geworden aus Maria. Anmerkungen zu K. H. Menke, in: ThRv 96 (2000), S. 226–228.

Der Marienglaube der Kirche und sein systematischer Ort

Karl-Heinz Menke
Fleisch geworden aus Maria
Die Geschichte Israels und der
Marienglaube der Kirche
187 Seiten, kart.
€ (D) 17,90
ISBN 3-7917-1665-4

Die Mariendogmen sind für viele Christinnen und
Christen nicht mehr plausibel. Der Autor provoziert
dagegen den Zeitgeist mit der These: Die mariologischen Dogmen – allen voran das von der jungfräulichen
Empfängnis – sind nicht durch außerchristliche bzw.
außerjüdische Einflüsse zu relativieren, sondern
ausschließlich im Licht der hebräischen Bibel zu verstehen und zu interpretieren. Mariologie und die Mariendogmen erscheinen hier als eine unaufgebbare theologische Konsequenz der *wörtlich* (nicht metaphorisch)
verstandenen Fleischwerdung Gottes.

Ein kleines Lehrbuch der Mariologie, das die gegenwärtige Theologie zu einer spannenden Diskussion herausfordert.

Der Autor
Karl-Heinz Menke, Dr. theol., geb. 1950, ist Professor für
Dogmatik und Theol. Propädeutik an der Katholisch-
Theologischen Fakultät der Universität Bonn.

VERLAG FRIEDRICH PUSTET